Derecho Procesal y otros ensayos

Libro homenaje a la obra docente del profesor René Molina Galicia

Revista Venezolana de Legislación y Jurisprudencia, C. A.
Caracas, 2018

Edison Lucio Varela Cáceres, editor
Flor Karina Zambrano Franco, coordinadora

Editorial RVLJ (Revista Venezolana de Legislación y Jurisprudencia, C. A.)

Diseño y diagramación: Reinaldo R. Acosta V.
Corrección: Elizabeth Haslam

Depósito Legal N° DC2018001218

ISBN 978-980-7561-05-1

Correo: revista_venezolana@hotmail.com
Twitter e Instagram: @la_rvlj
www.rvlj.com.ve
Los Ruices, Caracas-Venezuela. Código Postal 1071
Teléfono: (0212) 234.29.53

Contenido

Derecho Procesal y otros ensayos
Libro homenaje a la obra docente del profesor René MOLINA GALICIA

Presentación, Edison Lucio VARELA CÁCERES 11

HOMENAJE

Epílogo, Humberto NJAIM 15

    1. Crítica a la idea del Estado de justicia 19

    2. El origen de la crisis y el papel de la judicatura y la legislatura 21

    3. El Derecho al servicio de la revolución 23

Breve síntesis curricular de René Molina Galicia 25

DERECHO PROCESAL

Derecho Procesal del Trabajo venezolano.
Breve aproximación histórica, César Augusto CARBALLO MENA 29

    In limine 30

    1. Preábulo 30

    2. Precedentes: conciliación y arbitraje de conflictos colectivos
       de trabajo y sanción de infracciones legales 34

    3. Génesis del Derecho Procesal del Trabajo:
       Ley del Trabajo de 1936 35

4. Vertebración judicial: Ley Orgánica de Tribunales
   y de Procedimiento del Trabajo y Ley Orgánica Procesal
   del Trabajo 39

   5. Vertebración administrativa: Ley del Trabajo de 1936 (transición),
   Ley del Trabajo de 1945 (excepción), Ley contra Despidos
   Injustificados 1974-1990 (expansión: estabilidad relativa
   o impropia), Decretos de inamovilidad laboral (2002-2015)
   y Decreto con rango, valor y fuerza de Ley Orgánica del Trabajo,
   los Trabajadores y las Trabajadoras de 2012 (preeminencia).......... 46

   Conclusión 51

**La idea de Derecho y los principios constitucionales
en el Código Orgánico Procesal Penal,** Ramón Escovar León 53

   Introducción 53

   1. La idea de Derecho 54

   2. El positivismo *vs.* el iusnaturalismo 58

   3. La tutela judicial efectiva 62

   4. Principios procesales 62

      4.1. *Principios constitucionales* 62

         4.1.1. El debido proceso 63

         4.1.2. El juez natural 65

      4.2. *Principios consagrados en el Código Orgánico Procesal
         Penal* 69

   Conclusiones 73

Policía judicial y prueba ilícita. Regla de exclusión y efecto disuasorio: un error de base, Jordi Nieva Fenoll 77

    Elogio de René Molina 77

    Introducción 78

    1. Origen de la regla de exclusión 81

    2. Problemas del efecto disuasorio como fundamento de la ilicitud .. 84

        2.1. *Excepción a la regla de exclusión* 85

        2.2. *Excepciones a la doctrina de los frutos del árbol envenenado* 88

    3. Reconfiguración de la regla de exclusión: el doble requisito de licitud de las actuaciones policiales 92

    4. La vulneración de un derecho fundamental como indicio evidente de manipulación de pruebas 94

    5. Propuesta de excepción única a la regla de exclusión: la notoria realidad de los hechos descubiertos 97

    6. La sanción al policía infractor 109

El principio constitucional de intervención indiciaria en la medida cautelar de privación de libertad, Rodrigo Rivera Morales 113

    Introducción 113

    1. Consideraciones generales 114

    2. Proceso penal y medidas cautelares 120

    3. Defición y naturaleza jurídica de la medida cautelar 122

    4. La libertad como principio en el proceso penal 125

    5. Presupuestos de las medidas cautelares penales 128

6. El indicio como estándar probatorio en las medidas cautelares 133

Conclusiones 138

Breve reseña de violaciones de garantías del Derecho Penal sustantivo y del Derecho Penal Procesal en Venezuela, Jorge L. Rosell Senhenn 141

    Introducción 141

    1. Legislación penal 144

        1.1. *Legislación penal de emergencia* 144

        1.2. *La creación de nuevos tipos penales* 145

        1.3. *La agravación de las penas* 146

    2. Legislación procesal 147

        2.1. *El sistema acusatorio-oral según el Código Orgánico Procesal Penal* 147

        2.2. *El sistema acusatorio y la realidad* 148

        2.3. *La prisión preventiva y las previsiones legales* 150

        2.4. *La prisión preventiva y la realidad* 151

        2.5. *La participación ciudadana en la ley* 152

        2.6. *La participación ciudadana en la realidad* 153

        2.7. *Las formas alternativas previstas en la ley* 154

        2.8. *Las formas alternativas en la realidad* 154

        2.9. *Los recursos en la ley* 155

        2.10. *Los recursos en la realidad* 156

    Conclusiones 157

Ermeneutica, prova e decisione, Michele Taruffo 159

    Introduzione 159

    1. Il fatto 160

2. Natura e funzione della prova 162

3. La valutazione delle prove 165

4. La decisione 167

5. Sulla verità giudiziale 170

OTROS ENSAYOS

La transición constitucional de 1958-1961, Jesús M. CASAL H. 177

Introducción 177

1. Las Constituciones de 1953 y 1947 178

2. La Junta de Gobierno y la reinstitucionalización democrática 182

3. La decisión en favor del cambio constitucional 190

4. La determinación del procedimiento que habría de seguirse 193

5. Naturaleza del proceso de gestación constitucional
   desarrollado desde 1958 199

6. Las deliberaciones parlamentarias durante la elaboración
   de la Constitución de 1961 204

Colofón 208

Otros matices del trabajador de dirección, en el Decreto-Ley Orgánica del Trabajo, los Trabajadores y las Trabajadoras, Hugo A. DÍAZ IZQUIERDO 211

In limine 211

Introducción 212

1. Indemnización para el trabajador de dirección por despido
   injustificado 215

2. Conservación de la condición más favorable en tutela
del trabajador de dirección 219

3. El trabajador de dirección en el ámbito de las convenciones
colectivas laborales 221

Conclusiones 222

Administración de justicia en los inicios de la República: María Antonia Bolívar *vs.* Ignacio Padrón, Inés Quintero 225

Introducción 225

1. Contenidos desiguales 227

2. En defensa de Padrón 231

3. El juez de la causa 232

4. La República se respeta 235

Conclusiones 238

Días de descanso y feriados en la legislación laboral venezolana, Ana Victoria Perdomo Bazán 241

Introducción 242

1. Descanso semanal 246

2. Días feriados 253

3. Remuneración del descanso semanal y de los días feriados 255

4. Trabajo en el descanso semanal 265

5. Trabajo en los días feriados 273

Conclusiones 276

Sistema Rector Nacional de Protección Integral de Niños, Niñas y Adolescentes, Juan Rafael Perdomo 281

    Introducción 281

    1. Convención sobre los Derechos del Niño 283

    2. La Constitución de la República Bolivariana de Venezuela 285

    3. La Ley Orgánica para la Protección del Niño, Niña y Adolescente 288

    4. El Sistema Rector Nacional para la Protección Integral de Niños, Niñas y Adolescentes 289

        4.1. *Definición* 289

        4.2. *Medios* 290

        4.3. *Integrantes* 290

        4.4. *Políticas, programas y proyectos de protección integral de niños, niñas y adolescentes* 292

        4.5. *Medidas de Protección* 294

    5. Unicef 299

En torno a la noción de la acción societaria y su enajenación, Pedro R. Rondón Haaz 301

    Introducción 301

    1. La personalidad jurídica de la sociedad y los socios 301

    2. Especies de sociedades comerciales 303

    3. Importancia de los aportes 304

    4. Función de los aportes 304

    5. Noción de acción 305

6. Objeciones a la noción de acción 306
7. La acción como título valor 308
8. Función de la acción 309
9. Sobre la enajenación de las acciones 311
10. Dislates registrales 315
11. Pignoración de acciones 317
Conclusiones 318

El principio de soberanía de humanidad,
Moisés Troconis Villarreal 321

Introducción 321
1. De la noción de soberanía 326
2. De la noción de humanidad 332
3. Del principio en sus fundamentos 337
Conclusiones parciales 344

La supremacía constitucional y la supuesta
supraconstitucionalidad, Edison Lucio Varela Cáceres 347

Introducción 348
1. La Constitución como norma suprema 348
   1.1. *Supremacía formal* 351
   1.2. *Supremacía material* 353
2. Algunas tesis que colisionan con la supremacía constitucional 357
   2.1. *La doctrina de los derechos humanos* 358
   2.2. *El Derecho internacional de la integración* 363
   2.3. *La jurisprudencia de la Sala Constitucional* 368
   2.4. *La actividad de la Asamblea Nacional Constituyente* 371
Conclusiones 385

Presentación

Me corresponde el privilegio –claramente inmerecido– de presentar este libro homenaje a la obra docente del profesor René MOLINA GALICIA, las razones que han privado para concederme tal responsabilidad son únicamente administrativas, pues soy actualmente el director-editor del sello Editorial RVLJ, por lo tanto me faltan pergaminos para hablar de un docente que se ha destacado en el campo del Derecho Procesal y más aún para referirme a los autores que lustran con sus investigaciones este panegírico libro; sin embargo, agradezco la confianza y espero cumplir con el cometido.

Como creo necesario tributar los méritos a los artífices de la presente obra, juzgo forzoso comentar que la idea original surgió de un discípulo. En efecto, fue la profesora Flor Karina ZAMBRANO FRANCO que con entusiasmo juvenil me comentó la intención de preparar un libro homenaje al profesor MOLINA GALICIA y me convenció de la proyectada idea. Como el objetivo principal de nuestra labor editorial siempre ha sido promover la difusión de la ciencia jurídica en todas sus facetas, no pude negarme a tan ferviente propuesta y hoy en día, al hojear la lista de colaboraciones, debo confirmar que ha sido un verdadero éxito la convocatoria. Por lo anterior, los laureles de reunir en estas páginas a tan distinguidos juristas y académicos se debe fundamentalmente a la pasión y esfuerzo que la profesora ZAMBRANO FRANCO puso en el proyecto y, obviamente, a la obra del profesor MOLINA GALICIA, que sirvió de acicate para animar a los autores a participar con tan soberbios trabajos.

En cuanto a los colaboradores, ninguno requiere de mayores presentaciones, pues ellos son destacados juristas, magistrados o académicos que por su excelso desempeño profesional son ampliamente conocidos por el foro. En todo caso, sí conviene señalar que el presente libro lo hemos titulado: *Derecho Procesal y otros ensayos*, ello con la principal intención de destacar un área del Derecho en la cual el profesor Molina Galicia ha sobresalido y también con el objeto de subrayar la temática que con mayor énfasis ha sido desarrollada en las distintas colaboraciones que nos obsequian los autores. No obstante, se debe advertir que este libro también cuenta con trabajos sobre Derecho Constitucional, Derecho Laboral, entre otras áreas jurídicas de interés.

De acuerdo con lo expuesto, y con fines pedagógicos, se ha dividido la obrar en tres secciones, a saber: «Homenaje», «Derecho Procesal» y «Otros ensayos».

La sección «Homenaje» la integran el «Epílogo» que escribiera el profesor Humberto Njaim a uno de los libros del profesor Molina Galicia[1], la síntesis curricular del homenajeado y un retrato elaborado por el destacado caricaturista Roberto Weil.

En la sección «Derecho Procesal» se han incluido las colaboraciones de César Augusto Carballo Mena (*Derecho Procesal del Trabajo venezolano. Breve aproximación histórica*), Ramón Escovar León (*La idea de Derecho y los principios constitucionales en el Código Orgánico Procesal Penal*), Jordi Nieva Fenoll (*Policía judicial y prueba ilícita. Regla de exclusión y efecto disuasorio: un error de base*), Rodrigo Rivera Morales (*El principio constitucional de intervención indiciaria en la medida cautelar de privación de libertad*), Jorge L. Rosell Senhenn (*Breve reseña de violaciones de garantías del Derecho Penal sustantivo y del Derecho Penal Procesal en Venezuela*), y Michele Taruffo (*Ermeneutica, prova e decisione*).

En la sección «Otros ensayos», se incluyen trabajos que analizan diversos aspectos del Derecho, en concreto participan los siguientes autores: Jesús M. Casal H. (*La transición constitucional de 1958-1961*), Hugo A. Díaz

---

[1] El profesor Njaim, recientemente fallecido, no pudo enviar una colaboración original como de seguro era su deseo; sin embargo, se reproduce el «Epílogo» que escribió para el libro: *Reflexiones sobre una nueva visión constitucional del proceso y su tendencia jurisprudencial. ¿Hacia un gobierno judicial?* Ediciones Paredes. Caracas, 2002, pp. 279-291, con autorización de sus familiares, a los cuales les extendemos nuestro más sentido pésame.

Presentación

Izquierdo (*Otros matices del trabajador de dirección, en el Decreto-Ley Orgánica del Trabajo, los Trabajadores y las Trabajadoras*), Inés Quintero (*Administración de justicia en los inicios de la República: María Antonia Bolívar vs. Ignacio Padrón*), Ana Victoria Perdomo Bazán (*Días de descanso y feriados en la legislación laboral venezolana*), Juan Rafael Perdomo (*Sistema Rector Nacional de Protección Integral de Niños, Niñas y Adolescentes*), Pedro R. Rondón Haaz (*En torno a la noción de la acción societaria y su enajenación*), Moisés Troconis Villarreal (*El principio de soberanía de humanidad*), y cierra este conjunto una modesta colaboración de quien suscribe (*La supremacía constitucional y la supuesta supraconstitucionalidad*).

Finalmente, extiendo mi más sincero reconocimiento a la profesora Flor Zambrano Franco y al grupo de profesionales que la acompaña por su eficiente labor y por permitirme cooperar en este atrayente proyecto editorial, al equipo de diagramación y corrección, así como a los colaboradores que nos obsequiaron trabajos espléndidos… eternas gracias… y no queda más que extender un enérgico: ¡Enhorabuena! al profesor René Molina Galicia, por su legado docente que hoy celebramos con esta estupenda publicación…

Prof. Edison Lucio Varela Cáceres
DIRECTOR-EDITOR

Epílogo

Humberto Njaim[*]

I

El profesor René Molina Galicia, demostrando una apertura a la discusión intelectual inusual en nuestro medio, me ha solicitado unos comentarios a su obra sobre la visión constitucional del proceso y su tendencia jurisprudencial[1]. Una de las tesis centrales de esta obra es que en el Derecho se ha producido un cambio fundamental de paradigma, para poder comprender adecuadamente tal cambio y, si fuere necesario, re-aprender el Derecho, me ha sido indispensable visualizar lo que entiendo como la estructura conceptual de la obra. Fruto de ese esfuerzo es el diagrama que presento de seguidas y que servirá de guía a los comentarios que haré. Pero antes es preciso que la discusión sobre el paradigma como tal sea desligada, en este momento del cuestionamiento al modelo político constitucional donde se inserta. Independientemente de que existiera o no la Constitución del 99 ella no ha hecho sino acoger unas elaboraciones jurídico-filosóficas que están en pleno auge en la doctrina contemporánea. Por eso, una de las tareas más importantes para el análisis de la génesis del nuevo texto constitucional es determinar cómo resultó de una compleja combinación, por una parte, de los designios de juristas que vieron en el momento constituyente la oportunidad de introducir ideas e instituciones consideradas necesarias y no satisfactoriamente desarrolladas o inexistentes en la Constitución de 1961 y, por la otra, de un proyecto

---

[*] **Universidad Católica Andrés Bello**, Abogado. **Universidad de Harvard**, Master of Public Administration. **Universidad Central de Venezuela**, Doctor en Ciencias Políticas; Profesor de pregrado y postgrado. Individuo de número de la Academia de Ciencias Políticas y Sociales.

[1] Molina Galicia, René: *Reflexiones sobre una nueva visión constitucional del proceso y su tendencia jurisprudencial. ¿Hacia un gobierno judicial?* 2.ª, Ediciones Paredes. Caracas, 2008.

político para el cual estos designios cuadraban convenientemente con su crítica demoledora al sistema anterior y su proyecto hacia el futuro. Esta es una cuestión que será ineludible abordar pero solo al final.

Una de las cuestiones que me ha acuciado tras la lectura de la obra es preguntarme cuál sería el principio, la premisa fundamental de la cual partiría el nuevo diseño. Si sería tal premisa el valor normativo de la Constitución de la que derivaría como una consecuencia necesaria la jurisprudencia normativa y he llegado a la conclusión que estos dos aspectos no son sino una consecuencia del valor fundamental que en toda esta construcción tienen los derechos humanos los cuales no son únicamente los consagrados en la Constitución, es decir, que no solo es que el Derecho no está solamente en la *lex* sino que tampoco está únicamente en la *constitutio*. Las consecuencias radicales de esta concepción no solo deben extraerse para el Derecho Procesal, como lo ha hecho Molina, sino también, para todas las ramas del Derecho. Pienso particularmente en el Derecho Administrativo con su férrea adherencia al principio de legalidad tan frustrante de toda gerencia pública creativa como la que requiere la época.

Son unas consecuencias que, realmente, desacomodan y desarticulan al positivismo jurídico y que conducen a otras interrogantes que no obtienen respuestas satisfactorias y quizás nunca la puedan obtener. Evoco, en este orden de ideas, el prólogo de Gregorio Peces Barba al libro de Gustavo Zagrebelsky, *El Derecho dúctil* donde, en definitiva, lo que el prologuista trata es de devaluar la importancia que le da el autor italiano a los aportes católicos a la doctrina de las derechos humanos y reivindicar el de las corrientes seculares, y libres de la sospecha iusnaturalista, a dicha doctrina; pero, en definitiva, el ropaje secular no obvia el problema de que, a pesar de todo, se trata de una resurrección del iusnaturalismo. Más orientador resultan, a pesar del esfuerzo que hay que realizar para acomodar a nuestro mundo jurídico lo que son ideas generales en el del *Comonwealth,* las concepciones de Ronald Dworkin sobre los principios de raigambre moral infusos en una creación cultural articulada y desarrollada como es el Derecho. No están sueltos, ni podrían existir por sí mismos sino que es esa estructura cultural la que refiere a ellos y al mismo tiempo ella no puede ser adecuadamente aplicada sin referencia a tales principios. Por consiguiente, una interpretación que solo se base en la literalidad y formalidad del Derecho estatuido, ya sea legal o aun constitucional no solo es manca y carece de vuelo, sino que puede conducir a resultados absurdos. El Derecho así concebido se convierte en un obstáculo a toda innovación y un cuerpo extraño en una sociedad sometida al intenso cambio inducido por la ciencia y la tecnología.

Establecidas las premisas básicas de la primacía de los derechos humanos, de su carácter progresivo, y del papel de los principios en la integración del Derecho, es preciso no ser timoratos y proceder coherentemente a extraer las consecuencias de tales premisas. Esta es la labor que realiza MOLINA respecto del Derecho Procesal. Además de las que explícitamente extrae, hay una implícita que quisiera destacar. Se trata de que la obra contribuye a aclararnos de una forma operacional cómo podríamos comprender al llamado Estado de justicia del cual habla la Constitución que nos rige. Concepto inquietante no solo en cuanto a su eventual contenido, sino a otra muestra más de dificultad de aplicar la navaja de OCCAM en el Derecho donde, por el contrario, abunda la multiplicación de entes sin provecho por lo cual surge la necesidad imperiosa de precisar qué sea este nuevo ente. Encontramos, así, que el Estado de justicia, en definitiva, es un Estado constitucional jurisdiccional. Es constitucional porque en él la Constitución tiene valor normativo sin necesidad de ser medida por la ley y es jurisdiccional por el papel asignado a los jueces en hacer valer la primacía de la Constitución. A mi modo de ver, esta es otra consecuencia ineludible del conjunto de premisas descritas. Por ejemplo, hacer valer los principios jurídicos es un asunto riesgoso de ser dejado en manos de otros poderes. No es que el judicial no esté también influido por la política, pero al menos esa influencia está mediada por una serie de ritos y dispositivos que son muchos menos fuertes en el Ejecutivo y aun en el Legislativo. En cuanto a lo que explícitamente nos demuestra el autor respecto de su campo de especialización, es decir, el Derecho Procesal, es fascinante enterarse de cómo entran en crisis las concepciones tradicionales de la jurisdicción, acción y el proceso. Resulta así que la acción no solo es subsumible en el derecho de petición, sino en forma más amplia y de mayores repercusiones en el derecho a la tutela judicial efectiva; la casación ya no puede ser entendida en forma usual puesto que se ha convertido a través del amparo contra sentencias en un instituto menos formalista y rígido y más accesible a su utilización; la cosa juzgada pierde el valor absoluto que se le confería; con el reconocimiento de los derechos difusos, las sentencias tienen consecuencias generales y no solo referidas al caso particular. Todo ello plantea una reingeniería, que está en plena marcha, de la disciplina.

El cambio en la concepción jurídica tiene repercusiones en la reforma de la enseñanza del Derecho que MOLINA sugiere, y que es necesario destacar por su importancia y, en mi caso personal, porque mi acercamiento al autor proviene de recientes encuentros sobre el tema, propiciados por el profesor Fermín TORO. La enseñanza del Derecho no puede ya desconocer la conmoción de aspectos que hasta ahora parecían firmemente establecidos; no es posible moverse únicamente en las certidumbres del positivismo jurídico, ni aceptar hacerlo sobre un terreno inseguro y minado de antinomias. Si ello fuere así, no sería comprensible y, además, un proyecto condenado al fracaso que la enseñanza y el aprendizaje del Derecho pudieran continuar desenvolviéndose en los moldes del apuntismo y de la dogmática certidumbre en que han degenerado.

En particular, el proceso adquiere en la enseñanza del Derecho un valor teórico central y no solo práctico puesto que es el primer frente donde se pone a prueba el cuestionamiento del llamado paradigma tradicional y si el nuevo modelo es viable. Mientras ello se demuestra, preveo un ambiente de intensa discusión jurídica de la cual no pueden escapar las aulas, ni los profesores de Derecho comportarse como avestruces. Junto con sus estudiantes se verán abocados a una más intensa inspección de lo que pasa en las agencias de administración de justicia. Es de esperar que tanta juventud brillante, cuyos vuelos mentales y éticos la llevan más allá del ritualismo y las miserias del litigio, encuentren, en cambio, en el análisis y desarrollo del proceso una ocupación incitante para su intelecto, pero más allá de ello se conviertan en una influencia que impida que el terreno jurídico quede liberado al practicismo y al tejemaneje de los iniciados en un saber estéril. Además, al pasar a tener una tan acentuada relevancia político-social, el proceso deja de ser solo de interés para los científicos del Derecho y tiene que abrirse al escrutinio y colaboración de las más diversas ciencias sociales.

En el plano más operativo MOLINA nos muestra, también, la necesidad de la contribución de los estudiantes de Derecho al funcionamiento de la justicia de paz y a hacer efectiva la inmediación del proceso, en cooperación y bajo la supervisión de los jueces. Ello nos sugiere que, independientemente de las premisas doctrinarias estrictamente jurídicas del paradigma, este contiene otras consecuencias que son relacionables con dicha premisas, pero también parten de otras autónomas. Cuando se nos dice que el proceso ya no es visto en función del juez o de los estudiosos del Derecho, sino desde la óptica del justiciable, de la ley y de la justicia, constatamos que el Derecho no hace sino encuadrarse dentro del gigantesco reajuste que ha introducido en todas las esferas de actividad, tanto públicas como privadas, la perspectiva del servicio al cliente, el cual significa que tanto en la Administración Pública como en la privada ya no es posible proceder conforme a criterios establecidos autistamente por las respectivas burocracias, sino que, por el contrario, es tal servicio lo determinante. También en el Derecho es aplicable la exigencia de la calidad total o, como lo llama el autor, justicia total. Se trata de un cambio de tanto alcance que los operadores y las burocracias judiciales no lo pueden realizar solos sin la colaboración de esa inmensa reserva de fuerza y entusiasmo represada en las universidades.

II

Hasta aquí me he esforzado en empatizar con el planteamiento del autor para lo que me he valido de una representación diagramática en cuya explicación ha consistido la primera parte de este comentario. No puedo ocultar, sim embargo, mis reservas críticas tanto al modelo en general como a su aplicación en Venezuela. Ello se expresa en los siguientes aspectos.

1. Crítica a la idea del Estado de justicia

Podría pensarse que la polémica sobre el Estado de justicia no es sino una reedición de los agudos cuestionamientos que en su momento, debemos recordarlo, también produjo la calificación de Estado de Derecho como democrático y social y que concluyeron en un acuerdo más o menos pacífico sobre el asunto pero que en ocasiones vuelve a ser discutido. Sin embargo, la sintaxis del Estado de justicia en el vigente texto constitucional no se limita a introducir una nueva calificación, sino que sugiere una contraposición y no una complementariedad. Esta suma de conceptos –Estado de justicia al lado de Estado de Derecho– ha dado origen a críticas en la doctrina venezolana que Molina reseña pero, a mi modo de ver, despacha demasiado fácilmente recurriendo al aforismo de Couture según el cual el deber del profesional del Derecho es luchar por este pero, cuando se encuentra en conflicto con la justicia lucha por esta última; y, enseguida, que en la escala de valores no aparece el Derecho, sino la justicia, siendo el primero solo un medio para realizarla.

Es muy peligroso utilizar aforismos como pieza fundamental de un razonamiento, pues son más explosiones de brillo intelectual que elaboraciones analíticas, y una vez pasado el deslumbramiento comienza las preguntas que no obtienen respuesta. Sin embargo, aun moviéndose en tan resbaladizo terreno podemos convenir que el Derecho sea tan solo un medio para la realización del valor justicia, pero la cuestión fundamental es si a escala human es un medio esencial o hay otros, que no sean el Derecho, para realizarla. La consecuencia que quien escribe derivaría de los aforismos de Couture no es que haya que abandonar el terreno jurídico para realizar la justicia, sino vigilar constantemente y combatir para que no se desvíe de su misión.

Es cierto que a continuación el autor expone una serie de aportes contemporáneos sobre la teoría de la justicia, pero estos y la jurisprudencia examinada confluyen hacia concepciones en el sentido ya descrito de un Estado jurisdiccional constitucional que rescata o reformula la manera cómo hay que entender el Estado de Derecho, pero de ninguna forma sustentan una entidad que se distinga suficientemente como alternativa válida al mismo.

El asunto no sería tan grave, sin embargo, de no ser porque, según mi punto de vista, en la Constitución se encuentra ínsita una colisión entre dos principios contrapuestos. Uno es el que da lugar a obras de preferencia político-jurídica del constituyente por la democracia directa[2]. Si el primero encausa al Estado de justicia por vías discutibles pero jurídicamente controlables, el segundo las desborda y nos lleva a una concepción de dicho Estado efectivamente enfrentada y no asimilable por el Estado de Derecho. En consecuencia, ciertos hechos y requerimientos a favor de una justicia popular e incluso por encima de la ordinaria, lejos de ser exabruptos risibles, encuentran base en el mismo diseño constitucional.

En efecto, no se ve por qué el rechazo a la categoría de los derechos programáticos ha de detenerse en lo social y económico y no debe abarcar también los derechos políticos. Por qué, igualmente, el cuestionamiento a la democracia representativa ha de hacer un alto ante el Ejecutivo y el Legislativo y no abarcar también al Poder Judicial. Por qué una Asamblea de Ciudadanos tiene que ser una entidad solo aplicable cuando esté regulada por la ley y por qué tendría que limitarse solo al ámbito del gobierno local y no para las más variadas situaciones, entre ellas, la realización de una justicia a la que se considere han sido infieles los jueces profesionales. El resultado eventual de esta interpretación eriza la piel, pero no por ello hay que negar que existen elementos constitucionales que lo sustentan[3]. Allí y no en aspectos anecdóticos radica una de las razones de la tragedia política que vive el país.

2. El origen de la crisis y el papel de la judicatura y la legislatura

La obra de Molina lleva a una exaltación del Poder Judicial frente al poder Legislativo que resulta un tanto sorprendente como explicación de origen de la crisis por la que ha pasado y todavía atraviesa nuestra sociedad y, en cuanto al futuro, conduce a riesgos políticos que no se pueden desconocer.

---

[2] *Vid.* Njaim, Humberto: «El sistema político. Democracia y participación: principios rectores y consecuencias». En: *La Constitución de 1999*. Academia de Ciencias Políticas y Sociales. Caracas, 2000.

[3] *Vid.* también Njaim, Humberto: «Derechos políticos y política en la jurisprudencia del Tribunal Supremo de Venezuela», ponencia presentada al VII Congreso Iberoamericano de Derecho Constitucional, México, 12 al 15 de febrero de 2002 (una primera versión fue presentada en las XXVII Jornadas Jurídicas «J. M. Domínguez Escovar», Barquisimeto, 3 al 5 de enero de 2002, Congreso de Derecho Constitucional).

Hay, en efecto, una afirmación contundente del autor que quisiera destacar. Se refiere a cuando dice que el legislador es incapaz de seguir de cerca la evolución de la sociedad y de sus problemas y de satisfacer de una manera adecuada la necesidad de Derecho que ésta expresa. En esta frase está contenido un diagnóstico sobre el pasado y una expectativa para el futuro. El diagnóstico consistiría en responsabilizar al legislativo por los trastornos que requirieron el drástico reajuste establecido en la actual Constitución. La expectativa consistiría en que la judicatura será capaz de cumplir tal papel.

En cuanto a lo primero, observaré que MOLINA, mejor que nadie conoce la contribución de las fallas del Poder Judicial al desplome de la situación pre-Constitución de 1999 puesto que, bajo la égida de las nuevas circunstancias políticas, fue actor fundamental de un intento accidentado para su reforma. No está de más recordar, también, que una de las causas más poderosas para el proyecto de fallida reforma constitucional de 1992 fue la generalizada repulsión social contra el modo vicioso como funcionaba la judicatura. El Legislativo, pese a todas las críticas que se le pueda hacer, terminó estableciendo las bases de la descentralización y dictando instrumentos tan importantes como el Código Orgánico Procesal Penal y, sobre todo, renovó la plana mayor de la Corte Suprema sin lo cual no hubieran facilitado los cambios que posteriormente se produjeron. Convenido que todo ello lo realizó bajo presión y casi todo en el último momento, pero ¿no se trata precisamente de esto: de que el parlamento sea elástico a las demandas de la sociedad? Esta elasticidad, y aquí entro al terreno de lo que he calificado como expectativa, difícilmente la puede satisfacer la judicatura, y si persiste el empeño de que lo haga, es preciso tomar conciencia de los riesgos de diferente tipo; entre ellos, políticos que comporta.

Un ejemplo paradigmático lo encontramos en la sentencia N.º 1013 de la Sala Constitucional[4]. A mi modo de ver, si se sustenta que los derechos valen hoy independientemente de la ley, que dependen de la Constitución, es inconsecuente criticar a un juez que a falta de texto legislativo pretenda desarrollar

---

[4] *Vid*. TSJ/SC, sent. N.º 1013, del 12-06-01, http://historico.tsj.gob.ve/decisiones/scon/junio/1013-120601-00-2760%20.HTM.

y precisar lo contenido en la Constitución. También es verdad, sin embargo, que no es lo mismo entrar en este terreno que ajustar las regulaciones sobre el amparo al nuevo texto constitucional. Se trata de una materia distante de la polémica de opinión. En este último caso, es muy difícil que el juez pueda satisfacer el imperativo de PERELMAN de que sus argumentaciones sean convincentes para la colectividad.

Estas consideraciones, en definitiva, apuntan a que la exuberancia y frondosidad de un juez excesivamente proactivo pueda ser tan peligrosa como la de un legislador excesivamente inhibido e incluso fomentar tal inhibición. Además, en el contradictorio marco constitucional en el cual nos desenvolvemos si esta exuberancia ha favorecido hasta ahora a unos, mañana podría favorecer más bien a otros y desatar las tendencias a la búsqueda de una justicia más allá de la que imparten los tribunales estatuidos. Frente a esta crítica, los jueces no cuentan con la defensa que sí tienen los legisladores de haber sido popularmente legitimados.

3. El Derecho al servicio de la revolución

Me he referido, al principio de este texto, a que en la vigente Constitución confluyen dos vertientes, de las cuales la contraposición entre Estado jurisdiccional y Estado participativo, es una de sus manifestaciones. Debido que me ocupo principalmente de la investigación política no me es posible proceder como si no existiera la segunda de éstas, es decir, el proyecto revolucionario. No debemos engañarnos en cuanto a que un proyecto revolucionario, más allá de todo romanticismo, significa la escisión de un país en dos partes contrapuestas hasta la enemistad mortal lo cual se reveló ya desde el inicio del actual orden de cosas y no ha hecho sino agudizarse hasta a los trágicos sucesos del 11 de abril de 2002 con todas sus secuelas. El Derecho y todas sus elaboraciones no escapan a esta polarización y es inútil ocultarlo. Desde este punto de vista me declaro escéptico en cuanto a que la obra constitucional a la que contribuyo la vertiente propiamente jurídica tenga perdurabilidad. Es lamentable porque en su caída puede arrastrar consigo una serie de ideas que merecerían mejor suerte. Por eso inicié mi discurso haciendo énfasis en separar tales ideas, como un patrimonio mostrenco del pensamiento jurídico actual, de su utilización y hasta manipulación por el proyecto revolucionario.

Esta realidad política vertebra también la producción del Tribunal Supremo de Justicia y, especialmente, de su Sala Constitucional a la cual se le ha criticado entrar en contradicción con la literalidad constitucional como ocurrió con la jurisprudencia consagratoria de la transitoriedad olvidando, sin embargo, que la mencionada Sala es también tributaria y creatura de un designio político destinado no solo a dictar una nueva Constitución, sino a crear también un nuevo ordenamiento jurídico. Ahora bien, tal creación requiere ciertamente un legislador y constituyente perpetuos y una transitoriedad perpetua. La Sala Constitucional es el guardián principal del proyecto revolucionario, y así como ha cumplido su papel en la definición del régimen transitorio lo cumple también cuando no reconoce ninguna otra instancia superior en la interpretación de los tratados internacionales a que se ha obligado la República. Niega así, so capa de proteger la soberanía contra la globalización, a una de la fuerzas más poderosas que podría limitar la hegemonía y exclusión revolucionarias[5].

Todas estas determinaciones políticas confieren una inquietante precariedad a las elaboraciones doctrinarias que parten de una visión contrapuesta, pluralista y democrática. La suerte, sin embargo, no está echada. Nuestro país ya no es aquella sociedad primitiva en la cual nada existía que pudiera oponerse al formalismo jurídico y la voluntad caudillista. Hoy en día, toda una pléyade de mentes rigorosamente formadas y juveniles contribuyen a desarrollar principios valorativos que antes quedaban sin cultores que los hicieran realidad. El designio excluyente de la pauta política es doctrinariamente estéril. Allí radica una de las mayores esperanzas del futuro de la libertad en Venezuela. Saludo la obra de MOLINA como una contribución intelectual de valía hacia ese más promisorio futuro.

---

[5] Según el magistrado DELGADO OCANDO: «la opción por la primacía del Derecho Internacional es un tributo a la interpretación globalizante y hegemónica del racionalismo individualista».

Breve síntesis curricular de René Molina Galicia

- Abogado, Universidad Central de Venezuela (1972), promoción Humberto CUENCA.
- Especialista en Argumentación Jurídica, Universidad de Alicante.

Cargos y actividades académicas:
- Ex-Director de la Facultad de Derecho de la Universidad Metropolitana.
- Durante más de 40 años ha sido profesor de pregrado y postgrado en la Universidad Central de Venezuela, en las materias de «Introducción al Derecho» y «Derecho Procesal Civil».
- Conferencista en el área Civil, Mercantil, Constitucional y Procesal Civil, en eventos nacionales e internacionales.
- Miembro del Instituto Iberoamericano de Derecho Procesal.
- Director de la revista *Síntesis Jurídica*.
- Miembro del Consejo de Redacción de la *Revista de Derecho Probatorio*.

Libros:
- *Reflexiones sobre una nueva visión constitucional del proceso y su tendencia jurisprudencial. ¿Hacia un gobierno judicial?* 2.ª, Ediciones Paredes. Caracas, 2008, 416 pp. (1.ª edición 2002, 311 pp.).
- *Los jueces de paz: Análisis de la Ley Orgánica de Tribunales y Procedimientos de Paz. Exposición de motivos de la Ley y su reforma.* Vadell Hermanos Editores. Caracas, 1994, 203 pp.
- *El amparo a Rondalera*. Ediciones Síntesis Jurídica. Caracas, 1984, 175 pp.

Artículos en revistas y libros colectivos:

- «La revocatoria por contrario imperio. La aclaratoria y la ampliación en el Derecho Procesal venezolano». En: *Revista del Colegio de Abogados del Estado Bolívar*. Ciudad Bolívar, 1983, pp. 25-50.
- «La problemática que plantea la vigencia del nuevo Código taller controvertido». En: *Nuevo Código de Procedimiento Civil venezolano*. Universidad del Zulia. Maracaibo, 1988 (en colaboración con Mariolga QUINTERO).
- «El caso Marlene Navarro y la operación Pez Espada». En: *Sic*. N.º 56, 555. Centro Gumilla. Caracas,1993, p. 213.
- «La prueba de testigos». En: *Revista de Derecho Probatorio*. N.º 3. Editorial Jurídica Alva. Caracas, 1994, pp. 79-238.
- «Perspectiva y prospectiva de la reforma procesal venezolana». En: *Derecho Procesal Civil (el CPC diez años después)*. XXII *Jornadas J. M. Domínguez Escovar*. Tipografía Horizonte. Barquisimeto, 1996, pp. 31-91.
- «Notas sobre las bases para una reforma procesal civil». En: *Nuevo proceso penal venezolano: Homenaje a la memoria del R. P. Dr. Luis M. Olaso. Jornadas Jurídicas J. M. Domínguez Escovar XXIII*. Tipografía Horizonte. Barquisimeto, 1997.
- «¿Hacia dónde va la casación venezolana?». En: *Estudios de Derecho Procesal Civil: Libro homenaje a Humberto Cuenca*. TSJ. Fernando PARRA ARANGUREN, editor. Caracas, 2002.
- «La Sala Constitucional y la desobediencia civil». En: *La desobediencia civil en Venezuela: dos ensayos*. Editorial Concilium. Caracas, 2003.
- «La creación judicial del Derecho ¿el fin de la democracia?». En: *XXX Jornadas J. M. Domínguez Escovar: En homenaje a la memoria de Luis Oscar Giménez y Manuel Torres Godoy. Estado de Derecho, administración de justicia y derechos humanos*. Instituto de Estudios Jurídicos del Estado Lara-Barquisimeto Tribuna Jurídica de Venezuela. Barquisimeto, 2005.

- «Informe nacional de Venezuela: Cuestionario general para los relatores nacionales». En: *Civil Procedure Review*. Vol. 2 (edición especial). Múnich, 2011, pp. 289-308, www.civilprocedurereview.com (en colaboración con Yajaira YRURETA ORTIZ).
- «Neurociencia, neuroética, Derecho y proceso». En: *Neurociencia y proceso judicial*. Marcial Pons. M. TARUFFO y J. Nieva FENOLL, directores. Madrid, 2013, pp. 43-82.
- «Neuroderecho, neuromarketing y el filo de la navaja». En: *XL Jornadas J. M. Domínguez Escovar Homenaje a la memoria de Ricardo Antequera Parili: La propiedad intelectual como herramienta de competitividad. Retos para una economía globalizada*. Librería J. Rincón. Barquisimeto, 2014.
- «Cine, Derecho y literatura». En: *Derecho y literatura*. Universidad Metropolitana. Edgardo MONDOLFI GUDAT, Editor. Caracas, 2016, pp. 129-159.

Actividades y funciones profesionales:

- Más de 40 años de actividad jurídica en las áreas Civil, Mercantil, Laboral y Contencioso-Administrativo, con especial dedicación al Derecho Constitucional, casación y asesoría de empresas.
- Ex Inspector General de Tribunales.
- Director Fundador del Escritorio Jurídico *Molina & Asociados*.

Prof. René MOLINA GALICIA

Derecho Procesal del Trabajo venezolano. Breve aproximación histórica

César Augusto Carballo Mena**

> Fue allí donde los ilusionistas del Derecho demostraron que las reclamaciones carecían de toda validez, simplemente porque la compañía bananera no tenía, ni había tenido nunca ni tendría jamás trabajadores a su servicio.
> Gabriel García Márquez: *Cien años de soledad.*

> En cada Estado debe existir una jurisdicción especial de trabajo y un procedimiento adecuado para la rápida solución de los conflictos.
> Carta Internacional Americana de Garantías Sociales, artículo 36 (Bogotá, 1948).

Sumario

***In limine* 1. Preámbulo 2. Precedentes: conciliación y arbitraje de conflictos colectivos de trabajo y sanción de infracciones legales 3. Génesis del Derecho Procesal del Trabajo: Ley del Trabajo de 1936 4. Vertebración judicial: Ley Orgánica de Tribunales y de Procedimiento del Trabajo y Ley Orgánica Procesal del Trabajo 5. Vertebración administrativa: Ley del Trabajo de 1936 (transición), Ley del Trabajo de 1945 (excepción), Ley contra Despidos Injustificados 1974-1990 (expansión: estabilidad relativa o impropia), Decretos de inamovilidad laboral (2002-2015) y Decreto con rango, valor y fuerza de Ley Orgánica del Trabajo, los Trabajadores y las Trabajadoras de 2012 (preeminencia). Conclusión**

---

* **Universidad Católica Andrés Bello**, Jefe del Departamento de Derecho Social y de la Cátedra de Derecho Colectivo del Trabajo. Individuo de número de la Academia de Ciencias Políticas y Sociales. Vicepresidente del Instituto Venezolano de Derecho Social. carballomena@gmail.com

In limine

René MOLINA GALICIA, a quien se dedica la presente obra colectiva que tengo el honor de acompañar, es hombre de cruzadas que no sabe cruzarse de brazos, jurista, cinéfilo, bibliófilo, y anfitrión espléndido. Me honra con su amistad, que he trabado también con su familia, y aspiro, de algún modo, testimoniárselo con este –modestísimo– ensayo.

1. Preámbulo

El Derecho Procesal del Trabajo refiere al conjunto de normas que regulan los institutos y mecanismos –judiciales, administrativos, arbitrales o autonómicos– destinados a garantir la integridad del ordenamiento jurídico sustantivo en materia laboral, mediante la composición de los conflictos y la sanción de las transgresiones que se susciten en su ámbito.

Así, el Derecho Procesal del Trabajo, reflejando el irreductible talante del ordenamiento sustantivo cuya realización ha de garantir, se consustancia con el principio protectorio de la integridad –física, psíquica y moral– del prestador de servicios bajo subordinación o dependencia[1].

Del principio protectorio, en la esfera adjetiva, se desgajan imperativamente, entre otras máximas, la valoración de la normativa –sustantiva y adjetiva– en favor del prestador de servicios personales, la primacía de la realidad sobre las formas, y la expansión de los poderes cautelares e inquisitivos del juzgador[2,3]:

---

[1] *Vid.* CALDERA, Rafael: *Derecho del Trabajo*. Tipografía La Nación. Caracas, 1939, p. 191, «la justicia ordinaria es lenta, complicada y costosa (…) Ahí está la razón inmediata de la existencia de un fuero especial del trabajo. De tribunales especiales y de procedimiento especial. Aquéllos, para ocuparse con conciencia efectiva de problemas nuevos y urgentes. Este, para simplificar los juicios, suprimir la necesidad de abogados y adaptarse a la condición de Derecho tutelar que tiene el del Trabajo».

[2] *Vid.* PASCO COSMÓPOLIS, Mario: *Fundamentos de Derecho Procesal del Trabajo*. 2.ª, Aele. Lima, 1997, pp. 38-74.

[3] En este orden de ideas, el artículo 5 de la Ley Orgánica Procesal del Trabajo (*Gaceta Oficial de la República Bolivariana de Venezuela* N.º 37504, del 13-08-02) dispone: «Los jueces, en el desempeño de sus funciones, tendrán por norte de sus actos la

i. Valoración *pro operario* de las normas sustantivas y adjetivas: El Derecho del Trabajo se configura a partir de la necesaria protección del prestador de servicios personales en condiciones de dependencia, habida cuenta su mermado poder de negociación, lo cual supuso la ruptura con el principio de igualdad formal entre las partes del contrato y la consecuente libertad de regulación de los términos de interdependencia de estos.

A los fines de realizar la efectiva tuición del trabajador se conjugaron, de un lado, normas estatales de carácter protectorio, revestidas de orden público y, por tanto, irrelajables, y del otro, la libre organización de trabajadores para la defensa y promoción de sus intereses de clase o categoría[4].

La integridad del Derecho sustantivo así hilvanado exige un régimen adjetivo que pondere y compense los asimétricos poderes de negociación que ostentan los sujetos de la relación de trabajo y garantice el destacado objetivo protector.

Por tanto, el juzgador deberá, en caso de antinomia, aplicar la norma que más favorezca al trabajador (principio de favor), asumir la interpretación que más beneficie a este, en caso de duda razonable (*in dubio pro operario*), y reconocer la vigencia –en la esfera del caso concreto– de la norma abrogada cuando resulte más favorable al trabajador que el régimen derogatorio (conservación de la condición laboral más beneficiosa o progresividad).

---

verdad, están obligados a inquirirla por todos los medios a su alcance y a no perder de vista la irrenunciabilidad de derechos y beneficios acordados por las leyes sociales a favor de los trabajadores, así como el carácter tutelar de las mismas; y por tal causa, tienen que intervenir en forma activa en el proceso, dándole el impulso y la dirección adecuados, en conformidad con la naturaleza especial de los derechos protegidos».

[4] Son tres los contenidos esenciales o presupuestos de la libertad sindical: i. Organizativo o estático (derecho a asociarse sin autorización previa y bajo la modalidad que se estime conveniente); ii. dinámico o funcional (derecho a defender y promover los intereses grupales o de clase mediante la negociación colectiva normativa, la gestión del conflicto y la huelga, la participación en la gestión empresarial, y –como se pretende destacar– el diálogo y la concertación social) y iii. inmunitario o tuitivo (derecho a eficaz protección frente a las conductas que tuviesen por objeto o efecto impedir, restringir u obstaculizar el pleno y eficaz ejercicio de la libertad sindical). *Vid.* CARBALLO MENA, César Augusto: *Libertad sindical. La perspectiva de los derechos fundamentales*. CACM. Caracas, 2012, p. 165.

ii. Primacía de la realidad sobre las formas: Como emanación del principio protectorio, el juzgador, advertido de la arquetípica asimetría en los poderes de negociación que exhibe la relación de trabajo, debe recelar de las formas externas, fachadas o apariencias y trascenderlas para aprehender los datos fácticos que revelen el modo en que efectivamente se trabó y desenvolvió la interacción que entraña prestación personal de servicios, derivando de ello sus consecuencias jurídicas.

iii. Poderes cautelares e inquisitivos del juzgador: El objeto del contrato de trabajo es el propio trabajador, como lo han apuntado, entre otros, Sinzheimer (el trabajador «no da ningún bien patrimonial, sino que se da a sí mismo»[5]), Caldera (el objeto de la relación de trabajo es «la fuerza de trabajo inherente al hombre [... es decir] la persona humana misma»[6], y Supiot («la persona física constituye el objeto de la prestación del trabajador. El cuerpo es el lugar, el pasaje obligado de la realización de las obligaciones del trabajador, es la cosa misma que forma la materia del contrato»[7]).

El bien jurídico tutelado por el Derecho del Trabajo es, entonces, la integridad física, psíquica y moral del trabajador, de allí que resulte impretermitible que, en el plano procesal, se inserten mecanismos que permitan verificar –con ánimo preventivo– el fiel cumplimiento de las normas sustantivas, y se confiera al juzgador amplias facultades que le permitan inquirir la verdad. Al primer objetivo responden nítidamente los servicios de inspección en el trabajo, generalmente de naturaleza administrativa, orientados a la supervisión de centros de trabajo, detección de incumplimientos normativos, orientación sobre modos de subsanación, y aplicación de sanciones por desacato[8]. El segundo, por su

---

[5] Sinzheimer, Hugo: «La esencia del Derecho del Trabajo». En: *Crisis económica y Derecho del Trabajo. Cinco estudios sobre la problemática humana y conceptual del Derecho del Trabajo*. IELSS. Madrid, 1984, p. 73.

[6] Caldera: ob. cit., p. 238.

[7] Supiot, Alain: *Crítica del Derecho del Trabajo*. Ministerio del Trabajo y Asuntos Sociales. Madrid, 1996, p. 80.

[8] «La eficacia del Derecho del Trabajo depende en gran parte, aunque no exclusivamente, del buen funcionamiento de un sistema de inspección del trabajo», Casale, Giuseppe: «La eficacia del Derecho del Trabajo y el papel de la inspección del trabajo». En: *xx Congreso Mundial de Derecho del Trabajo y Seguridad Social*. Sociedad Internacional

parte, se concreta en la superación del clásico modelo dispositivo que se erige sobre la idea del juzgador mercenario, que limita su accionar a lo estrictamente requerido por los actores trabados en litigio, para –en su lugar– reconocerle amplias facultades inquisitivas que le permitan realizar la justicia en el caso concreto sometido a su escrutinio, entre las cuales cabe mencionar la iniciación de oficio del proceso o el fallo ultra o extrapetita, y –las más moderadas– opciones de impulsar o sanear –por propia iniciativa– el proceso.

Finalmente, cabe reiterar que en el perímetro del presente ensayo, el Derecho Procesal del Trabajo es concebido como conjunto de normas que regulan institutos y mecanismos destinados a asegurar la realización del ordenamiento sustantivo, independientemente de la naturaleza judicial, administrativa, arbitral o autonómica de aquellos.

Consecuentemente, integran el objeto de la referida disciplina jurídica tanto los procedimientos en sede judicial destinados a dirimir conflictos intersubjetivos, como aquellos que –con idéntica finalidad– se atribuyan a instancias administrativas, la conciliación, mediación y arbitraje de conflictos individuales o colectivos de trabajo, e incluso, bajo la perspectiva amplísima expuesta, los sistemas de inspección de centros de trabajo y sanción por violación del ordenamiento jurídico sustantivo[9].

---

de Derecho del Trabajo y Seguridad Social. Santiago, 2012, p. 7 (consultado del original). En este sentido, «el Convenio 81 (de la Organización Internacional del Trabajo) asigna tres cometidos básicos para los inspectores laborales: garantizar que la legislación laboral se aplique, el asesoramiento a los empleadores y a los trabajadores sobre los medios más eficaces para lograr ese objetivo, y llamar la atención de las autoridades a propósito de las deficiencias actualmente no contempladas por la ley», ibíd., p. 11.

[9] Cabe reseñar que el Decreto con rango, valor y fuerza de Ley Orgánica del Trabajo, los Trabajadores y las Trabajadoras del 2012 (*Gaceta Oficial de la República Bolivariana de Venezuela* N.º 6076 extraordinario, del 07-05-12) prevé en su artículo 23 principios de la administración de justicia, comunes a órganos judiciales y administrativos: «... uniformidad, brevedad, gratuidad, celeridad, oralidad, inmediatez, concentración, prioridad de la realidad de los hechos, la equidad, rectoría del juez en el proceso, sencillez, eficacia, accesibilidad, imparcialidad, idoneidad, transparencia, autonomía, independencia, responsabilidad, atendiendo el debido proceso, sin dilaciones indebidas, sin formalismos o reposiciones inútiles».

2. Precedentes: conciliación y arbitraje de conflictos colectivos de trabajo y sanción de infracciones legales

Durante el siglo XIX el trabajo en Venezuela fue regulado básicamente a través de reglamentos locales de policía, contentivos de normas sobre esclavos, sirvientes, jornaleros, artesanos y aprendices[10], y del régimen del arrendamiento de servicios previsto en el Código Civil (1862) y algunas leyes emanadas de entidades federales[11]. La aludida normativa, orientada por los principios liberales e individualistas imperantes, reguló esencialmente lo que concierne al deber de trabajar, la idoneidad profesional, las formalidades y modalidades del contrato, las causas y consecuencias de su extinción, la remuneración, la jornada, y los infortunios del trabajo[12].

Resulta fundamental advertir que las diversas autoridades provinciales atribuyeron las funciones de composición de conflictos intersubjetivos y aplicación de sanciones por trasgresión del ordenamiento jurídico a instancias policiales, y solo excepcionalmente a jefes políticos, jueces o alcaldes[13].

De otra parte, es de señalar que el Código de Minas de 30 de junio de 1891 previó el cargo de «ingeniero inspector», al que correspondía velar por el cumplimiento de dicha ley y ejercer funciones de mediación en caso de huelga. La potestad de impulsar la autocomposición de conflictos colectivos de trabajo fue atribuida, en el Código de Minas de 29 de marzo de 1893, al «guardaminas», y suprimida en el Código de Minas de 16 de agosto 1909, en cuyo ámbito tales conflictos serían dirimidos –bajo fórmula de heterocomposición– por una junta de tres árbitros arbitradores[14].

---

[10] PARRA ARANGUREN, Fernando: *Antecedentes del Derecho del Trabajo en Venezuela 1830-1928*. Fondo Editorial Nacional-José Agustín Catalá, editor. Facsímil de la edición de 1965 por la Universidad del Zulia. Caracas, 1999, pp. 79-94.
[11] Ibíd., pp. 56-69.
[12] Ibíd., pp. 97-210.
[13] Ibíd., pp. 222-224.
[14] PARRA ARANGUREN, Fernando: *Antecedentes del Derecho del Trabajo en Venezuela (1916-1928)*. UCAB. Caracas, 1980, pp. 68-76.

Con base en lo expuesto cabe sostener que la legislación sobre minas de finales del siglo XIX introdujo las primeras normas procesales del trabajo, al prever la función de conciliación-mediación[15] en caso de conflictos colectivos de trabajo, y posteriormente, con el Código de 1909, el mecanismo arbitral como medio de heterocomposición.

La Ley de Talleres y Establecimientos Públicos de 26 de junio de 1917 y la Ley del Trabajo de 23 de julio de 1928, si bien consagraron derechos subjetivos en tutela del trabajador dependiente, contemplando aquella la imposición de sanciones pecuniarias por incumplimiento de deberes patronales (artículo 6), y esta las funciones de policía administrativa con el objeto de velar por el cumplimiento de la normativa legal (artículo 4), no previeron mecanismos adjetivos bajo la rectoría del principio tuitivo, correspondiendo –en todo caso– a los tribunales civiles dirimir las controversias que pudiesen suscitarse.

3. Génesis del Derecho Procesal del Trabajo: Ley del Trabajo de 1936

El primer instrumento normativo con vocación de eficacia general en el ámbito de las relaciones laborales fue la Ley del Trabajo de 16 de julio de 1936[16,17], toda vez que:

---

[15] En la órbita de nuestro vigente ordenamiento jurídico (artículo 166 del Reglamento de la Ley Orgánica del Trabajo, *Gaceta Oficial de la República Bolivariana de Venezuela* N.º 38426, del 28-04-06), las funciones de conciliación y mediación aparecen diferenciadas en atención a las facultades reconocidas al tercero interviniente: en aquélla, coadyuva a los sujetos del conflicto a alcanzar un acuerdo negociado, mientras que en esta, además de ello, somete a consideración de los interesados fórmulas específicas de arreglo. Esta distinción resulta particularmente trascendente en la esfera judicial (regulada en la actualidad por la Ley Orgánica Procesal del Trabajo del 2002), por cuanto los jueces, en todas las instancias, deben ejercer la conciliación, mientras que la mediación, que como acaba de verse entraña quebrantar la neutralidad y ofrecer fórmulas específicas de composición del conflicto, solo atañe a jueces especializados (juez de sustanciación, mediación y ejecución), excluidos –por regla general– de función dirimente.

[16] *Gaceta Oficial de los Estados Unidos de Venezuela*, del 16-06-36 (año LXIV, mes X).

[17] Es de destacar que la referida Ley constituye expresión de la primera asesoría técnica brindada por la Organización Internacional del Trabajo a un país miembro en materia

i. Atribuyó a la Oficina Nacional del Trabajo –anunciada en el «Programa de febrero»[18] del presidente López Contreras e instalada el 1° de marzo de 1936[19]– la función de cumplir y hacer cumplir las disposiciones legales (artículo 145.c), contando para ello con la adscripción de órganos administrativos desconcentrados, denominados «inspectorías del trabajo», a los cuales correspondía coadyuvar en el cumplimiento de dicha Ley

---

legislativa: correspondió a David BLELLOCH desempeñarse en Venezuela como Asesor Técnico Accidental de la Oficina Internacional del Trabajo, coadyuvando a la Oficina Nacional del Trabajo en la redacción del Proyecto de Ley del Trabajo que devendría promulgada el 16 de julio de 1936. Al respecto, BLELLOCH manifestó: «Uno de los primeros pasos del régimen democrático (en Venezuela…) fue lanzar un programa de reformas conocido como programa de febrero (…) Ese programa prometía *inter alia*, la promulgación de un cuerpo de legislación protectora del trabajo y la inmediata creación de la Oficina Nacional del Trabajo para velar por la aplicación de la legislación del trabajo ya existente y para emprender el estudio metódico de las reformas que en ella debían introducirse. Mi colega ginebrino Manuel Arocha (…) cablegrafió de inmediato a su gobierno en Caracas, sugiriendo que la OIT fuera invitada a suministrar asistencia técnica (…) De acuerdo con esta iniciativa, el Gobierno cablegrafió a la Oficina formalizando tal solicitud (que era la primera…) de esta naturaleza que la Oficina recibió. El Director decidió enviarme a mí y llegué a Caracas el 20 de marzo de 1936», BLELLOCH, David: «La legislación del trabajo, el 'desarrollo' y Venezuela». En: *Testimonios de una preocupación social*. Ministerio del Trabajo. Caracas, 1996, pp. 34 y 35.

[18] Programa político y administrativo expuesto por el presidente de los Estados Unidos de Venezuela, Eleazar López Contreras, el 21 de febrero de 1936, como medida de apaciguamiento de la conflictividad política y social desatada con la muerte del Gral. Juan Vicente Gómez, el 17 de diciembre de 1935, después de haber gobernado autoritariamente al país, por sí o interpuesta persona, desde 1908. Entre los puntos principales del programa, a los fines del presente ensayo, destacan: i. «La reorganización de la administración de justicia (… y la reforma) de las leyes que rigen el procedimiento judicial (… con el objeto de asegurar) una justicia rápida, eficaz y no onerosa»; y ii. «adaptar a las condiciones peculiares de la República la legislación internacional del trabajo existente; y a tales fines creará pronto una Oficina Nacional del Trabajo, encargada de velar por la aplicación de la legislación vigente sobre la materia, y de emprender, al propio tiempo, el estudio metódico de las reformas que en ella deben introducirse», *Gobierno y época del presidente Eleazar López Contreras. Mensajes y memorias 1935-1941*. Pensamiento político venezolano del siglo XX. Documentos para su estudio. Tomo VIII, vol. I, N.° 17. Congreso de la República. Caracas, 1985, p. 76.

[19] CALDERA: ob. cit., p. 158.

(artículo 151.a, en concordancia con el artículo 145.c), ejercer funciones de conciliación (artículos 151.c, 163 y 169) y arbitraje en el supuesto de conflictos colectivos de trabajo (artículos 175-177), sancionar con multa las infracciones legales (artículo 236), y –muy relevantemente– dirimir –bajo régimen transitorio[20]– conflictos intersubjetivos mediante el procedimiento pautado en el Código de Procedimiento Civil de 1916 para las excepciones dilatorias[21]; y ii. Previó un amplio régimen de sanciones en el supuesto de infracción de las normas legales (artículos 203-232), a cargo –como antes fue señalado– de los inspectores del trabajo.

La comentada Ley del Trabajo constituyó la expresión primera del Derecho Laboral Procesal venezolano por incorporar instancias (inspectorías del trabajo) y procedimientos (conciliación y arbitraje en la esfera de conflictos colectivos, composición de conflictos intersubjetivos, y sanciones) idóneos para asegurar la observancia de la normativa sustantiva en materia laboral.

No obstante, la función jurisdiccional atribuida a instancias administrativas –en lugar de órganos judiciales– mereció la crítica temprana de Caldera, funcionario de la Oficina Nacional del Trabajo durante el proceso de sanción de la Ley del Trabajo de 1936:

> Peca la Ley al atribuir la jurisdicción especial del Trabajo a los Inspectores del Trabajo o a la persona que ellos comisionen, en la primera instancia; y en la segunda, a la Dirección de la Oficina Nacional del Trabajo. Derívase una duplicidad de funciones, administrativas propiamente dichas y administrativo-judiciales, que ocasiona multiplicidad de inconvenientes [… De otra parte, el procedimiento presenta tres claros defectos] 1. El doble principio de la justicia mixta y electiva [previsto en …] el artículo 183 de la Ley del Trabajo [conforme al cual las partes pueden pedir

---

[20] «Para los asuntos que no correspondan a la conciliación y al arbitraje, y, en todo caso, para las cuestiones de carácter contencioso que suscite la aplicación de las disposiciones legales y de las estipulaciones de los contratos de trabajo (…) mientras sean creados metódicamente por el Ejecutivo Federal tribunales especiales…» (artículo 182).

[21] *Vid*. artículo 184 de la Ley del Trabajo de 1936.

la constitución del Tribunal con asesores, y con ello...] llevar a la primera instancia una función de equidad, más que de estrecho razonamiento jurídico [...] 2. Establece la Ley que el procedimiento a seguir será el pautado en el Código de Procedimiento Civil para las excepciones dilatorias (artículo 184) [... y] 3. [conforme al artículo 187 de la Ley...] la denuncia del caso deberá hacerse dentro de los diez días de ocurridos los hechos que la motivaron, y contendrá los datos que determine el Reglamento de esta Ley [... pretendiéndose deducir de ello] que no [habría...] lugar a juicio mientras dichos datos no se establecieran reglamentariamente[22].

Es de destacar que la atribución de amplísimas funciones jurisdiccionales a los inspectores del trabajo, en el momento fundacional del Derecho Laboral Procesal venezolano, delineó quizá el protuberante protagonismo de la administración del trabajo en el ámbito de nuestro sistema de relaciones laborales. A pesar de la configuración –a partir de 1937– de órganos judiciales especializados en materia laboral, las instancias administrativas ejercen, incluso con carácter preeminente en la actualidad, además de las clásicas funciones de conciliación, inspección y sanción, la composición de una amplísima gama de conflictos intersubjetivos, en detrimento del Poder Judicial.

En efecto, mediante Decretos del 4 de diciembre de 1936 y 15 de noviembre de 1937 se crearon, por virtud de aquel, el Tribunal de Primera Instancia del Trabajo del estado Zulia, y por mandato de este, dos Tribunales de Primera Instancia del Trabajo con competencia en el Distrito Federal y un Tribunal Superior –colegiado[23]– del Trabajo con competencia nacional. Dichos órganos judiciales, en observancia de lo dispuesto en el artículo 184 de la Ley del Trabajo de 1936, habrían de dirimir los conflictos intersubjetivos derivados de la aplicación de dicha Ley, mediante el procedimiento previsto en el Código de Procedimiento Civil para las excepciones dilatorias. En el resto del país continuó en plena vigencia el régimen transitorio que atribuía jurisdicción a las inspectorías del trabajo[24].

---

[22] CALDERA: ob. cit., pp. 198-200.
[23] Compuesto por tres miembros (presidente, vicepresidente y canciller) y dos vocales, ibíd., p. 207.
[24] Ibíd., pp. 197 y 198.

Aunque el procedimiento estuviese pautado en el Código de Procedimiento Civil, resultaba conforme al principio protectorio que también orienta al Derecho Laboral Procesal, habida cuenta su carácter breve, en tanto circunscrito al trámite y decisión de excepciones dilatorias, y los ajustes[25] de que fue objeto con la finalidad de garantizar la tutela judicial efectiva: opción de demanda verbal y deber del juez de plasmarla en acta que encabezaría el procedimiento (artículo 378 del Reglamento de la Ley del Trabajo de 1938), gratuidad (artículo 14 de la Ley del Trabajo), carácter urgente de todas las actuaciones (artículo 379 del Reglamento), audiencias todos los días hábiles y garantía de horarios convenientes para los trabajadores (artículos 350 y 351 del Reglamento), decisión de excepciones en la sentencia definitiva (jurisprudencia del Tribunal Superior del Trabajo[26]), facultad del tribunal de decretar de oficio las pruebas que estime de mérito (artículo 380 del Reglamento), y servicio público de defensa gratuita mediante procuradores de trabajadores (Decreto Ejecutivo del 17 de diciembre de 1938)[27].

4. Vertebración judicial: Ley Orgánica de Tribunales y de Procedimiento del Trabajo y Ley Orgánica Procesal del Trabajo

La Ley Orgánica de Tribunales y de Procedimiento del Trabajo del 16 de agosto de 1940 organizó los tribunales del trabajo[28] y el procedimiento que habrían de observar en el ejercicio de la función jurisdiccional, con aplicación supletoria del Código de Procedimiento Civil en lo que respecta al juicio breve (artículo 47).

---

[25] Ibíd., pp. 209-221.
[26] Ibíd., pp. 216 y 217.
[27] Ibíd., p. 225.
[28] Artículo 2: «Los Tribunales del Trabajo son: a. Los Tribunales del Trabajo, que conocen en primera instancia; y b. El Tribunal Superior del Trabajo, que conoce en segunda instancia». Este último, «compuesto de tres jueces que se denominarán presidente, relator y canciller»; con sede en la ciudad de Caracas y con competencia para conocer «en segunda y última instancia, de las apelaciones y consultas de los fallos que dicten los tribunales que conozcan en primera instancia de los juicios del trabajo» (artículo 3).

Su artículo 1[29], referido al ámbito material de validez, delimitó idealmente –aunque con escasa eficacia temporal[30]– los ámbitos de la justicia laboral administrativa y judicial: aquella atendería los procesos de conciliación y arbitraje de conflictos colectivos de trabajo, y esta –expansivamente– el resto de los asuntos contenciosos en materia de trabajo.

En términos abreviados, la Ley Orgánica de Tribunales y de Procedimiento del Trabajo de 1940 reprodujo los rasgos esenciales del procedimiento ensamblado en la Ley del Trabajo de 1936 y su Reglamento de 1938, con los ajustes introducidos por la jurisprudencia, es decir, brevedad de los lapsos procesales (artículo 47), gratuidad (artículo 18) y carácter urgente de las actuaciones (artículo 68), opción de demanda oral y deber del juez de plasmarla en acta que encabezaría el procedimiento (artículo 77), y servicio público de defensa gratuita (artículos 49-55).

No obstante, dicha Ley previó opciones en cabeza del accionado que resultaron contrarias a los rasgos de simplicidad, celeridad y tuición del trabajador:

---

[29] «Los asuntos contenciosos del trabajo, que no correspondan a la conciliación ni al arbitraje, y en todo caso, las cuestiones de carácter contencioso que suscite la aplicación de las disposiciones legales y de las estipulaciones de los contratos de trabajo, serán sustanciados y decididos por los tribunales federales que se indican en la presente Ley».

[30] El artículo 165 de la Ley del Trabajo (reformada según *Gaceta Oficial* N.º 132 extraordinario, del 10-05-45), atribuyó a los inspectores del trabajo la composición de los conflictos derivados del régimen de inamovilidad o estabilidad reforzada en beneficio de dirigentes sindicales. Dicho fuero fue luego extendido a los promotores de organizaciones sindicales (artículo 198 de la Ley del Trabajo, publicada en *Gaceta Oficial* N.º 200 extraordinario, del 03-11-47). Progresivamente la inamovilidad se extendió a otras categorías de trabajadores, potencialmente víctimas de discriminaciones por razones de actividad sindical –trabajadores interesados en elecciones sindicales, negociaciones colectivas, conflictos colectivos, etc.–, maternidad, paternidad, discapacidad por accidente de trabajo o enfermedad profesional, y suspensión del vínculo laboral, y en la actualidad ampara a la –prácticamente– totalidad de los trabajadores *ex* Decreto con rango, valor y fuerza de Ley de Inamovilidad Laboral, publicado en la *Gaceta Oficial de la República Bolivariana de Venezuela* N.º 6207 extraordinario, del 28-12-15.

i. Opción de oponer sucesivamente excepciones dilatorias y de inadmisibilidad que habrían de ser resueltas *in limine litis*, promoviéndose la arborización[31] del procedimiento (artículos 78-80); y ii. opción de contestar la demanda –agotada la incidencia por excepciones, si fuese el caso– de manera pura y simple (artículo 82), colocando sobre el demandante –bajo los criterios entonces imperantes– la carga probatoria.

Las falencias advertidas fueron objeto de reforma[32], por cuya virtud, las excepciones dilatorias y de inadmisibilidad debían ser opuestas juntamente en la oportunidad de la litis-contestación[33] (artículo 64), y el accionado, en ocasión de dar contestación a la demanda, debe determinar «con claridad cuáles de los hechos invocados en el libelo admite como ciertos y cuáles niega o rechaza y expresar asimismo los hechos o fundamentos de su defensa que creyere conveniente alegar», so pena de incurrir en confesión ficta (artículo 68). Esbozando los rasgos de inmediatez e inquisición de la verdad, se previó que, antes de concluir el acto de la litis-contestación, el juez podría interrogar a la parte demandada sobre alguno o más de los hechos que este no hubiese rechazado en forma determinada, teniéndose su repuesta como parte de la contestación[34].

La Ley Orgánica de Tribunales y de Procedimiento del Trabajo fue objeto de una segunda reforma[35], esta vez puntual, por cuya virtud se ajustó la cuantía exigida para la procedencia del recurso de casación (artículo 78).

El modelo de justicia laboral encarnado en la Ley Orgánica de Tribunales y de Procedimiento del Trabajo colisionó con la axiología de la Constitución

---

[31] Pasco Cosmópolis: ob. cit., p. 43.
[32] *Vid. Gaceta Oficial* N.° 494 extraordinario, del 02-08-56.
[33] Lo previsto en el referido artículo 64 «no excluye la posibilidad de proponer las excepciones de inadmisibilidad como defensas de fondo, de acuerdo con lo dispuesto por el artículo 262 del Código de Procedimiento Civil. En este caso, se seguirá el procedimiento pautado por el último de los artículos citados y se decidirá la excepción en la sentencia definitiva» (artículo 67).
[34] La reforma legislativa eliminó la Corte Superior del Trabajo y consagró, en su lugar, tribunales superiores del trabajo, unipersonales o colegiados (artículos 2.b, 3 y 21-24).
[35] *Vid. Gaceta Oficial* N.° 26266, de 19-11-59.

aprobada mediante referendo de 15 de diciembre de 1999 y enmendada a través de idéntico mecanismo el 15 de febrero de 2009[36].

La Constitución de la República Bolivariana de Venezuela proclama un Estado democrático y social de Derecho y de justicia que propugna como valores superiores de su ordenamiento jurídico y de su actuación, la vida, la libertad, la justicia, la igualdad, la solidaridad, la democracia, la responsabilidad social y, en general, la preeminencia de los derechos humanos, la ética y el pluralismo político (artículo 2).

En este contexto, la función jurisdiccional se orienta, más que a solo dirimir las controversias que surjan en el seno de la sociedad, a garantizar la paz social a través de la materialización del modelo de justicia que traducen los valores, principios y reglas que integran el sistema constitucional[37], y el proceso deviene instrumento fundamental para la realización de la justicia (artículo 257 de la Constitución), superador, por tanto, de formalismos inútiles, incidencias proliferadas, onanismos adjetivos que centran la atención sobre el régimen procesal y sepultan la sustancia de lo debatido, y jueces mercenarios[38].

---

[36] *Vid. Gaceta Oficial* N.º 36860, de 30-12-99, y N.º 5908 extraordinario, de 19-02-09, respectivamente.

[37] «Surge así (...) el proceso como un instrumento al servicio del orden constitucional; con lo que se acentúa el concepto ético del proceso (...) y sus connotaciones deontológicas. La negación de la naturaleza y objetivos puramente técnicos del sistema procesal, es al mismo tiempo la afirmación de su permeabilidad a los valores tutelados en el orden político constitucional y jurídico material», MOLINA GALICIA, René: *Reflexiones sobre una nueva visión constitucional: del proceso y su tendencia jurisprudencial. ¿Hacia un gobierno judicial?* 2.ª, Editorial Paredes. Caracas, 2008, p. 223.

[38] «El proceso no puede convertirse en un simple ejercicio de actividades contrapuestas, ni en un fin en sí mismo. La búsqueda de la verdad, para hacer justicia, es lo que en definitiva da efectividad a los derechos reconocidos en las normas sustantivas. Tratándose de normas protectoras de los trabajadores, es todavía más claro y necesario que ese sea el objeto del proceso», MURGAS TORRAZZA, Rolando: *Tendencias actuales del Derecho Laboral Procesal y su influencia en las reformas del proceso del trabajo en América Latina*. Material de apoyo del Seminario de Postgrado Internacional y Comparado sobre Derechos Laborales Fundamentales y Procesal del Trabajo, Isla de Margarita 14-22 de marzo de 2011. Sociedad Internacional de Derecho del Trabajo y de la Seguridad Social-Academia Iberoamericana de Derecho del Trabajo y de la Seguridad Social-Universidad de Margarita-Fundación Universitas. Porlamar, 2011, p. 164.

Una tal configuración del Estado supone que los poderes públicos no solo deban apegarse estrictamente, en su organización y actuación, a las previsiones del sistema jurídico, erradicando así la arbitrariedad, como corresponde al Estado de Derecho, sino que además, como se deduce de un Estado de justicia, se ordenen para garantizar a todos los habitantes de la República, con especial énfasis sobre aquellos que integren clases o grupos sociales preteridos[39], el pleno y eficaz ejercicio de los derechos que dimanan del sistema constitucional.

La realización del Estado democrático y social de Derecho y de justicia, a través de la plena y oportuna satisfacción de los fines esenciales que se le atribuyen, reclama una adecuada tutela judicial porque, en definitiva, la trascendencia de los derechos fundamentales en una determinada sociedad no ha de estimarse atendiendo a su mera proclamación sino, sobre todo, a los medios adjetivos que se ofrecen para garantizar su pleno y eficaz ejercicio, como garantía de cohesión en una sociedad democrática donde, por definición, coexisten intereses diversos e, incluso, contrapuestos. En este orden de ideas, el texto constitucional dispone:

> Artículo 26.- (...) El Estado garantizará una justicia gratuita, accesible, imparcial, idónea, transparente, autónoma, independiente, responsable, equitativa y expedita, sin dilaciones indebidas, sin formalismos o reposiciones inútiles.
>
> Artículo 257.- El proceso constituye un instrumento fundamental para la realización de la justicia. Las leyes procesales establecerán la simplificación, uniformidad y eficacia de los trámites y adoptarán un procedimiento breve, oral y público. No se sacrificará la justicia por la omisión de formalidades no esenciales.
>
> Artículo 258.- (...) La ley promoverá el arbitraje, la conciliación, la mediación y cualesquiera otros medios alternativos para la solución de conflictos[40].

---

[39] *Vid.* TSJ/SC, sent. N.° 85, del 24-01-02.
[40] De conformidad con el artículo 253 de la Constitución, los medios alternativos de resolución de conflictos constituyen uno de los componentes del sistema de justicia.

Como se desprende de las normas transcritas, la potestad jurisdiccional del Estado y, por ende, el proceso, como modo de realizar dicha potestad[41], se conciben en el sistema constitucional como instrumentos para la consecución de la justicia, debiendo a tal fin promover los medios alternativos de solución de conflictos intersubjetivos.

Con la orientación expuesta en los párrafos precedentes, se ordenó a la Asamblea Nacional aprobar, dentro de su primer año de vigencia:

> 4. Una ley orgánica procesal del trabajo que garantice el funcionamiento de una jurisdicción laboral autónoma y especializada, y la protección del trabajador o trabajadora en los términos previstos en esta Constitución y en las leyes. La ley orgánica procesal del trabajo estará orientada por los principios de gratuidad, celeridad, oralidad, inmediatez, prioridad de la realidad de los hechos, la equidad y rectoría del juez o jueza en el proceso (Disposición Transitoria Cuarta de la Constitución).

La Ley Orgánica Procesal del Trabajo del 2002, dictada en acato al citado mandamiento constitucional, derogó la Ley Orgánica de Tribunales y de Procedimiento del Trabajo[42] e instauró, con una *vacatio legis* de un año (artículo 194), un régimen procesal que presenta, entre otras, las siguientes peculiaridades:

i. Preeminencia de la oralidad, organización por audiencias e inmediatez del juzgador: Además de la opción de demandar oralmente, consagrada primero en el Reglamento de la Ley del Trabajo de 1938 e incorporada luego en la Ley Orgánica de Tribunales y de Procedimiento del Trabajo, se prevé la celebración de audiencias, presididas por el juzgador, para impulsar medios alternativos de solución del conflicto –audiencia preliminar–, debatir la controversia y probar lo conducente –audiencia de juicio–, debatir y probar sobre la impugnación de la sentencia proferida en primera instancia –audiencia de apelación–,

---

[41] Véscovi, Enrique: *Teoría general del proceso*. Temis. Bogotá, 1984, p. 103.
[42] Salvo en lo que respecta al Servicio de Procuraduría de Trabajadores, previsto en los artículos 33-41 de la Ley Orgánica de Tribunales y de Procedimiento del Trabajo (artículo 206 de la Ley Orgánica Procesal del Trabajo).

y debatir sobre los vicios imputados a la sentencia definitiva dictada en segunda instancia –audiencia de casación o de control de la legalidad[43]–.

Es de destacar que la primera instancia articula dos fases sucesivas e imperativas, denominadas audiencia preliminar y audiencia de juicio, a cargo de jueces autónomos, destinadas al saneamiento y concreción de la *litis* y al impulso de medios alternativos de composición del conflicto, en aquella, y en esta, si fracasase la autocomposición procesal, al debate y resolución mediante sentencia del conflicto intersubjetivo sometido a escrutinio judicial.

ii. Celeridad y simplicidad: Abreviación de los trámites destinados a la notificación del accionado, previsión de lapsos brevísimos para dictar sentencia –60 minutos a partir de la culminación de la audiencia de juicio, de apelación o de casación, susceptible de diferirse, en casos de extrema complejidad hasta por cinco días hábiles–, supresión de incidencias por cuestiones previas –antes, excepciones dilatorias y de inadmisibilidad–, negativa de recurso por admisión de pruebas promovidas por la contraparte, y –lo que resulta particularmente trascendente– casación sin reenvío.

iii. Impulsión de medios alternativos de solución de conflictos: Como antes se señaló, en la audiencia preliminar el juez de sustanciación, mediación y ejecución ejerce, entre otras, funciones de conciliación y mediación. Esta última supone proponer a las partes fórmulas específicas de resolución del conflicto y, por tanto, avanzar opinión sobre el conflicto intersubjetivo que

---

[43] El control de la legalidad constituye un peculiar y extraordinario recurso susceptible de interponerse contra las sentencias definitivas de segunda instancia «que aún y cuando no fueran recurribles en casación, sin embargo, violenten o amenacen con violentar las normas de orden público o cuando la sentencia recurrida sea contraria a la reiterada doctrina jurisprudencial» de la Sala de Casación Social del Tribunal Supremo de Justicia (artículo 178 de la Ley Orgánica Procesal del Trabajo). Se atribuye a la Sala de Casación Social una amplísima discrecionalidad en el trámite del recurso, análoga al *writ of certiorari* del Derecho Procesal federal norteamericano, hasta el grado de exonerarla de motivar las razones estimadas relevantes en caso de declaratoria de inadmisibilidad. *Vid.* CASAL H., Jesús María: *Constitución y justicia constitucional*. UCAB. Caracas, 2006, pp. 97-104.

se ventila, lo cual no compromete su imparcialidad puesto que se encuentra exonerado de dirimir, mediante sentencia, dicha controversia; si no fuese posible la autocomposición en la audiencia preliminar, el asunto sería conocido por el juez de juicio a los fines de su heterocomposición.

Debe, por último, destacarse que, siendo la impulsión de medios alternos de solución de conflictos un rasgo que transversaliza el sistema desarrollado por la Constitución de la República Bolivariana de Venezuela y Ley Orgánica Procesal del Trabajo, todos los jueces –y no solo el de sustanciación, mediación y ejecución– deben ejercer la conciliación, esto es, propiciar el diálogo entre los actores y facilitar la autocomposición del litigio. En ningún caso deberán traspasar tales límites y mediar, toda vez que con ello quebrantarían el ideal de imparcialidad, debiendo entonces inhibirse o haciéndose pasibles de recusaciones que trastornarían el normal desenvolvimiento del proceso[44].

5. Vertebración administrativa: Ley del Trabajo de 1936 (transición), Ley del Trabajo de 1945 (excepción), Ley contra Despidos Injustificados 1974-1990 (expansión: estabilidad relativa o impropia), Decretos de inamovilidad laboral (2002-2015) y Decreto con rango, valor y fuerza de Ley Orgánica del Trabajo, los Trabajadores y las Trabajadoras de 2012 (preeminencia)

La perspectiva judicial del Derecho Procesal del Trabajo venezolano debe complementarse con el protuberante componente administrativo, al cual se atribuyeron, a partir de la Ley del Trabajo de 1936, funciones de conciliación y arbitraje en materia de conflictos colectivos de trabajo[45], sanción de transgresiones al régimen legal[46], y –con carácter transitorio– la heterocomposición de conflictos derivados de la aplicación de la legislación del trabajo.

---

[44] *Vid. supra* nota 15.
[45] Con antecedentes en los Códigos de Minas de 1891, 1893 y 1909.
[46] Con antecedente en la Ley de Talleres y Establecimientos Públicos de 1917.

Así, los inspectores del trabajo, o a quienes estos comisionasen, gozaron de potestad jurisdiccional para dirimir los asuntos contenciosos derivados de «la aplicación de las disposiciones legales y de las estipulaciones de los contratos de trabajo (…) mientras sean creados metódicamente por el Ejecutivo Federal tribunales especiales…» (artículo 182 de la Ley del Trabajo de 1936).

Con la progresiva creación de los tribunales especiales en materia laboral y la sanción de la Ley Orgánica de Tribunales y de Procedimiento del Trabajo de 1940, quedaron nítidamente escindidas las funciones administrativas y judiciales en el ámbito de la justicia laboral: aquellas centradas en la conciliación y arbitraje de conflictos colectivos laborales, y la sanción de infracciones al régimen legal, y estas en la composición de los restantes conflictos intersubjetivos que dimanasen de la aplicación de disposiciones legales en materia laboral y de las estipulaciones de los contratos de trabajo[47].

La dicotomía apuntada se resquebrajó con la atribución a los inspectores del trabajo de la potestad dirimente en caso de conflictos derivados de la inamovilidad o estabilidad reforzada que se reconoció –primero– a los directivos sindicales (artículo 165 de la Ley del Trabajo de 1945), y –luego– a quienes promoviesen la organización de sindicato (artículo 198 de la Ley del Trabajo de 1947). Progresivamente se reconoció inamovilidad o estabilidad reforzada a quienes se estimaron potenciales víctimas de discriminación por razones, principalmente, de actividad sindical[48], maternidad[49], paternidad[50], discapacidad

---

[47] Artículo 1 de la Ley Orgánica de Tribunales y de Procedimiento del Trabajo (1940): «Los asuntos contenciosos del trabajo, que no correspondan a la conciliación ni al arbitraje, y en todo caso, las cuestiones de carácter contencioso que suscite la aplicación de las disposiciones legales y de las estipulaciones de los contratos de trabajo, serán sustanciados y decididos por los Tribunales del Trabajo que se indican en la presente Ley».

[48] 1. Dirigente sindical (artículos 95 de la Constitución, 419.3, 419.4, 419.5 y 419.6 DLOTT), desde el momento de su elección y hasta tres meses después del cese de sus funciones; 2. Promotor y adherente sindical (artículos 95 de la Constitución, 419.1 y 419.2 DLOTT), desde el momento en que sea presentada la solicitud de registro de la organización sindical o fuese presentada la manifestación de voluntad de adherirse a dicho proceso, y hasta 15 días después del registro o su negativa; 3. Delegado sindical en buque en donde presten servicios más de 15 trabajadores (artículo 265 DLOTT), desde el momento de su elección y hasta tres meses después del cese de sus funciones (por

derivada de accidente de trabajo o enfermedad profesional[51], suspensión del vínculo laboral[52]; y desde 2002 dicho régimen se extiende a la totalidad de los trabajadores, con exclusión apenas de quienes ejerzan funciones de dirección, acumulen menos de treinta días de antigüedad en el servicio, o ejecuten labores de temporada u ocasionales[53].

---

aplicación analógica de los artículos 419.3, 419.4, 419.5 y 419.6 DLOTTT); 4. Interesado en la elección de los miembros de la junta directiva de una organización sindical (artículo 419.7 DLOTTT), desde la convocatoria y hasta la proclamación (originalmente prevista en el artículo 452 de la Ley Orgánica del Trabajo de 1990); 5. Postulado a una elección sindical (artículo 419.8 DLOTTT), desde la postulación y hasta 60 días después de la proclamación de la respectiva junta directiva; 6. Interesado en la negociación de una convención colectiva de trabajo (originalmente prevista en los artículos 369 y 408 del Reglamento de la Ley del Trabajo de 1973): 6.1. A nivel descentralizado o de empresa (artículo 419.9 DLOTTT), desde la presentación del proyecto de convención colectiva y hasta la culminación del proceso; y 6.2. A nivel centralizado o de sector de actividad, mediante una reunión normativa laboral (artículos 419.10 y 456.f DLOTTT), desde su inicio (por solicitud, convocatoria de oficio o reconocimiento) y hasta la culminación del proceso; 7. Concernido por un conflicto colectivo de trabajo (artículos 419.9, 419.11 y 489, último aparte DLOTT), desde la presentación del pliego de peticiones y hasta la conclusión del procedimiento; y 8. Delegado de prevención en el Comité de Seguridad y Salud Laborales (artículo 44 de la Ley Orgánica de Prevención, Condiciones y Medio Ambiente de Trabajo), a partir de su elección y hasta tres meses después de vencido el término para el cual resultó electo.

[49] Trabajadora en estado de gravidez (artículos 335 y 420.1 DLOTTT), desde la concepción y hasta dos años después del parto (antes prevista en los artículos 218 del Reglamento de la Ley del trabajo de 1973 y 384 de la Ley Orgánica del Trabajo de 1990). Igualmente, trabajador que adopte un niño menor de tres años (artículos 335 y 420.3 DLOTTT), durante dos años contados a partir de la fecha en que el niño sea dado en adopción.

[50] Trabajador cuya pareja se encuentre en estado de gravidez (artículos 420.2 DLOTTT y 8 de la Ley para Protección de las Familias, la Maternidad y la Paternidad), desde la concepción y hasta dos años después del parto.

[51] Trabajador víctima de accidente o enfermedad ocupacional que produjese pérdida de su capacidad habitual, hasta por un año después de su efectiva reubicación en un puesto de trabajo adecuado (artículo 100, cuarto aparte de la Ley Orgánica de Prevención, Condiciones y Medio Ambiente de Trabajo).

[52] Artículo 420.5 DLOTTT (ante prevista en los artículos 54 del Reglamento de la Ley del Trabajo de 1973 y 96 de la Ley Orgánica del Trabajo de 1990).

[53] Decreto con rango, valor y fuerza de Ley de Inamovilidad Laboral de 2015.

A estas funciones jurisdiccionales, dirimidas en la actualidad a través de los procedimientos administrativos previstos en los artículos 422-425 del Decreto-Ley Orgánica del Trabajo, los Trabajadores y las Trabajadoras, se suman otras, entre las que destacan la composición de conflictos derivados del valor de comida y alojamiento a fines de retribuir el período vacacional (artículo 193), la oportunidad de disfrute vacacional (artículo 200), la arbitraria negativa u omisión de afiliación sindical (artículo 364), otras conductas antisindicales (artículo 363), alegatos y defensas que pretendan enervar la negociación de un proyecto de convención colectiva de trabajo (artículos 439 y 460) o el trámite de un pliego de peticiones (artículo 173 del Reglamento de la Ley Orgánica del Trabajo), y los reclamos que versen –confusamente y en detrimento de la potestad jurisdiccional de los órganos judiciales– sobre condiciones de trabajo (artículo 513 del Decreto-Ley).

Asimismo, durante la vigencia de la Ley contra Despidos Injustificados[54] (1974-1990), que previó un régimen de estabilidad relativa o impropia, por cuya virtud el patrono debía indemnizar a los trabajadores despedidos sin justa causa, o que se retirasen por causa justa, correspondió dirimir los conflictos intersubjetivos que se suscitasen a comisiones tripartitas de primera y segunda instancia, es decir, órganos administrativos adscritos al Ministerio del Trabajo e integrados por sendos representantes de dicho Ministerio y de las organizaciones más representativas de patronos y trabajadores[55].

La señalada tendencia a la «administrativización» de la justicia laboral, que el Decreto-Ley Orgánica del Trabajo, los Trabajadores y las Trabajadoras diáfanamente intensifica[56], trajo como consecuencia que se asignara a los

---

[54] *Gaceta Oficial de la República de Venezuela* N.º 30468, del 08-08-74.
[55] Hung Vaillant, Francisco: *Contribución al estudio de la Ley contra Despidos Injustificados*. 2.ª, Editorial Jurídica Venezolana. Caracas, 1985, pp. 61-89.
[56] El apuntado sesgo del DLOTTT, propiciador de la administrativización de la justicia, se explica, en gran medida, por emanar del presidente de la República en ejercicio de la habilitación legislativa conferida por la Asamblea Nacional (artículo 1.9 de la Ley que autoriza al presidente de la República a Dictar Decretos con Rango, Valor y Fuerza de Ley en las Materias que se Delegan, publicada en la *Gaceta Oficial de la República Bolivariana de Venezuela* N.º 6009 extraordinario, del 17-12-10).

tribunales laborales competencia en materia contencioso-administrativa de anulación (artículo 25.3 de la Ley Orgánica de la Jurisdicción Contencioso-Administrativa[57], en concordancia con criterio vinculante de la Sala Constitucional[58]), incluso respecto de los actos administrativos emanados del ministro con competencia en materia laboral[59].

Resulta imperativo, finalmente, destacar que la expansión y preeminencia de la justicia administrativa exhibe como principales falencias, de un lado, el desconocimiento de estabilidad en favor de los inspectores del trabajo, lo cual trasgrede frontalmente la imparcialidad e independencia del juzgador que entraña el núcleo esencial del derecho al debido proceso[60], y del otro, la consecuente atrofia de la función inspectiva como método destinado a advertir trasgresiones del ordenamiento jurídico y orientar su idónea subsanación.

---

[57] *Vid. Gaceta Oficial de la República Bolivariana de Venezuela* N.º 39451, del 22-06-10.
[58] TSJ/SC, sent. N.º 955, del 23-09-10.
[59] *Vid.* TSJ/SPA, sent. N.º 532, del 17-05-16.
[60] El artículo 8.1 de la Convención Americana sobre Derechos Humanos (1969) dispone que «Toda persona tiene derecho a ser oída, con las debidas garantías y dentro de un plazo razonable, por un juez o tribunal competente, independiente e imparcial, establecido con anterioridad por la ley, en la sustanciación de cualquier acusación penal formulada contra ella, o para la determinación de sus derechos y obligaciones de orden civil, laboral, fiscal o de cualquier otro carácter». Al respecto, la Corte Interamericana de Derechos Humanos ha precisado que «si bien el artículo 8 de la Convención Americana se titula «garantías judiciales», su aplicación no se limita a los recursos judiciales en sentido estricto, sino al conjunto de requisitos que deben observarse en las instancias procesales a efecto de que las personas puedan defenderse adecuadamente ante cualquier acto emanado del Estado que pueda afectar sus derechos» (Ivcher Bronstein *vs.* Perú, http://www.corteidh.or.cr/docs/casos/articulos/Seriec_74_esp.pdf). Asimismo, «conforme a la jurisprudencia de esta Corte y del Tribunal Europeo, así como de conformidad con los principios básicos de las Naciones Unidas relativos a la independencia de la judicatura (…) las siguientes garantías se derivan de la independencia judicial: un adecuado proceso de nombramiento, la inamovilidad en el cargo y la garantía contra presiones externas» (Chocrón Chocrón *vs.* Venezuela, http://corteidh.or.cr/docs/casos/articulos/seriec_227_esp.pdf).

Conclusión

El Derecho Procesal del Trabajo venezolano, con precedentes en los mecanismos de conciliación y arbitraje de conflictos colectivos previstos –a partir de 30 de junio de 1891– en la legislación de minas, se configuró nítidamente en la Ley del Trabajo de 16 de julio 1936, atributiva de potestades sancionatorias, conciliatorias, arbitrales, y jurisdiccionales –estas con carácter transitorio– a instancias administrativas desconcentradas denominadas «inspectorías del trabajo».

A partir de entonces, la justicia laboral es impartida por órganos administrativos y judiciales:

i. Las autoridades administrativas, además de la sanción de infracciones y la conciliación de conflictos colectivos de trabajo, ejercen funciones jurisdiccionales con carácter «transitorio» en la Ley del Trabajo de 1936; «excepcional» a partir de la Ley del Trabajo de 1945, con ocasión de la inamovilidad reconocida a directivos sindicales y luego, progresivamente, a otras categorías de trabajadores en situación propiciatoria de discriminaciones; «expansivo», a propósito del régimen de estabilidad relativa o impropia previsto en la Ley contra Despidos Injustificados (1974-1990[61]); y «preeminente» al reconocerse –sin solución de continuidad– inamovilidad a todas las categorías de trabajadores (2002-2018[62]) y atribuirse –en el Decreto-Ley Orgánica del Trabajo, los Trabajadores y las Trabajadoras– amplísimas potestades jurisdiccionales.

ii. Órganos judiciales, regulados primero en la Ley del Trabajo de 1936, que remitió al procedimiento para el trámite y resolución de excepciones dilatorias previsto en el Código de Procedimiento Civil, luego en la Ley Orgánica de Tribunales y de Procedimiento del Trabajo de 1940 (reformada en 1956

---

[61] Derogada el 1° de enero de 1991, *ex* artículo 665 de la Ley Orgánica del Trabajo de 1990 (*Gaceta Oficial de la República de Venezuela* N.° 4240 extraordinario, del 20-12-90).

[62] En la actualidad, mediante Decreto con rango, valor y fuerza de Ley de Inamovilidad Laboral del 2015.

y 1959), que a su vez remitió al juicio breve previsto en el Código de Procedimiento Civil, y actualmente en la Ley Orgánica Procesal del Trabajo de 2002, que reflejó la concepción constitucional del proceso como instrumento de realización de la justicia.

Caracas, abril de 2018

* * *

Resumen: El autor traza el recorrido histórico del Derecho Procesal del Trabajo venezolano. Para tales fines examina los diversos instrumentos legales que han regulado la materia puntualizando que la justicia laboral ha sido impartida por órganos administrativos –inspectorías del trabajo– y judiciales –tribunales especializados–, con tendencia actualmente a la «administrativización» de la justicia laboral. **Palabras clave**: Derecho Procesal del Trabajo, tribunales y de procedimiento del trabajo, aproximación histórica.

La idea de Derecho y los principios constitucionales en el Código Orgánico Procesal Penal

Ramón Escovar León[*]

Sumario

Introducción **1. La idea de Derecho 2. El positivismo *vs*. el iusnaturalismo 3. La tutela judicial efectiva 4. Principios procesales** *4.1. Principios constitucionales* 4.1.1. El debido proceso 4.1.2. El juez natural *4.2. Principios consagrados en el Código Orgánico Procesal Penal* **Conclusiones**

Introducción

La idea de Derecho que defiende el socialismo del siglo XXI está expuesta en un trabajo de Delgado Ocando[1], según el cual toda la interpretación de la norma jurídica debe estar al servicio de la revolución. En realidad, se trata de poner el sistema jurídico al servicio de un supuesto «proyecto» que solo defiende una minoría que pretende perpetuarse en el poder. Esto ha permitido que a través de decisiones judiciales se restrinjan los derechos ciudadanos, lo cual se evidencia en la interpretación del Código Orgánico Procesal Penal, como expondré en este trabajo.

---

[*] **Universidad Católica Andrés Bello**, Abogado *summa cum laude*; Magister en Administración de Empresas, profesor. **Universidad Central de Venezuela**, Licenciado en Letras *magna cum laude*; Doctor en Derecho; Profesor Titular jubilado.
Este trabajo fue inicialmente preparado para las XIV Jornadas de Derecho Procesal Penal organizadas por la UCAB. Dichas jornadas no pudieron tener lugar en vista de las protestas realizadas en Caracas en el año 2017. Esta es una versión corregida de la que elaboré en esa oportunidad.

[1] Delgado Ocando, José: «Revolución y Derecho». En: *Estudios sobre la Constitución. Libro homenaje a Rafael Caldera*. Tomo IV. UCV. Caracas, 1979, pp. 2595-2600.

Para demostrar lo señalado me voy a referir, en primer lugar, a la idea de Derecho que se ha desarrollado en Venezuela en tiempos recientes. En segundo lugar, reflexionaré sobre el positivismo y el iusnaturalismo, como escuelas del pensamiento jurídico que cohabitan en Venezuela, pero que han sido distorsionadas por el marxismo jurídico. En tercer lugar, me referiré a los principios constitucionales que rigen el proceso penal. En cuarto lugar, describiré los principios concretos que recoge el Código Orgánico Procesal Penal, para, finalmente, consignar mis conclusiones.

1. La idea de Derecho

La idea del Derecho es «notoriamente conservadora», afirma LLOYD en su trabajo clásico sobre la idea del Derecho[2]. Añade que la idea de Derecho en una sociedad determinada, como una democracia social, no siempre marcha al compás de la evolución de los movimientos sociales que emergen de esa sociedad[3]. Esta visión conservadora de la ciencia jurídica se ha observado en Venezuela en la doctrina y jurisprudencia. En el Derecho venezolano ha prevalecido la visión del gran maestro vienés Hans KELSEN con su *Teoría pura del Derecho*, es decir, una teoría del Derecho positivo en general, sin atender un ordenamiento en particular. la que ha dominado el escenario jurídico venezolano. Sin embargo, por influencia de Ronald DWORKIN, Robert ALEXI y Gustavo ZAGREBELSKY se ha revisado la tesis kelseniana para llevar la tarea de interpretar el Derecho más allá de la norma jurídica. Se le ha dado fuerza al tema de los principios como elemento relevante en la interpretación del Derecho. De esta manera se aprecia una evolución del positivismo jurídico hacia una visión iusnaturalista, en algunos casos moderada, como la que representan los tres juristas mencionados, y la que pretendo justificar.

Bueno es advertir que se ha impuesto la moda de señalar al positivismo como culpable de nuestros males jurídicos[4], como quedó evidenciado en los

---

[2] LLOYD, Dennis: *The Idea of Law*. Penguin. Londres, 1991, p. 327.
[3] Ídem.
[4] *Vid.* TOSTA, María Luisa: *Evolución reciente del Derecho venezolano*. UCV. Caracas, 2007, p. 10.

debates realizados en la Asamblea Nacional Constituyente que elaboró la Constitución de 1999. Sin embargo, el asunto debe verse con prudencia, porque la solución que propongo es ver en el iusnaturalismo un método para completar el positivismo, lo que señalaré más adelante.

La Constitución venezolana se aparta del positivismo kelseniano y se incorpora en el esquema del iusnaturalismo. Así está señalado en la Exposición de Motivos: «la Constitución amplía conceptualmente la protección de los derechos humanos con una marcada influencia *ius* naturalista»[5]. Se trata de dejar de lado aquello que los constituyentes denominaron «la idea de derecho dominante ya deslegitimada»[6], porque de lo que se trataba es de imponer el esquema marxista de interpretación del Derecho.

Esta nueva idea de Derecho a que aluden los promotores de ese cambio de paradigma es la recogida en las obras de DELGADO OCANDO[7]. En efecto, señala este exmagistrado chavista que: «Con razón se ha dicho que el Derecho es una técnica normativa puesta al servicio de una política, y que la interpretación es un esfuerzo de racionalización de la función judicial al servicio del proyecto político prevalente»[8]. DELGADO OCANDO fue la fuente intelectual de la jurisprudencia inicial del chavismo. No pretendo aquí personalizar mis críticas en DELGADO OCANDO, sino resaltarlo como líder ideológico y mejor expositor de las razones –si es que las hay– que inspiran toda la jurisprudencia de la Sala Constitucional, dictada para someter a la Asamblea Nacional y a los venezolanos.

Además del texto citado en el párrafo anterior, hay otros dos trabajos de DELGADO OCANDO que dialogan entre sí. En primer lugar, su trabajo titulado «Revolución y Derecho»[9]; y, en segundo lugar, su discurso de apertura del año judicial del 11 de enero de 2001. En el primero de los textos mencionados,

---

[5] Constitución de la República Bolivariana de Venezuela, publicada en *Gaceta Oficial de la República Bolivariana de Venezuela* N.º 5453 extraordinario, 24-03-00.
[6] *Gaceta Constituyente*. Imprenta del Congreso de la República. Caracas, 2000, p. 24.
[7] Lo señalado en el texto está tomado, con modificaciones, de mi artículo publicado en: *El Nacional* digital del 16-02-17.
[8] DELGADO OCANDO, José: *Estudios de Filosofía del Derecho*. TSJ. Caracas, 2003, p. 717.
[9] DELGADO OCANDO: ob. cit. («Revolución y Derecho»), pp. 2595-2600.

el autor hace un análisis marxista y autoritario de la ciencia jurídica. En ese sentido, destaca que el Derecho debe ser puesto al servicio de la «revolución» y formula declaraciones como la que se cita a continuación: «Ética de la revolución significa en este contexto que el Estado debe ajustarse al programa de la nueva hegemonía (…) No obstante, el contexto internacional hegemónico ha conseguido un grado tan grande de organización y eficacia que el hecho revolucionario requiere muchas veces un uso sobranero (*sic*) de la violencia política (…) En todo caso, el nuevo orden no puede retroceder en el uso de la fuerza política, so pena de que la revolución fracase»[10]. Este fragmento del texto, que parece escrito por Lenin y no por un jurista libre de dogmas, es suficiente para entender que el marxismo jurídico privilegia los intereses de la «nueva hegemonía» (PSUV) y que justifica el uso de la «violencia política» para garantizar el éxito de la «revolución».

Una vez investido como magistrado de la Sala Constitucional, en el mencionado discurso de apertura del año judicial del 2001, Delgado Ocando dejó claro cómo trabaja un juez chavista; y ratificó su tesis de que la interpretación del Derecho debe ponerse al servicio de un proyecto político. En efecto, de acuerdo con la tesis del entonces magistrado, la elaboración jurídica llevada a cabo por las jurisprudencias del máximo tribunal «son desarrollos inéditos de una filosofía del Derecho Constitucional, que ha ofrecido al proceso constituyente un esfuerzo sin precedentes para permitir el ejercicio de la soberanía popular sin censuras normativas». A lo largo de su discurso, el orador usa dos palabras distintas pero claves para la exposición de su opinión, y, en consecuencia, de su postura político-ideológica: «proceso» y «proyecto». Cuando emplea la voz «proceso», lo hace para referirse a todo el íter jurídico recorrido desde la discutible –por las consecuencias que produjo– sentencia de la Sala Política Administrativa de la extinta Corte Suprema de Justicia[11], que declaró el carácter originario y, por lo tanto, plenipotenciario del proceso constituyente, en abierta violación de la Constitución de 1961. Cuando usa

---

[10] Ibíd., p. 2598.
[11] CSJ/SPA, sent. N.º 17, del 19-01-99. Véase en esta misma obra Varela Cáceres, Edison Lucio: «La supremacía constitucional y la supuesta supraconstitucionalidad», pp. 347 y ss. [nota del editor].

la palabra «proyecto», lo hace para hacer alusión al carácter político y progresista del mismo; y en este punto, no vacila en darle su respaldo. Aunque inicialmente era algo ambiguo, el llamado «proyecto» se refería a los intereses políticos de Hugo Chávez. Más recientemente, el mismo corresponde al «Plan de la Patria». La evidencia lingüística deja ver que, lamentablemente, estamos ante la sumisión de un Tribunal Supremo a una ideología política, lo cual ha superado cualquier experiencia del pasado.

La evolución de las sentencias de la Sala Constitucional a favor del proyecto revolucionario ha ido en franco deterioro. Los más recientes fallos, preparados con una rapidez vertiginosa, además de ramplones, padecen de fallas lingüísticas y metodológicas: están salpicados de transcripciones y citas textuales que no guardan conexión con lo que se pretende razonar. Como buen ejemplo de esto, podemos citar la sentencia de la Sala Constitucional[12], en la cual se declaró –como pronunciamientos al margen de lo solicitado, *obiter dictum*– la ilegitimidad de la elección de la nueva junta directiva de la Asamblea Nacional, porque la misma se encontraría en «desacato», y se solicitó a la Contraloría y Procuraduría General de la República y al Ministerio Público que ejercieran las actuaciones que correspondieran, lo que se amolda al concepto de «violencia política» al cual se refería Delgado Ocando en el mencionado trabajo «Derecho y revolución». Esta decisión se fundamenta en «citas de autoridad», de *Wikipedia* y se apoya en un «autor» que no es reconocido en Venezuela, ni en ninguna parte. Recurrir a *Wikipedia* como fuente bibliográfica no es recomendado en las investigaciones jurídicas –ni en las académicas–, porque, aunque esta página puede ser útil para el conocimiento en general sobre algún tema, no tiene la rigurosidad científica necesaria en el ámbito que nos ocupa –el jurídico–, en el que siempre debe acudirse a la fuente original y no a referencias de segunda mano. La decisión que comento contiene párrafos ininteligibles que delatan la premura y la falta de reflexión con la que se elaboran actualmente estas sentencias políticas.

Aquellos fallos, de la autoría de Delgado Ocando, eran de inspiración marxista, pero respetaban las reglas metodológicas del Derecho y de la lengua.

---

[12] TSJ/SC, sent. N.º 7, del 26-01-17.

Lo que pone de relieve que ahora lo que les interesa es apoyar al Gobierno sin miramientos metodológicas o lingüísticos, es decir, que el Derecho está al servicio de la «revolución» a través de la jurisprudencia autoritaria. Para ello han extendido la idea del Derecho y no se limita a la norma jurídica y a los principios jurídicos, sino a cualquier argumento político o ideológico que permita sostener el plan socialista recogido en el «plan de la patria». La realidad es que estamos cosechando lo que se sembró bajo el liderazgo intelectual de Delgado Ocando. Aquí conviene recordar a Lewis Carroll quien, en su libro: *A través del espejo y lo que Alicia encontró allí*, señaló: «Cuando uso una palabra ella significa exactamente lo que decido que signifique; ni más ni menos. La cuestión es quien es el que manda; eso es todo». En nuestro caso, el que manda es el «proyecto político prevalente».

Lo anterior viene a cuento, en vista de que, si vamos a referirnos a los principios constitucionales y procesales que rigen el proceso penal, debemos verlos dentro del contexto en el cual se van a aplicar: un sistema de radical sometimiento del Poder Judicial a un proyecto político, dirigido desde el Ejecutivo y de inspiración marxista-leninista. Solo así puede entenderse la utilización de la justicia penal para sacar del juego a dirigentes políticos con arraigo popular, como sucede, entre otros, con Leopoldo López.

2. El positivismo *vs.* el iusnaturalismo

De lo dicho hasta ahora tenemos[13] que desde la vigencia de la Constitución de 1999 se repotencia la comparación entre el positivismo y el iusnaturalismo, como escuelas para resolver los asuntos jurídicos. Esto tiene relación con los métodos del razonamiento jurídicos.

Pues bien, el razonamiento del abogado en sede civil o penal forma parte del razonamiento jurídico en general. En relación con esta materia es necesario referirse a un trabajo clásico de la doctrina estadounidense. Se trata del libro

---

[13] Véase mi libro: *Reflexiones sobre el razonamiento jurídico en el sistema de casación venezolano*. Legis. Caracas, 2012, p. 178-181, de donde he tomado lo que señalo en el texto.

de Morris, titulado *Cómo razonan los abogados*[14], el cual fue comentado por la doctrina nacional[15] para destacar que el razonamiento jurídico es problemático y práctico[16], y que es tarea del abogado la resolución de problemas.

El tema nos pone de frente al problema del método del razonamiento jurídico. Se suele sostener que el razonamiento es deductivo. Sin embargo, esta visión debe ser revisada, puesto que las más de las veces el razonamiento es inductivo: a partir del hecho concreto, se inicia el recorrido para conectar el hecho con una norma, con un principio o con un precedente.

Antes de ilustrar lo indicado en el párrafo que antecede, debemos responder a la pregunta siguiente: ¿A cuál línea de pensamiento jurídico adscribe el intérprete? ¿Al positivismo o al iusnaturalismo? También debe aclararse si el razonamiento jurídico es deductivo o es, más bien, inductivo y, por último, si la sentencia se reduce a un silogismo integrado por una premisa mayor, una menor y una conclusión. La respuesta a las tres interrogantes anteriores nos llevarán a posiciones diferentes en materia de razonamiento jurídico.

El positivista jurídico se conecta con dos esquemas de razonamiento: el silogismo y la deducción. Es formalista y tiene una tendencia a cierta rigidez en el razonamiento y no suele admitir la posibilidad de estar equivocado. Tiene una tendencia a ser dogmático, rígido e inflexible. El iusnaturalista, por su parte, tiene un espacio mayor porque puede ponderar los principios jurídicos con más flexibilidad. Por eso, cuando, por ejemplo, se pondera un principio constitucional, el iusnaturalismo, en mi opinión, es un complemento necesario al positivismo. Tiene una tendencia al antiformalismo y privilegia el principio de la realidad sobre la forma y la búsqueda de la verdad, como lo predica el artículo 13 del Código Orgánico Procesal Penal.

---

[14] Morris, Clarence: *How Lawyers think*. Harvard University Press. Cambridge, 1937. Hay traducción al castellano, por María Antonia Baralt (Editorial Limusa. México, 1999).

[15] Delgado Ocando, José Manuel: «¿Cómo razonan los abogados?». En: *Libro homenaje a Fernando Parra Aranguren*. Tomo I. UCV. Caracas, 2001, pp. 203-208 (reproducido en: Delgado Ocando: ob. cit. (*Estudios de Filosofía del Derecho*), pp. 43-50).

[16] *Vid*. Petzold-Pernía, Hermann: «Sobre la naturaleza de la metodología jurídica». En: *Frónesis. Revista de Filosofía Jurídica, Social y Política*. LUZ. Maracaibo, 2008, pp. 130-132.

Pese a que el iusnaturalismo está recibiendo adherentes, la mejor doctrina nacional formula críticas a esta tendencia[17]. En especial se resalta que hay cierta confusión en estos defensores del Derecho natural porque «el pensamiento iusnaturalista en nuestro medio no ha logrado desarrollar una metodología coherente con sus postulados filosóficos, por lo que incluso los juristas que adoptan dichas ideas tienden a analizar la realidad normativa por medio de herramientas típicas de una perspectiva positivista»[18]. En esta misma línea, se había formulado como ejemplo el caso de Luis Sanojo, quien se proclama iusnaturalista, pero luego utiliza métodos de razonamiento propios del positivismo[19]. Esto lleva acertadamente a Tosta afirmar que, si bien Sanojo se proclama como iusnaturalista, sin embargo, el método utilizado en toda su obra es enteramente positivista[20].

Tal vez sea conveniente exponer algunas ideas que permitan aclarar lo que pretendo exponer[21]. En verdad este asunto se puede resolver definiendo la idea del Derecho que se tiene. Así, si se admite que el Derecho no es solo la norma jurídica, sino que abarca otros conceptos: los principios jurídicos, la doctrina

---

[17] Vid. Delgado, Francisco: *La idea de Derecho en la Constitución de 1999*. UCV. Caracas, 2008, pp. 104-115.

[18] Ibíd., p. 106.

[19] Vid. Tosta, María Luisa: «La Filosofía del Derecho y la doctrina venezolana». En: *Ensayos de Filosofía del Derecho*. UCV. Caracas, 2005, pp. 24-26. Véase igualmente y de la misma autora: *Lo racional y lo irracional en el Derecho*. UCV. Caracas, 2009, p. 192.

[20] Dice así la profesora Tosta: ob. cit. («La Filosofía del Derecho...»), p. 25, «De modo que comienza diciendo (Sanojo) que los ejecutores de la ley no deben aplicarla cuando contraría al Derecho natural y luego dice que, conocido el sentido de la ley, hay que observarla puntualmente, por encima de todo, aun si se opone a la equidad o a la razón. El positivismo contenido en la última cita (transcrita antes en el texto del trabajo) parece reflejar mejor la ubicación de este autor si se tiene en cuenta el método de trabajo que adopta en la obra comentada (*Comentarios al Código de Procedimiento Judicial*) y en las obras que escribe a lo largo de su vida» (paréntesis añadidos).

[21] Desde luego que dejamos para otra oportunidad el desarrollo de la tesis que exponemos, puesto que no es objeto de este trabajo refutar la tesis de los positivistas. Tan solo pensamos que el método del iusnaturalista puede ser tomado de iuspositivismo. Lo que ocurre es que hay una tercera vía (Dworkin) que tiene una idea del Derecho más amplia que la que tienen los positivistas.

jurídica y las máximas de experiencia, tendríamos que el campo de análisis de interpretación se amplía.

Entonces podríamos usar un ejemplo para demostrar que hay áreas de interpretación que se fundamentan i. en el iusnaturalismo y ii. que entrañan que el razonamiento jurídico es inductivo-deductivo y no al revés. En los casos complejos es difícil encontrar enlazar el hecho concreto en el supuesto abstracto de una norma jurídica, sino que más bien hay que enlazar el hecho con algún principio jurídico o con una máxima de experiencia. Esto ocurre en los casos constitucionales como, por ejemplo, cuando se trata de la violación de algún derecho fundamental del ser humano. Esto está ocurriendo constantemente en la Venezuela de los años recientes.

Lo anterior nos permite indicar que la discusión entre el positivismo y el iusnaturalismo se puede ver desde una visión práctica. En efecto, si la norma jurídica permite resolver un asunto concreto, este se resolverá aplicando dicha norma. Al contrario, si el método positivista no permite resolver el caso concreto, entonces se podrá apelar a los principios, máximas de experiencia y los valores reconocidos como tales. No en balde el artículo 4 del Código Civil autoriza aplicar los principios jurídicos en aquellos casos en los cuales no hay una norma jurídica para resolver el problema específico. Por eso la visión iusnaturalista moderada es más flexible que el positivismo extremo.

El Código Orgánico Procesal Penal, por su parte, admite el control de la constitucionalidad en su artículo 19 y señala que los jueces deben velar por «la incolumidad de la Constitución», y que, si encuentran que una ley colide con ella, deben atenerse a la norma constitucional. Esto quiere decir que el juez penal debe, en estos casos, ponderar un principio constitucional –o varios– para determinar si la norma colide con ellos; y la ponderación de principios es espacio del iusnaturalismo.

3. La tutela judicial efectiva

Este concepto es de raigambre española y está estrechamente vinculado con las reglas procesales que recoge la Constitución y leyes. La Constitución española, en su artículo 24.1, lo dice así: «Todas las personas tienen derecho a obtener la tutela efectiva de los jueces y tribunales en el ejercicio de sus derechos e intereses legítimos, sin que, en ningún caso, pueda producirse indefensión».

El derecho de tutela judicial efectiva alude al acceso a la justicia e involucra a otros principios que son: a. el derecho de acceso a los tribunales; b. el derecho a la efectividad de las decisiones judiciales; y, c. el derecho al ejercicio a los recursos previstos en la ley[22]. Pese a lo sostenido, es notorio que el acceso a la justicia está limitado en el área penal para los opositores. Por ejemplo, cuando a Leopoldo López le siguen un juicio sobre la base de delitos inexistentes, como lo son los delitos lingüísticos, se le está negando un juicio imparcial y con ello se le viola la tutela judicial efectiva, al violarse, también, su derecho a la defensa, por el desequilibrio procesal implicado en su caso.

4. Principios procesales

En esta sección[23], voy a referirme, en primer lugar, a los principios recogidos en la Constitución para, en segundo lugar, reflexionar sobre los principios específicos plasmados en el Código Orgánico Procesal Penal. En lo que atañe a los principios constitucionales hay que examinar el principio del debido proceso y el derecho a ser juzgado por el juez natural.

4.1. Principios constitucionales

Los principios constitucionales están recogidos en los artículos 26, 49 y 257 de la Constitución. Estos principios consagran las garantías procesales de

---

[22] Picó i Junoy, Joan: *Las garantías constitucionales del proceso.* Bosch. Barcelona, 1997, p. 40.
[23] Parte de esta sección está tomada de mi libro titulado: *La motivación de la sentencia y su relación con la argumentación jurídica.* Academia de Ciencias Políticas y Sociales. Caracas, 2001, pp 135-139.

un Estado democrático, con un Poder Judicial confiable, independiente e idóneo. No se pueden aplicar en un sistema totalitario, sin separación de poderes y sin autonomía judicial. Así, por ejemplo, la presunción de inocencia, que es un principio recogido en el artículo 49.2 de la Constitución se invierte en aquellos casos que involucran a un opositor político. Pese a que la tutela judicial efectiva (artículo 26) y el debido proceso (artículo 49) consagran un elenco de principios procesales, me voy a referir –insisto– al debido proceso y al juez natural, en vista de que el Código Orgánico Procesal Penal contiene otros principios que son parte de los señalados.

4.1.1. El debido proceso

El debido proceso[24] es «el concepto aglutinador de lo que se ha llamado el Derecho Constitucional Procesal»[25]. Como principio constitucional, alude a la suma de los derechos y garantías procesales consagradas en la Constitución que le permiten al justiciable obtener una justicia pronta y efectiva. El mismo ha sido considerado por una importante doctrina nacional como concepto indeterminado «que lleva dentro de sí el sentido de lo razonable, el proceso debido siempre ha de ser razonable»[26]. De manera que no se puede cerrar el contenido de lo que es el debido proceso, sino que el mismo debe atender a un elenco de garantías procesales como, por ejemplo, la celeridad procesal, la motivación, la congruencia, la transparencia, el juez natural, proceso sin formalismos inútiles, la independencia del juez, el derecho a la defensa, la presunción de inocencia, el principio de la publicidad y otros similares, que están listados también en el Código Orgánico Procesal Penal.

El principio del debido proceso es recogido de la lectura de los artículos 26 y 49 de la Constitución y se trata de un principio macro que está integrado por

---

[24] Ibíd., pp. 135 y ss. El concepto del debido proceso y del juez natural están tomado del libro señalado, con cambios.

[25] ESPARZA LEIBAR, Iñaki: *El principio del proceso debido*. Bosch. Barcelona, 1995, p. 242.

[26] PLANCHART MANRIQUE, Gustavo: «Reflexiones sobre el control de la constitucionalidad y la intepretación constitucional». En: *Boletín de la Academia de Ciencias Políticas y Sociales*, N.os 119-120. Discurso de Incorporación a la Academia de Ciencias Políticas y Sociales. Caracas, 1990, p. 32 (separata).

una serie de derechos y subprincipios. Al mismo tiempo está también plasmado en el artículo 12 del Código Orgánico Procesal Penal[27]. El artículo 49 consagra esos derechos y garantías de la manera siguiente:

> i. El derecho a la defensa (ordinal 1); ii. la presunción de inocencia (ordinal 2); iii. derecho a ser oído por un tribunal competente, independiente e imparcial establecido con anterioridad (ordinal 3); iv. derecho al juez natural (ordinal 4); v. derecho a no ser constreñido a confesar contra sí mismo y el principio de la validez de la confesión solo si es hecha sin coacción (ordinal 5); vi. principio *nullum crimen nulla poena sine lege* (ordinal 6); vii. principio *non bis in idem* (ordinal 7), y viii. derecho a obtener reparación del Estado por los errores judiciales (ordinal 8).

Se observa que desde el ordinal 2 hasta el 7 se refiere a garantías en el proceso penal, que son burladas por el Poder Judicial chavista cuando se trata de enjuiciar a estudiantes y líderes opositores. Los otros elementos del concepto debido proceso se extraen del artículo 26 de la Constitución y son la tutela judicial efectiva, la celeridad procesal, la prohibición de formalismos inútiles. El principio de la motivación y de la congruencia de las decisiones judiciales se encuentra inmersos en el concepto de justicia «imparcial, idónea, transparente, autónoma, independiente y equitativa». Desde luego, la transparencia e idoneidad de la decisión se encuentran en la motivación y congruencia de la misma, pues estos son los requisitos que permiten evitar la arbitrariedad.

En cuanto a las condiciones que debe reunir el juez, señala que este debe ser idóneo, imparcial e independiente. La importancia concedida a esta exigencia es esencial para garantizar la imparcialidad. De ello se deduce que, si un juez es militante de algún partido político o está influido por relaciones de interés grupal o económico, no es imparcial y, por tanto, no garantiza el debido proceso.

---

[27] «La defensa es un derecho inviolable en todo estado y grado del proceso. Corresponde a los jueces y juezas garantizarlo sin preferencias ni desigualdades. Los jueces y juezas, y demás funcionarios y funcionarias judiciales no podrán mantener, directa o indirectamente, ninguna clase de comunicación con alguna de las partes o sus abogados o abogadas, sobre los asuntos sometidos a su conocimiento, salvo con la presencia de todas ellas».

El principio *nullum crimen nulla poena sine lege* contenido en el artículo 49.6 de la Constitución, implica una norma de clausura que impide a los jueces penales crear tipos delictuales. El margen de interpretación está dirigido a los hechos. Por eso, el proceso de razonamiento de los jueces penales es básicamente inductivo. En este sentido, el proceso por el cual se condenó a Leopoldo López está basado en la creación de un tipo delictivo, el delito lingüístico, porque se interpretaron sus actos del habla para inducir la comisión de un delito que no está previsto en la ley. Este es el camino para la creación de delitos políticos, es decir, figuras delictivas creadas jurisprudencialmente para perseguir a opositores[28].

4.1.2. El juez natural

De acuerdo con el artículo 7 del Código Orgánico Procesal Penal todo persona tiene derecho a ser juzgada por su juez natural[29] y queda desterrada la posibilidad del juzgamiento por tribunales *ad hoc*, o que a un civil se le enjuicie por la vía militar. Pese a esto, ahora enjuician a los opositores por «traición a la patria», lo que lleva el juzgamiento de civiles por jueces militares.

En adición a la norma del Código Orgánico Procesal Penal, la Constitución en sus artículos 26 y 49 diseña la figura del juez natural. En efecto, la Sala Constitucional[30] definió el concepto de juez natural de acuerdo con lo que aluden los artículos 26 y 49 de la Constitución. En este sentido, el concepto de juez natural está predeterminado por la ley y, por lo tanto, define como requisitos para ser juez, los que se señalan a continuación:

> 1. Ser independiente, en el sentido de no recibir órdenes o instrucciones de persona alguna en el ejercicio de su magistratura; 2. ser imparcial, lo cual

---

[28] En lo que atañe a figuras jurídicas creadas para perseguir políticamente a opositores, se puede citar el uso de la palabra «desacato» para anular a la Asamblea Nacional.

[29] La norma es del tenor siguiente: «Toda persona debe ser juzgada por sus jueces o juezas naturales y, en consecuencia, nadie puede ser procesado ni juzgado por jueces o juezas, o tribunales *ad hoc*. La potestad de aplicar la ley en los procesos penales corresponde, exclusivamente, a los jueces y juezas, y tribunales ordinarios o especializados establecidos por las leyes, con anterioridad al hecho objeto del proceso».

[30] TSJ/SC, sent. N.° 144, del 24-03-00.

se refiere a una imparcialidad consciente y objetiva, separable como tal de las influencias psicológicas y sociales que puedan gravitar sobre el juez y que le crean inclinaciones inconscientes. La transparencia en la administración de justicia, que garantiza el artículo 26 de la vigente Constitución se encuentra ligada a la imparcialidad del juez. La parcialidad objetiva de éste, no solo se emana de los tipos que conforman las causales de recusación e inhibición, sino de otras conductas a favor de una de las partes; y así una recusación hubiese sido declarada sin lugar, ello no significa que la parte fue juzgada por un juez imparcial si los motivos de parcialidad existieron, y en consecuencia, la parte lesionada careció de juez natural; 3. tratarse de una persona identificada e identificable; 4. preexistir como juez, para ejercer la jurisdicción sobre el caso, con anterioridad al acaecimiento de los hechos que se van a juzgar es decir, no ser un tribunal de excepción; 5. ser un juez idóneo, como lo garantiza el artículo 26 de la Constitución de la República Bolivariana de Venezuela; de manera que en la especialidad a que se refiere su competencia, el juez sea apto para juzgar; en otras palabras, sea un especialista en el área jurisdiccional donde vaya a obrar (…) y, 6. que el juez sea competente por la materia.

En relación con este tema, conviene, aunque sea brevemente, comentar los elementos que integran el referido concepto de juez natural, sobre todo porque algunos de ellos no son fáciles de constatar *a priori*. Veamos por qué:

Cuando se hace referencia a la independencia del juez, en el sentido de no recibir órdenes o instrucciones de nadie, estimo que se está ante una exigencia de alta dificultad probatoria, puesto que ese comportamiento solo puede evidenciarse con la conducta del juez; conducta que debe analizarse por medio de criterios lógicos y argumentativos, para lo cual la sana crítica es fundamental. Así, por ejemplo, cuando se está ante un Tribunal Supremo que decide constantemente las causas a favor del Gobierno, dictando sentencias para consolidar una dictadura, como ocurre en Venezuela con las sentencias N.ºs 155, 156, 157 y 158 del año 2017, en los casos solicitados por el PSUV, y en vista de los errores de derecho que cometen sin pudor, es una clara evidencia de su falta de independencia.

Relacionado con el concepto de independencia tenemos el de imparcialidad, el cual define un comportamiento que se evidencia con la calidad de la motivación de las decisiones judiciales. El modo de definir la imparcialidad del juez está en medir la transparencia de la motivación, la cual permite despojar la decisión judicial de la carga subjetiva.

El tercer y cuarto requisito, es decir, aquellos que señalan que el juez debe ser una persona «identificada e identificable» y «preexistir como juez» son elementos mecánicos que pueden ser más fáciles de percibir. Esto es así porque la identidad del juez debe ser conocida por el justiciable, tarea que, a veces, no se cumple en atención a que la identidad de los relatores que redactan las decisiones en el Tribunal Supremo de Justicia permanece en el anonimato. No es posible entender cómo en el Tribunal Supremo de Justicia no se anuncia públicamente la identidad del relator a quien se le ha asignado determinado caso. Al mantenerse en reserva tan importante cuestión, lógicamente no se cumple con este requisito del concepto del juez natural.

El quinto elemento, es decir, la idoneidad del juez se refiere a la capacidad que debe poseer para poder actuar. Para garantizar el ejercicio de la actividad de juzgar, se establece como requisito previo que el juzgador «sea un especialista en el área jurisdiccional donde vaya a obrar». En la práctica, y con sencillas palabras esto quiere decir que el juez debe ostentar el título de cuarto nivel, es decir, haber cursado y aprobado en una reconocida institución académica, cursos de postgrado que lo acrediten como especialista en el área. Como se observa, los fines que se persiguen con el requisito son laudables. Sin embargo, y de acuerdo con la realidad, estos propósitos se quedan en la letra de la sentencia, porque no ha sido exigido a algunos de los que ocupan y ejercen hoy la más alta magistratura –los magistrados exprés, por ejemplo– en el Tribunal Supremo de Justicia, lo que, además de violentar el cumplimiento de un requisito, entraña infracción del espíritu Constitucional (artículo 257). De esa manera se puso de lado lo que seguramente tuvo otra significación para el legislador. Cuando este exigió estudios de postgrado, lo hizo para que quedara plasmada en la ley, al igual que en otros tiempos y en otras latitudes, una enriquecedora exigencia que sin duda tenía como fin mostrar que el ejercicio del poder judicial era llevado a cabo por personas de alta calificación profesional. «La piedra angular que sostiene el arbitrio del poder judicial es la autoridad de los doctores: la diversidad de sus doctrinas da un velo al magistrado con que cubrir sus opresiones»[31].

El requisito de la competencia por la materia, como elemento integrante de la noción de juez natural, fue objeto de crítica por parte de uno de los magistrados, quien ejerciendo su derecho dejó constancia de su voto salvado: «el derecho al juez natural es un concepto próximo al del juez competente, pero no se confunde con este. Así, mientras el derecho al juez natural se encuentra disciplinado en el numeral 4 del artículo 49 de la Constitución de la República, el derecho al juez competente está previsto en el numeral 3 de la citada disposición. La nota esencial del primero es la circunstancia de hallarse preconstituido por ley, mientras la del segundo es su aptitud (*ratione materiae, loci, per gradum, conditio peronarum*, etc.) para juzgar sobre la causa *in concreto*»[32]. De esto se desprende que esta última posición es acertada en lo que atañe a la competencia improrrogable, mas no así en relación con la prorrogable. Así, si el juez es incompetente por el territorio y la parte no alega dicha circunstancia, entonces el juez que así decide no viola el principio del juez natural; distinta es la situación si el juez es incompetente por la materia.

Como señalé antes, la utilización de la acusación por supuesta «traición a la patria» a civiles es la expresión más clara de la violación del derecho a ser juzgado por el juez natural. Así ocurrió en el caso de Santiago Guevara, profesor de la Universidad de Carabobo[33].

---

[31] FILANGIERI, Cayetano: «Reflexiones políticas sobre la ley de Fernando IV, rey de las dos Sicilias, que tiene por objeto la reforma de la administración de la justicia». En: *Ciencia de la legislación*. s/e, Madrid, 1983, p. 242.
[32] *Vid.* voto salvado del magistrado Moisés Troconis.
[33] *Vid.* http://www.el-nacional.com/noticias/sucesos/imputan-profesor-universidad-carabobo-por-traicion-patria_82531.

4.2. Principios consagrados en el Código Orgánico Procesal Penal

Las garantías del proceso penal deben leerse a partir del artículo 1 del Código Orgánico Procesal Penal, el cual establece lo siguiente:

> Nadie podrá ser condenado sin un juicio previo, oral y público, realizado sin dilaciones indebidas, sin formalismos ni reposiciones inútiles, ante un juez o jueza, o tribunal imparcial, conforme a las disposiciones de este Código y con salvaguarda de todos los derechos y garantías del debido proceso, consagrados en la Constitución de la República Bolivariana de Venezuela, las leyes, los tratados, convenios y acuerdos internacionales suscritos y ratificados por la República.

La norma copiada repite los principios recogidos en los artículos 26, 49 y 257 de la Constitución. En efecto, son mandatos constitucionales el deber de dictar decisiones con prontitud por un juez imparcial y sin dilaciones indebidas. Sin embargo, estos principios quedan como letra muerta a la luz del sistema que impera en Venezuela de sumisión del Poder Judicial al Gobierno y a los intereses del PSUV. Como referencia especial se puede mencionar el caso de Leopoldo López por ser conocido por la opinión pública nacional e internacional y que pone en evidencia lo que vengo diciendo en este trabajo. Este caso ha sido sometido a largas esperas, al extremo de ser decidido por jueces abiertamente identificados con el chavismo-madurismo.

Por su parte, el artículo 4 del Código Orgánico Procesal Penal señala que los jueces «son autónomos e independientes de los órganos del Poder Público»; sin embargo, la experiencia venezolana nos ha enseñado que hay una contradicción entre el texto constitucional y la realidad judicial. Esto se evidencia por el sometimiento del Poder Judicial a la voluntad política del Gobierno. Los venezolanos hemos visto cómo se dictan «decisiones» desde el poder político, como ocurrió en el caso de la jueza María Lourdes Afiuni.

El Código Orgánico Procesal Penal establece otros principios que, en verdad, son reflejo de los que consagra la Constitución. En este listado de principios tenemos la autonomía e independencia de los jueces[34], la autoridad del juez[35], obligación de decidir[36], presunción de inocencia[37], afirmación de la libertad[38], respeto a la dignidad humana[39], titularidad de la acción penal[40], de la verdad de los hechos[41], la oralidad[42], publicidad[43], inmediación[44], concentración[45], *non bis in idem*[46].

---

[34] «Artículo 4.- En el ejercicio de sus funciones los jueces y juezas son autónomos e independientes de los órganos del Poder Público y solo deben obediencia a la ley, al Derecho y a la justicia. En caso de interferencia en el ejercicio de sus funciones los jueces y juezas deberán informar al Tribunal Supremo de Justicia sobre los hechos que afecten su independencia, a los fines de que la haga cesar».

[35] «Artículo 5.- Los jueces y juezas cumplirán y harán cumplir las sentencias y autos dictados en ejercicio de sus atribuciones legales…».

[36] «Artículo 6.- Los jueces y juezas no podrán abstenerse de decidir so pretexto de silencio, contradicción, deficiencia, oscuridad o ambigüedad en los términos de las leyes, ni retardar indebidamente alguna decisión. Si lo hicieren, incurrirán en denegación de justicia».

[37] «Artículo 8.- Cualquiera a quien se le impute la comisión de un hecho punible tiene derecho a que se le presuma inocente y a que se le trate como tal, mientras no se establezca su culpabilidad mediante sentencia firme».

[38] «Artículo 9.- Las disposiciones de este Código que autorizan preventivamente la privación o restricción de la libertad o de otros derechos del imputado o imputada, o su ejercicio, tienen carácter excepcional, solo podrán ser interpretadas restrictivamente, y su aplicación debe ser proporcional a la pena o medida de seguridad que pueda ser impuesta…».

[39] «Artículo 10.- En el proceso penal toda persona debe ser tratada con el debido respeto a la dignidad inherente al ser humano, con protección de los derechos que de ella derivan, y podrá exigir a la autoridad que le requiera su comparecencia el derecho de estar acompañada de un abogado de su confianza…».

[40] «Artículo 11.- La acción penal corresponde al Estado a través del Ministerio Público, que está obligado a ejercerla, salvo las excepciones constitucionales y legales».

[41] «Artículo 13.- El proceso debe establecer la verdad de los hechos por las vías jurídicas, y la justicia en la aplicación del Derecho, y a esta finalidad deberá atenerse el juez o jueza al adoptar su decisión».

[42] «Artículo 14.- El juicio será oral y solo se apreciarán las pruebas incorporadas en la audiencia, conforme a las disposiciones de este Código».

[43] «Artículo 15.- El juicio oral tendrá lugar en forma pública, salvo las excepciones de ley».

[44] «Artículo 16.- Los jueces o juezas que han de pronunciar la sentencia deben presenciar, ininterrumpidamente, el debate y la incorporación de las pruebas de las cuales obtienen su convencimiento».

Todos los principios señalados están interconectados unos con otros, puesto que se refieren a los principios constitucionales a que se contrae el macro principio de la tutela judicial efectiva. Sin embargo, estos principios se han vaciado de contenido por la falta de separación de poderes y por la manera despótica cómo se está ejerciendo el poder político por parte del Gobierno chavista. En efecto, es difícil pensar que en Venezuela los jueces sean independientes. Como dije antes, en un sistema donde desde un programa televisivo del presidente de la República dicta órdenes judiciales –caso: jueza Afiuni, por ejemplo–, no puede admitirse que exista independencia judicial. Esto está conectado con la autoridad del juez a que se refiere el artículo 5 del Código Orgánico Procesal Penal, lo que queda reducida a las facultades de que dispone el juez penal –y demás jueces– para imponer el respeto en su sede e ejecutar sus decisiones[47].

En lo que atañe a la obligación de decidir, se trata de la prohibición de la fórmula de los jueces medievales que emitían un pronunciamiento de *non liquet*, cuando alegaban no tener claro el asunto. El juez está obligado a decidir; y en caso de tener dudas, y sobre la base de la regla *in dubio pro reo*, debe decidir a favor del imputado.

La presunción de inocencia alude a la necesidad de basar la privación de libertad en pruebas obtenidas legalmente. Por eso, el principio siguiente señalado en el Código Orgánico Procesal Penal es el de la «afirmación de la libertad», puesto que la privación de esta solo puede operar en situaciones excepcionales y, por eso, este principio está ligado al principio de la presunción de inocencia. Por consiguiente, los jueces, dependiendo de la imputación fiscal, deben privilegiar en lo posible la aplicación de medidas sustitutivas.

---

[45] «Artículo 17.- Iniciado el debate, éste debe concluir sin interrupciones en el menor número de días consecutivos posibles».
[46] «Artículo 20.- Nadie debe ser perseguido o perseguida penalmente más de una vez por el mismo hecho…».
[47] Esta norma puede leerse con el artículo 11 de la Ley Orgánica del Poder Judicial, que faculta a los jueces de «valerse de todos los medios legales coercitivos de que dispongan».

El «respeto a la dignidad humana», por su parte, deriva del mandato constitucional señalado en el artículo 46 que reza: «Toda persona tiene derecho a que se respete su integridad física, psíquica y moral». Por eso, la Constitución prohíbe las torturas y tratos crueles, al tiempo que ordena que los privados de libertad deben ser tratados «con el respeto debido a la dignidad inherente al ser humano» (artículo 46.2).

Mención especial merece la titularidad de la acción penal que aparece definida en el artículo 11 del Código Orgánico Procesal Penal y en el artículo 285.4 de la Constitución, que señala entre las atribuciones del Ministerio Público: «Ejercer en nombre del Estado la acción penal en los casos en que para intentarla o proseguirla no fuere necesaria instancia de parte, salvo las excepciones establecidas en la ley». Esto adquiera relevancia porque en los actuales momentos esta titularidad que corresponde a la Fiscalía la está arrebatando la Procuraduría General de la República[48], cuando pretende participar en juicios penales, cuando no es competente para ello. Lo mismo ocurre con los venezolanos aprehendidos por los órganos de seguridad del Estado, como el SEBIN, que los presentan a los tribunales sin una imputación previa por parte de la Fiscalía, tal como lo ha explicado con claridad VÁSQUEZ[49]. Los órganos de seguridad del Estado están usurpando funciones que corresponden al Ministerio Público y, con ello, violan la Constitución y el Código

---

[48] *Vid.* «Fiscalía rechaza que Procuraduría participe en los juicios penales», en: *El Universal*, del 14-09-16, http://www.eluniversal.com/noticias/politica/fiscalia-rechaza-que-procuraduria-participe-los-juicios-penales_544567.

[49] VÁSQUEZ, Magaly: «A propósito de las detenciones sin imputación fiscal y las investigaciones 'policiales'», en: http://quintodia.net/a-proposito-de-las-detenciones-sin-imputacion-fiscal-y-las-investigaciones-policiales/. Afirma la profesora VÁSQUEZ lo siguiente: «La conclusión no puede ser otra: órganos de policía y jueces están usurpando funciones que constitucional y legalmente corresponden al Ministerio Público, al realizar investigaciones sin la intervención de éste o decretar medidas cautelares –privativas o no– de libertad, sin que un fiscal haya imputado a un ciudadano la presunta comisión de un delito y, precisamente por ello, hubiere solicitado su libertad sin restricciones. Corresponde a los órganos judiciales llamados a conocer de los recursos o solicitudes de nulidad propuestos, poner fin a tales desafueros, so riesgo de convertirse en cómplices de una actuación que, por violatoria de derechos humanos, compromete la responsabilidad del Estado venezolano».

Orgánico Procesal Penal puesto que la titularidad de la acción penal corresponde al Ministerio Público.

Como se evidencia de lo señalado anteriormente, los principios del proceso penal recogidos tanto en la Constitución como en el Código Orgánico Procesal Penal han sido vaciados de contenido por la conducta de jueces, así como de la Procuraduría General de la República, al participar indebidamente en procesos penales que involucran a políticos que se oponen al Gobierno revolucionario. Lo mismo ocurre con los órganos de seguridad del Estado que igualmente adquieren un rol que no les compete en los juicios penales. La independencia de los jueces y magistrados no existe en la Venezuela del chavismo. Tenemos una contradicción entre el Texto constitucional y la conducta del Poder Judicial, lo que ha convertido los principios constitucionales en letra muerta.

Conclusiones

Sobre la base de la exposición anterior, presento el compendio de conclusiones siguientes:

i. La Constitución venezolana se aparta del positivismo kelseniano y se incorpora en el esquema del iusnaturalismo. Así está señalado en su Exposición de Motivos: «la Constitución amplía conceptualmente la protección de los derechos humanos con una marcada influencia iusnaturalista». Se trata de dejar de lado aquello que los constituyentes denominaron «la idea de Derecho dominante ya deslegitimada». Esto ha permitido una libertad interpretativa que aleja al intérprete de la norma jurídica, para privilegiar la hermenéutica que favorezca al proyecto político de la revolución. Por encima del iusnaturalismo se ha impuesto la visión marxista –política parcializada– a la hora de interpretar la Constitución y demás leyes de la República.

ii. La interpretación marxista del Derecho expuesta por Delgado Ocando justifica, incluso, el uso de la violencia política, si así lo exige la «revolución». Esto quedó evidenciado con las sentencias de la Sala Constitucional signadas con los números 155, 156, 157 y 158 del año 2017. Las mismas son expresión de dicha violencia política.

iii. Los principios del proceso penal recogidos tanto en la Constitución, como en el Código Orgánico Procesal Penal han sido vaciados de contenido por la conducta de jueces y de la Procuraduría General de la República al participar en procesos penales que involucran a políticos que se oponen al Gobierno y a los órganos de seguridad del Estado. La figura del juez independiente no existe en Venezuela, lo que es una acusación al sistema penal venezolano que se ha usado para perseguir a opositores con arrastre popular. Los principios consagrados en la Constitución y en el Código Orgánico Procesal Penal son letra muerta en la «revolución bolivariana».

iv. Todos los principios reseñados en este trabajo están interconectados unos con otros, puesto que se refieren a los principios constitucionales que también consagra el Código Orgánico Procesal Penal. Sin embargo, estos se han vaciado de contenido por la falta de separación de poderes y por la sumisión del Poder Judicial al Gobierno. En efecto, es difícil pensar que en Venezuela los jueces sean independientes, lo que queda demostrado cuando, desde un programa televisivo, el presidente de la República dicta órdenes judiciales, como en el caso de la jueza Afiuni.

v. El principio *nullum crimen nulla poena sine lege* contenido en el artículo 49.6 de la Constitución, implica una norma de clausura en materia de interpretación del Derecho, que impide a los jueces penales crear tipos delictuales. El margen de interpretación está dirigido a la apreciación de los hechos. Por eso, el proceso de razonamiento de los jueces penales es básicamente inductivo. En este sentido, el proceso por el cual se condenó a Leopoldo López está basado en la creación de un tipo delictivo –el delito lingüístico–, porque se interpretó sus actos del habla para inducir la comisión de un delito, que no está previsto en la ley. Este es el camino para la creación de delitos políticos, es decir, figuras delictivas creadas jurisprudencialmente para perseguir a opositores[50].

---

[50] Lo mismo puede decirse de la figura del «desacato», que es una estratagema creada para anular políticamente a los opositores.

vi. La titularidad de la acción penal definida en el artículo 11 del Código Orgánico Procesal Penal y en el artículo 285.4 de la Constitución, que señala entre las atribuciones del Ministerio Público: «Ejercer en nombre del Estado la acción penal en los casos en que para intentarla o proseguirla no fuere necesaria instancia de parte, salvo las excepciones establecidas en la ley». Pese a la claridad de estas normas, en los actuales momentos esta titularidad la está usurpando la Procuraduría General de la República, cuando apela de decisiones judiciales, o pretende promover pruebas, cuando no es competente para ello. Lo mismo ocurre con los venezolanos aprehendidos por los órganos de seguridad del Estado, como el Sebin, que los presentan a los tribunales sin una imputación previa por parte de la Fiscalía. Esto implica usurpar las funciones que corresponden constitucionalmente al Ministerio Público.

* * *

Resumen: La revolución bolivariana ha traído consigo una nueva manera de interpretar el Derecho. En efecto, el Derecho debe estar al servicio del proyecto revolucionario y ahora es un instrumento para privilegiar el denominado «plan de la patria» y el sometimiento de la oposición. Esto implica la desaparición de la figura del juez independiente e imparcial, al tiempo que ha significado la creación de tipos penales inexistentes, como el delito lingüístico aplicado a Leopoldo López. También ha traído como consecuencia que la titularidad de la acción penal ha sido arrebatada al Ministerio Público por la Procuraduría General de la República y el Sebin, que incluso se niega a liberar a personas con órdenes de excarcelación emanadas de los tribunales. A esto se añade, que la interpretación del Derecho al servicio de la perpetuación del chavismo-madurismo en el poder ha justificado sentencias como las distinguidas con los números 155, 156, 157 y 158 del año 2017. En todas ellas se ha despojado de facultades a la Asamblea Nacional y han fulminado el Estado de Derecho. **Palabras clave**: Derecho, principios, acción.

Policía judicial y prueba ilícita. Regla de exclusión y efecto disuasorio: un error de base

Jordi NIEVA FENOLL*

Sumario

Elogio de René Molina. Introducción 1. Origen de la regla de exclusión 2. Problemas del efecto disuasorio como fundamento de la ilicitud *2.1. Excepción a la regla de exclusión 2.2. Excepciones a la doctrina de los frutos del árbol envenenado* **3. Reconfiguración de la regla de exclusión: el doble requisito de licitud de las actuaciones policiales 4. La vulneración de un derecho fundamental como indicio evidente de manipulación de pruebas 5. Propuesta de excepción única a la regla de exclusión: la notoria realidad de los hechos descubiertos 6. La sanción al policía infractor**

Elogio de René Molina

Este trabajo habla de derechos fundamentales, y de cómo son nuestra principal protección como ciudadanos frente al inmenso poder del Estado. René MOLINA ha sido toda su vida un firme defensor de los mismos. Desde su juventud al momento actual, siempre jugándose el tipo. Desde el mismísimo momento en que le conocí, allá por 2002, y literalmente me gritó –sin conocerme– que todas mis categorizaciones teóricas, todas mis conclusiones prácticas, todo lo que yo decía en una palabra, le daba la espalda a la dramática situación de América Latina en su conjunto, con unos índices de pobreza extrema inimaginables en la Unión Europea.

---

* **Universitat de Barcelona**, Catedrático de Derecho Procesal.

Hizo bien en reprenderme con dureza. Desde entonces aprendí que había todo un mundo que yo no podía ignorar. No ha habido línea que haya escrito desde aquel momento que no haya sido escrita pensando en la dramática situación de tantos lugares en América Latina, que después me he esforzado en visitar, comprender y conocer, algunos de su propia mano sabia. El profesor René Molina es un ejemplo vital a seguir. Una sola conversación con él enseña tantísimas cosas que no se pueden resumir en unas pocas líneas. La lección de la coherencia y la valentía es difícil, pero él la practica en todos sus actos.

Un día miraremos con perspectiva su figura. No será extraño –y será de justicia– que entonces sus conciudadanos venezolanos hagan de él un prohombre de la patria, alguien que ayudó a que Venezuela tuviera un lugar en la ciencia jurídica mundial, así como en la historia que siempre ha querido dejar atrás, y que solo genios como el de René Molina ayudarán a afianzar definitivamente. Muchas gracias, maestro y hermano.

Introducción

Exclusionary rule o «regla de exclusión» es la denominación que recibe la doctrina de la prueba ilícita en los Estados Unidos[1], de donde proviene todo el estudio de la cuestión con algunos antecedentes en la Inglaterra del siglo XVIII[2]. De esa misma doctrina se deriva la más conocida en España «doctrina de los frutos del árbol envenenado»[3], que permite anular los vestigios

---

[1] Por todos, Maclin, T.: *The Supreme Court and the Fourth Amendment's Exclusionary Rule*. Oxford, 2012.
[2] Roe, Haldane, Urry vs. Havey, 1769. En Burrow, J.: *Reports of Cases Argued and adjudged in the Court of King's Bench during the time of Lord Mansfield's presiding in that Court*. Vol. IV. London, 1790, pp. 2484 y ss., «*in a criminal or penal cause, the defendant is never forced to produce any evidence; though he should hold it in his hands, in Court*». Y más claramente en el caso: The King *vs.* Rudd, 1775: «*If any evidence or confession has been extorted from her, it will be of no prejudice to her on the trial*». En Leach, T.: *Cases in Crown Law*. Vol. I. London, 1815, p. 123. Vid. también Macnair, M. R. T.: *The law of proof in early modern equity*. Berlin, 1999, p. 105 y Merkel, Laura: «Apuntes clave sobre el origen, sentido y futuro del derecho al silencio». En: *Justicia*. N.º 1. Barcelona, 2016, pp. 439 y ss.
[3] Entre otras muchas, STS N.º 292/2017, del 26-04-17.

derivados de la información obtenida a través de una prueba ilícita, pese a que esos vestigios secundarios fueran obtenidos lícitamente. Todo ello es conocido y será abordado después, como conocida es también la notoria polémica en su aplicación práctica.

El que quizás no es tan difundido en Europa[4] es el motivo por el que existe esta regla de exclusión[5]. Como repite constantemente la jurisprudencia del Tribunal Supremo de los Estados Unidos desde hace bastante tiempo[6], se trata de buscar con dicha regla un efecto disuasorio de la mala praxis policial. Es posible que un policía, llevado por el empeño en atrapar al que dicho agente cree que es el responsable de un delito, decida prescindir de los derechos fundamentales para realizar una investigación; pero si lo hace, su actuación no obtendrá los frutos que busca precisamente como resultado de la aplicación de la regla de exclusión: siendo su conducta contraria a los derechos fundamentales, su investigación será completamente anulada, resultando el reo absuelto con el consiguiente disgusto del policía actuante, que ve destrozada una laboriosa tarea que puede haber durado meses o años.

En su día se pensó en los Estados Unidos que este efecto disuasorio sería suficiente para depurar los malos usos de la policía, como veremos seguidamente, pero a la vista está que no ha sido así[7]. Aunque obviamente la actividad policial de ahora no es como la de hace un siglo, las mejoras han

---

[4] Como lo reconoce M‍IRANDA E‍STRAMPES, M.: *El concepto de prueba ilícita y su tratamiento en el proceso penal*. Barcelona, 1998, p. 120.

[5] Aunque tampoco ignorado. *Vid.* desde las SSTS N.ᵒˢ 1647/1993, del 14-05-93; 501/1997, del 18-04-03; hasta hoy: STS N.º 297/2017, del 26-04-17.

[6] Por ejemplo, en Davis *vs.* U. S., 564 U. S. 229 (2011): «*The exclusionary rule's sole purpose is to deter future Fourth Amendment violations, e. g., Herring* vs. *United States, 555 U. S. 135, and its operation is limited to situations in which this purpose is 'thought most efficaciously served' United States* vs. *Calandra, 414 U. S. 338. For exclusion to be appropriate, the deterrence benefits of suppression must outweigh the rule's heavy costs*».

[7] Lo reconoce P‍IZZI, W. T.: *Trials without Truth*. New York, 1999, pp. 37-39. *Vid.* las causas en K‍LOCKARS, C. B.: «A Theory of Excessive Force ant Its Control». En: *Understanding and Controlling Police Abuse of Force*. G‍ELLER y T‍OCH, editores. New Haven-London, 1996, pp. 16 y ss.

sobrevenido como resultado de una mejor formación de los cuerpos policiales y de mayores mecanismos de control sobre la actividad policial. Pero en todo ello el efecto disuasorio de la regla de exclusión no parece haber tenido un papel tan protagonista como se piensa. En Europa, por ejemplo, se ha hablado bastante menos de ese efecto disuasorio, siendo habitual en la jurisprudencia encontrar declaraciones de nulidad como consecuencia de la violación de derechos fundamentales *per se*, como si la única razón de su respeto fuera su mera existencia en el ordenamiento[8].

Sin descartar lo anterior, y sin apartar la vista de una cierta eficacia del *deterrent effect*, lo cierto es que la regla de exclusión provoca muchos problemas. Los mismos son resueltos de manera a veces dispersa o incluso arbitraria por los tribunales, adaptando la motivación de sus resoluciones a lo que creen más justo en cada caso concreto, pero sin parar mientes en la real vulneración del derecho, mirando con frecuencia hacia otro lado ante lesiones flagrantes de los derechos fundamentales. Lo que sucede en esos casos, en realidad, es que a dichos jueces no les gusta que ese reo en concreto, responsable de ese delito en particular, salga absuelto. A partir de ahí, la manipulación de la regla de exclusión –a fin de no aplicarla– es frecuente y casi proverbial a lo largo y ancho del mundo, empezando por los mismísimos Estados Unidos.

Al margen de las críticas más o menos severas que merezcan dichos jueces, críticas que muchas veces están curiosamente inspiradas muy claramente por la política, es posible que algo falle en el fondo de la configuración de la regla de exclusión. Todos estamos de acuerdo en su vigencia en general, pero en lo concreto acabamos discrepando con frecuencia. Este trabajo pretende descubrir ese posible error de base, proponiendo una alternativa que ojalá pueda encontrar consenso.

---

[8] Es de hecho el caso alemán con el sistema de las prohibiciones de prueba. *Vid.* KÜHNE, H.-H.: *Strafprozessrecht*. Heidelberg, 2015, pp. 565 y ss. También en Italia: CONSO, G.; GREVI, V. y BARGIS, M.: *Compendio di procedura penale*. Padua, 2012, pp. 319 y ss.

1. Origen de la regla de exclusión

Existe cierto debate sobre si la jurisprudencia de la regla de exclusión se origina en 1886, con el caso Boyd *vs.* U. S.[9], o bien casi treinta años más tarde, en 1914, con el caso Weeks *vs.* U. S.[10], con el paso intermedio que supuso el caso Bram *vs.* U. S. de 1897[11]. Una derivación de esa jurisprudencia fue la doctrina de los frutos del árbol envenenado, que surge en 1920 con el caso Silverthorne Lumber Co. *vs.* U. S.[12] y se confirma, con esa terminología, en Nardone *vs.* U. S. de 1939[13]. A partir de ahí, la trayectoria de la jurisprudencia ha andado en parte a trompicones, con las importantes resoluciones de Mapp *vs.* Ohio (1961)[14], Miranda *vs.* Arizona (1966)[15], pero también últimamente con las muy polémicas Hudson *vs.* Michigan (2006)[16] y Utah *vs.* Strieff (2016)[17], que han supuesto una peligrosísima puesta en cuestión de lo enunciado en Weeks *vs.* U. S. hace más de un siglo. Y es que este último caso había marcado un antes y en después. Antes de Weeks, lo único importante era que la prueba fuera verdadera y no cómo hubiera sido conseguida. A partir de este caso, la prueba ilícitamente obtenida sería excluida[18].

De lo que no se ha hablado demasiado es del porqué se originó esta jurisprudencia, lo que obliga a analizar, siquiera brevemente, las circunstancias sociales de los Estados Unidos a finales del siglo xix[19]. En ese período, una vez superada la época de la reconstrucción tras la Guerra Civil (1861-1865), se

---

[9] 116 U. S. 616 (1886).
[10] 232 U. S. 383 (1914).
[11] 168 U. S. 532 (1897).
[12] 251 U. S. 385 (1920).
[13] 308 U. S. 338 (1939).
[14] 367 U. S. 643 (1961).
[15] 384 U. S. 436 (1966).
[16] 547 U. S. 586 (2006).
[17] 579 U. S., 136 S. Ct. 2056 (2016).
[18] Hensley, T. R.: *The Rehnquist Court*. Santa Bárbara, 2006, p. 160.
[19] Sobre el tema, Walker, Samuel: *The Police in America: An Introduction*. McGraw-Hill. New York, 1996; Harring, Sidney: *Policing a Class Society: The experience of American Cities*. 2017; Kappeler, V.; Sluder, R. y Alpert, G.: *Forces of Deviance: Understanding the Dark Side of Policing*. Prospect Heights, 1998.

produjo una rápida industrialización en el país que buscaba mano de obra barata sobre todo en los inmigrantes que en masa acudieron a los Estados Unidos de todas partes del mundo, especialmente de Europa.

Ello provocó que las miserables condiciones de trabajo generaran movimientos obreros de gran calado, que preocupaban a los empresarios enormemente. Obviamente, creció la criminalidad derivada del abuso del alcohol propia de los ambientes empobrecidos, junto con otros delitos comunes cuyo único origen es ciertamente la miseria.

Con la excusa de estos últimos hechos delictivos, pero sobre todo con la firme voluntad de controlar los movimientos obreros y sus numerosísimas huelgas y manifestaciones, se empezó a desarrollar una institución que solo había tenido algún desarrollo en unas pocas ciudades durante el siglo XIX: la policía profesionalizada. La primera fuerza policial fue establecida en Boston en 1838, seguida de la de Nueva York en 1845, y a partir de ahí otras ciudades hasta que en la década de los ochenta del siglo XIX la mayor parte de ciudades importantes disponían de su policía local. Todo eso fue en el Norte. En el Sur, los cuerpos policiales habían tenido directamente funciones de persecución de esclavos huidos desde principios del siglo XVIII.

Lo que unía a ambos territorios era que el mantenimiento del «orden» tenía unos fines claramente mercantilistas. Lo que preocupaba al Poder no era tanto la lucha contra el crimen como el control social. En consecuencia, las dos principales características de la policía de finales del XIX eran la corrupción y la brutalidad[20]. Los agentes estaban involucrados en el juego, la prostitución, el tráfico de drogas y, por supuesto, el *racketeering*, es decir, la extorsión de las bandas organizadas a cambio de protección. También participaban en el fraude electoral que aseguraba la permanencia de las élites en el poder[21].

---

[20] POTTER, Gary: *The History of Policing in the United States*. Parte II. http://plsonline.eku.edu/insidelook/history-policing-united-states-part-2.

[21] POTTER, Gary: *The History of Policing in the United States*, Parte IV. http://plsonline.eku.edu/insidelook/history-policing-united-states-part-4#_ga=2.66081642.59940879.1498142108-489442676.1498142108.

Naturalmente, la «ley seca» (*National Prohibition Act* o *Volstead Act*, 1919-1933) no hizo sino aumentar todos estos problemas, generando más delincuencia. Testimonio de ello fueron, por ejemplo, los intocables de Elliot Ness y sus ilegales métodos de investigación[22], que con un selecto grupo de escogidos intentaban luchar contra la corrupción policial totalmente infiltrada por el gansterismo, especialmente de Al Capone en aquella época, pero que venía de muy atrás. Esa historia, llevada a la literatura y a la cinematografía, no es más que un triste reflejo de la gravísima situación vivida en la época.

Con todo este panorama no puede extrañar en absoluto que algunos magistrados del Tribunal Supremo, pese a la polémica de la mayoría de sus decisiones, decidieran romper una lanza intentando lograr un poco de limpieza en el sistema[23]. De ahí que como método disuasorio de los abusos policiales decidieran participar activamente en la depuración de la única manera que les era posible: a través de sus sentencias. Y en ese momento se originó la idea de que la total nulidad de las actuaciones policiales lesivas de derechos fundamentales contribuiría a la mejora del sistema.

Por desgracia, no fue realmente así. En cualquier profesión se heredan siempre los hábitos del pasado, dado que cualquier persona que entra a trabajar en un servicio, lo primero que desea es saber cómo se conducía el mismo con anterioridad a su llegada. Y de ese modo lo más cómodo, y lo que además suele parecer más correcto en un primer momento, es copiar lo que se ve hacer. Lo contrario implica recibir críticas de todos los compañeros más «experimentados». Por eso los cambios cuestan tanto y se avanza tan lentamente en algunos sectores.

---

[22] PERRY, D.: *Elliot Ness: The Rise and Fall of an American Hero*. New York, 2014.
[23] Se demuestra lo anterior leyendo algún *obiter dictum* del caso Weeks *vs.* U. S., 232 U. S. 383 (1914), aunque ciertamente faltaba una declaración más contundente sobre la vigencia del efecto disuasorio: «*The tendency of those who execute the criminal laws of the country to obtain conviction by means of unlawful seizures and enforced confessions, the latter often obtained after subjecting accused persons to unwarranted practices destructive of rights secured by the Federal Constitution, should find no sanction in the judgments of the courts, which are charged at all times with the support of the Constitution, and to which people of all conditions have a right to appeal for the maintenance of such fundamental rights*».

En consecuencia, el efecto disuasorio, aun estando en el origen de la regla de exclusión, no parece haber servido ni para resolver el problema de la mala praxis policial, ni tampoco para asentar la indiscutible observancia de los derechos fundamentales en las investigaciones penales.

2. Problemas del efecto disuasorio como fundamento de la ilicitud

Existe además otro problema muchísimo más grave. Es muy peligroso configurar un supuesto efecto disuasorio como razón central de la licitud de la prueba y, por ende, del respeto por los derechos fundamentales. El inconveniente de proceder de ese modo es que acaba conduciendo a la conclusión de que cuando no existe, en apariencia o en realidad, una malintencionada praxis policial, la vulneración del derecho fundamental parece que no sería relevante, lo que supone poner una excepción al cumplimiento de los derechos fundamentales que puede degenerar en su desaparición. Es más, se ha llegado a afirmar en no pocas ocasiones que dicha mala praxis, pese a sus inconvenientes, ayuda a descubrir la realidad de los hechos –era lo que se sostenía antes del caso Weeks[24]–, lo que aunque a veces –solo a veces– pueda ser cierto, supone definitivamente la perversión total del sistema.

Y es que si ello es así, ¿para qué sirven entonces los derechos fundamentales? Toda la protección que dichos derechos nos confieren a los ciudadanos frente al tremendo poder del Estado –ese es su origen[25]– parece completamente irrelevante en aras de un descubrimiento a ultranza de la realidad de los hechos. En la práctica ello se traduce en una aplicación más de la máxima «el fin justifica los medios», cuyo cumplimiento se puede mostrar en apariencia muy práctico, pero es brutal en la mayoría de las ocasiones. Y es que, además, a partir de ahí cunden entre la ciudadanía las apelaciones a la eficacia policial o a la seguridad de todos, que justificarían la vulneración de

---

[24] 232 U. S. 383 (1914).
[25] Conviene releer a LOCKE, J.: *Two Treatises of Government*. Tomo II. Cambridge, 1963, pp. 377 y ss. (137 y ss.) y a BLACKSTONE, William: *Commentaries on the Laws of England*. Tomo I. London, 1791, pp. 126 y ss.

derechos[26], pero solo los de los delincuentes, como se dice con una ingenuidad –o mala fe– inaceptable. Finalmente, todo acaba convergiendo en un mensaje claramente populista, puesto que es en una masa desinformada y crédula donde dicho mensaje encuentra un fenomenal, aunque increíblemente torpe, caldo de cultivo.

Justo eso es lo que ha sucedido hoy en día y, de hecho, desde hace años, como veremos seguidamente. La regla de exclusión conoce tantas y tan amplias excepciones en la jurisprudencia que a veces bien parece que no exista. Como veremos más adelante, nada de ello hubiera sucedido si el fundamento de dicha regla hubiera sido otro bien diferente con respecto al que ese efecto disuasorio solamente posee un papel, de hecho, secundario. Pero tomando como prioridad y pretexto el efecto disuasorio, acaba sucediendo que cuando dicho efecto carece de sentido –como ocurre con cierta frecuencia–, la lesión del derecho fundamental es presentada como irrelevante, lo que conduce a un resultado ciertamente cruel y peligrosísimo para nuestro sistema jurídico. Veámoslo. En este particular seguiré expresamente, con alguna variación, la magistral explicación sobre el particular que realizó MIRANDA ESTRAMPES[27].

2.1. *Excepción a la regla de exclusión*
Era inevitable la primera excepción que surgió a la regla de exclusión, o a la ilicitud de la prueba como se prefiere decir en Europa. Está justamente basada en las situaciones en que el efecto disuasorio carece de sentido.

---

[26] *Vid.* sobre el tema JAKOBS, Günther: «*Bürgerstrafrecht und Feindstrafrecht*». En: *HRRS*. Marzo, 2004, pp. 88 y ss.; MIR PUIG, Santiago: «Límites del normativismo en Derecho Penal». En: *Revista Electrónica de Ciencia Penal y Criminología*. N.º 7. 2005; GRACIA MARTÍN, Luis: «Consideraciones críticas sobre el actualmente denominado 'Derecho Penal del enemigo'». En: *Revista Electrónica de Ciencia Penal y Criminología*. N.º 7. 2005; CANCIO MELIÀ, Manuel y GÓMEZ-JARA DÍEZ, Carlos (coords.): *Derecho penal del enemigo: el discurso penal de la exclusión*. Edisofer. Madrid, 2006.

[27] MIRANDA ESTRAMPES, Manuel: «La regla de exclusión en el sistema estadounidense (crónica de una muerte anunciada)». En: *El Derecho*. Universidad Católica Argentina. Buenos Aires, 2013, pp. 1 y ss. *Vid.* también MIRANDA ESTRAMPES: ob. cit. (*El concepto de prueba ilícita*), *passim*.

La jurisprudencia ha afirmado que en los casos en que la actuación policial haya estado presidida por la buena fe, la prueba no debe anularse pese a la lesión del derecho fundamental, que parece que deja de tener cualquier importancia. Así lo estableció el Tribunal Supremo en el caso Michigan *vs.* Defilippo de 1979[28], cuando un agente detuvo a un sospechoso en cumplimiento de una ordenanza de Detroit que más tarde fue declarada inconstitucional. Al actuar dicho policía bajo la cobertura de esa ordenanza y, por tanto, en creencia de que estaba actuando conforme a derecho, no podía dudarse de su buena fe. Más adelante se amplió esta jurisprudencia a que fuera, no una norma positiva, sino un precedente posteriormente anulado el que diera cobertura a la actuación policial[29], y finalmente a que fuera una orden judicial errónea la que determinara la indebida actuación policial[30]. En todos esos casos la culpa no sería del policía, sino del legislador o de los jueces, por lo que no podría observarse mala fe policial por ninguna parte, careciendo de razón de ser el efecto disuasorio y, por tanto, tomando carta de naturaleza la vulneración del derecho fundamental.

Pero más adelante, el propio Tribunal Supremo afirmó que ese error antecedente de la actuación policial no tenía por qué ser solamente de un juez, sino que también podía provenir de la propia policía. En resumidas cuentas, cuando la policía pudiera justificar buena fe en su actuación, la lesión del derecho fundamental resultaba nuevamente indiferente. Tal sucedió en el asunto New York *vs.* Quarles, de 1984[31], en el que se aludió a la peligrosidad del momento de la detención y a la seguridad pública como pretextos para suprimir la lectura de derechos previa al arresto, peligrosidad y seguridad que aparentemente justificaban la buena fe policial. Lo mismo acaeció en el caso U. S. *vs.* Patane, en 2004[32], en el que los agentes, al parecer, paralizaron la lectura de derechos a petición del propio sospechoso, que alegó que ya los conocía. Pero el desarrollo más peligroso de esta línea de pensamiento

---

[28] 443 U. S. 31 (1979).
[29] Davis *vs.* U. S., 564 U. S. 229 (2011).
[30] U. S. *vs.* Leon, 468 U. S. 897 (1984).
[31] 467 U. S. 649 (1984).
[32] 542 U. S. 630 (2004).

acaeció con el asunto Herring *vs.* U. S. de 2009[33], en el que sucedió algo bastante frecuente en la práctica policial de cualquier país: que existía una orden de arresto que había sido anulada y que habría justificado la detención de ser aún válida, pero sin que dicha anulación le constara a la policía en el momento del arresto por un deficiente mantenimiento de la base de datos policial. El Tribunal Supremo justificó que dicho error no era deliberado y, por tanto, no respondía a una conducta intencionada del agente, de quien, por tanto, no podía predicarse mala fe. Más adelante profundizaré en este caso.

Las razones manejadas por el Tribunal Supremo pueden parecer muy sensatas, porque ciertamente lo son aunque solo desde el punto de vista del efecto disuasorio. Según los datos obrantes en todos los casos citados, no parece haber habido una mala praxis policial, sino simples errores burocráticos o graves necesidades de seguridad pública, entre otras la protección de la propia vida del agente actuante. Sin embargo, como observa muy acertadamente Miranda Estrampes[34], las posibilidades que abre esta jurisprudencia son infinitas, porque interpretada su línea de pensamiento de manera extensiva –cosa que ya ha sucedido últimamente–, cada vez que no pueda demostrarse expresamente la mala fe policial, la vulneración del derecho fundamental resulta irrelevante.

Es también cierto que los errores cometidos no son gravísimos, pero siempre desde el punto de vista del –a mi parecer– desorientador efecto disuasorio. Ciertamente, si lo que se busca es que la policía actúe debidamente, en ninguno de los casos analizados concurrió –aparentemente– una conducta indebida. Pero pese a ello existió una vulneración evidente del derecho fundamental. La lectura de derechos –aunque a veces pueda parecerlo– no es pura burocracia, sino que constituye la principal –y casi la única– garantía del reo en un instante de especial estrés para el mismo: su detención. En ese momento, la única salvaguarda de su defensa proviene de la lectura de derechos. Si se suprime, lo que ocurrirá en bastantes casos es que el detenido hará todo lo que le diga la policía, entre otras cosas autoincriminarse, y desde luego no guardar silencio ante la presión del momento.

---

[33] 555 U. S. 135 (2009).
[34] Miranda Estrampes: ob. cit. («La regla de exclusión…»), p. 3.

Pero ello no parece considerarse relevante, y desde luego no lo es desde la estrecha perspectiva del efecto disuasorio. En consecuencia, y para no ser acusados los magistrados del Tribunal Supremo de un simple fetichismo en el cumplimiento de las formas, las vulneraciones citadas no determinaron la declaración de existencia de una mala praxis policial. Pero, pese a todo, la vulneración de derechos fundamentales es evidente. Es por ello por lo que la solución del Tribunal Supremo no es satisfactoria. Aunque está basada en una quizás adecuada —en el caso concreto— ponderación de los intereses en juego, el resultado final es que el derecho fundamental no es que se restrinja, como es lícito en estos casos, sino que se anula por completo, lo que no es admisible en democracia[35]: a un detenido al que no se le leen sus derechos se le suprime completamente, en ese instante especialmente delicado, el derecho de defensa. Y hay que tener muy en cuenta que lo que eventualmente pueda declarar el reo en ese primer momento puede contaminar y predeterminar toda la investigación posterior, que le va a señalar como responsable con una fuerza incontenible derivada de sus primeras palabras en el momento del arresto, que van a ser interpretadas sin duda en sentido incriminatorio, condicionando así la investigación posterior.

Por ello es preciso descartar la excepción de la mala fe y acudir a otros posibles caminos de salida, como veremos más adelante.

2.2. *Excepciones a la doctrina de los frutos del árbol envenenado*
Como ya vimos, el Tribunal Supremo, siempre con la guía del efecto disuasorio, estableció que no solo la prueba vulneradora del derecho fundamental debía ser expulsada del proceso, sino que también todas las que de la misma derivaran debían seguir el mismo destino, aunque fueran obtenidas lícitamente.

Pero nuevamente la buena fe, o mejor dicho, la exclusión de la relevancia de la mala fe policial, en el fondo y si bien se observa, ha justificado las

---

[35] Lo explico en Nieva Fenoll, Jordi: «Neurociencia y juicio jurisdiccional: pasado y presente. ¿Futuro?». En: *Civil Procedure Review*. Vol. 7, N.º 3. Múnich, 2016, p. 142, y Nieva Fenoll, Jordi: *Derecho Procesal II: proceso penal*. Madrid, 2017, pp. 149 y ss.

tres excepciones a la doctrina de los frutos del árbol envenenado: i. la fuente independiente, ii. el nexo causal atenuado y iii. el descubrimiento inevitable[36]:

i. Es posible que la prueba de la que surgió la investigación penal sea vulneradora de los derechos fundamentales, pero si puede justificarse que la prueba incriminadora surgió de una «fuente independiente» de la misma, esa nulidad inicial no vicia esa segunda prueba. Lo dijo el Tribunal Supremo en el mismo caso Silversthorne Lumber Co. *vs.* U. S. de 1920[37], y ha sido objeto de desarrollo posterior. En 1980, en U. S. *vs.* Crews[38], el Tribunal Supremo resolvió el siguiente caso: la víctima de un delito lo denuncia a la policía ofreciendo una descripción del agresor. Días después, la policía detiene ilegalmente, sin cargos reales, a una persona de similares características, haciéndole una foto que posteriormente es enseñada a la víctima, siendo reconocida por la misma, claro está. Pues bien, el Tribunal Supremo afirmó que el recuerdo de la víctima era independiente de la detención ilegal. Como si no condicionara a una víctima que la policía le enseñe días más tarde, con un recuerdo absolutamente alterado o casi borrado, a alguien cuyas características coinciden con las que fueron objeto de la denuncia[39]. Existió mala fe policial, claro está, pero la misma no habría influido en el recuerdo de la víctima, que, según el Tribunal Supremo, era una fuente independiente (¿?) de conocimiento del delito…

ii. Igualmente, si existe una prueba ilícita y no puede negarse un nexo causal con la prueba subsiguiente, pero sí afirmar que es escasamente relevante, esa segunda prueba será válida. El «nexo causal atenuado» fue enunciado ya en Nardone *vs.* U. S. en 1939. Pues bien, en Wong Sun *vs.* U. S. (1963)[40], la

---

[36] Así se confirma en Nix *vs.* Williams (1984): «… *even assuming that there is an inevitable discovery exception to the exclusionary rule - the State had not met the exception's requirement that it be proved that the police did not act in bad faith*».
[37] 251 U. S. 385 (1920).
[38] 445 U. S. 463 (1980).
[39] *Vid.* ampliamente Diges, M. y Pérez-Mata, N.: «La prueba de identificación desde la psicología del testimonio». En: *Identificaciones fotográficas y en rueda de reconocimiento. Un análisis desde el Derecho Procesal Penal y la psicología del testimonio*. Madrid, 2014, pp. 33 y ss.
[40] 371 U. S. 471 (1963).

policía detuvo ilegalmente a una persona, que tras ser puesta en libertad compareció días más tarde ante la policía para hacer una declaración inculpatoria plenamente legal, que lógicamente no hubiera tenido lugar de no haber acaecido el arresto ilegal inicial. Pero el Tribunal Supremo, aun reconociendo ese nexo causal, lo consideró atenuado al estimar que el carácter voluntario de la segunda declaración legitimaba la prueba. Nuevamente, a juicio del Tribunal Supremo, la mala fe policial en el arresto fue irrelevante, puesto que en la declaración prestada días más tarde no habría influido dicha mala fe...

iii. Del mismo modo, si la policía practicó una detención legal durante la que se persuadió al sospechoso –sin presencia de su abogado– a localizar el lugar donde estaba la víctima de un homicidio, pero se puede suponer que la policía hubiera acabado encontrándola por situarse en el perímetro inicial de búsqueda, se puede sostener que era «inevitable el descubrimiento» del cadáver. De nuevo, según el parecer del Tribunal Supremo, la mala fe de la policía no viciaría el descubrimiento posterior. Tal sucedió en Nix *vs.* Williams, en 1984[41]. Después analizaré con más detenimiento este caso.

Con todo ello, lo cierto es que la policía puede tener toda la mala fe que desee, aunque tampoco puede decirse que en estos casos sean irracionales las decisiones del Tribunal Supremo, puesto que, ciertamente, aunque exista un comportamiento indebido de un policía, el problema es que la prueba obtenida, en realidad, existe. Dicho de otro modo, los hechos son ciertos, y si el proceso debe reflejar la realidad de los mismos[42], nadie entendería que los jueces no sancionaran dichos hechos, observando la ciudadanía que un criminal se ríe de la justicia.

Pero lo anterior supone un primer reconocimiento implícito –que ha pasado desapercibido– por parte de la jurisprudencia de que el efecto disuasorio no es una buena guía en esta materia, y que de hecho con estas excepciones se estaba volviendo a tiempos anteriores a Weeks, aunque esto segundo sí ha

---

[41] 467 U. S. 431 (1984).
[42] TARUFFO, Michele: *La prueba de los hechos.* Trad. Jordi FERRER BELTRÁN. Madrid, 2002, p. 181.

sido subrayado, como veremos. Y es que existen algunas ocasiones en que la mala praxis policial no debe deslegitimar una investigación, si la misma refleja la realidad.

El problema es si, realmente, la investigación en estos casos refleja la auténtica realidad, cuestión que no parece haber merecido la debida atención. Cualquier persona que se declara culpable tras haber tenido una conversación ilegal con un policía, está realizando una autoincriminación completamente condicionada, lo que descarta las dos primeras excepciones estudiadas: la de la fuente independiente porque solo en ocasiones marginales la fuente es realmente independiente[43]; y también la del nexo causal atenuado, puesto que en esta ocasión ni siquiera se hace el esfuerzo de negar ese nexo con la prueba ilícita, sin cuya presencia la investigación no se hubiera iniciado en absoluto. Claro está, se puede pensar, acudiendo a la antigua máxima del sistema legal de valoración de la prueba, que nadie se acusa a sí mismo en perjuicio propio[44]. Sin embargo, ya desde hace mucho tiempo sabemos que ello es completamente falso en muchas ocasiones, porque las presiones policiales quiebran el ánimo de los declarantes. Por ello, el derecho a no declarar *contra se* existe desde hace más de dos siglos al menos[45].

Y por último, ¿qué garantía existe de que no ha concurrido mediatización policial en la declaración de un sospechoso? Es imposible saberlo, porque inútil resulta el intento de controlar todos los comentarios e insinuaciones que la policía puede realizarle al sospechoso durante su detención, por más mecanismos de prevención que existan en este sentido, es decir, por más cámaras que graben la actuación policial. Siempre existirán momentos clandestinos,

---

[43] Lo explica MIRANDA ESTRAMPES: ob. cit. (*El concepto de prueba ilícita*), pp. 116 y ss.
[44] Recogida en tantas legislaciones aún en el proceso civil, como la francesa, la italiana o la portuguesa: *Article 1383: «L'aveu judiciaire est la déclaration que fait en justice la partie ou son représentant spécialement mandaté. Il fait foi contre celui qui l'a fait».* Art. 2733: *«Confessione giudiziale. È giudiziale la confessione resa in giudizio. Essa forma piena prova contro colui che l'ha fatta, purché non verta su fatti relativi a diritti non disponibili».* Artigo 358: *«(Força probatória da confissão) 1. A confissão judicial escrita tem força probatória plena contra o confitente».*
[45] MERKE: ob. cit. («Apuntes clave...»), pp. 439 y ss.

esto es, instantes en que la policía puede proceder a esa persuasión, o incluso presión, sin que sean captados por las cámaras. En consecuencia, la excepción del descubrimiento inevitable también puede encubrir una mala praxis policial muy difícil de detectar.

Es por ello por lo que estas tres excepciones, por razonables que parezcan sobre el papel, no son aceptables en la práctica, puesto que no eliminan las sospechas de manipulación policial, que es sin duda el peor enemigo de la veracidad de las investigaciones penales. Es por ello por lo que debe acudirse necesariamente a una solución alternativa que pueda parecer razonable desde todos los puntos de vista.

3. Reconfiguración de la regla de exclusión: el doble requisito de licitud de las actuaciones policiales

En primer lugar, parece conveniente realizar una relectura de la *probable cause* de la IV Enmienda como mecanismo legitimador de las actuaciones policiales. Como ha dicho reiteradamente la jurisprudencia, la misma solo concurre si existen, a juicio de la policía, indicios de delito, así como la convicción que de la actuación que se pretenda realizar van a obtenerse resultados útiles para la investigación. La actuación policial potencialmente vulneradora de los derechos fundamentales requiere un *warrant*, es decir, una orden judicial que especifique la causa probable y que legitime la actuación del agente, y si dicha orden no concurre, la actuación debe justificarse en la convicción del agente de la existencia de causa probable.

A mi entender, esta legitimación de la actuación policial, no es que sea demasiado amplia, que quizás no lo sea, sino que es particularmente inconcreta y, por consiguiente, incontrolable.

Es por ello por lo que me parece más correcto seguir en este sentido las exigencias que implícitamente ha expresado, no sin algo de ambigüedad, el Tribunal

Europeo de Derechos Humanos[46]. Dichas exigencias, dando por supuesta la existencia de la previa regulación legal de la diligencia[47], pueden resumirse en un doble requisito para establecer la licitud de las actuaciones policiales:

i. Sospecha fundamentada: La misma concurre cuando el agente puede establecer los motivos que le llevaron a sospechar que en una determinada situación existían indicios de delito. Pero esa sospecha debe ser, como se ha dicho, fundamentada, en el sentido de que el agente actuante debe explicitar de una forma epistémicamente correcta qué indicios concretos le hicieron sospechar. De ese modo podremos saber si su hipótesis estaba guiada por la simple intuición, de manera que se traduciría en un ejercicio arbitrario del poder. De no ser así, y siendo el agente capaz de detallar los indicios de su sospecha, la misma se considerará fundamentada.

ii. Urgencia o consentimiento: La sospecha fundamentada no basta para dar por buena una actuación policial, sino que es necesario que el policía pueda explicar, de nuevo de modo epistémicamente correcto, que en la situación concreta no pudo acudir previamente a un juez para realizar su actuación por concurrir especial urgencia, puesto que de lo contrario se hubiera frustrado toda la actuación investigadora. Y en caso de no concurrir esa urgencia, pero habiendo decidido el policía igualmente actuar, debe contar con el consentimiento expreso y claramente verificable del sujeto pasivo de la diligencia, para lo que es preciso disponer mecanismos de control que no dependan de

---

[46] Un buen resumen puede hallarse en: Ibrahim e. a. *vs.* Reino Unido, 50541/08, 50571/08, 50573/08, 40351/09, 13-09-16, punto 210: «*Pursuant to Article 3(6), temporary restrictions on the right of access to a lawyer are permitted at the pre-trial stage in exceptional circumstances where one of two compelling reasons is demonstrated. The first is that there is an urgent need to avert serious adverse consequences for the life, liberty or physical integrity of a person. The second is that immediate action by the investigating authorities is required to prevent substantial jeopardy to criminal proceedings. Pursuant to Article 8, any restrictions must be proportionate, be strictly limited in time, not be based exclusively on the type or seriousness of the offence and not prejudice the overall fairness of the proceedings. Restrictions are to be authorised by a duly reasoned decision on a case-by-case basis*».

[47] Krusling *vs.* Francia, 11801/85, 24-04-90; Huvig *vs.* Francia, 11105/84, 24-04-90.

la simple palabra del policía. De ese modo, este segundo requisito, en cualquiera de sus dos vertientes, se constituye como una guía completa de la buena fe en las actuaciones policiales.

Ciertamente, cumpliéndose los dos requisitos, no es preciso buscar un efecto disuasorio con la ilicitud de la prueba, sino que de manera anticipada y preventiva, la actuación policial siempre será correcta. Los dos requisitos son de muy fácil recuerdo y concreción para un agente con el debido entrenamiento, que no es tan complejo. Así se evitan los abusos y, en definitiva, la mala praxis policial contra la que tan denodadamente se ha intentado luchar durante tantísimo tiempo con tan pobres resultados en ocasiones. Además, y esto es lo que debiera ser más importante, se previenen las vulneraciones de derechos fundamentales de una forma compatible con la eficiencia de las actuaciones policiales.

Por añadidura, de ese modo se compendia lo deseado por la jurisprudencia desde cualquier punto de vista. Si lo que se perseguía era la bondad de las actuaciones policiales, por fin estamos ante una guía sintética y completa de la misma, porque lo que sucede en muchísimas ocasiones es que el policía, ante la complejidad de la jurisprudencia sobre derechos fundamentales, no ve claro –de buena fe– si puede o no realizar tal actuación ni cómo, en diversas situaciones que le pueden parecer evidentes –y ni siquiera siempre– a un jurista, pero no a un agente de policía. De hecho, como se puede comprobar en la jurisprudencia, tampoco los tribunales han trazado senderos claros en esta materia.

4. La vulneración de un derecho fundamental como indicio evidente de manipulación de pruebas

Con todo ello parece estar asegurada de manera preventiva y suficiente la buena praxis policial. Pero sin caer en la ingenuidad hay que reconocer que siempre aparecerán casos –previsiblemente muchos menos– en los que dicha mala praxis va a existir, y pese a ello existirá la voluntad de no anular la investigación policial. Es lo que sucedió en el polémico caso Hudson *vs.* Michigan, de 2006[48], y más recientemente en Utah *vs.* Strieff (2016)[49].

En el primero de esos casos, la policía no respetó la regla de dejar pasar un tiempo mínimamente razonable para permitir que el ocupante del lugar cerrado abriera voluntariamente la puerta (*knock and announce rule*). Pese a ello, una vez hubieron irrumpido los agentes en el domicilio unos tres segundos después de llamar a la puerta, descubrieron relevantes –luego se matizará este punto– cantidades de estupefacientes y un arma. En el segundo caso, el policía actuante detuvo sin un motivo suficientemente justificado a una persona, avalando su detención en una orden previa muy sistemática –está sujeta a una orden semejante un ingente número de ciudadanos– y de poca importancia –seguridad en el tráfico–, descubriéndose después que el detenido tenía en su poder estupefacientes.

El problema de ambos casos, como ya se ha venido anunciando, es que en cualquiera de los dos supuestos, y de hecho muy frecuentemente, es posible pensar en una versión bastante verosímil que apunte a una conducta manipuladora de la policía. En Hudson *vs.* Michigan cabe preguntarse por qué la policía decidió no esperar unos segundos más para abrir la puerta. Desde luego, la explicación habitual consiste en que si se deja pasar más tiempo, los ocupantes del inmueble tendrán la oportunidad de hacer desaparecer los estupefacientes por el inodoro o tirándolos por la ventana o dándoselos por el patio a cualquier vecino. Pero también puede ser que, para justificar una entrada ilegal, decidieran entrar de forma rapidísima para intimidar a los ocupantes y preparar una escena aparentemente delictiva durante la confusión inicial derivada de esa intimidación, introduciendo estupefacientes que «no» estuvieran antes de la entrada en el domicilio. O incluso un arma, como fue el caso.

En Utah vs. Strieff, cabe preguntarse por qué el policía decidió detener a la persona que vio que salía de una casa, pese a no tener ningún motivo para hacerlo, buscándolo después de manera artificial. Por descontado, puede justificarse

---

[48] 547 U. S. 586 (2006).
[49] 579 U. S., 136 S. Ct. 2056 (2016).

que habiendo observado movimientos sospechosos que delatan el posible comercio de estupefacientes en aquella casa, ya tenía una sospecha fundamentada –causa probable–, y ciertamente así pudo ser. Pero si fue así, ¿qué necesidad existía de detener a aquel sujeto? Siendo aparentemente un punto de venta de estupefacientes del que cabe predicar una cierta estabilidad, ¿no era más fácil obtener rápidamente una orden judicial y realizar una entrada y registro? Y siendo así, ¿por qué no se hizo? ¿No cabría pensar en una introducción de estupefacientes del agente al detenido, durante el cacheo, para favorecer la versión del agente sobre la investigación y justificar una detención que, de otro modo, sería ilegal? En favor de esta versión jugaría el hecho de que el agente podía prever algo muy frecuente en los Estados Unidos: que el detenido se declare culpable para reducir su condena, lo que de hecho sucedió, como cuenta la sentencia.

Lo que intento expresar es que, aunque se pueda pensar lo contrario, ningún policía requiere la vulneración de derechos fundamentales para llevar a cabo sus investigaciones. Es más, dispone de un margen suficiente de actuación si entiende que existe una sospecha fundamentada, sin vulnerar derecho alguno. Y siendo ello así, no tiene sentido que rompa una puerta de una patada entrando ilegítimamente en un domicilio, o bien que no le lea sus derechos al detenido, o incluso, en el peor de los casos, que realice actuaciones de aún mayor presión sobre el detenido. Nada de eso tiene sentido si no es porque desee que su actuación refuerce su versión sobre la investigación, es decir, el resultado incriminatorio que él cree que existe y del que necesita pruebas que teme no encontrar si respeta los derechos fundamentales. Y de ese modo, una vez vulnerados esos derechos, en realidad puede hacer lo que quiera porque el ciudadano ha quedado completamente desprotegido frente a su poder, que por cierto es el del Estado y, por tanto, es enorme. La que va a prevalecer es la versión del policía, suceda lo que suceda.

Y en esa tesitura, el único medio de evitar que todo acabe en una condena injusta es la denuncia de la ilicitud de la prueba, excluyendo la evidencia vulneradora de los derechos fundamentales. Es la única defensa del reo frente a una acusación indebida cuya falsedad no está en condiciones de demostrar, porque es casi imposible revisar *a posteriori* todo el *iter* de la investigación policial en todos sus detalles, más allá de lo que conste en el atestado. Si le quitamos esa defensa, dejamos al reo prácticamente inerme. Su presunción de inocencia queda absolutamente anulada antes incluso de la sentencia.

En definitiva, cuando se vulnera un derecho fundamental el agente actuante entra en un espacio de total clandestinidad que le otorga un ilimitado campo de actuación, lo que resulta peligrosísimo. Siendo ello así, la vulneración del derecho constituye un indicio absolutamente razonable de que el agente está intentando crear un relato que tiene la más amplia oportunidad de introducir en la escena, manipulando la realidad, sembrando una prueba falsa en el proceso que todo el mundo va a dar por auténtica.

En consecuencia, la vulneración de un derecho fundamental constituye un indicio evidente de falseamiento policial de la realidad. Por tanto, en ese caso es muy probable que el proceso penal se esté alejando de su principal objetivo final: el descubrimiento de esa auténtica realidad. Y si las cosas son de ese modo, lo que sucede es que el proceso ya no sirve para ese fin, sino que se convierte en un simple juguete en manos de la policía que confirma formalmente, con carácter definitivo, la existencia del vestigio falsamente introducido. De ese modo, la versión policial consigue total firmeza y el reo se queda en la más absoluta indefensión. Y todo ello simplemente porque se considera irrelevante la vulneración del derecho fundamental.

5. Propuesta de excepción única a la regla de exclusión: la notoria realidad de los hechos descubiertos

Es por ello por lo que entiendo que el fundamento principal de la regla de exclusión nunca debió haber sido, ni debe ser en nuestros días, la persecución de un efecto disuasorio. Al contrario, como veremos a continuación, la razón de ser de la regla de exclusión debe ser el «descubrimiento de la realidad», explicando claramente que cuando se vulneran derechos fundamentales se apartan policías y jueces de dicha realidad, y a partir de ahí ya no ven lo que hay realmente, sino lo que quieren ver, condicionados por ese descubrimiento que, insisto, quizás sea cierto, pero que tiene enormes posibilidades de ser falso o estar al menos manipulado.

Por consiguiente, la regla de exclusión existe como mecanismo para conseguir descubrir la realidad. Al contrario de lo que se ha pensado tradicionalmente, la tortura no sirve para que el torturado declare la veracidad de los hechos, sino solo para que el torturador oiga la versión que desea oír. Cuando se entra en un domicilio ilegalmente, la policía está actuando de forma completamente clandestina, sin cobertura judicial, lo que abre un inmenso universo para introducir pruebas falsas. Cuando a un detenido no se le leen o no se respetan de cualquier modo sus derechos, lo que sucede es que se convierte en un individuo absolutamente manipulable, que va a dar la versión de los mismos que más interese al agente que le ha detenido, porque así se lo puede haber recomendado. En cualquiera de estos casos, no solamente no nos acercamos a la realidad, sino que nos separamos irremediablemente de ella.

En consecuencia, las excepciones a la regla de exclusión no deben estar basadas en la mala praxis policial, sino que si se desea evitar dicha mala praxis hay que pensar más bien en las peligrosas consecuencias de la misma: la manipulación de la realidad.

Siendo así, solamente cuando la realidad descubierta sea absolutamente notoria podremos establecer una excepción a la regla de exclusión. Ciertamente, si el policía ha actuado indebidamente debe ser sancionado, como veremos en el próximo epígrafe. Pero esa sanción no puede acarrear siempre el perjuicio para los ciudadanos que se deriva de una expulsión de la prueba en el proceso, con la consiguiente, y frustrante, declaración de inocencia del reo culpable, que nadie en la ciudadanía entiende.

Por ello, en cada caso concreto habrá que estudiar la situación. Si la entidad de lo descubierto es de tal notoriedad que pese a la vulneración de los derechos fundamentales no hay motivo alguno para sospechar de manipulación policial, la prueba no deberá ser expulsada del proceso. Es decir, si por ejemplo un policía revienta una puerta sin orden judicial, ni consentimiento, ni flagrancia, ni otro pretexto que justifique la existencia de una sospecha fundamentada, pero una vez en el interior se descubren vestigios que el policía no ha tenido manera humana de introducir a hurtadillas, la ilicitud probatoria deberá ser declarada irrelevante, pese a lo cual el policía deberá ser sancionado, como se verá después.

Si una persona es detenida ilegalmente, pero lo que declara se acaba confirmando palmariamente en la realidad y sin ningún resquicio razonable de sospecha de manipulación, lo descubierto no podrá ser anulado, pero el agente deberá ser sancionado, incluso con la expulsión del cuerpo, como veremos, porque una democracia no puede tolerar la presencia en la policía judicial de un agente que practica detenciones ilegales.

En consecuencia, solo si lo descubierto acaba constituyendo, por las pruebas que lo sustentan, un hecho notorio, podrá evitarse la anulación de la prueba. Lo que quiere decir que lo descubierto será considerado auténtico si no hay motivo alguno, en absoluto, para dudar de su veracidad. La excepción que propongo, por tanto, es muy exigente. No serviría para avalarla una confianza general en la actuación policial, porque es justamente esta natural confianza la que en ocasiones –muy difícilmente detectables– es aprovechada para introducir pruebas falsas. Por ello, el resultado probatorio obtenido debe situarse al margen de dicha confianza, de manera que sea tan palmario y evidente que resulte irrelevante, a efectos probatorios, si ha existido o no mala fe policial.

De ese modo se salvará la distancia tremenda que existe entre la consideración de la ciudadanía en este sentido, que no entiende que se anulen pruebas auténticas, y la ciencia jurídica, que insiste en dicha anulación para conseguir, en el fondo, un habitualmente ineficaz efecto disuasorio, con no poca polémica entre los operadores jurídicos cuando sucede lo contrario. De ese modo, las aspiraciones ciudadanas, la protección de las personas a través de los derechos fundamentales, y el necesario descubrimiento de los delitos que todos observamos como auténticos porque realmente lo son, quedarán debidamente compensados entre sí en un resultado final ponderado que respete razonablemente todos los intereses en juego.

Aplicando dicha regla de la excepción de la notoria realidad y pasando revista a algunos de los casos más polémicos de la jurisprudencia, que ya han sido citados, se comprobará que el resultado hubiera sido idéntico en ocasiones y completamente diferente en otras, pero en ningún caso irracional.

i. Boid *vs.* U. S. (1886)[50]: Se trataba de un asunto de contrabando en el que el fiscal del distrito requirió del reo documentación comercial privada, lo que suponía una violación del derecho de aportar pruebas contra uno mismo. Por ello, el Tribunal Supremo revocó la sentencia condenatoria. Esta sentencia es previa a la doctrina del efecto disuasorio y, por tanto, a mi juicio, centra la cuestión en sus propios términos. Cuando un investigador requiere específicamente una documentación de un reo y este se ve obligado a aportarla, el problema es que el investigador inicia sus pesquisas sesgado, lo que hace que selectivamente se fije solamente en lo que pueda sustentar su acusación. Puede parecer que siendo la documentación requerida real, la investigación debería ser válida, pero ocurre todo lo contrario, puesto que dicha investigación está condicionada desde un principio. A partir de esa aportación de prueba contraria a la presunción de inocencia –como reconoce la propia sentencia–, el reo se sitúa en una situación de indefensión. Aunque aporte otras pruebas en su defensa, existe el riesgo cierto de que nada cambie en la acusación, viéndose el juez condicionado con la misma[51], con el resultado de una sentencia condenatoria injusta.

ii. Bram *vs.* U. S. (1897)[52]: Se había cometido un homicidio en alta mar. Un policía en solitario había interrogado a Bram como sospechoso, lo que sin duda le había dado la posibilidad de inducir su confesión. Obviamente, las posibilidades de alejamiento de la realidad son máximas. La sentencia condenatoria debía ser revocada bajo este punto de vista, como efectivamente lo fue. De hecho, el Tribunal Supremo, aunque entró en una revisión fáctica, aludió expresamente a esta posibilidad de condicionamiento del reo.

---

[50] 116 U. S. 616 (1886).
[51] Es el llamado sesgo de confirmación, que describe MYERS, David G.: *Intuición. El poder y el peligro del sexto sentido*. Paidós Ibérica. Trad. Guillermo SOLANA. Barcelona, 2003, p. 175.
[52] 168 U. S. 532 (1897).

iii. Weeks *vs.* U. S. (1914)[53]: Es el primer caso en el que se alude indirectamente al efecto disuasorio (*individual misconduct*)[54]. Se trató de un registro no autorizado del domicilio en el que la policía aprehendió correspondencia del reo, mientras estaba detenido ilegalmente. Nuevamente, las posibilidades de introducción de pruebas falsas son máximas. Se dijo en esta sentencia una frase que ilustra perfectamente todos estos casos: «*While the efforts of courts and their officials to bring the guilty to punishment are praiseworthy, they are not to be aided by sacrificing the great fundamental rights secured by the Constitution*». Faltó decir la razón última de ello: el distanciamiento de la realidad de los hechos.

iv. Silverthorne Lumber Co. *vs.* U. S. (1920)[55]: Se trata de la primera sentencia sobre la doctrina de los frutos del árbol envenenado. La policía había detenido a dos sospechosos. Durante su arresto entró ilegalmente en sus domicilios ocupando documentación. Tras ello, el tribunal requirió a los reos la entrega de dicha documentación para salvar la ilicitud probatoria. Obviamente, igual que en el caso Boid, el daño ya estaba hecho y todas las posibilidades de manipulación de la realidad estaban abiertas. El Tribunal Supremo anuló correctamente la condena, aunque fundándose indirectamente en el efecto disuasorio.

v. Nardone *vs.* U. S. (1939)[56]: En este caso, la prueba supuestamente de cargo había sido adquirida a través de unas escuchas ilegales, lo que favorecía que solamente se hubieran seleccionado de las conversaciones de los reos aquellos datos que fueran incriminatorios, construyendo con ello una acusación

---

[53] 232 U. S. 383 (1914).
[54] También en el siguiente pasaje, antes reproducido: «*The tendency of those who execute the criminal laws of the country to obtain conviction by means of unlawful seizures and enforced confessions, the latter often obtained after subjecting accused persons to unwarranted practices destructive of rights secured by the Federal Constitution, should find no sanction in the judgments of the courts, which are charged at all times with the support of the Constitution, and to which people of all conditions have a right to appeal for the maintenance of such fundamental rights*».
[55] 251 U. S. 385 (1920).
[56] 308 U. S. 338 (1939).

falsamente refrendada por pruebas subsiguientes, enfocadas en una única dirección. La sentencia condenatoria, desde el punto de vista que se está analizando ahora, fue correctamente revocada.

vi. Mapp *vs.* Ohio (1961)[57]: Es el asunto más célebre del llamado «período Warren» del Tribunal Supremo. La policía solicitó el consentimiento de la Sra. Mapp para entrar en su casa. Se hallaba investigando unos hechos muy inconcretos acerca de atentados con bomba, propaganda política y juego ilegal. La Sra. Mapp les denegó la entrada, pese a lo cual, tres horas más tarde volvieron los agentes con una supuesta orden judicial –que resultó inexistente– entrando subrepticiamente en el domicilio, actuando con brutalidad esposando a la Sra. Mapp y descubriendo finalmente material obsceno –libros y fotos–, por cuya posesión fue condenada. Huelgan comentarios acerca de las enormes posibilidades de manipulación policial en este caso.

vii. Wong Sun *vs.* U. S. (1963)[58]: La policía detuvo sin razón alguna a una persona de raza china y con pobres conocimientos de la lengua inglesa, simplemente por haber sido señalada por otro sospechoso. El agente actuante también era de ascendencia china. El sospechoso, días después de ser puesto en libertad, compareció voluntariamente ante la policía para realizar una declaración inculpatoria de tráfico de estupefacientes que se negó a firmar, a pesar de reconocer, supuestamente, la veracidad de su contenido. El Tribunal Supremo reconoció un nexo causal entre la detención ilegal y la comparecencia posterior, pero entendió que estaba atenuado por la voluntariedad de la declaración[59]. Obviamente, la posibilidad de presiones policiales durante esos días intermedios es máxima, por lo que el alejamiento de la realidad

---

[57] 367 U. S. 643 (1961).
[58] 371 U. S. 471 (1963).
[59] «*On the evidence that Wong Sun had been released on his own recognizance after a lawful arraignment, and had returned voluntarily several days later to make the statement, we hold that the connection between the arrest and the statement had "become so attenuated as to dissipate the taint"*. Nardone vs. United States, 308 U. S. 338, 308 U. S. 341». *Vid.* también Trabajo Rueda *vs.* España, 32600/12, 30-05-17, puntos 29 a 43. Salduz *vs.* Turquía, 36391/02, 27-11-08, punto 55; Szabó y Vissy *vs.* Hungría, 37138/14, 12-01-16.

pudo acaecer efectivamente. La condena fue anulada por insuficiencia probatoria, pero nunca debió el Tribunal Supremo haber declarado la citada atenuación.

viii. Miranda *vs.* Arizona (1966)[60]: En este archiconocido caso, también de la época de Warren, Ernesto Miranda fue detenido ilegalmente, resultando de tal arresto sin garantías una declaración autoinculpatoria a las pocas horas sin asistencia letrada. Nuevamente, las posibilidades de manipulación eran máximas. El Tribunal Supremo, en consecuencia, anuló debidamente la condena, surgiendo de esta sentencia la célebre guía de lectura de los derechos fundamentales.

ix. Michigan *vs.* de Filippo (1979)[61]: Un policía encontró al reo en un callejón en compañía de una mujer que se estaba bajando los pantalones. El policía procedió a la detención del reo –aunque no había causa probable–, que no supo justificar su presencia en el callejón con la mujer. Durante el cacheo el agente le encontró estupefacientes. El Tribunal Supremo confirmó erróneamente la condena. La posibilidad de introducción de pruebas falsas en una situación semejante era máxima.

x. U. S. *vs.* Crews (1980)[62]: El caso ya fue explicado anteriormente. Era el supuesto en que se produjo el llamado «efecto compromiso»[63], al mostrarle la policía a una víctima, días después de los hechos, la foto de una persona cuyas características físicas generales coincidían con el sospechoso (hombre de raza negra de 15 a 18 años de edad, con la piel suave y tonalidad muy oscura). El delito fue un atraco a punta de pistola, por lo que no era descartable el «efecto foco»[64], que también distorsiona la memoria, sin contar con el estrés de la situación, acrecentado por una tentativa de abuso sexual. Se daba la circunstancia de que la policía tomó la foto tras una detención ilegal del sospechoso. Obviamente, cualquier semejanza entre la realidad de los

---

[60]   384 U. S. 436 (1966).
[61]   443 U. S. 31 (1979).
[62]   445 U. S. 463 (1980).
[63]   DIGES y PÉREZ-MATA: ob. cit. («La prueba de identificación...»), p. 62.
[64]   Ibíd., p. 50.

hechos y la declarada en la sentencia podía ser pura coincidencia. No obstante, el Tribunal Supremo confirmó la condena, a mi modo de ver erróneamente, al entender que el recuerdo de la víctima era independiente de la mala praxis policial. La intrahistoria del caso es que otras dos víctimas habían denunciado a un hombre similar actuando en una zona turísticamente emblemática de Washington, por lo que en cuanto apareció en la investigación alguien de estas características –que pueden contarse a miles–, la policía lo detuvo con un pretexto burdo y pudo organizar un escenario incriminatorio.

xi. Nix *vs.* Williams (1984)[65]: Había desaparecido una niña de 10 años. La policía conducía al sospechoso, que se había entregado voluntariamente, al lugar en el que 200 policías estaban rastreando el cuerpo, que era una zona de varios kilómetros en torno al lugar en el que aparecieron ropas de la niña. Durante el trayecto en el coche policial, el sospechoso, tras la persuasión de un agente, se autoincriminó de los hechos y, una vez en el lugar, condujo a la policía hasta el cadáver. El Tribunal Supremo sostuvo que el cadáver hubiera sido localizado inevitablemente y que, por tanto, esa declaración autoinculpatoria realizada ilegalmente por el reo no anulaba la prueba del cadáver. Sin embargo, entiendo que fue erróneo el uso de la excepción del descubrimiento inevitable en este caso. Es casi imposible que la policía hubiera encontrado el cadáver por sí sola porque el área de búsqueda era amplísima. Como vestigios iniciales solo existía el testimonio de un niño de 14 años que dijo haber ayudado a Williams a abrir su coche, en el cual colocó un bulto envuelto en una colcha militar del que pudo ver que sobresalían dos piernas delgadas y blancas. La colcha y ropas de la niña fueron encontradas a 130 km del lugar del secuestro y la niña 120 km aún más lejos. La condena debía ser confirmada, ciertamente, pero no con la argumentación del Tribunal Supremo, sino porque la realidad era notoria: nadie sino el autor del hecho podía localizar con esa precisión el cadáver, en el que además aparecieron vestigios que también involucraban a Nix.

xii. New York *vs.* Quarles (1984)[66]: Una mujer alertó a una patrulla de policía que acababa de ser violada por un hombre armado que estaba en un supermercado

---

[65] 467 U. S. 431 (1984).
[66] 467 U. S. 649 (1984).

cercano. Un agente localizó al hombre en el supermercado, lo esposó y al localizarle una cartuchera vacía, le preguntó dónde estaba el arma, señalando el detenido el lugar. Supuestamente, le leyó sus derechos. No se encontraron pruebas de la violación, por lo que el hombre fue condenado por posesión ilegal de armas. El Tribunal Supremo confirmó la condena al no considerar relevante esa ausencia de lectura de derechos por la urgencia derivada de la necesidad de localización del arma, en aras de la seguridad pública –afirma el Tribunal que un cómplice o un cliente o un trabajador del supermercado pudiera haber cogido el arma–, habiendo actuado el agente, por tanto, de buena fe. Visto con frialdad, todo el caso parece una farsa monumental. No se consigue demostrar la violación y en una situación en la que el peligro probablemente no era tan grande –el sospechoso se hallaba comprando tranquilamente en un supermercado después de cometer una supuesta violación–, se prescinde de los derechos del detenido. La historia más bien apunta a una voluntad policial de condena del reo derivada de la frustración de no poder demostrar la violación.

xiii. U. S. *vs.* Leon (1984)[67]: La policía había obtenido vestigios de delito de tráfico de drogas bajo la cobertura de una autorización judicial manifiestamente expansiva e inmotivada. El Tribunal Supremo mantuvo que el policía hizo su trabajo de buena fe confiando en la legalidad de la orden judicial, pero lo cierto es que la vulneración judicial de derechos amparaba una actuación policial indiscriminada e incontrolable, que separaba al proceso de la realidad. Lo interesante de este caso es que bajo la perspectiva del efecto disuasorio –el analizado por el Tribunal Supremo–, la condena no podía ser anulada. En cambio, con la teoría del alejamiento de la realidad, la condena debió ser obviamente revocada.

xiv. U. S. *vs.* Patane (2004)[68]: Patane aparentemente había estado acosando a su exnovia, pese a tener una orden de alejamiento. Un agente de policía se personó en su casa, lo detuvo por violar la orden de alejamiento, le informó de su derecho a guardar silencio pero no continuó con la lectura de derechos al decir el reo que ya los conocía. Tras ello, el policía, que tenía una información

---

[67] 468 U. S. 897 (1984).
[68] 542 U. S. 630 (2004).

oficial previa al respecto, preguntó al detenido si tenía una Glock –un tipo de pistola–, a lo que el sospechoso respondió voluntariamente que estaba en posesión ilegal de ese arma, identificando su localización. En consecuencia, Patane fue condenado por esa posesión ilegal. El Tribunal Supremo no consideró relevante que no se le informara de sus derechos toda vez que su declaración fue voluntaria. En cambio, todo apunta a que el agente, ante las posiblemente escasas pruebas del acoso, intentó buscar una excusa para incriminar a Patane a través de algo muy frecuente en los Estados Unidos: la posesión de un arma, con la posible finalidad indirecta de que cesara el acoso a la exnovia. El agente, en el marco de esta detención casi clandestina, pudo hacer lo que quisiera. La condena debió haber sido anulada.

xv. Hudson *vs.* Michigan (2006)[69]: Este caso fue descrito antes, consistente en que la policía, actuando con una orden judicial de registro, no respetó la *knock-and-announce rule*, existente para proteger la intimidad y dignidad de las personas[70]. Aunque esta regla tiene excepciones –riesgo de violencia inminente o de destrucción de pruebas o irrelevancia de la espera[71]–, en este caso el Tribunal Supremo no apreció dichas excepciones ni tuvo la regla como relevante por los «costes sociales sustanciales» que tendría aplicarla. El supuesto es complejo, dado que la *knock-and-announce rule* es algo

---

[69] 547 U. S. 586 (2006). Sobre este asunto *vid.* Tomkovicz, J. J.: «*Hudson* vs. *Michigan and the Future of Fourth Amendment Exclusion*». En: *Iowa Law Review*. N.º 93. Iowa, 2008, p. 1819; Alschuler, A.: «*The Exclusionary Rule and Causation: Hudson* vs. *Michigan and Its Ancestors*». En: *Iowa Law Review*. N.º 93. Iowa, 2008, pp. 1741 y ss.; Davies, S. L. y Scanlon, A. B.: «*Katz in the Age of Hudson* vs. *Michigan: Some Thoughts on 'Suppression as a Last Resort'*». En: *University of California, Davis Law Review*. Vol. 41. Davis, 2008, pp. 1035 y ss.

[70] «... *the knock-and-announce rule protects those elements of privacy and dignity that can be destroyed by a sudden entrance. It gives residents the 'opportunity to prepare themselves for' the entry of the police*».

[71] «*We recognized that the new constitutional rule we had announced is not easily applied. Wilson and cases following it have noted the many situations in which it is not necessary to knock and announce. It is not necessary when 'circumstances presen[t] a threat of physical violence', or if there is 'reason to believe that evidence would likely be destroyed if advance notice were given', id., at 936, or if knocking and announcing would be 'futile', Richards* vs. *Wisconsin, 520 U. S. 385, 394 (1997)*».

anticuada y, en cierta medida, ilógica y difícilmente operativa, como se dijo en la vista ante el Tribunal Supremo, ante el riesgo que corre el agente de ser disparado, lo que le había ocurrido anteriormente justo al policía actuante en ese caso[72]. Sin embargo, existiendo esta garantía, debe ser respetada y solamente se puede pasar por alto si, como se está analizando, la realidad descubierta es notoria. Ese podría haber sido el caso si en el registro se hubieran descubierto, según sostiene la sentencia, «grandes cantidades de droga», así como un arma. Pero por el contrario, esas cantidades eran en realidad bastante pequeñas –solo 20 piedras de crack entre siete personas, de las que cinco fueron halladas en los pantalones de Hudson[73]–, de manera que no puede descartarse una introducción ilegítima de la policía. Por ello, la condena debiera haber sido revocada, resultando peligrosísima esa excusa para el cumplimiento de los derechos fundamentales derivada de los «costes sociales sustanciales», que amenaza con ser expansiva.

xvi. Herring *vs.* U. S. (2009)[74]: Un agente de policía quería detener con una mera hipótesis intuitiva a Herring, quien era un sospechoso habitual. Dicho agente contactó con sus compañeros para comprobar si existía alguna orden de detención contra él para poder arrestarle por algún motivo, localizando finalmente una orden por un delito no especificado. El sospechoso fue detenido, localizándosele una pequeña cantidad de metanfetamina y un arma. Sin embargo, esa orden de detención había sido anulada hacía cinco meses, lo que aparentemente era desconocido para los policías actuantes, anulación que fue descubierta entre 10 y 15 minutos después de la detención. El Tribunal Supremo mantuvo la condena, pero las altísimas posibilidades de manipulación de la realidad debieron haber conducido a su revocación.

---

[72] Acta de la vista ante el Tribunal Supremo de 9 de enero de 2006, en: https://www.supremecourt.gov/oral_arguments/argument_transcripts/04-1360.pdf.
[73] MORAN, David A.: «*The End of the Exclusionary Rule, Among Other Things: The Roberts Court Takes on the Fourth Amendment*». *Cato Supreme Court Review*. 2005-2006, p. 297.
[74] 555 U. S. 135 (2009).

xvii. Utah *vs.* Strieff (2016)[75]: Igual que en el caso anterior, un agente quería detener a una persona (Strieff) que le pareció sospechosa sin poder fundamentarlo más allá de su propia intuición, así como por el hecho de que le había visto salir de una casa que hacía una semana que estaba vigilando como consecuencia de una denuncia anónima de tráfico de drogas. El agente dio el alto a Strieff y le preguntó por su identidad, contactando acto seguido con la central para comprobar si había una orden de detención sobre el sospechoso, apareciendo una por un delito de impago de un *ticket* de *parking*. Hay que aclarar que este tipo de órdenes son muy frecuentes, sobre todo por el impago de multas de tráfico. El agente procedió entonces a la detención, interviniéndole algunas pequeñas cantidades de estupefacientes durante el cacheo. La evidente desconexión entre el delito de la orden de detención y el ilícito sospechado por el policía –tráfico de drogas– evidencian a mi juicio una posibilidad enorme de falseamiento de la realidad, al margen de la mala fe policial: Todo apunta a que el agente solo buscaba una excusa para detener a un ciudadano. Sin embargo, el Tribunal Supremo revocó la sentencia del Tribunal Supremo de Utah y aceptó la prueba que este tribunal había excluido, es decir, el hallazgo del estupefaciente. Pero como puede deducirse fácilmente, la prueba debió haber sido rechazada.

Al margen de que se observa una clara tendencia jurisprudencial muy restrictiva de los derechos fundamentales[76] después del polémico caso Miranda *vs.* Arizona, se demuestra con todo lo anterior que la violación de un derecho fundamental es, en primer lugar, absolutamente innecesaria para realizar una correcta investigación. Pero lo que resulta más alarmante es que analizando la pequeña historia de todos estos casos, se confirma a las claras que existen muchas veces rastros evidentes de manipulación policial de la realidad, lo que ratifica la conclusión que antes se expuso: la vulneración de derecho fundamental constituye un indicio evidente de alteración de la realidad, salvo que dicha realidad sea notoria, como ocurrió en el caso Nix *vs.*

---

[75] 579 U. S., 136 S. Ct. 2056 (2016).
[76] Sobre todo bajo la influencia de Warren Burger. *Vid.* HENSLEY: ob. cit. (*The Rehnquist Court*), pp. 161 y ss.

Williams[77]. Por ello, desde este punto de vista, la prueba vulneradora de derechos fundamentales, con la sola excepción referida, debe ser anulada sin contemplaciones, pero no para perseguir un efecto disuasorio, sino porque la prueba tenía grandes posibilidades de ser falsa, lo cual es contrario tanto al derecho de defensa como a la presunción de inocencia.

6. La sanción al policía infractor

La vulneración de un derecho fundamental no es un hecho irrelevante, sino que es la mayor agresión existente al ordenamiento jurídico, puesto que la protección de derechos fundamentales es la parte más importante del mismo. Además, se debe suponer en la policía un perfecto conocimiento de dichos derechos, puesto que trabajando los agentes con una materia tan sensible, deben tener una formación de excelencia, no solamente en el contenido esencial de los derechos, sino también en los procedimientos de investigación para conseguir siempre una actuación netamente depurada.

Para ello es imprescindible una instrucción precisa en el conocimiento del doble requisito de validez de las actuaciones policiales, que ya fue explicado anteriormente, así como en argumentación fáctica, es decir, en epistemología, a fin de que el policía no solamente aprenda a justificar debidamente y por escrito sus sospechas, sino para que sepa con facilidad cuándo se halla ante una hipótesis que puede fundamentar y cuándo ante una simple intuición que, por mucha convicción íntima que le otorgue, no va a ser capaz de motivar. En este sentido, la regla es sencilla: la sospecha que la policía pueda motivar debidamente legitimará a los agentes para la realización de actuaciones restrictivas de derechos fundamentales. Si su hipótesis no pasa de una mera intuición o sensación, la policía deberá seguir investigando a través de mecanismos que no provoquen lesión relevante alguna de derechos. Y si tras esa investigación no se encuentra nada, deberá abandonarse esa línea de investigación.

Y es que este último es el momento más peligroso. El policía, frustrado por el fracaso de sus esfuerzos investigadores, puede sentir la tentación de traspasar

---

[77] 467 U. S. 431 (1984).

los límites llevado por un exceso de celo o voluntad de eficacia que puede estar incluso movido frecuentemente por la buena fe. Sin embargo, el agente debe ser consciente de su posición en el ordenamiento jurídico, sobre la cual también hay que instruirle: el policía debe saber que no es el protagonista del proceso penal, sino que solo es un mero –aunque obviamente muy relevante– colaborador de fiscales y jueces. Pues bien, solo a estos últimos corresponde determinar una acusación y una condena respectivamente, y no al agente de policía. La policía no debe hacer juicios de valor en este sentido –mucho menos ante la prensa–, sino solamente presentar el resultado de sus investigaciones a los órganos citados. Y jueces y fiscales no deben asumir sin más las investigaciones policiales, porque de lo contrario es la policía –y no el fiscal y el juez respectivamente– quien acaba acusando y condenando. Fiscales y jueces tienen que comprobar las hipótesis policiales, la licitud de los vestigios hallados y practicar actividad investigadora y probatoria a fin de confirmar o descartar las conclusiones policiales.

Finalmente, visto que la anulación de las investigaciones no opera como eficaz efecto disuasorio, hay que pensar en otras medidas para conseguir una buena praxis policial. Al margen de la formación de los cuerpos, en la que siempre hay que insistir, estimo que en los casos más graves –detenciones ilegales y registros injustificados–, el policía debe ser apartado del cuerpo. Un agente que vulnera los derechos fundamentales que está llamado a defender, no merece formar parte de la institución policial. Obviamente, habrá que establecer gradaciones en la sanción en función de su gravedad, pero estas sí deben ser –y serán– claramente disuasorias.

De ese modo, un policía solamente podrá realizar una diligencia restrictiva de derechos fundamentales cuando esté en plena conciencia de hallarse ante una sospecha fundamentada. Siempre deberá requerir una orden judicial –que debe emitirse con extraordinaria celeridad–, y solo cuando la urgencia del caso no lo permita, urgencia que deberá justificar debidamente, podrá actuar de propia autoridad. De lo contrario habrá que requerir el consentimiento del sujeto pasivo, que debe constar de manera inequívoca, para lo que debe dotarse a la policía de los medios tecnológicos que permitan acreditar esa realidad.

Si no existen la urgencia ni el consentimiento, el policía nuevamente deberá ser sancionado, aunque esta sanción no habría de ser tan severa si concurre la sospecha fundamentada. Las situaciones de urgencia no son fácilmente valorables en muchas ocasiones por razones operativas, estando implicada sobre todo la seguridad del agente o la eficacia de la actuación policial. Tampoco es fácil la apreciación del consentimiento en ocasiones de sospechosos que no hablan la lengua oficial, o bien que simplemente prestan un consentimiento implícito viciado, acuciados por la presencia policial. Es preciso observar cada caso concreto con los parámetros ya ofrecidos.

Lo que no es excusable, en conclusión, es la existencia de una sospecha fundamentada. No es solamente el respeto por los derechos fundamentales lo que está en juego, sino la propia eficiencia de la labor policial, que aunque parezca lo contrario a veces, se pierde cuando se siguen hipótesis falsas o se empeña el agente en una línea de investigación que no da frutos, apareciendo en ese momento el impulso de querer encontrar el vestigio como sea. Ese es justamente el peligro que debe evitarse[78].

* * *

Resumen: La teoría de la regla de exclusión, nacida en los Estados Unidos, se ha trasladado a todo el mundo en diferentes versiones doctrinales que, finalmente, lo que hacen todas ellas es excluir la prueba ilícita del proceso. Sin embargo, es importante saber que dicha regla de exclusión está basada en la producción de un efecto disuasorio de la mala praxis policial, sancionando indirectamente a los policías con la nulidad radical de sus investigaciones vulneradoras de derechos. En este trabajo se discute ese fundamento, que se retiene como desorientador y perjudicial, y se propone una guía muy sencilla de correcta actuación de la policía cuando no exista autorización judicial, de manera que se evite al máximo la vulneración de derechos

---

[78] Este artículo está dedicado a los alumnos de la primera edición (2017) del Máster de Razonamiento Probatorio de la Universitat de Girona.

fundamentales. Por último, se llega a una conclusión muy novedosa: la violación de derecho fundamental es un fuerte indicio de manipulación policial de las pruebas del proceso. **Palabras clave**: Fuente independiente, nexo causal atenuado, descubrimiento inevitable, frutos del árbol envenenado.

El principio constitucional de intervención indiciaria en la medida cautelar de privación de libertad

Rodrigo Rivera Morales[*]

Sumario

Introducción 1. Consideraciones generales 2. Proceso penal y medidas cautelares 3. Definición y naturaleza jurídica de la medida cautelar 4. La libertad como principio en el proceso penal 5. Presupuestos de las medidas cautelares penales 6. El indicio como estándar probatorio en las medidas cautelares. Conclusiones

Introducción

Al recibir la invitación de Flor Karina Zambrano para participar en libro homenaje de René Molina acepté gustoso dar mi aporte y empecé a vislumbrar sobre qué tema debería tratar. He conversado muchas veces con el amigo, con el profesor, con el litigante y he apreciado su interés y defensa de los derechos fundamentales. He conocido de su preocupación por que impere el buen derecho y la actuación judicial sea respetuosa de las garantías y derechos constitucionales.

---

[*] **Universidad Católica Andrés Bello (Táchira)**, Abogado; Especialista en Derecho Constitucional, Especialista en Derecho Procesal Civil, Especialista en Derecho Penal General y Especial. **Universidad Salamanca**, Doctor en Derecho; Investigador Distinguido. Profesor universitario de pregrado y postgrado. Miembro del Instituto Iberoamericano de Derecho Procesal. Presidente del Instituto de Derecho Procesal Colombo-Venezolano, Capítulo Venezuela. Miembro de la Asociación Internacional de Derecho Procesal. Beneficiario de la Fundación Manuel Serra Domínguez (Barcelona-España) para investigación sobre actualización de la doctrina de Manuel Serra Domínguez acerca de las presunciones.

En estos días aciagos para la Patria venezolana, en donde el Poder Judicial se ha convertido un instrumento al servicio de un proyecto político arbitrario y dictatorial, y específicamente, ha convertido el proceso penal en un instrumento de persecución política y para someter al adversario, creí conveniente examinar, a la luz de la teoría constitucional, las medidas cautelares.

Percibimos con mucha inquietud que no hay una doctrina coherente y uniforme sobre las medidas cautelares; así, con superficialidad, y a tono con el rol que en el actual régimen cumple el Poder Judicial, se dictan medidas privativas de libertad sin cumplir las exigencias constitucionales, obviamente, porque el ejemplo dado desde las altas esferas que usan la privación de libertad como instrumento político, sin fundamento alguno, generan que en los tribunales ordinarios también se tomé a la ligera el decretar medidas cautelares gravosas.

Por ello, decidí abarcar este tema, a conciencia que se inscribe en lo que piensa y defiende René, puesto que él participa de la idea que el proceso, en cualquier régimen, debe ser un proceso justo, respetuoso de las garantías y derechos constitucionales, y que las decisiones tiene que tener un soporte fáctico y normativo cónsono con la idea de la Constitución como instrumento de libertad.

Vaya mis felicitaciones a René porque es un homenaje que se merece, tanto desde el punto de vista humano como desde su actividad académica y profesional con ética. Sé que los aportes que hagan otros colegas serán piezas dirigidas al engrandecimiento del Derecho que es la mejor forma de rendir homenaje a René Molina. Así pues, presento mi modesto trabajo para rendir tributo al amigo, jurista y académico René Molina Galicia.

1. Consideraciones generales

La doctrina actual ha ido elaborando, en el marco de la protección constitucional de los derechos fundamentales, la teoría del principio constitucional de intervención indiciaria. Esta teoría se ha construido con base en la interpretación de las garantías reconocidas en normas constitucionales, básicamente, por la jurisprudencia de los tribunales constitucionales y las cortes internacionales sobre derechos humanos[1].

Expone MARTÍN MORALES que el principio de intervención indiciaria tiene «un auténtico significado ante los actos de investigación de las conductas ilícitas que tienen lugar en un Estado de Derecho»[2]. Es indudable que fuera de ese marco este principio no tiene aplicación, pues cobraría eficacia solo con relación a los derechos fundamentales que pueden ser afectados por orden judicial y en *extremis* policial o fiscal –libertad, domicilio, comunicaciones, libre tránsito–[3].

Este es un principio no formulado expresamente en las constituciones, pero que se infiere de las normas constitucionales que consagran los derechos fundamentales y que traslucen la posibilidad de su restricción.

De tal forma que la naturaleza jurídica de este principio es la de ser una garantía constitucional, de carácter implícito y transversal, inherente a la noción de Estado constitucional y que está en la propia esencia de los derechos fundamentales[4]. Obviamente, se conecta con el principio de interdicción de la arbitrariedad[5]. La doctrina afirma que el principio de intervención indiciaria es una necesidad dogmática.

Desde la Constitución y la cultura jurídica desarrollada sobre los derechos fundamentales se ha ido construyendo una protección especial o reforzamiento de

---

[1] HABERLE, Peter: *La libertad fundamental en el Estado constitucional*. Editorial Comares. Granada, 2003, pp. 96 y 97.
[2] MARTÍN MORALES, Ricardo: *El principio constitucional de intervención indiciaria*. Grupo Editorial Universitario. Granada, 2000, p. 10.
[3] Las constituciones actuales reconocen como derechos fundamentales la libertad, la inviolabilidad del domicilio, el secreto de las comunicaciones, el derecho a la intimidad, libertad de tránsito, véase: Perú artículos 2 y 3; España artículos 17, 18, 20.4; Venezuela artículos 44, 47, 48 y 50; Colombia artículos 15, 24 y 28; República Dominicana artículos 40, 42, 44 y 46; Ecuador artículos 11 y 66.
[4] MARTÍN MORALES: ob. cit. (*El principio constitucional...*), p. 11.
[5] Véase las constituciones de Perú (artículo 2.24), España (artículo 9.3), Venezuela (artículos 7 y 25) y Colombia (artículo 4).

estos derechos. De manera, que la intervención de los derechos fundamentales autorizada por la Constitución siempre tendrá una interpretación restrictiva.

La restricción de los derechos fundamentales, normalmente, ocurre cuando se está en investigación de una conducta ilícita o se está en el proceso por haberse imputado a la persona de un tipo penal. Es palmario que la restricción se limita a las situaciones de investigación penal o proceso penal. Salvo situaciones especiales en materia tributaria, cuando la administración tributaria ejerce sus facultades de investigación fiscal, o en casos sanitarios.

Ahora bien, ¿qué significado tiene el principio constitucional de intervención indiciaria? Ya se ha señalado que ella está implícita en las normas protectoras de los derechos fundamentales y, tiene su *plus*, en la tutela efectiva y debido proceso. De manera que cuando la Constitución dispone, por ejemplo, que el hogar o residencia solo pueden ser allanados mediante orden judicial está implícito que deben existir elementos probatorios que justifican tal restricción del derecho fundamental de inviolabilidad del domicilio.

Dictar una orden judicial sin tener elementos probatorios que indiquen, efectivamente, que el acto de investigación a realizar con el allanamiento domiciliario tiene justificación fáctica, constituiría un acto arbitrario, con mayor razón si se privará de libertad a la persona. La orden judicial debe estar precedida de petición del Ministerio Público, debidamente razonada y con fundamento probatorio en indicios graves y concurrentes que indiquen la conexión con un hecho punible de lo que se va a buscar en el domicilio que se intervenga –pueden ser cosas, personas, documentos, evidencias materiales, entre otros–. Por su parte, el juez, *prima facie*, evaluará los indicios y motivará racionalmente su decisión. El problema radica en determinar «qué es grave».

Indudablemente que esa calificación que se hace al indicio de «grave», en nuestra opinión es «indeterminada» y «ambigua», dando pie a la subjetividad. Va a depender de los hechos indicadores, de la calidad de los elementos que los prueban, de la formación heurística del juez que valora y que la relación entre el hecho conocido y el desconocido se desprenda por lógica inmediata, y que no existan elementos desvirtuadores. En realidad, la calificación de un indicio como grave es un juicio de valor, que a nuestro concepto debe estar sustentado en elementos materiales objetivos que indiquen probabilidad no equivoca.

Los indicios que presente el solicitante de la medida restrictiva del derecho fundamental deben condicionar la orden judicial. Esto, porque necesariamente, en la restricción de derechos fundamentales deben ser aplicados los principios de proporcionalidad y especialidad[6]. Así tenemos, si hay indicios graves convergentes indudablemente que pueden determinar una medida de mayor gravosidad, pero si los indicios son leves pudiera implementarse una vigilancia al domicilio u otra medida de menor lesividad. En caso de solicitud para dictar privación de libertad si hay indicios graves convergentes de culpabilidad, e indicios que apunten a sustracción del proceso y condena, u obstaculización, o peligro de actividad (*periculum in libertatis*), indudablemente que puede dictarse la medida de privación de libertad, pero si los indicios son leves puede implementarse una medida de presentación, fianza, u otra medida de menor lesividad.

Por otra parte, los indicios apuntan a algo y ese apuntamiento es con relación a un vínculo indisoluble entre el indicador y el desconocido, de manera que no puede indicar pluralidad de hechos que se revelen para una multiplicidad de tipos penales. En este sentido, para optar a las medidas de intervención debe aplicarse el principio de especialidad, se otorga para una investigación específica y determinada, es específica para esa investigación y no para otra. Una privativa de libertad es con relación a la conducta y hechos investigados y no para otros. Un allanamiento domiciliario es para un objeto concreto y determinado. La razón es evidente, pues, los indicios presentados para justificar la medida corresponden a ese tipo de hecho sobre el cual apunta y se ha solicitado la medida. Es decir, los indicios apuntan a un determinado hecho y no a otros, por lo tanto no puede ser extensible para otra investigación de diferentes hechos[7].

---

[6] Vid. Sentencias del Tribunal Supremo español, sala segunda, N.º RA 723, del 03-02-98, FD 4; N.º RA 1467, del 26-02-98, FD 3, y N.º RA 328, del 23-04-98, FD 2.
[7] Martín Morales: ob. cit. (*El principio constitucional...*), p. 16.

La problemática en torno a la restricción de los derechos fundamentales por orden judicial plantea el estándar de prueba necesario para dictar la medida restrictiva. En principio, hay que indicar que es un estándar variante respecto del derecho fundamental y, en segundo lugar, respecto a la gravedad de la restricción. Pues, no es lo mismo afectar la libertad que realizar una intervención de comunicaciones.

Hay que advertir que la decisión de restringir los derechos fundamentales en actos de investigación es un juicio *prima facie*, Una decisión de esta especie, por lo general, es rápida, en muchos casos calificada de urgente. Las leyes procesales consagran la exigencia de algunos presupuestos y concurrentemente con algunos requisitos ínsitos en ellos, lo cual limitan el campo de actuación del juez[8]. Por un lado, son exigencias de garantía con el fin de preservar los derechos del justiciable; por otro lado, evitar la arbitrariedad.

Indudablemente que para formular una posición doctrinaria ante un instituto jurídico es imprescindible partir de la Constitución. En el constitucionalismo moderno se entiende que la Constitución es la norma suprema del ordenamiento jurídico. La idea de Estado constitucional está sólidamente unida a la idea de la Constitución como norma suprema, que debe prevalecer sobre toda norma o acto estatal. A partir de ella se organizan los poderes públicos, se limita su actuación y se protegen a los ciudadanos. De ello, resulta que la Constitución como norma superior establece límites al contenido normativo y regula el procedimiento de producción jurídica[9].

Las Constituciones modernas contienen un elenco de valores superiores que determinan e informan el ordenamiento jurídico. Coherentemente con esa precisión de valores y bajo esa égida se configura un sistema de convivencia social en el marco de un Estado social de Derecho y democrático. El Estado moderno se convierte en garante de los derechos fundamentales de sus

---

[8] Nieva Fenoll, Jordi: *Enjuiciamiento prima facie*. Editorial Atelier. Barcelona, 2007, p. 197.
[9] Véase en esta misma obra Varela Cáceres, Edison Lucio: «La supremacía constitucional y la supuesta supraconstitucionalidad», pp. 347 y ss. [nota del editor].

ciudadanos, para ello debe desarrollar mecanismos legales, institucionales y procedimentales conforme a la Constitución, que permita la actuación del Estado y los ciudadanos para esa protección.

Se ha justificado que el proceso penal se construye como consecuencia de la necesidad de asegurarle a todos, la libertad y la igualdad, en especial para moderar la superioridad del Estado dentro del mismo, por lo que surge el compromiso de establecer normas y mecanismos que limiten ese poder y se pueda cuestionar la actividad y decisiones del juez y demás funcionarios que actúan en el proceso. Con mayor razón, en este proceso, puesto que está en juego la dignidad humana, este debe asumirse con una visión altamente garantista. Conviene señalar, en primer orden, la función limitadora que sobre el sistema penal ejercen los derechos humanos, pues debe ser claro que es la garantía sobre ellos el fin básico y esencial del sistema jurídico.

Ninguna actuación del Derecho Penal, de justicia Penal Militar o disciplinario, o incluso de Tránsito o de Policía, puede ser ventilado o solucionado en la actualidad sino en el entorno de la concepción de los derechos humanos, de los lineamientos de la Constitución nacional, de los tratados internacionales respecto a los derechos fundamentales y del presupuesto fundamental de la dignidad de la persona humana como objetivo central de la vida social y de los fines del Estado, dado el carácter progresivo que sobre ella contiene la Constitución.

Existe, pues, una primacía, esto es superioridad de los derechos humanos, la cual debe operar tanto para el legislador como para el juez o el intérprete o funcionario encargado de aplicar la ley. Por otra parte, esa superioridad significa que no pueden considerarse como simples enunciados teóricos, sino que constituyen obligaciones jurídicas que deben materializarse en claras políticas de Estado, y que le son exigibles al Estado por los ciudadanos. En este sentido, la normatividad penal –punitiva y procesal– tiene que adecuarse, amoldarse y desarrollar la filosofía, el espíritu y la política de la Constitución y la normativa internacional asumida por la República. El Derecho Penal y el Procesal Penal, en un sistema garantista, tienen que ser creados e interpretados desde las previsiones de la Constitución.

2. Proceso penal y medidas cautelares

El proceso penal en la actualidad tiene el reto de consolidarse en ser salvaguarda del régimen de valores, garantías y libertades fundamentales que consagra la Constitución. Esto significa que el proceso penal debe ser un medio adecuado para velar por la tutela efectiva de los derechos y libertades contenidos en la Norma Suprema. Esto supone los derechos y libertades de todos. La protección no es solo para el imputado, sino que también es para la víctima, que de hecho le han sido violados sus derechos por el victimario.

Precisamente, para estar cónsono el ordenamiento preconstitucional con la Constitución y los tratados y acuerdos internacionales sobre los derechos humanos se inició, en general, en Iberoamérica, reformas legislativas, especialmente en el campo procesal.

La reforma procesal penal en América representó un cambio importante en el régimen de las medidas cautelares personales, tanto en el diseño normativo como en el conjunto de prácticas que significó implementar una lógica cautelar que abandonó la idea de que la prisión preventiva era la regla general, o una consecuencia automática del proceso. Bajo la lógica cautelar, los sistemas reformados exigen para la imposición de la prisión preventiva, por un lado, el supuesto material, es decir, un mínimo de antecedentes respecto de la existencia de un delito y la participación del imputado en él. Por otro lado, exigen que exista una necesidad de cautela o un peligro procesal digno de ser protegido. El objetivo de los nuevos sistemas procesales penales fue garantizar la realización del juicio oral y sus posteriores consecuencias, por lo que la prisión preventiva debía tener un carácter excepcional y proporcional a los riesgos procesales del caso específico. Los estudios realizados bajo esta línea de trabajo se enfocan en estudiar en los países reformados: la situación anterior a la reforma, la implementación de la reforma y su impacto sobre la prisión preventiva, la contrarreforma, y perspectivas relevantes.

Las reformas procesales penales constituyen el esfuerzo más importante de los Estados nacionales latinoamericanos durante los últimos quince años para realizar profundos cambios en el servicio de justicia penal en el ámbito nacional, con el propósito de generar mejores niveles de eficiencia, transparencia, celeridad, calidad y respeto a los derechos de los imputados y de las víctimas en el proceso penal.

El nuevo modelo procesal penal acusatorio está conllevando importantes transformaciones en dos áreas altamente sensibles de la justicia penal: las medidas de coerción procesal y las salidas alternativas al proceso común.

Con relación a las medidas de coerción procesal, el cambio fundamental introducido por los códigos de procedimientos penales consiste en la realización de audiencias públicas, orales y contradictorias para requerir, debatir y decidir estas medidas, las cuales generalmente oscilan entre la prisión preventiva o la comparecencia simple o restrictiva; en este último caso, sujeta a determinadas restricciones o reglas de conducta que el procesado debe cumplir. Asimismo, además de las audiencias, los códigos procesales penales establecen que, junto con la pena probable a aplicar y la presunta vinculación del imputado con el hecho delictivo, es necesaria la argumentación oral de los riesgos de fuga o de obstaculización que el imputado representa para el proceso penal, los cuales deben sustentarse en diversa información confiable y de calidad, que permita al juzgador tomar una decisión informada sobre la medida cautelar adecuada al caso concreto.

Nuestro trabajo de investigación para la elaboración de esta ponencia tuvo como objeto inmediato el estudio de las medidas cautelares, específicamente la privación de la libertad. El instituto de la prisión preventiva es la medida de coerción más gravosa prevista en la normativa procesal y, por lo tanto, su aplicación debe ser de carácter excepcional y subsidiario.

Dicha institución permite la detención sin que exista sentencia condenatoria firme, siempre y cuando concurran los presupuestos que hicieran peligrar la eficacia del sistema, tanto penal como procesal penal, sea por el peligro de fuga o el entorpecimiento de una investigación.

Al momento de la aplicación de este instituto, los jueces deben centrar la mayor atención, debido a que se contraponen dos fuerzas muy importantes en la materia: la eficacia del proceso penal y las garantías consagradas en la Constitución nacional.

3. Definición y naturaleza jurídica de la medida cautelar

La doctrina y la legislación no son uniformes para explicar el término o denominación que se utiliza, pues a un sustantivo –medidas– se le agregan diversos adjetivos calificativos o voces que lo califican: de seguridad, urgentes, precautorias, preliminares, previas, preparatorias, preventivas, provisionales, de conservación, coercitivas, de cautela o cautelares. Así por ejemplo, CHIOVENDA las llamó «medidas provisionales de cautela o conservación»[10], GOLDSCHMIDT las denominó «medidas provisionales de seguridad». REDENTI las denomina «procedimientos cautelares», ZANZUCHI «medidas cautelares, conservativas o asegurativas, provisorias o interinas», CALAMANDREI las llama simplemente «providencias cautelares».

De acuerdo a CHIOVENDA[11], las medidas cautelares se determinan por el peligro o urgencia, y son llamadas provisionales, cautelares o de conservación porque se dictan con anterioridad a que esté declarada la voluntad concreta de la ley que garantiza un bien, o antes de que se lleve a cabo su actuación, como garantía de esta, y varían según la naturaleza del bien que se pretende.

MARTÍNEZ BOTOS[12] afirma que las medidas cautelares constituyen un medio tendiente a asegurar el cumplimiento de las resoluciones judiciales cuando, antes de incoarse en el proceso, o durante su curso, una de las partes demuestra que su derecho es *prima facie* verosímil, y que existe peligro de que la decisión jurisdiccional sea incumplida.

---

[10] CHIOVENDA, Giuseppe: *Instituciones de Derecho Procesal Civil*. Tomo I. Tribunal Superior de Justicia del Distrito Federal. México D. F., 2008, p. 283.
[11] CHIOVENDA, Giuseppe: *Instituciones de Derecho Procesal Civil*. Vol. I. Editorial Revista de Derecho Privado. Madrid, 1948, p. 280.
[12] MARTÍNEZ BOTOS, Raúl: *Medidas cautelares*. Editorial Universidad. Buenos Aires, 1994, p. 28.

Las medidas cautelares son disposiciones judiciales que se dictan para garantizar el resultado de un proceso y asegurar el cumplimiento de la sentencia, evitando la frustración del derecho del peticionante derivada de la duración del mismo. Esta es la concepción más corriente de las medidas cautelares. Tradicionalmente se las designa como medidas cautelares, aunque también se las ha dado en llamar «acciones cautelares o conservativas», así como también «procesos o procedimientos cautelares», haciendo alusión a la sustanciación y la forma de obtenerlas[13]. Como su nombre lo indica constituyen modos de evitar el incumplimiento de la sentencia, pero también suponen una anticipación a la garantía constitucional de defensa de los derechos, al permitir asegurar bienes, pruebas, mantener situaciones de hecho o para ayudar a proveer la seguridad de personas, o de sus necesidades urgentes. Su finalidad es la de evitar perjuicios eventuales a los litigantes –presuntos titulares de un derecho subjetivo sustancial–, tanto como la de facilitar y coadyuvar al cumplimiento de la función jurisdiccional, esclareciendo la verdad del caso litigioso, de modo que si resulta conforme a derecho, la resolución pertinente pueda ser eficazmente cumplida.

Las medidas cautelares son aquellas que se adoptan en un proceso con la finalidad de asegurar un resultado futuro que pueda producirse en el mismo. Su objeto es preservar anticipadamente una consecuencia previsible que debe realizarse en el curso del proceso. Así, el Tribunal Constitucional español destaca esa finalidad diciendo: «todas las medidas cautelares responden a la necesidad de asegurar, en su caso, la efectividad del pronunciamiento futuro del órgano judicial, esto es, de evitar que un posible fallo favorable a la pretensión deducida quede (contra lo dispuesto en el artículo 24.1 de la Constitución española) desprovisto de eficacia»[14].

Hay que partir de la realidad de que el proceso penal se desenvuelve, por lo general, en un plazo más o menos largo, por lo que la obtención de tutela no resulta de inmediata. Para que haya pronunciamiento que resuelva el conflicto se

---

[13] PODETTI, Ramiro: *Derecho Procesal Civil, Comercial y Laboral*. Tomo IV (Tratado de las medidas cautelares). EDIAR S. A. Editores. Buenos Aires, 1956, pp. 12-14.
[14] TC, sent. N.º 218/1994.

deben llevar a cabo un conjunto de actos válidos para que la decisión pueda ser efectiva. Ese largo o mediano período de tiempo requerido para que haya decisión de fondo, obviamente, pone en riesgo la efectividad de la sentencia. Es decir, que puede acontecer que la sentencia sea inejecutable.

Para evitar esta posibilidad de inefectividad de lo decidido, el Derecho Procesal ha elaborado la figura de las medidas cautelares, las cuales han sido acogidas en la mayoría de los ordenamientos jurídicos. La tutela cautelar está dirigida a garantizar la efectividad de la sentencia y evitar lo ilusorio de los derechos de quien solicitó la tutela judicial[15]. El fundamento de las medidas cautelares es garantizar la efectividad de la decisión, enfrentando el peligro de la demora que conlleva el desarrollo del proceso. El proceso penal está sometido al riesgo de ausencia del imputado o a su fuga, obstaculización en la localización de fuentes de prueba, ocurrencia de más delitos.

Comúnmente se acostumbra a llamarlo en doctrina procesal civil «peligro en la demora» o *periculum in mora*, pero últimamente, sobre todo la doctrina española, habla mejor del peligro que el imputado siga en libertad y es por ello que se habla de *periculum libertatis* desde que hay peligro por la libertad del imputado que podría considerarse su libertad peligrosa para la seguridad del éxito de diligencias precisas de investigación de la sociedad o del ofendido.

Por otro lado, la estructura del proceso penal establece momentos para adoptar estas decisiones que afectan derechos fundamentales de las partes, por lo que es necesario prever diversos estándares de prueba para los distintos tipos de decisiones. Entre ellas, vale mencionar las más importantes: ¿qué nivel de prueba se considera suficiente para ordenar la adopción de medidas cautelares restrictivas de la libertad? ¿Qué nivel de corroboración de la hipótesis acusatoria se considera suficiente para privar de libertad el imputado?

---

[15] BUJOSA VADELL, Lorenzo: *Derecho Procesal Penal*. Universidad de Salamanca. Salamanca, 2011, p. 203.

4. La libertad como principio en el proceso penal

Las constituciones modernas consagran la libertad como derecho fundamental y establecen un conjunto de garantías en torno al disfrute de la misma; entre ellas, los límites para su privación, que solo puede ser decretada por orden judicial y con fundamento en ley preexistente. Además de ello, hay un conjunto de normas que condenan la privación de la libertad y establecen la responsabilidad de los titulares de los órganos que la quebranten. No cabe duda, que el constituyente quiso blindar la libertad frente a la posible arbitrariedad de los Poderes Públicos.

Del análisis de las constituciones se desprende que el derecho a la libertad ocupa un rango superior al derecho de penar, pues, acorde al artículo 1 de las constituciones española, colombiana y venezolana, la libertad constituye un valor superior del ordenamiento jurídico. Cuestión que se ratifica como garantía en las constituciones de Perú (artículo 2.24), España (artículos 17 y 24), Venezuela (artículos 44, 45 y 46), Colombia (artículos 28 y 86); además, están las dispociciones constitucionales en España (artículo 24), Colombia (artículos 29 y 53) y en Venezuela (artículo 49), que consagran un conjunto de garantías y derechos procesales, que refuerzan los derechos fundamentales.

De estas normas constitucionales, máxime cuando se establece en ellas la «presunción de inocencia» como derecho fundamental, se trasluce una protección especial de la dignidad y de la libertad, por lo que la configuración del proceso penal, en ejecución y aplicación constitucional, se establece que el enjuiciamiento se dé en libertad, así, por ejemplo, en Venezuela, en el Código Orgánico Procesal Penal (artículo 229); en Colombia, en el Código Procesal Penal (artículos 2 y 295); en España, en la Constitución (artículo 17)[16].

De este principio se trasluce que en caso de juicio, por haberse formulado acusación, debe realizarse en libertad, excepcionalmente, en privación de

---
[16] Según el TC español sent. N.º 34/1987, la prisión provisional no es una sanción ni puede utilizarse como tal, sino una medida cautelar excepcional –tendente a preparar y asegurar el buen fin de la causa criminal–.

libertad del acusado. Tan excepcional es la privación de la libertad que las leyes procesales ratifican la excepcionalidad y el carácter restrictivo en su interpretación (Venezuela, artículo 9 del Código Orgánico Procesal Penal; Colombia, artículo 295 del Código Procesal Penal). Así pues, durante el juicio la libertad es la regla y las medidas cautelares son excepcionales y de interpretación restrictiva[17].

Las medidas cautelares, en especial, la de privación de libertad, deben tener una finalidad específica en el proceso, esto es, que no resulte frustrado el mismo y que pueda desarrollarse con toda libertad, garantías y sin entorpecimiento; además, para la aplicación de las mismas debe aplicarse el principio de ponderación que significa utilizar los criterios de necesidad, proporcionalidad e idoneidad de la medida.

En México, el artículo 19 de la Constitución General de la República, alude a la prisión preventiva como una medida cautelar personal, y dispone: «El Ministerio Público solo podrá solicitar al juez la prisión preventiva cuando otras medidas cautelares no sean suficientes para garantizar la comparecencia del imputado en el juicio, el desarrollo de la investigación, la protección de la víctima, de los testigos o de la comunidad...», puede observarse el carácter excepcional soportada en elementos fácticos.

De acuerdo al principio de presunción de inocencia, el imputado durante el proceso tiene el pleno goce de sus derechos constitucionales, y debe ser tratado como cualquier otro ciudadano, mientras no se declare su responsabilidad mediante sentencia emitida por el juez de la causa.

Es por lo anterior, que las medidas cautelares que se decidan contra del imputado, tienen un carácter excepcional, como lo establece la doctrina y las

---

[17] *Vid.* GIMENO SENDRA, Vicente: *Derecho Procesal Penal.* 2.ª, Colex. Madrid, 2007, pp. 481 y ss.; ARTEAGA SÁNCHEZ, Alberto: *La privación de libertad en el proceso penal venezolano.* Livrosca. Caracas, 2002, pp. 13 y ss.; BERNAL CUÉLLAR, Jaime y MONTEALEGRE LYNETT, Eduardo: *El proceso penal.* Universidad Externado de Colombia. Bogotá, 2002, pp. 216 y ss.

resoluciones de la Corte Interamericana de Derechos Humanos, y que deben estar orientadas a «garantizar la comparecencia del imputado en el juicio, el desarrollo de la investigación, la protección de la víctima, de los testigos o de la comunidad», de lo que se desprende que no tienen una finalidad de anticipar la pena de prisión a la que se le sancionará en una sentencia.

Los códigos procesales penales, en este sentido, prevén unos presupuestos o criterios, así: Que existen fundados y graves elementos de convicción para estimar razonablemente la comisión de un delito que vincule al imputado como autor o partícipe del mismo, que el imputado, en razón a sus antecedentes y otras circunstancias del caso particular, permita colegir razonablemente que tratará de eludir la acción de la justicia –peligro de fuga– u obstaculizar la averiguación de la verdad –peligro de obstaculización–, y algunos códigos establece un *quantum* de pena a imponer por el delito imputado (*vid.* artículos 203, 253 y 268 del Código Procesal Penal del Perú; artículos 236, 237 y 238 del Código Orgánico Procesal Penal de Venezuela; artículos 308 y 313 del Código Procesal Penal de Colombia).

Obviamente, en el dictado de la medida cautelar debe observarse el principio de proporcionalidad. La proporcionalidad de la medida cautelar básicamente se enfoca en evitar que el ciudadano sea limitado de manera arbitraria sin un valor equidistaste sin una idoneidad, sin una necesidad en la cuestión de la ponderación de sus derechos fundamentales, pero también no puede haber una medida cautelar laxa que no tenga eficacia en lo que se pretende proteger, en virtud de que no vamos a discutir quienes tuviesen un mejor derecho, sino que, bajo el principio de lealtad y buena fe, se puede determinar que ese mejor derecho lo tienen las partes que invocan, salvo prueba en contrario.

En España, según tiene establecido el propio Tribunal Constitucional, por ejemplo, en sentencia N.º 69/1999, de 26 de abril, la estructura del juicio de proporcionalidad «pasa por los criterios de adecuación de la medida, indispensabilidad de la misma y proporcionalidad en sentido estricto». A estos fines, se señala por el Tribunal Constitucional –en la anterior sentencia– que, para analizar la admisibilidad jurídica de una determinada decisión, debe atenderse al «dato de si la ponderación entre fines a alcanzar (...) el medio empleado (...) y el derecho afectado (...) resultó o no efectivamente proporcionada».

5. Presupuestos de las medidas cautelares penales

Teniendo en cuenta la excepcionalidad del instituto de la prisión preventiva como medida de coerción, que la misma sea la más gravosa de las que se prevé y roce muy finamente hasta los límites de confundirla con la pena, resulta más que claro que los recaudos y requisitos que se deben tener en cuenta al prever dicho instituto deben ser rigurosamente excepcionales y extraordinarios.

En cuanto a los presupuestos de las medidas cautelares se establecen, igualmente que en el proceso civil, el *fumus boni iuris* –*fumus delicti comissi*– y el *periculum in mora*.

El *fumus boni iuris* en el proceso penal se trata de la futura actuación del *ius puniendi*, como consecuencia de la comisión o participación en un delito, lo que significa que es la atribución, con base en elementos objetivos, del hecho punible a sujeto determinado. También, conocido como la apariencia del buen derecho, presunción grave del derecho reclamado, que en el proceso penal significa que exista probabilidad real (más de 50 %) de que el imputado hubiese participado en la realización del tipo delictual. No se trata de certeza, porque ella es el producto de una secuencia activa de verificaciones y deducciones lógicas que juegan congruentemente en un momento diferente del juicio. Lo que debe establecerse es que hay la probabilidad real por razón fundada[18].

Se trata este presupuesto del *fumus delicti comissi*. Esto es que existan fundados y graves elementos de convicción para estimar razonablemente la comisión

---

[18] BUJOSA VADELL, Lorenzo: *La cooperación procesal de los Estados con la Corte Penal Internacional*. Atelier. Madrid, 2008, p. 353, «En concreto, se establece como presupuesto que implica el reconocimiento de la existencia de un *fumus boni iuris* la constatación por la SCP de que hay motivo razonable para creer que se ha cometido un crimen de la Corte».

de un delito que vincule al imputado como autor o partícipe del mismo[19]. Así pues, el *fumus delicti comissi*, consiste en la existencia de indicios racionales de criminalidad —es la denominada apariencia y justificación del derecho subjetivo–, que en el proceso penal importa, como acota GIMENO SENDRA, una «... razonada atribución del hecho punible a una persona determinada»[20].

Ahora bien, con fundamento en el principio constitucional de intervención indiciaria, la probabilidad debe estar fundada en elementos objetivos probatorios. Esto es que, efectivamente, los indicios indiquen con alta probabilidad que el imputado desplegó la conducta punible. Pues se trata de enervar preventivamente el *status inocentiae* y, por supuesto, de afectar derechos fundamentales.

Esto significa que, en el plano de la «apariencia de buen derecho», el solicitante de la intervención debe probar razonablemente elementos indiciarios que soporten la atribución de la conducta punible a persona determinada[21] y que son necesarias esas medidas para completar la investigación recabando elementos constitutivos del tipo penal y circunstanciales relevantes con relación a la conducta punible investigada. En este caso, deben referirse a los hechos constitutivos del tipo penal que se investiga. Los indicios que revelen esa imputación, obviamente no deben ser de certeza, sino al menos de alta probabilidad. Pero para hacer esta determinación debe ser incuestionable que en la solicitud haya el razonamiento indiciario científico y en la decisión del decreto de la medida el juez explane su valoración.

El *periculum in mora*. Se trata de un requisito independiente que puede o no relacionarse en conjunto con el anterior. Como expone NIEVA FENOLL, se

---

[19] Para el sistema alemán, este presupuesto es denominado como «sospecha vehemente con respecto a la comisión del hecho punible», ello significa que debe existir un alto grado de probabilidad que el imputado ha cometido el hecho y que están presentes todas los presupuestos de la punibilidad y de la perseguibilidad; *vid*. ROXÍN, Claus: *Derecho Procesal Penal*. 25.ª; edición Alemana. Trad. Gabriela CÓRDOVA y Daniel PASTOR, revisada por Julio B. MAIR. Buenos Aires, 2000, p. 259.

[20] GIMENO SENDRA: ob. cit. (*Derecho Procesal...*), p. 501.

[21] *Vid*. TC español N.ᵒˢ 44/1997, 10 de marzo, FD 5; 145/2001, 18 de junio, FD 5, y 138/2002, 3 de junio, FD 4.

trata de exigirle «al juez a construir una perspectiva de futuro, tratando de adivinar qué es lo que sucederá si no adopta la medida cautelar»[22]. Se trata realmente del peligro de obstaculización en la investigación. Se explica como aquel presupuesto que justifica otorgar una medida cautelar para disipar el peligro que significaría dejar que las cosas sigan el curso normal del proceso[23]. En el proceso penal significa que el imputado lo obstaculice, específicamente que el imputado podrá destruir, modificar, ocultar o falsificar elementos de convicción, en el caso de datos informaciones en soporte informático que obstaculice la obtención de esta evidencia informática.

Cada uno de estos elementos: destrucción, modificación, ocultamiento y falsificación de elementos de convicción, deben tener un elemento fáctico indiciario, no basta la conjetura o intuición.

Se entiende por destrucción el acto mediante el cual el imputado por sí o por interpuesta persona desaparece, mediante el uso de la violencia o de la astucia, evidencias físicas inculpatorias o constitutivas del hecho punible, que sean de tal naturaleza que constituyan hechos indicadores de los cuales se puedan deducir indicios de su autoría o de su participación en el hecho que se le atribuye, o que ya sean elementos mismos que evidencien la existencia del hecho punible.

Es claro que las evidencias físicas o indicios materiales son muy sensibles y hay que preservarlos con toda rigurosidad posible, utilizando procedimientos técnicos apropiados para la fijación, colección y registro, máxime en soportes informáticos que pueden sufrir destrucción, incluso.

En cuanto a la modificación de elementos de convicción deberá entenderse por modificación la realización de aquellos actos tendientes a cambiar el estado de las cosas, alterando su apariencia o posición original, tales como borrar o adulterar las huellas, los rastros y señales; están dirigidos principalmente a objetos o rastros encontrados en los equipos informáticos que están bajo su

---

[22] Nieva Fenol: ob. cit. (*Enjuiciamiento prima…*), p. 208.
[23] Gozaini, Osvaldo: *Elementos de Derecho Procesal Civil*. Ediar. Buenos Aires, 2005, p. 481.

poder o de su familia que sirvan para incriminarlo. Se trata de adulterar o alterar las evidencias. Ello incluye a la cadena de custodia. Ya que la conducta del imputado puede estar dirigida a interferir esa cadena de custodia.

La cadena comienza desde la ocupación del objeto, mediante la reseña detallada de su hallazgo, con todas las características posibles, su rápido sometimiento a las experticias, reconocimientos o comprobaciones necesarias para la orientación de la investigación o los descartes a que haya lugar y, finalmente, su conservación para su exhibición en juicio en su totalidad o mediante muestras indubitadas, cuando no se hayan consumido durante las experticias.

Respecto al ocultamiento de elementos de convicción debe conceptuarse por ocultamiento los actos dirigidos a «desaparecer» de la vista de los investigadores evidencias incriminatorias. Trasladándola a otro lugar, o escondiéndolas de manera que no sea fácil encontrarlas o descubrirlas. Aquí no se destruye, por lo que la desaparición es temporal. Es muy posible que terceras personas actúen como encubridores del imputado colaborando en este sentido.

El ocultamiento de la evidencia impide que la misma sea analizada y llevada a juicio y, por lo tanto, impide su exhibición en el proceso. Así mismo, al no existir la evidencia por estar oculta se dificulta la construcción del indicio y, por lo tanto, la prueba. Puede ser que se esté en presencia por ejemplo, de un hecho en el cual el dolo se desprenda de la misma cosa; se trata del dolo en *rex ipsa*. Tal sería el hecho en el cual la evidencia es la prueba fundamental, no solo de la existencia material del hecho, sino del dolo de su autor. En un mensaje podría programarse que, una vez abierto, en unos segundos se oculte o destruya.

En cuanto a la falsificación de elementos de convicción se concibe como el acto mediante el cual el imputado por sí o interpuesta persona coloca elementos que no estaban en la escena «inicial» del hecho investigado, para dar apariencia distinta a los hechos. También por falsificación se debe entender el forjamiento –construcción o elaboración– de indicios y de evidencias. En otras palabras, se trata de la introducción de elementos falsos o verdaderos que no existían para el momento del hecho punible. Un ejemplo sería alterar las fechas de registro de una foto en cámara digital para constituir la prueba falsa del hecho. Esta falsificación es muy común a través de documentos forjados que se usan para demostrar una coartada que se fabrica para exculpar al imputado.

En cuanto a adulterar la evidencia debe entenderse en el sentido de la modificación, antes explicada. Ello porque la acepción jurídica de falsificación es analógica a la de supresión, cuando se omite una parte de la evidencia, por ejemplo, en una copia certificada documental; a la de adulteración cuando se modifica aun cuando incluye algo que no estaba en la evidencia original; a la de forjamiento, en la cual se crea una evidencia no existente. Como quiera que muchas veces un documento sea la evidencia de un hecho punible, es muy común que la falsificación pueda referirse a la falsedad documental.

Conforme a la doctrina y normas imperantes, en la mayoría de ordenamientos la solicitud de medida cautelar debe ser motivada, esto es, llenar los requisitos de: hecho punible que merezca pena privativa de libertad, elementos de convicción de la relación del imputado con el hecho y presunción razonable, con elementos fácticos de obstaculización a la investigación sobre un aspecto concreto. El juez deberá motivar su decisión.

En cuanto a si ellas contienen estándar de prueba propiamente dicho, consideramos que no, son formas muy vagas. Las normas que regulan las medidas cautelares las apreciamos sumamente peregrinas y contradictorias con las garantías y principios constitucionales de presunción de inocencia y enjuiciamiento en libertad. En este sentido compartimos el criterio de Ferrer Beltrán:

> En cualquier caso, conviene el carácter extraordinariamente vago de las reglas de juicio o estándares de prueba mencionados por la Ley. Tan es así que me permitiría decir que el tenor literal de los mismos no es formulación de estándar alguno. Con estas advertencias, el estándar de prueba propuesto se formularía así: para considerar probada la hipótesis de la culpabilidad deben darse las siguientes condiciones: i. La hipótesis debe

tener un alto nivel de contrastación, explicar los datos disponibles y ser capaz de predecir nuevos datos que, a su vez, hayan sido corroborados. ii. Deben haberse refutado todas las demás hipótesis plausibles, explicativas de los mismos datos, que sean compatibles con la inocencia[24].

Juzgamos que la forma de redacción de las normas que regulan la restricción de libertad –medidas cautelares– son insuficientes, pues son muy genéricas; por lo que es absurdo que niveles tan bajos de probabilidad y sin que existan elementos materiales que confirmen la hipótesis de culpabilidad del imputado, puedan enervar desde ese momento la presunción de inocencia y afectarse los derechos fundamental de estructura compleja.

Finalmente, insistiremos en la necesidad de establecer estándares adecuados de prueba para decretarse medidas cautelares, sobre elementos objetivos de los cuales pueda presumirse con claridad los presupuestos y la finalidad de las mismas, de manera que la restricción de la libertad sea, efectivamente, excepcional, con interpretación restrictiva.

6. El indicio como estándar probatorio en las medidas cautelares

Las restricciones de derechos fundamentales se dan en el proceso penal, especialmente, en la investigación. ¿Qué nivel de corroboración de la hipótesis acusatoria se considera suficiente para solicitar la intervención de los derechos fundamentales del imputado? ¿Qué nivel de prueba se considera suficiente para ordenar la adopción de medidas cautelares durante la etapa de investigación o sumarial, en especial, la privación de libertad?

Creo que este nivel de decisiones ha sido tomado muy a la ligera en la práctica judicial; además, ha sido poco estudiada por los académicos, no obstante que el uso de los procedimientos para adoptar ese nivel de decisiones es muy frecuente en el proceso penal. No queremos desconocer los muchos escritos,

---

[24] Ferrer Beltrán, Jordi: «Los estándares de prueba en el proceso español», http://www.uv.es/cefd/15/ferrer.pdf.

como ensayos o monografías, sobre el tema de las medidas cautelares, pero sí queremos indicar que pocos son los estudios que atacan la esencia de lo que debe ser el conocimiento en esas situaciones o procedimientos, a lo que hay que añadirle la existencia de una laguna normativa, presencia de normas muy vagas y residuos de la ideología inquisitiva y autoritarismo en el proceso penal. Trataremos de examinar lo relativo a las medidas cautelares.

Afirmamos que, bajo los valores y principios reconocidos en la Constitución para la procedencia de una medida restrictiva de la libertad, deben existir acreditados indicios delictivos. De suerte que lo que se denomina el «principio constitucional de intervención indiciaria»[25], en cuanto la interpretación de las normas regulatorias de las medidas cautelares, en especial, referente al nivel probatorio, requiere que se dé interpretación auténtica a los presupuestos que establece el legislador para privar de libertad. Sostenemos que debe existir un estándar indiciario que sustente la facultad de dictar medidas cautelares. En este sentido, expresamos que la ausencia de una base indiciaria produce un quiebre de las garantías constitucionales y, por supuesto, lesividad a los derechos fundamentales, específicamente, a la libertad.

De manera que el *fumus delicti comissi* debe referirse, de un lado, a un delito que haya ocasionado un daño o perjuicio material o moral y, de otro, a que los referidos indicios –ciertamente procedimentales– evidencien una relación de causalidad con el sujeto contra el que se adoptan: imputado o tercero civil. El razonamiento para la determinación se debe basar en un juicio de probabilidad sustentado en elementos indiciarios que indiquen que la conducta punible fue desarrollada por la persona a quien se atribuye[26].

Es obligatorio que el Ministerio Público sustente claramente su aspecto fáctico y su acreditación cuando solicita medidas cautelares. Así, la defensa del

---

[25] Martín Morales: ob. cit. (*El principio constitucional...*), p. 9.
[26] Ubertis, Giulio: *La prova nel processo penale*. Ed. Giuffrè. Milán, 1989, p. 89, dice «*La presenza di più indizi, gravi, precisi e concordanti, costituisce quindi una buona probabilità dell'effettiva consumazione del reato (in latino, appunto, fumus comissi delicti)*».

imputado podrá allanarse o refutarlo, actuando positivamente por la irresponsabilidad, causa de justificación, inculpabilidad, error, etc., debiendo el juez valorarlos y pronunciarse por ambas, y si esta última está sólidamente fundamentada, hará decaer el *fumus delicti comissi*.

El poder público tiene a su cargo la responsabilidad de la seguridad ciudadana en cuanto a proteger su integridad, sus derechos individuales y patrimoniales, y si se produjese un ataque a estos tiene la obligación de investigar los hechos ilícitos y perseguir a los victimarios. Este poder, ya señalamos, tiene límites constitucionales. Estos límites son los mismos que se estudiaron como requisitos exigibles para dictar medidas cautelares. En este sentido la solicitud de restricción del derecho fundamental tiene que estar fundado en indicios ciertos que la persona que se afecte de la medida intervencionista esté vinculada al acto ilícito que se investiga.

Realizar una restricción de derechos fundamentales sin la intervención indiciaria configura una arbitrariedad del poder público y se incurre en violación de los derechos y garantías constitucionales.

Obviamente, en estas situaciones de investigación los datos cognitivos son escasos y la acción investigativa está dirigida a obtener fuentes de prueba de mayor fuerza de convicción. Indudablemente que el solicitante debe presentar elementos que demuestren que hay un hecho ilícito –consumado– o en curso, e indicios que vinculan con el hecho punible a la persona, o personas, contra quien se dirige la medida intervencionista del Derecho. De estos indicios, al menos, debe inferirse probabilidad de la relación de la persona con el hecho punible.

Dado que la finalidad primordial de las medidas cautelares en el proceso penal consiste en asegurar la ejecución de la sentencia condenatoria que, en su caso, se pudiera dictar, es perfectamente lógico que exista una homogeneidad entre las medidas legalmente previstas –prisión provisional, libertad provisional, obligación de comparecencia, suspensión temporal de licencia de conducción, etc.– y las penas que se pueden llegar a imponer –privación de libertad, inhabilitación…–.

Debe advertirse que en el proceso penal las medidas cautelares también sirven para garantizar que el juicio oral se va a poder celebrar con las máximas garantías –entre ellas, que va a estar presente el acusado en el acto del juicio, o que se han podido recopilar todas las fuentes de prueba o, como dicen normalmente los código procesales, los vestigios del delito y las piezas de convicción–, y por eso alguna medida cautelar –como la prisión del imputado– se puede justificar atendiendo a esa finalidad de asegurar su presencia en el juicio oral o en la evitación de destrucción de pruebas. Es decir, debe evitarse que la persona imputada se sustraiga del proceso.

Ahora bien, del peligro de fuga no puede considerarse en abstracto, por el enunciado del *quantum* de pena que dispone la norma que se solicita aplicar, pues en cuyo caso se estaría asumiendo una presunción de culpabilidad y de condena anticipada. Debe conectarse a factores o elementos concretos que pueden materializar la fuga, por ejemplo, cuentas bancarias en el exterior, posibilidades de arraigo fuera del país, trámites en agencias de viajes o boletería, etc. Esto es, que existan indicadores materiales que el imputado puede incurrir en fuga, puesto que existen fundados indicios de ese peligro.

En los códigos procesales penales se trata sobre el aseguramiento de la presencia del imputado en el proceso cuando pueda inferirse racionalmente un riesgo de fuga. Una de las finalidades esenciales que puede justificar la prisión provisional es la necesidad de asegurar la presencia del imputado a la celebración del juicio oral cuando existen fundadas sospechas de que se sustraiga a la acción de la justicia[27].

---

[27] El TC español, sent N.º 23/2002, de 28 de enero, señala que para basar la prisión provisional en la consecución de este fin, el riesgo de fuga, habría que tomar en consideración datos objetivos como la gravedad del delito imputado y el estado de tramitación de la causa. En concreto, la actual normativa exige, precisamente, valorar conjuntamente la naturaleza del hecho (así, por ejemplo, la experiencia ha demostrado que los crímenes pasionales no suelen motivar la fuga del culpable), la gravedad de la pena que pudiera imponerse al imputado, su situación familiar, laboral y económica, así como la inminencia de la celebración del juicio oral, especialmente cuando se tramite la causa por el procedimiento para los juicios rápidos.

Para valorar la existencia del peligro de fuga, debe apreciarse, en primer lugar que se atenderá a la naturaleza del hecho. Más que a la naturaleza del hecho, que evidentemente en todos los casos en los que se inicia un proceso penal, es delictiva, debería referirse más precisamente a las circunstancias del hecho en sentido estricto, así pues referida al hecho de que la forma o manera de la comisión del ilícito pena, por su especial violencia u otras circunstancias anormales que confluyan en su realización, revelen una grave peligrosidad del imputado[28]. En segundo lugar, se debe tener en cuenta la gravedad de la pena que pudiera imponerse al imputado. Normalmente, lo que se tiene en cuenta es la pena máxima aplicable al hecho delictivo para que exista peligro de fuga, pero además se han de apreciar las posibles causas eximentes, atenuantes y agravantes con la finalidad de no determinar una pena en concreto, sino como datos relevantes en la medida en que se aprecie su virtual concurrencia para concretar un mayor o menor peligro de fuga[29]. En tercer lugar, se ha de atender a la situación familiar, laboral y económica del imputado. Finalmente, en cuarto lugar, se ha de apreciar la inminencia de la celebración del juicio oral, en particular en aquellos supuestos en los que procede incoar el procedimiento para el enjuiciamiento rápido.

Todas esas circunstancias debe valorarlas el órgano judicial encargado de decretar la prisión provisional para deducir, de ellas, la racionalidad de ese riesgo de fuga.

Así, en la naturaleza del hecho cometido se tienen en cuenta las circunstancias que denotan una concreta personalidad del imputado y todos aquellos datos derivados de la acción delictiva que hagan pensar en la posibilidad de fuga. Asimismo, la importancia de valorar la gravedad del delito cometido y de la pena que pudiera imponerse resulta innegable, también, las circunstancias personales del imputado, tales como el arraigo familiar –cónyuge o pareja estable, hijos o personas a su cargo–, profesional –si tiene trabajo o no– y social –fama, vecindad conocida, etc.–, los medios económicos de que dispone para, en su caso, huir a otro país y sustraerse de la acción de la justicia;

---

[28] ASENCIO MELLADO, José María: *La prisión provisional*. Civitas. Madrid, 1987, p. 86.
[29] Ibíd., p. 90.

las conexiones laborales o económicas internacionales o sus antecedentes en relación con las fugas de otros países donde tenía causas pendientes o incomparecencias ante el mismo órgano judicial, son obviamente muy relevantes a la hora de valorar la necesidad o no de la prisión preventiva para asegurar la presencia del imputado en el juicio oral[30].

En cuanto al peligro de obstaculización se entenderá que un imputado pretende obstaculizar el desarrollo de una investigación complementaria o del proceso mismo cuando concurra alguno de los siguientes supuesto: i. Que destruya algún indicio, ii. que manipule el lugar de los hechos, iii. que oculte pruebas, iv. que se conduzca con deslealtad o mala fe, v. que realice actos jurídicos de simulación y vi. cuando realice encubrimientos activos. Esto debe manifestarse en hechos objetivos concretos –hechos indicantes– que constituyan indicio de ese peligro de fuga.

Una intervención de derechos fundamentales sin fundamento fáctico que vincule a la persona o personas con el hecho punible investigado es un quebrantamiento de derechos y garantías constitucionales, y riñe también con la garantía del debido proceso de «la asistencia jurídica en todo estado y grado de la investigación y del proceso».

Conclusiones

i. El principio constitucional indiciario es una garantía constitucional de carácter implícito y transversal[31], que es inherente a la noción de Estado de Derecho democrático constitucional, y está en la esencia de los derechos fundamentales. Para restringir o afectar un derecho fundamental es necesario que existan elementos fácticos acreditados, porque no se trata de una formalidad, sino que tiene que ver con la cualidad o naturaleza del derecho que se afecte.

---

[30] MARTÍNEZ GALINDO, Gema: «La prisión provisional». En: *La Ley Penal: Revista de Derecho Penal, Procesal y Penitenciario*. N.º 13. La Ley. Madrid, 2005, pp. 13 y ss.
[31] Vid. MARTÍN MORALES: ob. cit. (*El principio constitucional...*), *passim*.

ii. En las medidas cautelares del proceso penal deben concurrir tres principios o garantías: principio constitucional de intervención indiciaria, principio de reserva judicial –solo puede el juez dictarlas– y el principio de proporcionalidad, conlleva efectos de garantía, así: a. Ampara al ciudadano frente a las medidas arbitrarias e indiscriminadas, sin sustento probatorio indiciario auténtico; b. la reserva judicial garantiza que el juez dicte la medida bajo un procedimiento motivado con bases en elementos razonables –indiciarios– de prueba, y c. la medida debe ser proporcional a la gravedad, pero además vinculada a los diversos presupuestos exigidos para decretar la medida.

* * *

Resumen: El autor examina el principio indiciario en las medidas cautelares penales. En concreto, comenta la naturaleza de la medida cautelar, sus presupuestos y el indicio como estándar probatorio. Concluyendo que el principio indiciario es una garantía constitucional de carácter esencial, lo que implica que en las medidas cautelares del proceso penal deben concurrir el principio de intervención indiciaria, el principio de reserva judicial y el principio de proporcionalidad, para decretar conforme a derecho la medida. **Palabras clave**: Principio indiciario, medida cautelar, privación de libertad.

Breve reseña de violaciones de garantías del Derecho Penal sustantivo y del Derecho Penal Procesal en Venezuela

Jorge L. Rosell Senhenn[*]

Sumario

Introducción 1. Legislación penal *1.1. Legislación penal de emergencia 1.2. La creación de nuevos tipos penales 1.3. La agravación de las penas* **2. Legislación procesal** *2.1. El sistema acusatorio-oral según el Código Orgánico Procesal Penal 2.2. El sistema acusatorio y la realidad 2.3. La prisión preventiva y las previsiones legales 2.4. La prisión preventiva y la realidad 2.5. La participación ciudadana en la ley 2.6. La participación ciudadana en la realidad 2.7. Las formas alternativas previstas en la ley 2.8. Las formas alternativas en la realidad 2.9. Los recursos en la ley 2.10. Los recursos en la realidad* **Conclusiones**

Introducción

Es un honor participar en este merecido homenaje que se le hace a uno de los abogados de mayor cultura en la esfera nacional. Porque René Molina Galicia no solo es un jurista de extensos y profundos conocimientos en el área jurídica, sino que su erudición abarca los diferentes ámbitos de la cultura. Con este ligero atisbo, desde mi perspectiva de juez penal y testigo de la evolución de esta rama del Derecho durante más de cuatro décadas sobre la crisis penal

---

[*] **Universidad de Carabobo,** Doctor en Derecho. **Universidad Pedagógica Experimental El Libertador,** Profesor Titular. Juez de carrera desde municipio hasta presidente de la Sala Penal del Tribunal Supremo de Justicia.

y procesal penal en el país, pretendo cumplir con la grata misión encomendada de enaltecer a quien además, de lo afirmado, es un entrañable amigo.

Venezuela ha retrocedido alarmantemente en materia de Derecho Penal sustantivo al regresar a un «sistema represivo» con olvido de principios básicos del actual Derecho Penal garantista. Es así que disposiciones en esta área consagran principios como el de Derecho Penal de «autor», y no el de «acto»; establecen responsabilidad penal objetiva, sin importar la relación de causalidad entre el sujeto activo y el acto dañoso; crean sanciones privativas de libertad por «desobediencia a la autoridad», olvidando el principio de lesividad; priorizan el principio de la prevención general negativa, con el aumento excesivo de las penas; instituyen tipos penales de emergencia con fines exclusivamente de eficacia simbólica. Todo esto se ve agravado por la ineptitud y falta de independencia de un Poder Judicial complaciente con el régimen político actual.

Por otra parte, en el Derecho Penal adjetivo, se instauró un sistema procesal moderno de características acusatorio-oral, en sustitución de aquel vigente desde el siglo antepasado de corte inquisitivo-escrito. La orientación autoritaria del actual régimen político hizo nugatorio las «intenciones renovadoras», y es así que, a través de reformas legislativas, algunas de ellas inconstitucionales, órdenes del Poder Ejecutivo, interfiriendo la labor judicial, sentencias de la Sala Constitucional del Tribunal Supremo de Justicia y criterios vertidos a través de la «doctrina» del Ministerio Público, se obstaculizaron los adelantos procesales, retrocediéndose a un proceso con marcados rasgos inquisitivo-escrito.

Mueve a preocupación la opinión manifestada por algunos expertos, inclusive en foros y congresos internacionales, en el sentido de que el fracaso de la reforma en unos países, como Venezuela, en el área procesal penal, se debe a que el sistema no es «autóctono» sino importado de la cultura procesal angloamericana. Nada más falso. La inspiración de la reforma fue la originada por el Código Procesal Tipo para América Latina, redactado por un equipo de juristas de la región, en la cual destacó el procesalista argentino Julio B. MAIER.

Por otra parte, se trató de involucrar al Banco Mundial para decir que la reforma tenía «fines desarrollistas» al aprobarse un proceso acelerado, sin importar mucho las garantías. También totalmente falso. Lo que es cierto, es que el Banco Mundial tuvo actividades en Venezuela de modernización del sistema de justicia en sus diferentes ramas –penal, civil y administrativo– a principios de la década de los 90: organización de los despachos, automatización de la información, destreza gerencial para dirigir un tribunal, habilidades para darle mayor celeridad a los procesos. Pero el lema del Banco Mundial, muchas veces escuchado por mí era: «Todo sin recurrir a reformas procesales». La idea era no alargar en el tiempo los lineamientos de estas correcciones o mejoras de simple trámite, nunca reformas procesales que tendrían que esperar el «lobby» político y toda la engorrosa gestión de la aprobación legislativa. Así que el Banco Mundial nada tuvo que ver con la creación del nuevo modelo procesal penal aprobado por el Congreso de la República.

La reforma en el país se debió fundamentalmente al empuje de ideas que partían de la academia tanto interna como del exterior, fundamentalmente de Latinoamérica, en la cual tuvo rol descollante Raúl ZAFFARONI, debido a las denuncias acerca del perverso sistema inquisitivo-escrito, que era corroborado y denunciado en la práctica por jueces progresistas. Pero lo más importante fue haber convencido a las fuerzas políticas que hacían vida en el parlamento, de la necesidad de una reforma procesal penal, lo cual se concretó con la aprobación por aclamación del Código Orgánico Procesal Penal en la sesión conjunta de senadores y diputados del Congreso de la República, el 14 de diciembre de 1997, en la cual estuvimos presentes por invitación especial los corredactores del Código, que fue publicado en la *Gaceta Oficial* del 23 de enero de 1998.

Todo ello: el avieso ejercicio de la judicatura bajo el régimen inquisitivo-escrito, la experiencia de modernización del Banco Mundial, el proceso de redacción del Código Orgánico Procesal Penal y la desolada contemplación de su fracaso, forman parte de mi experiencia vital. Fui parte de estos quehaceres, logros y decepciones y es por ello que de forma fehaciente sostengo lo expresado en las líneas anteriores.

A continuación, nos referiremos a los aspectos de la legislación penal sustantiva, pasando por la legislación penal de emergencia, los nuevos tipos penales y la agravación de las penas. Luego, se examinará la legislación procesal penal para detenernos en aspectos referentes a los principios del sistema acusatorio-oral, la prisión preventiva, la participación ciudadana, las formas alternativas y los recursos. Todas las particularidades procesales serán descritas desde el contenido legislativo, para luego examinar las deformaciones que han sufrido en la realidad del proceso venezolano.

1. Legislación penal

Se examinarán los siguientes puntos: violaciones a principios del Derecho Penal moderno recurriendo a una criminalización violatorio de las bases del garantismo; la legislación penal de emergencia con su natural contenido de eficacia simbólica; los nuevos tipos penales con la falsa creencia de ser soluciones a problemas sociales, y el aumento de la pena en delitos ya previstos y la creación de otros con desproporcionadas penas, con la supuesta idea de que se bajarán los índices delictivos a través de la tesis de la prevención general negativa.

1.1. Legislación penal de emergencia

Numerosa legislación penal de emergencia desorganiza la legislación penal ordinaria y esto se agrava, debido a que la mayoría han sido aprobadas por el Ejecutivo, a través de «leyes habilitantes», mediante las cuales el Legislativo delega sus funciones. Estas leyes se han referido a ámbitos como el laboral, a la producción y distribución de bienes y servicios, a específicas actividades delictivas como el hurto y robo de vehículos automotor, secuestro y extorción, distribución de drogas de posesión ilícita, violencia contra la mujer, violencia contra niños y adolescentes, corrupción administrativa. Sin embargo no escapa a la percepción que se tiene sobre este asunto que la mayoría de estos tipos están previstos en el Código Penal y se aprueban estas leyes con marcados «propósitos simbólicos». Se trata de creaciones legislativas como promesa de resolución de conflictos sociales sin aprobar sus formas de implementación, que termina en su falta de efectividad: demagogia.

1.2. La creación de nuevos tipos penales

A través de estos nuevos tipos se violan principios de Derecho Penal. Por ejemplo se vuelve al «Derecho Penal de autor» en la Ley Orgánica del Trabajo, del Trabajador y de la Trabajadora (*sic*), al declararse directamente como responsables de la obstaculización de órdenes de la autoridad ejecutiva del trabajo a los directivos de la empresa, en caso de no identificarse a los autores del hecho (artículo 538).

Se consagra la «responsabilidad penal objetiva» en la Ley Orgánica de Prevención, Condiciones y Medio Ambiente de Trabajo, al responsabilizar al empleador de accidentes laborales con muerte o lesiones de trabajadores, sin necesidad de probar la relación de causalidad entre la conducta del empleador y el siniestro producido (artículo 131).

Se penaliza, con «olvido del principio de lesividad», a quien desobedezca órdenes emanadas de funcionarios administrativos del trabajo (artículo 538).

En la Ley Orgánica de Precios Justos desde el artículo 51 al 64 se tipifican acciones como las de especulación, acaparamiento, reventa de productos de primero necesidad, contrabando de extracción, usura, alteración fraudulenta de pecios, corrupción entre particulares, con penas hasta de 14 años, que pueden llegar a 21 años, según los agravantes que concurran en el hecho.

Se está consciente de que ciertas actividades económicas requieren un control administrativo y en ciertos casos penal, pero hacerlo de la manera descrita atenta en contra del principio de proporcionalidad. Por ejemplo, «… será castigado con pena de prisión de 10 a 14 años quien por actos u omisiones desvíe los bienes declarados de primera necesidad del destino original autorizado por el órgano competente…». Es así que la simple desobediencia de la «guía de transporte» ordenada por la autoridad administrativa, sin que sea necesario probar la razón que llevó al sujeto activo a desobedecerla, podría acarrear la pena de 21 años de prisión si concurre algún agravante. Creo que es tal la desproporción extraordinaria entre acción y sanción en este asunto, que no merece otro comentario.

Lo más preocupante de estas leyes: la del Trabajo y la de Precios Justos, es que fueron aprobadas por el Ejecutivo a través de Leyes Habilitantes otorgadas por la Asamblea Nacional actuante hasta 2015, violando la reserva legal legislativa de la creación de tipos penales.

Pero la legislación que rebasa lo creíble dentro del ámbito penal es la «Ley contra el Odio, por la Convivencia Pacífica y la Tolerancia» aprobada por la Asamblea Nacional Constituyente. Además de carecer de legitimidad de origen, pues ya es suficientemente conocido que dicha Asamblea no fue convocada por el pueblo como lo indica la Constitución, sino por el presidente de la República, excede de sus funciones al dictar esta Ley, ya que sus atribuciones se concretan a la redacción de una Constitución para ser sometida a referendo popular.

Como si lo anterior fuera poco: Ley dictada por un órgano ilegítimo que encima se excede en sus funciones. Dicha Ley viola dos principios básicos del Derecho Penal: el de la proporcionalidad al castigar expresiones de ciudadanos hasta con 20 años de prisión y el de la tipificación estricta, al crear tipos penales ambiguos que podrían servir para calificar cualquier acción como delito, según el criterio del intérprete, situación de sumo peligro debido a la dependencia del Poder Judicial y del Ministerio Público de los designios del Ejecutivo Nacional. Como remate de estas acciones que dan al traste con el Estado de Derecho del país, la Asamblea Nacional, único órgano legítimo para la creación o derogación de leyes, declaró la nulidad de este instrumento legal, debido a que viola preceptos constitucionales, sin embargo los jueces siguen llevando procesos penales con base en sus disposiciones.

1.3. La agravación de las penas
Se prevén altas penas mediante reformas legislativas y nuevos tipos penales que impiden cualquier intento de rehabilitación, pues con frecuencia se prolongan por una generación.

Se puede referir dentro de otras agravaciones de pena, por ejemplo, en el Código Penal el robo simple (artículo 455) ahora tiene una pena de 6 a 12 años de prisión y el agravado (artículo 458) de 10 a 17 años, el secuestro (artículo 460) se castiga con la pena de 20 a 30 años «... aun cuando (el autor) no consiga su intento», es decir, si la acción es frustrada o tentada, claro con una redacción que ignora reglas básicas en lo penal, pues se emplea el verbo «intentar» como sustituto errado del verbo «perpetrar». Por su parte, en la Ley Orgánica sobre el Derecho de las Mujeres a una Vida Libre de Violencia se sanciona la violación agravada con 20 años de prisión y de 10 a 15 si es simple (artículo 43), lo cual puede subir dependiendo de circunstancias agravantes.

La excesiva severidad obedece al falso supuesto de que es un factor importante para generar la prevención general negativa.

2. Legislación procesal

Se examinarán los siguientes aspectos: El proceso acusatorio-oral y sus características relevantes; la prisión preventiva y sus requisitos; la participación ciudadana prevista en el Código Orgánico Procesal Penal original con las instituciones del jurado y el escabinado; las formas alternativas: el principio de oportunidad, los acuerdos reparatorios, la suspensión condicional del proceso y el procedimiento por admisión de los hechos, los recursos y los obstáculos que se presentan en el juicio oral; la deformación de los principios que rigen el proceso ha sido una tarea que se han repartido los órganos del Estado: las reformas del Código Orgánico Procesal Penal por parte de la Asamblea Nacional –por su composición hasta 2015–, el Ejecutivo Nacional a través de leyes habilitantes, la jurisprudencia emanada del Tribunal Supremo de Justicia y circulares contentivas de la «doctrina» del Ministerio Público, y estos aspectos procesales se desarrollarán planteando el contenido legal, para luego examinar la realidad judicial: una cosa prevé la ley y otra es la que se hace.

2.1. El sistema acusatorio-oral según el Código Orgánico Procesal Penal

Se previó como titular de la acción penal al Ministerio Público. Sin embargo, la fase preparatoria se inicia con la actividad de la pesquisa policial, pero siempre según órdenes del fiscal respectivo. Por su parte, la policía judicial depende administrativamente del Ejecutivo y funcionalmente del Ministerio Público.

Una vez aprehendido el imputado, dentro de las 48 horas será conducido ante el juez para una audiencia de presentación a fin de decidir acerca de su detención preventiva judicial. Si se dicta la medida judicial, el fiscal deberá presentar dentro de 45 días la acusación, si no lo hace en ese plazo, el detenido quedará en libertad, mediante orden del juez.

En la fase intermedia, se presenta la acusación y el juez de control fijará la audiencia preliminar en un plazo entre 15 a 20 días para su realización. Se podrá diferir en una oportunidad la realización de esta audiencia por un plazo que no debe exceder de 20 días. En dicha fase se determinará si se sobresee o archiva la causa o es remitida a juicio, previa acusación fiscal.

El juez de juicio, a través del principio de inmediación, recibe todo el acervo probatorio en la audiencia oral y pública, esto es, en el juicio. Las pruebas policiales, así como la confesión extrajudicial, no tendrán ningún valor de no ser presentadas en la audiencia oral y pública.

Inmediatamente, al finalizar la audiencia oral, el juez pronunciará la sentencia respectiva o, por lo menos, la dispositiva, para presentar la sentencia dentro de los diez días siguientes.

2.2. El sistema acusatorio y la realidad

Frecuentemente, el proceso se inicia en sede policial y se continúa la investigación sin intervención fiscal.

A través de diferimientos violatorios de la ley, la fase preparatoria e intermedia –pesquisa policial, investigación del Ministerio Público, medidas judiciales acerca de la libertad, presentación de la acusación– se prolongan por años, cuando no debe durar más de 65 días, incluyendo la prórroga. Para la audiencia oral y pública a cargo del juez de juicio, que debe fijarse entre los 10 y 15 días de haber recibido las actuaciones del tribunal de control, transcurre con frecuencia meses o, en el peor de los casos, años.

El principio de que la prueba no debatida es nula, inexistente, es violado cotidianamente al darle valor a las experticias a través de la «lectura del acta» respectiva, sin la presencia del perito, lo cual viola también la característica de oralidad.

La oralidad en la audiencia oral y pública, en el juicio, fue erradicada con una reforma legislativa en la cual debe dejarse constancia por escrito de todo lo acaecido en dicha audiencia, según el artículo 317, introducido por desgracia en el Código Orgánico Procesal Penal. Por lo anterior, el juez «no» decidirá con base en la inmediación –con lo que presenció en la audiencia–, sino con la lectura del acta en cuestión, redactada por cualquier funcionario judicial.

Por otra parte, el despacho de la Fiscalía General, mediante circular, instruyó a los fiscales para que no permitieran al investigado y su defensa acceder a las actas de la causa, hasta producirse el acto formal de imputación, lo cual viola el derecho a la defensa. Esto desobedece lo pautado en el Código Orgánico Procesal Penal.

Según el Código, el imputado lo es desde el primer acto de investigación y puede examinar las actas desde el principio (artículo 126). Esta orden del Ministerio Público recuerda las normas del sistema inquisitivo que estaba vigente en el país, debido a que solo se podía acceder a las actas luego de que se impusiera el procesado del auto de detención, es decir, todas las pruebas se realizaban a sus espaldas y con ellas el juez dictaba dicho auto.

Entonces, la ilegal orden del Ministerio Público resucitó la perversa institución del «secreto sumarial» del sistema inquisitivo: el imputado podrá examinar las actas luego de que el fiscal prepare todas las pruebas en su contra, a sus espaldas. Lo anterior también viola uno de los principios que debe orientar el proceso, previsto en el Título Preliminar del Código Orgánico Procesal Penal, el cual consagra la defensa e igualdad entre las partes y que se especifica en su artículo 12: «La defensa es un derecho inviolable en todo estado y grado del proceso. Corresponde a los jueces y juezas (*sic*) garantizarlo sin preferencias ni desigualdades».

Inexorablemente, el sistema inquisitivo y la escrituralidad están «regresando» al proceso penal venezolano de la mano del Ejecutivo, de la Asamblea Nacional –hasta su composición del 2015–, del Tribunal Supremo de Justicia y del Ministerio Público, con el silencio cómplice del obediente Poder Judicial.

Otro criterio difundido y avalado por sentencia de la Sala Constitucional transgrede normas procesales que indican que el juez puede, una vez finalizada la audiencia oral, hacer conocer la parte dispositiva de la decisión definitiva, teniendo un lapso de diez días para publicar la sentencia con todas sus partes, como lo prevé el artículo 347 del Código Orgánico Procesal Penal. Si el juez que presenció las pruebas en la audiencia pública ya no lo es –muerte, destitución o traslado–, deberá repetirse el juicio ante el nuevo juez. Lo violatorio de las normas procesales aludidas, con base en jurisprudencia de la Sala Constitucional, es que este lapso puede distenderse sin término e, inclusive, si el juez que dictó la dispositiva es sustituido, el nuevo juez podrá acometer la tarea de dictar sentencia ¿Con que elementos redactará la sentencia sí estuvo ausente del juicio, de la audiencia oral y pública? El colmo de este disparate que viola el principio de la inmediación y del juez natural, es que la persona que ya no es juez en ese tribunal ¡puede dictar la sentencia!

2.3. La prisión preventiva y las previsiones legales
Según la Constitución y el Código Orgánico Procesal Penal (artículos 44 y 229, repectivamente), en el proceso penal la «libertad es la regla» y la prisión la excepción; por tal razón, en principio, se debe juzgar penalmente a la persona en libertad. El control de la prisión preventiva está fijado por los requisitos de que nadie puede ser detenido, sino por orden judicial o por ser sorprendido en flagrancia. Por otra parte, para preservar estos principios protectores de la libertad individual, en la redacción del Código Orgánico Procesal Penal, se partió del principio de que la prisión preventiva solo se habilita por razones procesales: peligro de fuga u obstaculización del proceso.

La detención policial por flagrancia debe ser ratificada por el juez de control dentro de las 48 horas. Esta se extiende por 45 días, plazo para que el fiscal presente la acusación; de no hacerlo la detención cesa. Se fija como plazo dos años para que se produzca la sentencia; caso contrario, la detención preventiva debe cesar.

2.4. La prisión preventiva y la realidad

La prisión es la regla: se detiene sin orden judicial y sin que se haya producido la flagrancia. Mediante reforma del Código Orgánico Procesal Penal, violándose la presunción de inocencia, se estableció una lista de delitos cuya presunta comisión extiende hasta por dos años el plazo para la conclusión de la investigación, manteniéndose al imputado detenido (artículo 295), lo cual viola también el principio de la detención preventiva solo por razones procesales.

Según sentencia de la Sala Constitucional del Tribunal Supremo de Justicia, criterio sostenido hasta la actualidad, poco importa si la detención policial se produjo en flagrancia: «… una vez que el juzgado de control que conoció la causa dictó medida preventiva de privación de libertad contra el accionante, las presuntas violaciones constitucionales cometidas por los órganos policiales se suspenden…»[1]. En este caso, habiéndose probado fehacientemente que la persona no fue detenida en flagrancia, violando la policía el principio de que solo puede detener en caso de producirse ese supuesto, la Sala Constitucional autorizó la detención policial con la excusa de una orden judicial que fue dictada bajo un supuesto falso y con posterioridad a la detención, es decir, para la oportunidad de la detención no existía orden judicial alguna y tampoco se produjo la hipótesis de la flagrancia Este es un asunto en el cual lo formal sustituye la realidad: la orden de detención judicial clara y probadamente basada en un supuesto falso «suspende» la realidad, es decir, «suspende», como si nunca hubiera ocurrido, que la persona «no» fue detenida en flagrancia. Psiquiátricamente, esto no es más que esquizofrenia.

Lo peor es que se convirtió en el criterio constante con el cual se decide en los tribunales cotidianamente, con base en el lunar de la Constitución de 1999 que creó la calidad de vinculante para algunas sentencias dictadas por la Sala

---

[1] TSJ/SC, sent. N.º 415, del 19-03-04, http://historico.tsj.gob.ve/decisiones/scon/marzo/415-190304-03-0180.HTM.

Constitucional, lo cual permite a los órganos policiales detener a la ciudadanía según su libre criterio; por ejemplo, «porque estaba en actitud sospechosa» es una causa de detención que regresó de lo que se creyó sepultado: del sistema inquisitivo. Lo racional y apegado a la normativa en el caso reseñado, como en cualquier otro, hubiera sido declarar ilegal la detención del imputado y revocar dicha orden.

Los plazos de detención policial y detención judicial preventiva no se respetan, prolongándose por años.

Igualmente, el plazo de dos años para dictar sentencia, lo cual de no producirse justifica la libertad, no se cumple. El caso de la juez María Lourdes Afiuni es paradigmático y conocido internacionalmente: pasado dos años y diez meses de la detención preventiva de un imputado, «no» se le había formulado la acusación respectiva, razón por la cual, conforme a la ley y más bien con diez meses de retardo, la juez Afiuni procedió a ordenar su libertad. Por razones personales, el entonces presidente Hugo Chávez montó en cólera y por los medios de comunicación dijo a todo el país que debían condenar a la juez a la pena máxima de 30 años de prisión. Estuvo detenida por más de dos años y actualmente está sometida a juicio, luego de casi 10 años. La imputaron por el delito de corrupción, declarando expresamente el Ministerio Público que no se logró probar ningún provecho material en el hecho. Algo verdaderamente insólito.

2.5. La participación ciudadana en la ley

Se concibió, en principio, un proceso penal con participación ciudadana en forma de jurados y escabinos, quienes eran seleccionados aleatoriamente del padrón electoral. El jurado se componía de nueve miembros, quienes deliberaban y presentaban su veredicto al juez, mientras que los escabinos en número de dos componían el tribunal mixto, quienes, sumándose al juez profesional en la audiencia oral o juicio, deliberaban conjuntamente los tres y votaban a fin de tomar la decisión respectiva.

Para preservar el principio de inmediación, se escogía dos suplentes para jurados y uno para los escabinos, a fin de que presenciaran el juicio –la audiencia oral– y quedaran habilitados para suplir a los principales que faltaran.

Los juicios con jurado eran para el juzgamiento de delitos cuya pena era mayor de ocho años y los de escabinos, para delitos menores a esa pena. Constitucionalmente, tanto en la Exposición de Motivos como en su texto (artículo 253, segundo aparte) está prevista la participación ciudadana.

2.6. *La participación ciudadana en la realidad*

La Asamblea Nacional anterior al 2015, mediante reforma ilegal, por estar previsto en la Constitución, eliminó el jurado. Tomándose atribuciones que no tiene, excluyó de las instituciones procesales tal forma de juicio, violando expresas disposiciones constitucionales.

Posteriormente, la Sala Constitucional decidió que, luego de dos convocatorias sin poder instalarse el tribunal con escabinos, violando el principio del juez natural, el juicio sería llevado por un tribunal uninominal a cargo, como es lógico, de un juez profesional. El acusado en cuestión, según el Código Orgánico Procesal Penal y la Constitución, tenía derecho a ser juzgado por un tribunal mixto, sin embargo, la Sala Constitucional, sin darle importancia a tal garantía del juez natural, procedió a suprimirla en los casos en los cuales ocurría la hipótesis antes aludida.

Por último, mediante la promulgación de un nuevo Código Orgánico Procesal Penal, que no fue más que reformas del existente, a través de un Decreto ejecutivo, se eliminó definitivamente el escabinado. Esta actuación de los Poderes Públicos en Venezuela debe destacarse por la violación de normas legales y principios de Derecho. En primer lugar, se violó la Constitución en la cual está prevista la participación ciudadana, en la forma como lo determina la ley, y esta, a través del Código Orgánico Procesal Penal, consagró esa forma de juicio. Pero lo más grave es que este «nuevo» Código Orgánico Procesal Penal –que es el mismo que estaba vigente con ciertas reformas– fue aprobado mediante Decreto del Ejecutivo, a través de una Ley Habilitante dictada por la Asamblea Nacional en el 2012, en la cual delegaba ilegalmente tal función. Luego, la Sala Constitucional colaboró como cómplice en la perpetración del ilícito, al darle su aprobación como Ley Orgánica.

La excusa para la eliminación de los juicios con jurados y con escabinos fue el «retardo judicial» que producía estos tipos de juicio. En vez de disponer recursos para impulsar estas formas procesales, se decidió eliminarlas. Sin embargo, el inmenso retardo judicial continúa y aumenta. Debe anotarse también que el foro venezolano, sobre todo en los estratos de poder, conformado por abogados de una cultura inquisitiva, que no entendían cómo un simple ciudadano podía suplantar las funciones de un juez profesional –«Quemaré mis libros de Derecho, pues no entiendo como un carnicero o una enfermera puedan sustituirme en mi función judicial», como oí expresarse en público a un profesor de Derecho–, fueron una fuerza que empujó estas desgraciadas reformas.

2.7. Las formas alternativas previstas en la ley

Se previó el principio de oportunidad como excepción, con base en causales previstas en el Código Orgánico Procesal Penal. Se consagraron los acuerdos reparatorios bajo control judicial para ciertos delitos de contenido económico, o culposos. Se determinó el procedimiento por admisión de los hechos, con un proceso abreviado y una rebaja sustancial de la pena.

2.8. Las formas alternativas en la realidad

El principio de oportunidad no es utilizado por el temor ante las autoritarias instancias disciplinarias del Poder Judicial y del Ministerio Público que paralizan a jueces y fiscales. Por otra parte, estos funcionarios no gozan de autonomía y en su gran mayoría son provisorios, sin estabilidad en el cargo.

Los acuerdos reparatorios se convirtieron en simples resarcimientos económicos. Se concreta en la firma de un documento notariado en donde consta las obligaciones en las cuales se compromete el autor del hecho dañoso. Víctima y autor nunca se ven, de eso se ocupan los abogados que los representan; de esta manera, se olvida la función de perdón por parte de la víctima y la redención del autor, propósitos fundamentales de esta institución.

El procedimiento por admisión de los hechos se ha convertido en la solución del inmenso retardo judicial, los imputados admiten los hechos, sintiéndose culpables o no, para ser sentenciados en forma abreviada, librándose del interminable proceso ordinario.

2.9. Los recursos en la ley

Se previó un recurso ordinario ante la Corte de Apelaciones y uno extraordinario ante la Sala de Casación Penal del Tribunal Supremo de Justicia. A los redactores del Código Orgánico Procesal Penal se nos presentó el obstáculo de que el juicio oral, por su naturaleza, debe ser de instancia única, como se recomienda en el Código Procesal Tipo para América Latina. También se tomaron en consideración dos circunstancias que hacían obligatorio fijar alguna forma de recurso ordinario ante las sentencias de primera instancia. Una fue la tradición de apelaciones múltiples acogida por legislaciones anteriores, lo cual se precisó en las últimas en la aceptación de dos instancias de decisión ordinaria. La segunda circunstancia que incidió en la decisión fue la de los compromisos internacionales ante tratados firmados por Venezuela, como la Convención Americana sobre Derechos Humanos, en donde se establece que toda persona condenada tiene derecho a apelar de esa decisión ante un tribunal superior (artículo 8, párrafo 2-h).

Esos motivos hicieron prever en el Código Orgánico Procesal Penal un recurso ordinario a través de un dispositivo *números clausus* que establece los motivos por los cuales se puede apelar. Se abandonó, entonces, la tradición de apelar a través de disposiciones que permitían que en forma libre se utilizara el recurso. Se trata de un recurso parecido al de Casación; es más, si se revisan las disposiciones 444 y 452 del Código Orgánico Procesal Penal, se podrá constatar que son los mismos motivos para recurrir de una sentencia de primera instancia, que los establecidos para anunciar Casación ante una sentencia de la Corte de Apelaciones.

De esta forma, se sorteó el obstáculo de que el juicio oral es de única instancia, pues el juez revisor no goza de la inmediación para poder calificar la percepción de la prueba del juez de juicio, pero sí se podía utilizar el recurso para atacar la sentencia de primera instancia por fallas en la estructura racional de la sentencia.

El juez que goza de la inmediación es el juez de juicio, que aprecia la prueba según su leal saber y entender, y lo expresa en la sentencia según la percepción que tuvo del acervo probatorio. El juez de alzada, por no gozar de esa inmediación, mal podría revisar la apreciación de la prueba que tuvo ese juez de juicio; por ese motivo, ante la alzada no se podría alegar razones que atacaran tal percepción, pues ese juez no tendría elementos para decidir. Diferente es en el sistema escrito en donde las pruebas se encuentran en un expediente que podrá ser leído por ambos jueces: las mismas pruebas que aprecia el juez de instancias en las actas, las apreciará el juez de alzada.

Si el recurso no podía versar sobre la percepción de la prueba por parte del juez de instancias ¿en que se podría basar la apelación? Entonces, se podía apelar a la «estructura racional de la sentencia» con base en las tres líneas de la apreciación de la prueba: los principios de la lógica, de los conocimientos científicos o las máximas de experiencia, como enseña Enrique Bacigalupo.

2.10. *Los recursos en la realidad*

El foro venezolano, acostumbrado a las apelaciones inmotivadas del sistema escrito –cláusula *numerus apertus*–, no entendió el régimen de recursos propuesto, ni hubo un intento de capacitación. En vez de adiestrar al inepto foro, se procedió a desnaturalizar el proceso oral, con la aprobación de una norma en el Código Orgánico Procesal Penal, el artículo 317 anteriormente aludido, que prevé el levantamiento de un acta contentiva de lo sucedido en la audiencia oral y pública, esto es, en el juicio. Por tal razón, el juez dejó de sentenciar con lo presenciado en la audiencia oral, para hacerlo con base en la lectura del acta que es asentada por un funcionario judicial. Por otra parte, se retornó a los «proyectos» mediante el cual el juez ordena la redacción de la sentencia a un funcionario subalterno, pues existe el acta en cuestión que sustituye al expediente del sistema escrito.

Los jueces de apelación se permiten, sin haber presenciado la realización de la prueba que se produjo en la audiencia oral y pública en la cual lógicamente estuvieron ausentes, entrar a examinar la percepción de la prueba por parte de ese juez de juicio.

Conclusiones

La ignorancia de los legisladores al creer en falaces ideas que siempre acompañan la percepción popular de lo que es el sistema penal, entre ellas, la muy influyente prevención general negativa, creó una grave crisis al ser «agarrados» por la justicia penal gran parte de la población, lo cual se acrecienta con otro prejuicio popular que penetra al Poder Judicial, en el sentido de que la prisión preventiva es una medida eficaz de «combate» contra la delincuencia. «Sacar de circulación» a cualquiera que apenas roce el sistema, es la consigna.

Por otra parte, el Poder Judicial es poco confiable por la influencia que ejerce el Ejecutivo en sus funciones. El principio de jueces de actuar autónomo, que constituyen un Poder Judicial independiente, ha perdido totalmente su sentido en la realidad venezolana. Los dos factores que hacen del juez un funcionario autónomo se han extraviado: honradez al actuar con integridad en sus decisiones, pues la corrupción hace que actúe apegado a sus intereses personales y aptos para el desarrollo idóneo de sus responsabilidades, pues la ignorancia los hace seguir las órdenes de quién lo mantiene en el cargo.

Una de las tareas urgente que requiere el rescate de la institucionalidad en Venezuela es la renovación del Poder Judicial, desde la más alta instancia, como es el Tribunal Supremo de Justicia, desde donde baja la iniquidad que contamina a todo el sector. Volver a la elección de magistrados del Tribunal Supremo de Justicia a través de un riguroso proceso de selección, en donde sea determinante un estricto baremo, que determine la selección de los mejores y el regreso de los concursos para la ocupación de los cargos de jueces.

Esa, y no otra, será la vía para adecentar la justicia en el país, base fundamental de un sistema genuinamente republicano de respeto recíproco y de independencia de los órganos del Estado.

* * *

Resumen: El autor examina el Derecho Penal sustantivo y adjetivo desde las diversas distorsiones que ha padecido en las últimas décadas. Para tales fines, desarrolla brevemente el contenido teórico de algunas figuras claves del Derecho Penal sustantivo –legislación penal de emergencia, nuevos tipos penales, agravación de las penas– y adjetivo –sistema acusatorio-oral, prisión preventiva, participación ciudadana, formas alternativas, recursos–, y las contrasta con la realidad, patentizando las graves violaciones a las garantías mínimas de todo sistema de justicia penal. **Palabras clave**: Garantías del Derecho Penal, legislación penal de emergencia, sistema acusatorio-oral.

Ermeneutica, prova e decisione

Michele Taruffo[*]

Sommario

Introduzione 1. Il fatto 2. Natura e funzione della prova 3. La valutazione delle prove 4. La decisione 5. Sulla verità giudiziale

Introduzione

È noto che negli ultimi decenni la filosofia ermeneutica, nelle sue varie declinazioni, ha offerto numerosi spunti di riflessione su molti aspetti della teoria del diritto. Alcuni di questi spunti sono di particolare interesse per il processualista. Non v'è bisogno di insistere, invero, per segnalare che le ormai note metafore del circolo o della spirale ermeneutica[1], nonché quella proposta da Engisch dove parla del movimento dell'occhio dal fatto alla norma e dalla norma al fatto, fino al raggiungimento dell'accordo tra i due aspetti della decisione[2], hanno indirizzato l'analisi della decisione giudiziale in una direzione peculiare, nella quale emerge la complessità dinamica del procedimento che conduce –appunto– alla finale formulazione della decisione. In tale complessità emergono in modo particolare alcuni

---

[*] **Università di Pavia**, Professore di Diritto Processuale Civile.
[1] *Cfr.* ad es. Zaccaria, Giuseppe: *La comprensione del diritto*. Laterza. Bari, 2012, pp. VIII e ss.; Viola, Francesco e Zaccaria, Giuseppe: *Le ragioni del diritto*. Il Mulino. Bologna, 2003, p. 219; Pastore, Baldassare: *Decisioni, argomenti, controlli. Diritto positivo e filosofia del diritto*. Giappichelli. Torino, 2015, pp. 98 e ss.; Pastore, Baldassare: *Giudizio, prova, ragion pratica. Un approccio ermeneutico*. Giuffrè. Milano, 1996, pp. 116 e ss.; e, anche per ulteriori riferimenti, Taruffo, Michele: *La prova dei fatti giuridici. Nozioni generali*. Giuffrè. Milano, 1992, pp. 78 e ss.
[2] *Cfr.* Engisch, Karl: *Logische Studien zur Gesetzesanwendung*. 2.ª, ed. Winter. Heidelberg, 1960, p. 15.

fattori che qui possono essere solo brevemente ricordati. Da un lato, diventa fondamentale l'idea della «costruzione del caso», che richiama l'attenzione sulla «costruzione» come attività complessa di elaborazione della fattispecie che è oggetto della decisione, attraverso una serie di passaggi logici e semantici[3]; dall'altro lato emerge all'evidenza il fatto che l'interpretazione della legge non è –soprattutto per il giudice– un'attività isolata e puramente cognitiva, ma è un'analisi orientata soprattutto alla «applicazione» della norma al caso concreto. Non è un caso, invero, che l'idea di «applicazione della norma» sia fondamentale nella prospettiva ermeneutica[4], e rivesta un ruolo decisivo, ad esempio, nell'individuazione di ciò che costituisce un precedente giudiziale[5].

1. Il fatto

Nel contesto di questo insieme di attività che stanno alla base della decisione giudiziale emerge con particolare rilievo il «fatto», dato che esso rappresenta l'aspetto fondamentale e specifico di ciò che si intende per «caso» oggetto di decisione. In proposito occorre però svolgere alcune osservazioni.

Anzitutto, una banalità, ma importante: il fatto non entra invero nel processo, se per «fatto» intendiamo un evento concepito nella sua realtà materiale ed empirica, per l'ovvia ragione che esso –di regola– si è verificato prima e fuori del processo. Quindi i protagonisti del processo, ed in particolare il giudice, non «vedono» il fatto nella sua realtà storica. Esso emerge nel processo sotto forma di entità linguistiche, ossia di narrazioni riferite ad un evento che si afferma essersi verificato nel passato[6]. Più precisamente: nel processo

---

[3] Cfr. in particolare HRUSCHKA, Joachim: *Die Konstitution des Rechtsfalles. Studien zur Verhältnis von Tatsachenfeststellung und Rechtsanwendung*. Duncker & Humblot. Berlin, 1965, ed inoltre ZACCARIA: *op. cit.*, p. 156.

[4] In proposito è d'obbligo il riferimento a GADAMER, Hans-Georg: *Verità e metodo*. Bompiani. Trad. it. Milano, 2000, pp. 635 e ss., 681 e ss. *Cfr.* anche PASTORE: *op. cit.* (*Decisioni, argomenti...*), p. 100.

[5] Cfr. in particolare MOURÃO LOPES FILHO, Juraci: *Os Precedentes Judiciais no Constitucionalismo Brasileiro Contemporâneo*. 2.ª, ed. Editora Jus Podivum. Salvador-Bahia, 2016, pp. 36 e ss., 104 e ss., 323 e ss., 413 e ss.

[6] In argomento *vid.* più ampiamente TARUFFO, Michele: «Fatti e prove». In: *La prova nel processo civile*. Giuffrè. A cura di M. TARUFFO. Milano, 2012, pp. 3 e ss.

si costruiscono e si presentano, da parte di diversi soggetti, varie narrazioni del fatto che è oggetto di controversia e di decisione. In un certo senso si può anzi interpretare il processo come un contesto di narrazioni fattuali, l'ultima delle quali è quella che il giudice pone a fondamento della decisione conclusiva. Le altre narrazioni, proposte da vari soggetti come le parti e i testimoni, non sono altro che ipotesi che hanno una «pretesa di verità» ma che in realtà non sono né vere né false: solo la narrazione svolta conclusivamente dal giudice tende, come si vedrà più oltre, ad essere considerata come «vera»[7].

In proposito si può osservare che, per così dire, nessuna di queste narrazioni «cade dal cielo»: il «fatto» non entra automaticamente e semplicemente nel processo. Seguendo per analogia BORGES[8] si può infatti osservare che qualunque evento, anche il più semplice, può essere descritto con infinite narrazioni vere, ed anche con infinite narrazioni false: quindi ogni soggetto che narra il fatto nel processo deve «costruire» la sua narrazione determinandola entro un panorama infinitamente aperto di narrazioni possibili. Il momento centrale è dunque quello in cui vari soggetti costruiscono le loro narrazioni[9]. Il problema che allora si pone, per qualunque soggetto del processo, ma in particolare per il giudice, consiste nella determinazione degli elementi che debbono entrare in una specifica descrizione. Si tratta di un aspetto decisivo del «circolo ermeneutico», posto che questa individuazione deve avvenire per «correlazione dialettica» con la norma che si suppone applicabile al fatto di cui si tratta. È la norma, invero, che nella fase di costruzione del caso opera come criterio di selezione

---

[7] Cfr. TARUFFO: *op. ult. cit.*, pp. 4 e ss., e più ampiamente TARUFFO. Milano: *La semplice verità. Il giudice e la costruzione dei fatti*. Laterza. Bari, 2009, pp. 43 e ss.

[8] Cfr. BORGES, Jorge Luis: *Otras inquisiciones*. Alianza. Madrid, 1998, p. 201.

[9] In argomento vid. più ampiamente TARUFFO: *op. ult. cit.*, pp. 33 e ss., 40 e ss., 53 e ss.; DI DONATO, Flora: *La costruzione giudiziaria del fatto. Il ruolo della narrazione nel processo*. Franco Angeli. Milano, 2008; DI DONATO, Flora: *La realtà delle storie. Tracce di una cultura*. Guida. Napoli, 2012, pp. 47 e ss. In generale sulla costruzione delle narrative fattuali *cfr.* BRUNER, Jerome: *La fabbrica delle storie. Diritto, letteratura, vita*. Laterza. Trad. it. Roma-Bari, 2002 e ampiamente sulla costruzione di narrazioni giudiziarie *cfr.* AMSTERDAM, Anthony e BRUNER, Jerome: *Minding the Law*. Harvard University Press. Cambridge, Mass.-London, 2000, pp. 110 e ss., 143 e ss.

delle circostanze che –per così dire– meritano di entrare nella descrizione del fatto. In altri termini, è la norma che consente di definire qual è quello che i giuristi chiamano «fatto principale» in quanto corrispondente alla «fattispecie legale» definita da tale norma[10].

D'altra parte, è il fatto che determina l'interpretazione della norma nel caso di specie, ossia la possibilità che la norma sia «applicata» come effettivo criterio di decisione in quel caso. Se si muove dall'ormai ovvia considerazione che ogni disposizione normativa può avere varie –ma non infinite–[11] interpretazioni, il problema per il giudice è che egli non può limitarsi ad analizzare i vari significati possibili di tale disposizione, ma deve sceglierne uno da adottare come *ratio decidendi* nel caso specifico. Pare chiaro che il criterio per operare questa scelta non possa essere altro che il fatto concreto e particolare, dato che su di esso il giudice deve formulare la propria decisione, applicando la norma al caso[12]. È in questo modo, d'altronde, che si innesca il circolo ermeneutico di cui si è fatto cenno più sopra.

2. Natura e funzione della prova

Concentrando ora l'attenzione sulla decisione relativa al fatto del caso specifico, è opportuno svolgere alcune considerazioni relative ai due aspetti fondamentali di tale decisione. Si tratta da un lato della natura che si attribuisce a questa decisione, e dall'altro lato della natura e della funzione che si attribuisce allo strumento che consente di giungere ad essa, ossia la prova. I due problemi sono strettamente connessi, e solo per chiarezza espositiva possono essere analizzati separatamente.

Iniziando, in ordine logico, dalla prova, intesa in termini generalissimi come ogni informazione ammissibile e rilevante capace di fornire elementi

---

[10] *Vid.* più ampiamente TARUFFO: *op. cit.* (*La prova dei fatti...*), pp. 74 e ss.
[11] Sui limiti dell'interpretazione *cfr.* in particolare ZACCARIA: *op. cit.*, pp. 82 e ss., 94 e ss., e più on generale ECO, Umberto: *I limiti dell'interpretazione*. Bompiani. Milano, 1990.
[12] *Cfr.* in particolare TARUFFO, Michele: «*Il fatto e l'interpretazione*». In: *La fabbrica delle interpretazioni*. Giuffrè. A cura di B. BISCOTTI, P. BORSELLINO, V. POCAR e D. PULITANÒ. Milano, 2012, pp. 125 e ss.

di giudizio sul fatto che è oggetto di decisione[13], occorre prendere in considerazione un'idea che pare abbastanza diffusa nella dottrina processualistica, ed anche nel senso comune, secondo la quale la prova consisterebbe in uno strumento –o, più propriamente, in un argomento– di carattere essenzialmente «persuasivo»[14]. Si tratta dell'idea «retorica» della prova, in base alla quale il suo scopo consisterebbe nel creare nella mente del giudice –che sarebbe l'uditorio specifico e privilegiato– un convincimento intorno al modo in cui si sarebbero svolti i fatti del caso. L'esito positivo della prova sarebbe dunque la sua persuasione intorno a come questi fatti vengono raccontati, ossia –in altri termini– il convincimento del giudice intorno alla «bontà» di una narrazione relativa a questi fatti. Se a questo proposito si parlasse di «verità» non si tratterebbe dunque di cosa diversa dalla mera persuasione, frutto delle svolgimento retorico degli argomenti presentati dalle parti nel processo, intorno ad una versione di questi fatti che emergerebbe esclusivamente dal contesto retorico delle attività difensive[15].

Sulla concezione della prova come argomento retorico-persuasivo si possono svolgere varie critiche, che qui possono essere soltanto accennate[16]. Si può forse riconoscere che questa concezione corrisponde almeno in parte al modo in cui gli avvocati se ne servono nel processo, dato che il loro fine fondamentale non è la scoperta della verità ma la vittoria in giudizio, e questa si consegue se si persuade il giudice a dar ragione al proprio cliente. Questa concezione non corrisponde però in alcun modo alla funzione che la prova svolge «per il giudice». Costui non è, infatti, un mero «soggetto passivo» delle attività

---

[13] Sul concetto generale di prova *cfr*. TARUFFO: *op. cit.* («Fatti e prove»), pp. 55 e ss.; TARUFFO: *op. cit.* (*La prova dei fatti...*), pp. 301 e ss., 315 e ss.

[14] Nella letteratura italiana *cfr*. in particolare GIULIANI, Alessandro: «Prova in generale. A. Filosofia del diritto». In: *Enciclopedia del Diritto*. Vol. XXXVII. Giuffrè. Milano, 1988, pp. 519 e ss.; GIULIANI, Alessandro: *Il concetto di prova. Contributo alla logica giuridica*. Giuffrè. Milano, 1959, pp. 15 e ss., 45 e ss.

[15] In questo senso *vid*. ad es. CAVALLA, Francesco: «Retorica giudiziale, logica e verità». In: *Retorica Processo Verità. Principi di filosofia forense*. 2.ª, ed. Franco Angili. Milano, 2011, p. 80.

[16] *Vid*. più ampiamente TARUFFO: *op. ult. cit.*, pp. 63 e ss.; TARUFFO: *op. cit.* (*La prova dei fatti...*), pp. 323 e ss., anche per altri riferimenti.

retoriche degli avvocati: la sua funzione non è quella di «lasciarsi persuadere» da tali attività, e non è neppure quella di persuadere altri sulla base delle prove che gli vengono presentate.

Come si vedrà più oltre, invero, la funzione del giudice a proposito dei fatti è essenzialmente diversa da quella degli avvocati, avendo egli il compito di determinare –sulla base delle prove– la verità dei fatti rilevanti del caso. Ciò induce a ritenere che «per il giudice» la prova non abbia affatto una funzione retorica ma una funzione «epistemica». In altri termini, la prova è uno «strumento di conoscenza» di cui il giudice si può e si deve servire per giungere ad una descrizione veritiera dei fatti della causa[17]. In proposito si può considerare che tra la persuasività e la capacità conoscitiva di un enunciato può non esservi alcuna corrispondenza. Un'affermazione può essere anche fortemente persuasiva –come accade spesso nel discorso politico e nel messaggio pubblicitario– ed essere sostanzialmente falsa. Per contro, un enunciato può apparire non persuasivo –si pensi al teorema di PITAGORA, alle equazioni di MAXWELL o ad una dimostrazione matematica– ma essere scientificamente valido ed epistemicamente vero. Questa ovvia distinzione vale anche a proposito della prova: una prova può non essere retoricamente persuasiva –si pensi ad esempio a un documento contrattuale o ad un test genetico–, e tuttavia può fornire informazioni attendibili e utili per una ricostruzione veritiera dei fatti: ciò è quanto deve interessare al giudice. In generale, d'altronde non bisogna dimenticare che una narrazione «buona», e quindi persuasiva, può benissimo esser falsa, mentre una narrazione vera può anche non essere persuasivamente efficace[18].

A conferma di ciò si può far riferimento a due fenomeni probatori assai rilevanti, la cui funzione conoscitiva è evidente: si tratta della prova per indizi –o, in civile, per presunzioni semplici– e della prova scientifica. Nella prova per indizi o per presunzioni ciò che specialmente rileva è la struttura logica delle inferenze che giustificano il passaggio dalla premessa costituita dal «fatto noto» alla conclusione che riguarda il fatto che viene accertato, dove il

---

[17] Vid. più ampiamente TARUFFO: *op. cit.* («Fatti e prove»), pp. 58 e ss.; TARUFFO: *op. cit.* (*La prova dei fatti...*), *ibidem*.
[18] In proposito *vid.* più ampiamente TARUFFO: *op. cit.* (*La semplice verità...*), pp. 67 e ss.

centro della prova è costituito –appunto– dalla giustificazione della decisione con la quale questo fatto viene conosciuto[19]. Il caso della prova scientifica è ancora più significativo, posto che è la validità scientifica delle conoscenze che si utilizzano a fini probatori che giustifica la conoscenza del fatto che per mezzo di tali conoscenze viene dimostrato[20].

3. La valutazione delle prove

Il fondamento della decisione sugli enunciati fattuali è costituito dalla valutazione delle prove che sono state acquisite al processo, ma anche su questo tema occorrono alcune osservazioni, soprattutto per sgombrare il campo da varie concezioni inattendibili di tale valutazione. Una di queste concezioni si fonda sull'idea che il giudice dovrebbe valutare le prove, e quindi decidere sui fatti, esclusivamente in base alla sua *intime conviction*, ossia per mezzo di una sorta di una personalissima intuizione irrazionale che gli permetterebbe di formulare una decisione rigorosamente soggettiva, e soprattutto incontrollabile e non giustificabile razionalmente, intorno ai fatti del caso[21]. Si tratta di una

---

[19] In proposito *vid.* più ampiamente TARUFFO, Michele: «Le prove per induzione». In: *op. cit.* (*La prova nel processo civile*), pp. 1101 e ss.

[20] La letteratura sulla prova scientifica è immensa, e non è possibile indicare una bibliografia ragionevolmente completa. Nella letteratura italiana *vid.* da ultimo TARUFFO, Michele: «Prova scientifica e giustizia civile». In: *Giurisprudenza e Scienza*. Bardi Edizioni. Roma, 2017, pp. 241 e ss.; UBERTIS, Giulio: «Prova scientifica e giustizia penale». In: *Giurisprudenza e Scienza*. Bardi Edizioni. Roma, 2017, pp. 259 e ss.; TARUFFO, Michele: «La prova scientifica. Cenni generali». In: *Ragion Pratica*. N.º 47. Il Mulino. Bologna, 2016, pp. 335 e ss., anche per ulteriori riferimenti. Nella letteratura straniera è essenziale il riferimento ai saggi raccolti in: *Reference Manual on Scientific Evidence*. 3.ª, ed. Federal Judicial Center. Washington, 2011, ed anche agli scritti recenti di Susan HAACK pubblicati in: *Evidence Matters. Science, Proof, and Truth in the Law*. Cambridge University Press. Cambridge, 2014.

[21] Sulla storia di questa concezione, che prevale tuttora in Francia ma che si diffonde anche al di fuori dei confini francesi, *vid.* in particolare NIEVA FENOLL, Jordi: *La valoración de la prueba*. Marcial Pons. Madrid-Barcelona-Buenos Aires, 2010, pp. 70 e ss. Sul problema della *intime conviction* e della valutazione discrezionale delle prove nel sistema francese *vid.* VERGÈS, Etienne; VIAL, Géraldine e LECLERC, Olivier: *Droit de la preuve*. Presses Universitaires de France. Paris, 2015, pp. 433 e ss. In argomento *vid.* anche TARUFFO, Michele: «La valutazione delle prove». In: *op. cit.* (*La prova nel processo civile*), pp. 208 e ss.

concezione difficilmente accettabile della decisione sui fatti, soprattutto in quanto configura e legittima una valutazione essenzialmente arbitraria delle prove, e dunque una decisione finale altrettanto arbitraria. Si può d'altronde osservare che essa non viene diffusamente accolta, essendo invece prevalente la tendenza a prevedere che il giudice ponga in essere una valutazione «razionale» delle prove[22]. Secondo l'opinione comune il principio generale del libero convincimento del giudice, che si traduce nella discrezionalità del medesimo nella valutazione delle prove, non implica affatto che si accolga una concezione irrazionalistica e assolutamente soggettivistica di tale valutazione. La valutazione delle prove è invece configurabile in termini razionali e logicamente controllabili, in particolare facendo affidamento sulla motivazione della decisione in fatto[23].

Tra le concezioni discutibili della valutazione delle prove ve n'è però un'altra che ha avuto una certa risonanza. Si tratta della tesi secondo la quale tale valutazione avverrebbe –o dovrebbe avvenire– non muovendo dalla considerazione analitica e specifica di ogni prova disponibile, ma attraverso un solo atto mentale che investa tutte le prove in un solo momento e giunga intuitivamente ad una conclusione complessiva sui fatti del caso[24]. Una concezione analoga è stata prospettata nel tentativo di spiegare come le giurie nordamericane raggiungono la decisione sui fatti[25]. Non pare possibile, considerando che il verdetto delle giurie non viene mai motivato e quindi non si può conoscere come esse decidono, stabilire se in questo modo si descriva davvero come ragionano in realtà i giurati statunitensi.

---

[22] *Cfr.* in particolare FERRER BELTRÁN, Jordi: *La valoración racional de la prueba*. Marcial Pons. Madrid-Barcelona-Buenos Aires, 2007, pp. 91 e ss.

[23] *Cfr.* in particolare NIEVA FENOLL, *op. cit.*, pp. 196 e ss.; TARUFFO: *op. ult. cit.*, pp. 213 e ss.

[24] In proposito *cfr.* ad es. HO, Hock Lai: *A Philosophy of Evidence Law. Justice in the Search for Truth*. Oxford University Press. Oxford, 2008, pp. 161 e ss.

[25] *Cfr.* in particolare PENNINGTON, Nancy e HASTIE, Reid: «A Cognitive Theory of Juror Decision Making. The Story Model». In: *Cardozo Law Review*. N.º 13. New York, 1991, pp. 519 e ss.; BENNETT, W. Lance e FELDMAN, Martha S.: *Reconstructing Reality in the Courtroom. Justice and Judgment in American Culture*. Rutgers University Press. New Jersey, 1981.

D'altronde queste concezioni «olistiche» della valutazione delle prove non possono essere assunte come valide descrizioni di come il giudice valuta –o dovrebbe valutare– razionalmente le prove di cui dispone. Da un lato, infatti, la valutazione olistica finisce con l'essere qualcosa di imperscrutabile ed incontrollabile, e quindi si espone alle medesime critiche di cui si è fatto cenno a proposito della *intime conviction*. Dall'altro lato, pare evidente non solo che i legislatori come quello italiano adottano una prospettiva chiaramente «analitica» quando si occupano di vari aspetti del fenomeno probatorio[26], ma soprattutto che la valutazione razionale delle prove deve avere ad oggetto la determinazione del valore informativo che «ogni singola» prova manifesta, poiché solo a questa condizione è possibile stabilire qual è il risultato conoscitivo che deriva dalle prove di cui si dispone[27]. Naturalmente ciò non esclude che nella fase finale del giudizio sui fatti il giudice debba formulare una valutazione complessiva di tutte le prove, valutazione che anzi è evidentemente necessaria, al fine di verificare se esse giungono ad integrare lo standard di prova richiesto per una decisione positiva sui fatti[28]. Non si tratta però di una vera e propria valutazione olistica, nel senso sopra specificato, ma semplicemente di una fase del ragionamento decisorio in cui il giudice deve utilizzare tutte le informazioni fattuali che le varie prove gli hanno fornito[29].

4. La decisione

Valutate analiticamente e sinteticamente le prove, il giudice decide intorno agli enunciati fattuali che definiscono il caso. Il tema della decisione è estremamente complesso e ha dato luogo ad una quantità di concezioni e di discussioni che qui non possono essere prese in considerazione, neppure in maniera estremamente sintetica. In particolare, si può omettere l'analisi

---

[26] *Vid.* TARUFFO: *op. ult. cit.*, pp. 217 e ss.
[27] In argomento *vid.* TUZET, Giovanni: *Filosofia della prova giuridica.* 2.ª, ed. Giappichelli. Torino, 2016, pp. 261 e ss.
[28] Il problema degli standard di prova non può essere adeguatamente discusso in questa sede. In argomento *vid.*, anche per ulteriori riferimenti, TARUFFO: *op. ult. cit.*, pp. 229 e ss.
[29] *Vid.* più ampiamente TARUFFO: *op. ult. cit.*, pp. 236 e ss.

delle numerose teorie che richiamando GOLDMAN[30] possono essere definite come *verifobiche* in quanto –sulla base delle più varie premesse filosofiche– negano che in generale, e dunque anche nell'ambito del processo, si possa o si debba in qualche modo tendere all'accertamento della verità dei fatti. Tali teorie sono varie e assai diffuse, ma hanno in comune –appunto– una «negazione», ossia l'esclusione dell'eventualità che il processo si concluda con una decisione relativa alla verità o alla falsità degli enunciati fattuali rilevanti per la decisione[31].

Il panorama contemporaneo include peraltro diverse concezioni della decisione che non affrontano direttamente il problema della verità-falsità dei fatti oggetto di decisione, ma in qualche modo lo eludono e lo aggirano, individuando «nel discorso processuale», e solo in esso, il contesto nel quale si colloca la decisione e nel quale dovrebbero essere individuati i criteri in base ai quali questa dovrebbe essere formulata. Ha questa caratteristica la teoria detta della «inferenza alla migliore spiegazione», in funzione della quale il giudice dovrebbe optare –entro le diverse narrazioni possibili dei fatti– per quella che appare «migliore» in quanto più coerente come narrazione dei fatti e meglio corrispondente alle informazioni probatorie disponibili[32]. In qualche misura simile è la teoria in base alla quale, dovendo il giudice compiere una scelta tra due narrazioni fattuali alternative, dovrebbe preferire la narrazione che offre una *relative plausibility*, ossia che appare più credibile della versione contraria[33]. Più in generale, poi, ci

---

[30] Cfr. GOLDMAN, Alvin: *Knowledge in a Social World*. Oxford University Press. Oxford, 2003, pp. 7 e ss.
[31] Su alcune di queste concezioni, e per osservazioni critiche, *cfr*. TARUFFO: *op. cit.* (*La prova dei fatti...*), pp. 7 e ss., 27 e ss.; TARUFFO: *op. cit.* (*La semplice verità...*), pp. 75 e ss.
[32] *Cfr*. TUZET: *op. cit.*, pp. 137 e ss.
[33] Tra i molti scritti in argomento *cfr*. ALLEN, Roland J. e PARDO, Michele S.: «Juridical Proof and the Best Explanation». In: *Law and Philosophy*. N.° 27-3. Springer. New York, 2008, pp. 268 e ss.; ALLEN, Roland J. e STEIN, Alex: «Evidence, Probability, and the Burden of Proof». In: *Arizona Law Review*. N.° 55. Arizona, 2013, pp. 557 e ss., e già ALLEN, Roland J.: «The Nature of Juridical Proof». In: *Cardozo Law Review*. N.° 13. New York, 1991, pp. 373 e ss.; ALLEN, Roland J.: «A Reconceptualization of Civil Trials». In: *Boston University Law Review*. N.° 66. Boston, 1986, pp. 401 e ss.

si colloca in una prospettiva analoga quando si dice che la decisione finale sui fatti si fonda sulla corrispondenza tra una narrazione fattuale e ciò che risulta dalle enunciazioni offerte dalle prove[34]. Con poche variazioni, queste concezioni hanno in comune la tendenza ad affermare che la decisione sui fatti è un'attività che si realizza esclusivamente all'interno della dimensione discorsiva del processo, e unicamente attraverso il confronto tra narrazioni fattuali: è a seguito di tale confronto che una di queste narrazioni verrebbe posta a fondamento della decisione. Non si richiede peraltro che questa narrazione abbia alcuna connessione con altri oggetti o altri criteri, ed in particolare con la realtà dei fatti si cui si parla[35]. Si intuisce, allora, che da questi discorsi rimane escluso il problema della verità o falsità empirica degli enunciati fattuali che sono oggetto di decisione, e che il problema viene risolto –appunto– esclusivamente in termini di coerenza o persuasività dei discorsi che nel processo vengono svolti con riferimento ai fatti[36].

Tuttavia da qualche tempo è possibile registrare, a livello filosofico generale, quello che si potrebbe definire come un «ritorno della verità»[37], ossia il riemergere del problema della verità che in passato era stato variamente negato o rimosso. Questo «ritorno» investe evidentemente anche il problema della decisione giudiziale, poiché torna ad aver senso chiedersi se essa possa –e, se sì, debba– fondarsi sull'accertamento della verità storica dei fatti del caso.

La risposta a questo interrogativo non può che essere positiva, almeno se si adotta una concezione della finalità fondamentale del processo secondo la quale esso non ha come scopo esclusivo la mera soluzione di controversie, ma soprattutto –come recita almeno da CHIOVENDA in poi un luogo comune della dottrina processualistica– ha come fine fondamentale la corretta applicazione della legge nel caso concreto. A questo proposito la filosofia

---

[34] In questo senso *cfr.* ad es. UBERTIS, Giulio: «Riflessioni su processo e verità». In: *op. cit.* (*La fabbrica delle interpretazioni*), pp. 209 e ss.; UBERTIS: *op. cit.* («Prova scientifica...»), p. 263.

[35] Non a caso UBERTIS, negli scritti citati *supra*, esclude che siano rilevanti opzioni filosofiche intorno al mondo o al contesto in cui si svolge il processo.

[36] È, in buona sostanza, la «verità retorica» di cui parla CAVALLA, *op. cit., loc. cit.*

[37] *Vid.* più ampiamente TARUFFO: *op. cit.* (*La semplice verità...*), pp. 74 e ss.

ermeneutica di cui si è fatto cenno all'inizio pone l'accento sul ruolo che il fatto svolge per l'applicazione della norma in sede di decisione, ma pare ovvio che non si pensi a qualsivoglia prodotto linguistico che abbia a che fare col fatto, e che invece si presupponga la «verità» dell'enunciato fattuale che si pone a base della decisione. Sarebbe infatti contraddittorio e paradossale ammettere che l'applicazione della norma nel caso concreto possa fondarsi su una narrazione fattuale falsa, o della quale non si sappia se è vera o falsa, poiché ciò implicherebbe una violazione o una erronea applicazione della norma. In altri termini, la verità della descrizione del fatto si configura come una condizione «necessaria» per la corretta applicazione della norma a quel fatto, ossia –più in generale– come una condizione necessaria per la «giustizia» della decisione[38].

5. Sulla verità giudiziale

Una volta posto l'accertamento della verità dei fatti al centro della decisione, sorge evidentemente il problema di stabilire che cosa si intende per «verità dei fatti», posto che –come si è già chiarito– si tratta della verità degli enunciati che descrivono i fatti del caso. È' peraltro evidente che qui non è per molte ragioni possibile affrontare il problema generale della verità, e neppure prendere in considerazione le numerose teorie che al riguardo sono state elaborate sul piano filosofico[39]. Pare tuttavia ragionevole operare tra queste teorie una scelta che si adatti alle peculiarità della decisione sui fatti che viene formulata nel processo. Il punto di partenza per questa scelta consiste nel fatto che il processo non si svolge nell'iperuranio e ha ad oggetto eventi che si suppone si siano verificati nella realtà empirica del mondo, dato che a questi eventi si applica il diritto per derivarne le conseguenze che la legge prevede. Allora non paiono adeguate le concezioni della verità che in vario modo si

---

[38] In argomento vid. più ampiamente TARUFFO: *op. cit.* (*La semplice verità...*), pp. 97 e ss., 113 e ss.; TARUFFO: *op. cit.* (*La prova dei fatti...*), pp. 43 e ss., anche per altri riferimenti.
[39] Nella vastissima letteratura in argomento si può utilmente rinviare a D'AGOSTINI, Franca: *Introduzione alla verità*. Bollati Boringhieri. Torino, 2011, pp. 47 e ss., e a KIRKHAM, Richard L.: *Theories of Truth. A Critical Introduction*. MIT Press. Cambridge, Mass.-London, 1995.

riferiscono alla coerenza del discorso sui fatti, per varie ragioni[40] tra cui la constatazione che qualunque discorso coerente può benissimo essere falso, nel senso di non avere nessun rapporto con la realtà di ciò che narra, come accade per un romanzo o un'opera teatrale[41]. La stessa cosa può dirsi delle narrazioni processuali, dato che ad es. una testimonianza che non ha nulla a che vedere con la realtà può essere resa in modo perfettamente coerente; ma allora ne segue che la mera coerenza di un discorso sui fatti del caso non può essere assunta come criterio di verità.

Si giustifica allora il riferimento a quella che è stata definita «verità realistica», alla quale va riconosciuto il primato nel contesto delle teorie della verità[42]. Si tratta, in sostanza, della verità come «corrispondenza» di una descrizione alla realtà di ciò che essa descrive, ossia della verità che CONTE definirebbe *apofantica*[43]. In altri termini, e detto in estrema sintesi, è la realtà di cui si parla che determina la verità o la falsità della narrazione[44]. Nel presente contesto non è il caso di discutere se l'adozione di questo concetto di verità implichi necessariamente la credenza in un realismo metafisico o sia sufficiente la credenza in un realismo aletico[45]; rimane comunque il fatto che qualche forma di *external realism* non è una semplice teoria che si possa condividere o non condividere, ma è una condizione necessaria perché si possano avere opinioni o teorie sulla realtà[46]. Non a caso, d'altronde, si può osservare che la concezione della verità come corrispondenza torna a riemergere nel panorama filosofico in una connessione temporale forse non casuale con l'affermarsi del c. d. «nuovo

---

[40] In argomento *cfr.* D'AGOSTINI: *op. cit.*, pp. 55 e ss., 58 e ss.
[41] *Vid.* più ampiamente TARUFFO: *op. cit.* (*La semplice verità…*), pp. 76 e 92.
[42] In argomento *vid.* in particolare D'AGOSTINI: *op. cit.*, pp. 86 e ss.
[43] *Cfr.* CONTE, Amedeo G.: «Tres vidit. Verità apofantica, verità eidologica, verità ideologica». In: *Retorica Processo Verità. Principi di filosofia forense.* 2.ª, ed. Franco Angili. A cura di F. CAVALLA. Milano, 2011, pp. 301 e ss.
[44] *Cfr.* D'AGOSTINI: *op. cit.*, pp. 88 e 101, TARUFFO: *op. cit.* (*La semplice verità…*), p. 78, anche per altri riferimenti.
[45] Su questo problema *vid.* in particolare D'AGOSTINI: *op. cit.*, p. 91.
[46] *Cfr.* TARUFFO: *op. cit.* (*La semplice verità…*), p. 78; e in particolare SEARLE, John: *Mind, Language and Society. Philosophy in the Real World.* Basic Book. New York, 1999, p. 32.

realismo»[47]. UBERTIS[48] ritiene che per parlare della decisione giudiziaria sui fatti non sia necessaria alcuna premessa filosofica di tipo realistico, ma egli pensa semplicemente ad una verità «interna» al discorso processuale, senza alcun riferimento alla realtà dei fatti di cui si parla. Tale riferimento è invece necessario se si pensa –come ora si è suggerito– ad un concetto di verità come corrispondenza: ovviamente, la descrizione giudiziale dei fatti può «corrispondere», per essere vera, «solo» alla realtà di quei fatti.

Riportando allora il discorso al contesto specifico del processo, si possono svolgere alcune sintetiche osservazioni.

Da un lato, l'idea della verità processuale dei fatti come corrispondenza alla realtà degli stessi implica che si concepisca la decisione fattuale come «conoscenza» dei fatti, ossia della verità delle narrazioni che li descrivono. In questo modo emerge una connessione stretta con quanto si è detto in precedenza sulla funzione fondamentale della prova, quando si è sottolineato che si tratta di una funzione *epistemica*, diretta cioè a fornire al giudice le informazioni necessarie per conoscere la realtà dei fatti, e quindi per stabilire se la relativa narrazione è vera o falsa[49].

Dall'altro lato, è opportuno sgombrare il campo da un falso problema che è però ricorrente in larga parte della letteratura processualistica. Si tratta della tesi per cui, posto che nel processo non si possono conseguire verità «assolute», per conseguenza in esso non potrebbe accertarsi «nessuna» verità[50]. Si tratta dell'atteggiamento che potrebbe *popperianamente* definirsi dell' «assolutista deluso»[51], ma malgrado l'autorità di alcuni dei suoi sostenitori, come ad es.

---

[47] *Cfr.* nella ormai ampia letteratura in argomento, FERRARIS, Maurizio: *Manifesto del nuovo realismo*. Laterza. Bari, 2012; *Bentornata Realtà. Il nuovo realismo in discussione*. Giulio Einaudi Editore. A cura di M. DE CARO e M. FERRARIS. Torino, 2012; D'AGOSTINI, Franca: *Realismo? Una questione non controversa*. Bollati Boringhieri. Torino, 2013, pp. 59 e ss.

[48] *Vid.* indicazioni nella nota 33.

[49] *Vid. supra*, N.° 3.

[50] In argomento vid. TARUFFO: *op. cit.* (*La prova dei fatti...*), pp. 24 e ss., e ivi numerosi riferimenti; TARUFFO: *op. cit.* (*La semplice verità...*), pp. 82 e ss.

[51] *Cfr.* TARUFFO: *op. cit.* («Fatti e prove»), pp. 58 e ss.

Francesco CARNELUTTI[52], si tratta di un argomento chiaramente privo di senso[53]. Per un verso, infatti, si può rilevare che verità assolute non vengono conosciute né all'interno né all'esterno del processo –salvo che in qualche religione integralista–, dato che anche la scienza è fallibile e mutevole. Quindi è ovvio che nel processo non si scopra nessuna verità assoluta. Tuttavia ciò non implica –e questo è l'errore fondamentale– che «quindi» non si possa conseguire nessuna verità. Nel processo, come al di fuori di esso, ciò che si può conseguire è una verità «relativa», che per il fatto di non essere assoluta non cessa di offrire conoscenze veritiere. Vale anzi la pena di sottolineare che non si tratta di una relatività «soggettiva», per la quale ognuno sarebbe libero di formarsi qualunque personale convincimento, che quindi sarebbe per definizione veritiero, come quello del Cardinal BELLARMINO. Si tratta invece di una relatività «oggettiva», dato che la verità della narrazione fattuale è strettamente e direttamente connessa con la quantità e la qualità delle informazioni che le prove hanno offerto sui fatti del caso[54]. Giustamente, allora, si sottolinea che sarebbe opportuno massimizzare il *weight of evidence*, ossia l'insieme delle prove disponibili in ogni caso specifico, poiché in tal modo si incrementerebbe la qualità della decisione finale[55]. D'altronde, non tutti i sistemi processuali sono uguali dal punto di vista della disciplina che essi dedicano all'ammissibilità delle prove, sicchè sul piano comparatistico occorrerebbe distinguere gli ordinamenti che tendono a favorire l'accertamento della verità da quelli che in vario modo tendono ad ostacolarlo introducendo varie regole di esclusione di prove rilevanti[56].

Nella concezione della verità giudiziale come verità oggettivamente relativa emergono due aspetti particolarmente rilevanti, che qui possono essere solo indicati in estrema sintesi.

---

[52] *Cfr.* in argomento TARUFFO, Michele: «Carnelutti e la teoria della prova». In: *Rivista Trimestrale di Diritto e Procedura Civile.* Vol. 70, N.º 2. Milano, 2016, pp. 401 e ss.
[53] In argomento *vid.* più ampiamente TARUFFO: *op. ult. cit.*, pp. 59 e ss.
[54] In proposito *vid.* TARUFFO: *op. ult. cit.*, p. 83. Per una critica al relativismo soggettivo *cfr.* MARCONI, Diego: *Per la verità. Relativismo e filosofia.* Einaudi. Torino, 2007.
[55] In questo senso *vid.* in particolare NANCE, Dale A.: *The Burdens of Proof. Discriminatory Power, Weight of Evidence, and Tenacity of Belief.* Cambridge University Press. Cambridge, 2016, pp. 103 e ss., 184 e ss. Analogamente, gli epistemologi parlano di un *total evidence principle*: *vid.* ad es. GOLDMAN: *op. cit.*, pp. 204 e 283.
[56] In argomento *vid.* più ampiamente TARUFFO: *op. cit.* (*La semplice verità...*), pp. 144 e ss.

Uno di questi aspetti è che tale verità relativa può essere concepita solo come una «approssimazione» –che quindi può manifestarsi in gradi diversi a seconda del *weight of evidence* disponibile nel caso concreto– alla verità «vera» degli enunciati fattuali in questione. La verità in senso generale opera dunque come un ideale regolativo –il Polo Nord irraggiungibile– che orienta l'attività delle parti, ma soprattutto la decisione del giudice, in particolare nella utilizzazione e nella valutazione delle prove. In altri termini, si può dire che le prove attribuiscono diversi «gradi di conferma» a tali enunciati, e in questi gradi di conferma si esprime il livello di approssimazione che la verità relativa nel caso specifico raggiunge in riferimento a quella che sarebbe la verità finale di tali enunciati[57].

L'altro aspetto rilevante è che, di conseguenza, la decisione finale sulla verità degli enunciati fattuali è interpretabile in termini di «probabilità». Il tema è troppo complesso per essere affrontato qui come meriterebbe. Basti allora sottolineare che sembra inadeguato l'orientamento –pure abbastanza diffuso– che ricorre al calcolo della probabilità quantitativa fondato sull'applicazione del teorema di Bayes[58], mentre si giustifica il ricorso alla nozione della probabilità «logica». In tal modo, infatti, l'attenzione viene a concentrarsi sul ragionamento che il giudice pone in essere per fondare sulle prove la sua decisione finale sui fatti, ed assume particolare rilievo la struttura inferenziale di tale ragionamento[59].

Padova, 2017

---

[57] In argomento *vid.* più ampiamente Taruffo: *op. ult. cit.*, pp. 218 e ss.
[58] *Vid.* per tutti, e per riferimenti, Garbolino, Paolo: *Probabilità e logica della prova.* Giuffrè. Milano, 2014. In senso critico *vid.* già Taruffo: *op. cit.* (*La prova dei fatti...*), pp. 166 e ss., ed inoltre Ferrer Beltrán: *op. cit.*, p. 98.
[59] In argomento *vid.* più ampiamente Taruffo: *op. cit.* («*La valutazione delle prove*»), pp. 220 e ss.; Taruffo: *op. cit.* (*La semplice verità...*), pp. 207 e ss.

* * *

Resumen: Adoptando como premisa la perspectiva que ofrece la filosofía hermenéutica a través de sus importantes contribuciones, este trabajo analiza los diferentes temas del proceso judicial. Más específicamente, se presta especial atención a la construcción de narrativas de hechos, la presentación de pruebas y el descubrimiento de la verdad por parte del juez en su decisión definitiva basada en la evidencia. **Palabras clave**: narrativas, prueba, juicio, verdad.

La transición constitucional de 1958-1961

Jesús M. Casal H.*

Sumario

Introducción 1. Las Constituciones de 1953 y 1947 2. La Junta de Gobierno y la reinstitucionalización democrática 3. La decisión en favor del cambio constitucional 4. La determinación del procedimiento que habría de seguirse 5. Naturaleza del proceso de gestación constitucional desarrollado desde 1958 6. Las deliberaciones parlamentarias durante la elaboración de la Constitución de 1961. Colofón

Introducción

La forma en que fue conducida la transición constitucional a partir de 1958 es expresión del espíritu del 23 de enero y del modo en que sus protagonistas asumieron el reto de dirigir al país hacia un sistema democrático. La «democracia» había hecho eclosión el propio 23 de enero, pero era todavía un logro frágil, que debía concretarse política e institucionalmente en medio de incertidumbres sobre la actuación de las Fuerzas Armadas, con las diversas corrientes que había en su seno, y sobre las posturas de otros actores en el campo religioso, económico e internacional. Si algo caracterizó el derrocamiento de la dictadura es que fue asumido como «una empresa nacional»,

---

* **Universidad Católica Andrés Bello**, Abogado *Summa Cum Laude*; Profesor de Derecho Constitucional y ex Decano de la Facultad de Derecho. **Universidad Central de Venezuela**, Especialista en Derecho Administrativo. **Universidad Complutense de Madrid**, Doctor en Derecho. **Instituto Max Planck de Derecho Internacional y Derecho Público Comparado**, estancia de investigación postdoctoral como becario de la Fundación Alexander von Humboldt. **Academia de Ciencias Políticas y Sociales**, Individuo de Número.

en palabras de CABALLERO[1]. El espíritu del 23 de enero se forjó con base en la unidad entre fuerzas políticas y sociales que se empeñaron en construir la democracia recién recuperada y en hacerla perdurable.

Uno de los aspectos más significativos de la transición entre la dictadura y la democracia a que dio lugar el 23 de enero de 1958 fue la «tregua política» que se estableció entre los partidos, reflejada luego en el «Pacto de Punto Fijo» pero que lo precedió. Aquella estaba en consonancia con las posiciones poco extremistas que ese año adoptaron distintas organizaciones políticas, incluso el Partido Comunista[2]. Este ambiente influyó, por supuesto, en el tratamiento del tema constitucional.

Las principales incógnitas que en esta materia debían despejarse eran las siguientes: ¿Se convocaría una asamblea nacional constituyente? ¿Seguiría vigente la Constitución de la dictadura?, y en caso afirmativo ¿por cuánto tiempo y con qué alcance? ¿Se restablecería la vigencia de la Constitución democrática de 1947? El objeto de este trabajo es analizar las respuestas que se darían ante estos interrogantes y otros conexos.

1. Las Constituciones de 1953 y 1947[3]

Antes de examinar la transición constitucional, como parte de la transición política, importa aludir a la precariedad jurídica del orden constitucional precedente, desde el cual aquella se desenvolvería. El orden existente era básicamente una dictadura militar que fraguó como fachada la Constitución de 1953. Muchos de sus preceptos consagraban los principios de la democracia y el Estado de Derecho, pero fueron solo piezas cosméticas destinadas a encubrir los verdaderos propósitos de los comicios constituyente de 1952 así como las disposiciones transitorias que los hacían visibles: la facultad

---

[1] CABALLERO, Manuel: *Historia de los venezolanos en el siglo XX*. Alfa. Caracas, 2011, p. 181.
[2] Ibíd., p. 197; CABALLERO calificó al 23 de enero de 1958 como «una revolución sin extremistas».
[3] En relación con estas constituciones y la de 1961 *vid*. BREWER-CARÍAS, Allan: *Historia constitucional de Venezuela*. Tomo II. Alfa. Caracas, 2008, pp. 12 y ss.

dada a la Asamblea Constituyente a fin de designar al presidente de la República para el periodo constitucional 1953-1958, al igual que a los diputados, senadores, diputados a las asambleas legislativas, concejales, vocales (magistrados) de la Corte Federal y de la de Casación y demás titulares de los órganos constitucionales.

Esas mismas normas transitorias advertirían que la regulación legal sobre los derechos y garantías quedaba condicionada a lo que el presidente de la República estableciera para preservar la «seguridad de la Nación, la conservación de la paz social y el mantenimiento del orden público» (Disposición Transitoria 3.ª). Con dos disposiciones transitorias resultaba así vaciado el Texto Constitucional de lo que podría haber tenido de constitucionalismo para un observador desprevenido. Se trataba adicionalmente de una Constitución adoptada por un cuerpo integrado merced a lo que ha sido calificado como un fraude «de escandalosas proporciones»[4].

La Constitución de 1953 carecía, pues, de las condiciones indispensables para merecer tal nombre. Era en algunos aspectos una Constitución «fachada», que mostraba en su regulación general un sistema democrático y consagraba algunos derechos individuales, lo cual en nada se correspondía con la realidad del fenómeno del poder; pero era, a la vez, una Constitución «semántica» o «nominal», en el sentido de que las disposiciones transitorias comentadas pretendían consolidar al régimen autocrático instaurado[5]; en igual dirección apuntaba la supresión de los límites constitucionales a la reelección inmediata. Era, sin duda, una Carta constitucional antidemocrática, al originarse en un fraude electoral y al sustraer al pueblo, proclamado como soberano, la elección de sus autoridades ejecutivas y legislativas, durante todo un período constitucional. Fue, además, violada o desechada por la

---

[4] OROPEZA, Ambrosio: *La nueva Constitución venezolana 1961*. Academia de Ciencias Políticas y Sociales. Caracas, 1986, p. 132.

[5] Respecto del sentido de estos conceptos en la clasificación de las constituciones de LOEWENSTEIN y SARTORI *vid*. CASAL, Jesús M.: «¿De la Constitución nominal a la Constitución fachada? Reflexiones a partir de la evolución constitucional venezolana». En: *Anuario de Derecho Constitucional Latinoamericano*. Konrad Adenauer Stiftung. Bogotá, 2011, pp. 361 y ss.

dictadura cuando Pérez Jiménez eludió la contienda electoral para la presidencia de la República, que debía celebrarse, por lo menos, tres meses antes del vencimiento del periodo constitucional de cinco años iniciado el 19 de abril de 1953 (artículo 104 de la Constitución). La norma transitoria referida a la seguridad de la Nación, la conservación de la paz social y el orden público había servido para amparar vejaciones contra la disidencia política y arbitrariedades de variada índole.

La precedió la Constitución de 1947, fruto de una Asamblea Nacional Constituyente nacida legítimamente del sufragio popular, por primera vez verdaderamente universal, ya que el Estatuto Electoral de 1946 incorporó plenamente a la mujer al ejercicio del derecho al voto. Fue una Constitución democrática también en su contenido, al consagrar el sufragio universal y directo; establecía la separación de los poderes, con colaboración entre los mismos, bajo un sistema presidencial en el que no se admitía la reelección inmediata, y adoptó una forma de Estado formalmente federal, pero con importantes elementos de centralización. Garantizaba los derechos del ser humano. Se incorporó a la Constitución el *habeas corpus* para la protección de la libertad individual. Dicho Texto Fundamental se distinguió, asimismo, por la amplia previsión de derechos de carácter social y económico. Por otra parte, sentó como principio el carácter «obediente y no deliberante» de las Fuerzas Armadas, al cual ya no haría mención la Carta de 1953.

La Constitución de 1953 era inaceptable para el mundo civil y democrático[6], mientras que la de 1947 era una referencia o modelo para muchos actores políticos y sociales. No obstante, el trienio en la cual esta se gestó estuvo rodeado de una conflictividad y radicalismo que sirvieron de pretexto a los militares para su acción golpista del 24 de noviembre de 1948, que comportó el restablecimiento de la Constitución de 1936, con la reforma de mayo de 1945 y la salvedad que hizo el Acta de Constitución del Gobierno provisorio sobre ciertas «disposiciones de carácter progresista de la Constitución Nacional promulgada el 5 de julio de 1947»[7]. Más allá de esta acotación retórica,

---

[6] *Vid.* OROPEZA: ob. cit., pp. 131 y ss.
[7] *Vid. Gaceta Oficial de los Estados Unidos de Venezuela* N.º 22778, del 25-11-48.

la Constitución de 1947 había sido dejada sin efecto con motivo del pronunciamiento militar.

Es probable que en 1958 hubiera, pues, reservas en el campo militar ante la posibilidad de restablecer la Constitución de 1947; por varias razones. Unas vinculadas al contexto conflictivo en que esa Carta Magna se gestó[8] o a su contenido, tal vez con una carga social excesiva respecto del pensamiento de una parte de las Fuerzas Armadas, y otras a la idea que debió haber prevalecido en la Junta Militar de Gobierno sobre el momento a partir del cual se quería asumir una ruptura de principio de cara al proceso de democratización en ciernes. Dicha ruptura se remontó, como veremos, a las elecciones de 1952, referidas a la integración de una Asamblea Constituyente, que serían calificadas por la Junta de Gobierno, reconstituida pero aún con decisiva presencia militar, como una simulación electoral antidemocrática. Mientras que haber restablecido la Constitución de 1947 hubiera podido interpretarse como la admisión de que todo lo hecho desde entonces por las Fuerzas Armadas era ilegítimo. Es posible sostener, por tanto, que la transición a la democracia supuso, al nivel del Gobierno provisorio, un acuerdo tácito en el sentido de ir levantando la institucionalidad democrática sobre la base del cuestionamiento de las elecciones fraudulentas de 1952 y de todo lo que trajeron consigo –con excepción de la Carta de 1953–, como también de la represión practicada por la policía política y del plebiscito ilegítimo de 1957, dejando lo precedente abierto a la interpretación histórica y a las posturas que cada organización política quisiera sostener, sin perjuicio de la revisión de actos singulares del Gobierno provisorio[9]. En otras palabras, esta comprensión

---

[8] OROPEZA: ob. cit., p. 134, ha sostenido que después de 10 años ya no estaban vivos los recuerdos de las enconadas luchas parlamentarias de 1947, postura no compartida por RACHADELL, Manuel: «El proceso político en la formación y vigencia de la Constitución de 1961». En: *Procesos constituyentes y reformas constitucionales en la Historia de Venezuela. 1811-1999*. Tomo II. UCV. Elena PLAZA y Ricardo COMBELLAS, coords. Caracas, 2005, p. 701.

[9] Como la supresión, el 31 de enero de 1958, de las Juntas de Censura o Comisiones de Examen creadas por la dictadura en 1950, que la Junta de Gobierno consideraría contrarias a la significación de la libertad de expresión en un sistema democrático, como veremos.

de los hechos implicaba concebir el 23 de enero como una acción emprendida contra la dictadura militar de Pérez Jiménez, pero no contra las Fuerzas Armadas institucionalmente consideradas. Para las Fuerzas Armadas, en todo caso, no era pertinente replantear el debate sobre el trienio y su desenlace.

2. La Junta de Gobierno y la reinstitucionalización democrática

En cuanto a la transición en lo constitucional, la Junta Militar de Gobierno conformada el 23 de enero de 1958 adoptó tempranamente decisiones que determinarían en parte el curso de los acontecimientos. Lo hizo ese mismo día, en su Acta Constitutiva[10], en la cual, después de anunciar al país que el propósito de la Junta era «enrumbarlo hacia un Estado democrático de Derecho», declaró que asumiría «todos los poderes de Estado» y que ejercería el Poder Ejecutivo «mientras se organizan constitucionalmente los poderes de la República, dentro de las pautas del artículo 3». Este artículo 3 disponía que: «Se mantiene en plena vigencia el ordenamiento jurídico nacional, en cuanto no colida con la presente Acta Constitutiva y con la realización de los fines del nuevo Gobierno».

De esta forma la Junta Militar, sin decirlo explícitamente, estaba remitiendo a la Constitución de 1953 en orden a la organización «constitucional» de los poderes de la República. Es decir, el Gobierno provisorio ejercería funciones hasta que los poderes del Estado fueran organizados «constitucionalmente», lo cual, en virtud de la remisión al artículo 3 y de los objetivos definidos por la Junta, había de interpretarse como un proceso de democratización que se llevaría a cabo con apoyo en la Constitución de 1953, como elemento integrador del «ordenamiento jurídico nacional». Actos y declaraciones posteriores confirmarían que se resolvió mantener en vigor esa Constitución –siempre que fuera compatible con los fines del nuevo Gobierno–, al menos hasta la recomposición democrática.

---

[10] *Gaceta Oficial de la República de Venezuela* N.º 25567, del 23-01-58.

No obstante, en dicha Acta, emitida en las primeras horas del relevo en el poder, no se señalaban los pasos que se seguirían para la reinstitucionalización del país. Su texto daba lugar asimismo a interrogantes sobre la vigencia de esa Constitución. El citado artículo 3 del Acta Constitutiva añadía: «la Junta Militar dictará, mediante decreto refrendado por el Gabinete Ejecutivo, las normas generales y particulares que aconseje el interés de la República, inclusive las referentes a nueva organización de las ramas del Poder Público»[11].

Resulta dudosa la extensión de esta facultad de la Junta para una «nueva organización de las ramas del Poder Público», ya que podía entenderse referida a la adopción de una nueva organización de los poderes, de manera provisional, hasta la reinstitucionalización democrática, o a la recomposición de los poderes ya existentes, previstos en la Constitución de 1953. Se trató de ambas cosas, partiendo de la vigencia de esta Constitución: lo primero, por ejemplo, para dar al Senado una composición y sistema de integración distintos a lo establecido en el Texto de 1953, a los efectos de las elecciones que se celebrarían ese mismo año; lo segundo, a fines de designar a nuevos magistrados en la Corte Federal y en la Corte de Casación. La Junta de Gobierno terminaría ejerciendo funciones ejecutivas y legislativas, e hizo nombramientos en las altas cortes y determinó que efectuaría, por intermedio del Ministerio de Justicia, las designaciones necesarias en los tribunales de instancia de la República[12]. Tempranamente había aclarado, ante dudas surgidas acerca del alcance de su Acta Constitutiva, en lo concerniente al funcionamiento del Poder Judicial, que no se vería menoscabada la continuidad de la administración de justicia por los tribunales y que serían válidas «las actuaciones cumplidas por el Poder Judicial de la República»[13]. También se crearían nuevos Juzgados de Instrucción en Caracas[14].

---

[11] Ídem.
[12] Decretos N.os 18 y 19, del 03-02-58, *Gaceta Oficial de la República de Venezuela* N.º 25576, de la misma fecha.
[13] Decreto N.º 7, del 27-01-58, *Gaceta Oficial de la República de Venezuela* N.º 25570, de la misma fecha.
[14] Decreto N.º 15, del 31-01-58, *Gaceta Oficial de la República de Venezuela* N.º 25574, de la misma fecha.

Correspondería a la Junta reconstituida, que incorporó a dos civiles y de la cual se separaron los dos militares acusados de ser próximos al Gobierno depuesto, abordar oficialmente temas constitucionales pendientes, mediante Decreto N.° 51, del 22 de febrero de 1958[15], que creó una Comisión especial encargada de redactar un proyecto de Ley Electoral «de acuerdo con las pautas de la Constitución en vigor», se decía. La Junta de Gobierno afirmó que estaba dando cumplimiento al compromiso contraído con la Nación de «restituirle un régimen constitucional y democrático, a cuyo efecto es indispensable que la voluntad soberana del pueblo se manifieste por medio del sufragio», tal como rezaba el primer considerando del referido Decreto. El tercero de sus considerandos observaba: «La aplicación de las normas de la Constitución vigente, cuyos defectos y lagunas pueden ser corregidos y subsanados por las vías que el Derecho establece, es la forma más adecuada y breve para que la nación escoja sus representantes en los poderes públicos»[16].

Por tanto, la Junta de Gobierno reafirmó que se procedería conforme a la Constitución que estaba formalmente en vigor, esto es, la de 1953, para que el pueblo eligiera a la mayor brevedad sus representantes, de acuerdo con la organización del poder contemplada en esa Constitución. Esa era para la Junta la manera de alcanzar el objetivo, al cual se refería también su Decreto, de «contribuir al más rápido advenimiento del régimen constitucional», que enunciaba como propósito compartido con los sectores partidistas e independientes.

La normativa electoral, denominada «Ley» y no «Estatuto», tal vez en atención a la idea que tenía la Junta sobre el marco normativo y funcional dentro del cual operaba, fue dictada por la Junta de Gobierno el 23 de mayo de 1958 y publicada el día siguiente[17]; poco después serían designados por la Junta de Gobierno los integrantes del Consejo Supremo Electoral, órgano que esa misma Ley preveía. Las elecciones se convocarían para la Presidencia de la República, las dos cámaras del Congreso, las Asambleas Legislativas y los Concejos Municipales.

---

[15] *Gaceta Oficial de la República de Venezuela* N.° 25593, del 22-02-58.
[16] Ídem.
[17] *Gaceta Oficial de la República de Venezuela* N.° 562 extraordinario, del 24-03-58.

De este modo se estaba produciendo una reinstitucionalización democrática apoyada en la Constitución de la dictadura. Sin embargo, hay que preguntarse qué quedaba de esa Constitución y qué era lo que esta representaba a los fines de la transición. La pervivencia formal de la Constitución de 1953 no obedeció a que las Fuerzas Armadas quisieran acentuar una continuidad entre el orden dictatorial catapultado en 1952-53 y el sistema naciente. Se trató más bien de una decisión prudencial y político-histórica, como ya se apuntó, puesto que los fundamentos político-constitucionales de esa Carta y del régimen militar pretendidamente relegitimado con base en ella fueron dinamitados por la misma Junta de Gobierno, con respaldo de las Fuerzas Armadas o de sus sectores mayoritarios.

Las elecciones a la Asamblea Constituyente de 1952 debían teórica o retóricamente conducir a un encauzamiento democrático del Gobierno militar iniciado a finales de noviembre de 1948, pero no fue así a causa del fraude electoral, que permitió entronizar la dictadura mediante la unción constituyente. La Asamblea Constituyente espuria originada en esa usurpación investiría a Pérez Jiménez como presidente constitucional de la República e integraría a los cuerpos colegiados a nivel nacional, estadal y municipal, al igual que a las altas cortes de justicia. Después, en 1957, cuando debían convocarse las elecciones con arreglo a la Constitución de 1953, se realizó un plebiscito para evitarlas, que fue además nuevamente fraudulento. Con el 23 de enero de 1958 todo el andamiaje institucional levantado sobre la usurpación de 1952 y la Constitución de 1953 fue no solo derribado, sino deslegitimado o descalificado jurídica y políticamente por la Junta de Gobierno. Conviene detenerse en ello.

Las Fuerzas Armadas tuvieron protagonismo, aunque no exclusivo, en el derrocamiento de Pérez Jiménez y en la conducción del nuevo Gobierno. En el Acta Constitutiva de la Junta Militar de Gobierno se declaró que:

> Las Fuerzas Armadas Nacionales en atención al reclamo unánime de la nación y en defensa del supremo interés de la República, que es su principal deber, han resuelto poner término a la angustiosa situación política

por la que atravesaba el país a fin de enrumbarlo hacia un Estado democrático de Derecho[18].

El objetivo era, pues, instaurar un Estado democrático de Derecho. Para lograrlo la Junta de Gobierno, ahora con participación civil, tomó en un plazo de menos de dos semanas desde su instalación las siguientes decisiones:

i. La disolución del Congreso: En su Decreto N.º 12, del 29 de enero de 1958[19], la Junta determinó que «Se declara disuelto el Congreso Nacional»; como fundamento adujo que «la doctrina democrática, el sentir de la nación y los objetivos definidos por las Fuerzas Armadas al proceder a la constitución del Gobierno provisorio, son incompatibles con la existencia y funcionamiento de órganos legislativos resultantes de actos de simulación mediante los cuales se quiso sustituir la representación legítima de la comunidad». Agregó que «el resultado de las elecciones celebradas el 30 de noviembre de 1952 (…) fue adulterado para atribuir la mayoría en la Asamblea Nacional Constituyente al grupo auspiciado directamente desde el Poder» y que había sido esa misma Asamblea la que «nombró» por Decreto al Congreso Nacional, cuyo periodo vencería en abril de 1958; se acotaba además que ya la Junta había asumido todos los poderes.

ii. La designación de los vocales de la Corte Federal y de la Corte de Casación: En su Decreto N.º 18, del 3 de febrero de 1958[20], la Junta de Gobierno aludió a la necesidad de «la inmediata reorganización de las ramas del Poder Público» y procedió a designar a los vocales principales y suplentes de esas altas cortes, quienes según el Decreto debían prestar juramento ante el presidente de la Junta.

iii. La designación del Procurador General de la Nación y del Contralor General de la Nación: Mediante Decreto N.º 6, del 25 de enero de 1958[21], la

---

[18] *Gaceta Oficial de la República de Venezuela* N.º 25567, del 23-01-58.
[19] *Gaceta Oficial de la República de Venezuela* N.º 25572, del 29-01-58 y N.º 25574, del 31-01-58 (esta última reimpresión por error de copia).
[20] *Gaceta Oficial de la República de Venezuela* N.º 25576, del 03-02-58.
[21] *Gaceta Oficial de la República de Venezuela* N.º 25569, del 25-01-58.

Junta había designado al Procurador General de la República (Ministerio Público), cuya elección correspondía al Congreso conforme a la Carta de 1953, pero que había sido designado por la Asamblea Constituyente ese mismo año; y después nombraría al Contralor General de la República, mediante Decreto N.º 14, del 31 de enero del 1958[22].

iv. La declaración de la inexistencia del plebiscito del 15 de diciembre de 1957: Mediante Decreto N.º 20, del 3 de febrero de 1958[23], la Junta resolvió que «Se declara inexistente el plebiscito celebrado el día 15 de diciembre de 1957». Para sustentar esta decisión se adujo que la Ley de Elecciones del 13 de noviembre de 1957, la cual «sustituyó por un sistema plebiscitario la consulta comicial sincera que anhelaba la nación», era contraria a «los principios del Derecho público democrático». De allí que dicho Decreto acordara también derogar tal Ley. Dicha Ley preveía el plebiscito para la «reelección» (ratificación) del presidente de la República y para la designación de los diputados a la Cámara de Diputados, por plancha única presentada por el Ejecutivo Nacional.

v. La declaración de la inexistencia de las asambleas legislativas y de los concejos municipales de toda la República, cuya designación para el periodo 1958-1963 correspondía, según esa Ley de Elecciones, al Congreso Nacional conformado con base en esa misma Ley. También, la inexistencia de la Cámara del Senado del periodo 1958-1963, cuyos miembros debían ser electos por esas asambleas legislativas o por el Concejo Municipal del Distrito Federal, respecto de esta entidad[24].

vi. La disolución de las asambleas legislativas, los concejos municipales y las juntas departamentales y comunales cuyo periodo finalizaba el 19 de abril de 1958: Ello con base en razones similares a las esgrimidas para disolver el Congreso el 29 de enero de 1958. Recuérdese que los integrantes de las asambleas legislativas y de los concejos municipales habían sido designados por la Asamblea Constituyente[25].

---

[22] *Gaceta Oficial de la República de Venezuela* N.º 25574, del 31-01-58.
[23] *Gaceta Oficial de la República de Venezuela* N.º 25576, del 03-02-58.
[24] Ídem.
[25] Ídem.

vii. La designación de nuevos gobernadores: Desde el mismo 23 de enero de 1958 la Junta fue designando nuevos gobernadores en los estados, territorios federales y en el Distrito Federal, empezando por este último, a los cuales daría después, mediante Decreto N.º 21, del 3 de febrero de 1958[26], la facultad de designar a los miembros de los concejos municipales correspondientes, previa autorización del Ministro de Relaciones Interiores. Para la Junta era indispensable «garantizar la continuidad del Poder Municipal», dado que el municipio «es histórica y socialmente la cédula básica de la organización democrática del Estado»[27].

Por consiguiente, en pocos días había sido desmantelada, y en parte ocupada, la institucionalidad contemplada en la Constitución de 1953, y ello se hizo con base en una premisa que hacía palmario y oficial el carácter espurio de la Asamblea Constituyente que la dictó y, por tanto, de la misma Constitución adoptada. La decisión de mantener en vigencia esta Carta no era para la Junta una manifestación de continuidad con el orden dictatorial, pues se liquidaron muy deprisa las raíces político-institucionales de la Constitución, que subsistió como un fósil utilizado para simbolizar la continuidad jurídico-formal y para evitar las dificultades, justificadas o no, que se atribuían al restablecimiento de la Constitución de 1947.

Por otro lado, nótese que la vinculación a la Constitución de 1953 fue muy maleable o relativa, ya que la Junta de Gobierno, apoyada en su Acta Constitutiva, prontamente tomó determinaciones atendiendo a principios abstractos o aspiraciones sociales ligados al régimen político que se pretendía instaurar, los cuales, aun cuando pudieran estar reflejados en la Carta de 1953, eran invocados al margen o en contra de ella. La Junta desde el comienzo se inscribió dentro de coordenadas político-institucionales inherentes al sistema democrático y apeló a los reclamos de la nación, sin importar lo que dijera esa Constitución o, más bien, prescindiendo de ella. De ahí la invocación del «Estado democrático de Derecho», de «la doctrina democrática», del «régimen constitucional y democrático», del «régimen de Derecho» o del «Derecho

---

[26] Ídem.
[27] Ídem.

público democrático», así como del «interés nacional» o de «la opinión libremente expresada por todos los órganos calificados del país». Era patente su resistencia a mencionar expresamente la Constitución de 1953, lo cual se explica porque ni siquiera cuando esta aludía a la democracia o a la soberanía popular podía ser tomada como punto de referencia, dada su condición de norma fachada y, por lo tanto, engañosa, y a la vez semántica, que no encajaba en el futuro que se quería construir, junto a otras razones ya señaladas.

Muestra de ello fue la justificación que empleó la Junta de Gobierno para proceder con urgencia a designar funcionarios con el objeto de asegurar la continuidad del Gobierno municipal, pues aquella estuvo asociada no a disposición alguna de la Constitución de 1953, que preveía las «Municipalidades», sino a la convicción de que «el municipio es histórica y socialmente la cédula básica de la organización democrática del Estado». La Junta fue más allá cuando, al emitir la Ley de Elecciones, configuró al Senado como una Cámara de elección directa del pueblo, la cual, además, estaría integrada no solo por los dos senadores por entidad federal previstos en la Constitución, sino también por senadores adicionales, con base en la representación proporcional.

En otras palabras, la Junta de Gobierno operó a partir de una idea de Constitución y de sistema democrático, como modelo genéricamente considerado, apoyado también en elementos histórico-sociales, y al hacerlo anticipó en parte el orden que sería luego constitucionalmente instaurado. Esta misma inspiración le llevó a eliminar la Dirección de Seguridad Nacional y a ordenar a la Procuraduría de la Nación formar expediente para presentar acusación contra los funcionarios responsables de «muertes, torturas, vejaciones, atropellos y demás atentados contra la dignidad humana»[28]; así como a suprimir las Juntas de Censura (Comisiones de Examen) establecidas por el Gobierno provisorio en 1950, ya que: «la libertad de pensamiento, ejercida en forma amplia, pero en un tono elevado y sereno, es la mejor garantía para los gobiernos e instituciones democráticas»[29]. El ejercicio de la libertad de

---

[28] Decreto N.º 3, del 24-01-58, *Gaceta Oficial de la República de Venezuela* N.º 25568, de la misma fecha.
[29] Decreto N.º 13, del 31-01-58, *Gaceta Oficial de la República de Venezuela* N.º 25574, de la misma fecha.

expresión fue vinculado así con la vigencia de la democracia y era al mismo tiempo matizado por las exigencias de las circunstancias, que demandaban, en el plano ético no jurídico, elevación y serenidad.

3. La decisión en favor del cambio constitucional

El Decreto del 22 de febrero de 1958, que creaba la Comisión redactora del proyecto de Ley Electoral, dejaba completamente despejadas algunas de las disyuntivas que se habían abierto al ser defenestrado el dictador. No sería restablecida la vigencia de la Constitución de 1947, para a partir de allí acometer la reinstitucionalización democrática, ni sería convocada una Asamblea Nacional Constituyente. Este último punto había sido discutido y consensuado entre líderes de los principales partidos políticos y los miembros de la Junta de Gobierno. Hubo coincidencia entre los grupos políticos en que no se procediera entonces a la convocatoria de una Constituyente, por los conflictos que ello podía suscitar. Ciertamente, abrir un paréntesis para la irrupción explícita del constituyente originario en aquellas circunstancias hubiera sido inconveniente y riesgoso. Tal como lo afirmó después el senador Ambrosio Oropeza, en las primeras sesiones del Congreso democráticamente renovado, se estimaba que una convocatoria y discusión constituyente posterior a la formación del Gobierno provisorio iba a «quebrantar irremediablemente el gran frente de la unidad nacional, de la conciliación nacional»[30]. Pesaba aquí tal vez, de nuevo, el antecedente de las agrias discusiones sostenidas en la Asamblea Nacional Constituyente de 1946-1947. Una cosa era abordar el cambio constitucional de manera previa, específica y exclusiva, en una asamblea convocada al efecto, y otra distinta era insertarlo, como segunda fase, en el proceso de regeneración democrática en curso. Además, un paréntesis constituyente hubiera postergado la completa legitimación democrática en los órganos del Poder Público.

---

[30] Intervención del senador Oropeza en sesión del Senado del 28-01-59; *vid.* esta y otras intervenciones parlamentarias de las primeras sesiones del Congreso electo el 07-12-58, en la parte introductoria del estudio de Parra Aranguren, Gonzalo: «La nacionalidad venezolana originaria en la Constitución del 23 de enero de 1961». En: *Boletín de la Biblioteca de los Tribunales del Distrito Federal*. N.º 13. Caracas, 1963, p. 17 (separata).

La pervivencia de la Constitución de 1953 fue en cambio objeto de controversias[31]. La Junta de Gobierno probablemente evitó abrir una fuente de interrogantes o discrepancias jurídico-políticas con una decisión como la de restablecer la vigencia de la Constitución de 1947, que podía resultarle además incómoda por los motivos antes señalados. Pesaron también razones de seguridad y continuidad jurídica. Pero, desde otra óptica, la Carta de 1953 era el símbolo de la arbitrariedad y de la usurpación contra las cuales se habían alzado el pueblo y buena parte de las Fuerzas Armadas.

Cabe deducir de las intervenciones de diputados y senadores que se produjeron en el mes de enero de 1959, al instalarse las Cámaras legislativas[32], que los dirigentes políticos tuvieron que ocuparse en 1958 con carácter prioritario de la organización de sus partidos, de la articulación con miras a las acciones unitarias de defensa de la democracia y, luego, de la preparación ante el escenario electoral, a lo cual se sumaban las preocupaciones ligadas a la necesidad de hacer frente a las embestidas desestabilizadoras originadas tempranamente en el sector militar. El examen de aquel asunto quedó, pues, inconcluso.

Había otra cuestión importante por esclarecer: si se llevaría a cabo en el corto plazo un cambio constitucional y cómo. De alguna forma el Decreto del 22 de febrero de 1958 implicaba que, primero, vendría la búsqueda de la estabilización y pronta democratización, y después podría abordarse el tema del cambio constitucional, asunto sobre el cual conversaban los líderes políticos. Por otro lado, al haberse mantenido la vigencia de la Constitución de 1953, la revisión constitucional resultaba ineludible, porque dicha Constitución era inviable, por su origen espurio, significación histórica y contenido, como marco jurídico perdurable de la renovada democracia.

En el «Programa Mínimo Común», del 6 de diciembre de 1958, previsto como anexo en el Pacto de Punto Fijo, se incorporaría un compromiso con el cambio constitucional. El Pacto de Punto Fijo, del 31 de octubre de 1958,

---

[31] *Vid.* OROPEZA: ob. cit. pp. 131 y ss.
[32] *Vid.* la reproducción de las intervenciones más relevantes en PARRA ARANGUREN: ob. cit., pp. 16 y ss.

había aludido a la finalidad de garantizar «una constitucionalidad estable», pero no aclaraba si esa estabilidad se alcanzaría gracias a algún tipo de revisión constitucional. En el Programa Mínimo Común se señaló que los candidatos firmantes fijaban como objetivo compartido la: «Elaboración de una Constitución democrática que reafirme los principios del régimen representativo e incluya una Carta de Derechos Económicos y Sociales de los ciudadanos». Estos derechos, por cierto, estaban prácticamente ausentes en el Texto de 1953.

Cuando se instalaron las Cámaras legislativas, el 19 de enero de 1959, y eligieron sendas directivas, los respectivos presidentes subrayaron, en los discursos de toma de posesión, que era prioritaria la elaboración de «la Carta Fundamental que ha de organizar al Estado democrático», como diría el senador Raúl Leoni. Con mayor énfasis aseveraría el diputado Rafael Caldera que «Miramos como primera empresa, la reforma total de la Constitución Nacional» y añadiría que la elaboración de la Constitución debía culminarse en las sesiones de ese mismo año, 1959[33].

La apertura de las sesiones del cuerpo representativo y deliberante por excelencia, silenciado como verdadera expresión democrática desde finales de 1948, colocaba ahora en un primer plano el cambio constitucional, frente a la Constitución dictatorial. La recuperación del protagonismo de los partidos, la legitimación democrática de diciembre de 1958, explican esa prioridad, así como la rotundidad de algunas de las intervenciones de esas sesiones parlamentarias iniciales, en las que se criticaba haber postergado la discusión política sobre la aceptación de la vigencia de la Constitución de 1953. Era natural que esa preocupación se intensificara, dado que al haber culminado exitosamente la democratización de los poderes, con las elecciones de diciembre de 1958, el Texto de 1953 era aún más inaceptable, con la singularidad de que las nuevas autoridades legítimas no tendrían respecto de ella la flexibilidad de la que había disfrutado la Junta de Gobierno.

---

[33] Ídem.

Con todo, lo cierto es que la ruta hacia el cambio constitucional estaba funcionando bien. Al momento de su formación la Junta de Gobierno prefiguró en buena medida un camino para la democratización que implicaba la vigencia de la Constitución de 1953 y también, lo cual se haría explícito en el Decreto citado de la Junta de Gobierno del 22 de febrero de 1958, la realización, ese mismo año, de elecciones universales y directas a nivel nacional, estatal y municipal, respecto de los cargos de elección popular previstos en la Constitución de 1953, con el añadido del Senado, que según dicha Carta se integraba por designaciones que efectuaban las asambleas legislativas y el Concejo Municipal en el Distrito Federal. Se decidió evitar, por tanto, una convocatoria constituyente, sobre lo cual hubo consultas y se logró un consenso político y social, y se conservó interinamente la Constitución formalmente en vigor, de 1953. Correspondió al liderazgo político retomar la cuestión constitucional pendiente y resolverla satisfactoriamente, aunque después de lo previsto, por razones plenamente justificadas.

4. La determinación del procedimiento que habría de seguirse

En las Cámaras se formularon, al comienzo, propuestas dirigidas a restablecer por acto parlamentario la Constitución de 1947, o a aprobar en pocos días, a partir de este Texto Constitucional y con los ajustes indispensables, una Constitución democrática, mientras concluía una labor constituyente de mayor calado. Llegó también a plantearse que el Congreso ordinario recién electo asumiera, a petición de los concejos municipales y las asambleas legislativas, de modo similar a como habría ocurrido en el Gobierno de Cipriano Castro, facultades de constituyente, lo que podía liberar al Congreso de los rigores del procedimiento de reforma constitucional previsto en el Texto de 1953. Otros se hicieron eco de dudas existentes sobre el alcance de las modificaciones que pudieran aprobarse, al tratarse lo que estaba por discutirse de una reforma a esta Constitución[34]. Así, en sesión del Senado del 28 de enero de 1958, el senador Escovar Salom sostendría que:

---

[34] Ídem.

> ... existen mecanismos legales, ampliamente justificados, para poner en vigencia la Constitución de 1947 con las reformas más urgentes que aconseje el actual momento político y la evolución del país en el curso de los últimos diez años (...) y luego, el estudio de fondo de la reforma constitucional que quizás no pueda ser materia de las reuniones del presente año...[35].

El senador Lorenzo Fernández, luego de expresar dudas sobre el alcance de las facultades del Congreso para la adopción de la Constitución, recordó que: «En el deseo de evitar todo conflicto, todo elemento de agitación, los representantes de todos los grupos políticos aceptamos ante la Junta de Gobierno la conveniencia de que no se convocara a una Constituyente»[36].

Por su parte, el senador Ambrosio Oropeza, aseveró que ya se había decidido que ese Congreso aprobara la reforma constitucional, por haberlo acordado así los partidos en vísperas de las elecciones, con lo cual se estaba refiriendo al Programa Mínimo Común, y agregó:

> ... yo creo que la Constitución del 53 no derogó sino, simplemente suspendió, la vigencia de la Constitución del 47 y por esto, quizás, si el primer acto de este Soberano Cuerpo, si lo más acertado hubiera sido declarar, no declarar, sino restablecer la vigencia de la Carta de 1947; sin embargo, yo estoy convencido de que esta tesis va a ser derrotada por una inmensa mayoría... es indudable que el Congreso Nacional está plenamente facultado para abocarse a la reforma constitucional, solamente que la declaración de la Junta de Gobierno de que la Constitución en vigor es la de 1953, declaración que parece estar avalada por los partidos políticos y por el consenso general de la nación, obliga a este Cuerpo a someterse y a sujetarse en el proceso de reformas a las previsiones contenidas en esa Carta, especialmente a los artículos 140 y siguientes de esa Constitución»[37].

No parece cierto que haya habido consenso político y nacional en relación con la vigencia de la Carta de 1953; la propia opinión de OROPEZA pone de

---

[35] Ídem.
[36] Ídem.
[37] Ídem.

relieve las discrepancias que existieron[38]. El consenso podía referirse a la necesidad de manejar la transición de manera pacífica y ordenada; tal vez la decisión de mantener tácitamente en vigencia la Constitución de 1953, como parte del ordenamiento jurídico nacional, contribuía a lograrlo, pero esto es algo distinto. En todo caso, importa destacar que en su intervención se aludía a que la Constitución de 1947 habría quedado suspendida no derogada por la de 1953, argumento jurídicamente plausible, ya que aunque esta contenía una derogatoria expresa de la Constitución de 1947, aquella equivalía a un hecho de fuerza, como también lo fue el golpe de Estado de 1948. Al mismo tiempo, el senador Oropeza terminaba señalando, a la luz de los acuerdos políticos alcanzados, la ruta que se seguiría para el cambio constitucional: el procedimiento de reforma contemplado en la Constitución de 1953. La discusión culminó con la aprobación, por unanimidad, de la proposición inicialmente presentada en la sesión, de creación de una Comisión especial para la elaboración del proyecto de Constitución.

El debate se suscitó igualmente en la Cámara de Diputados, en sesión de la misma fecha, en la cual se formuló la propuesta de designar una Comisión especial que, en consulta con diversos sectores del país, estudiara la reforma constitucional, con miras a la aprobación de una Constitución «que sintetice la suma de los pensamientos de todos los venezolanos»[39]. Frente a ello, la fracción parlamentaria de Unión Republicana Democrática (URD), por medio del diputado Jóvito Villalba, presentó un Proyecto normativo dirigido a recuperar la Constitución de 1947, introduciendo los ajustes indispensables, para que los poderes que se estaban instalando democráticamente pudieran «liberarse en diez o en doce días de la ignominia de obedecer, de seguir, la Constitución de Pérez Jiménez». Villalba calificó como un «error» haber diferido «el problema constitucional»[40]. El planteamiento de URD fue reconducido por la Presidencia de la Cámara a la propuesta original de formar una Comisión especial, en el sentido de que allí debería considerarse el proyecto elaborado por dicha fracción parlamentaria, de lo cual se informaría prontamente a la Cámara.

---

[38] Oropeza: ob. cit., pp. 131 y ss.
[39] Vid. Parra Aranguren: ob. cit., pp. 16 y ss.
[40] Ídem.

Además, el diputado Gonzalo Barrios, tras referirse a las distintas opiniones vertidas en torno a la cuestión constitucional, manifestó estar de acuerdo en que la Comisión especial analizara, primero, la posibilidad de la puesta en vigencia de la Constitución de 1947, con algunos ajustes. El diputado Gustavo Machado señaló que estimaba conveniente, para evitar objeciones jurídicas, que las asambleas legislativas y concejos municipales pidieran al Congreso asumir funciones constituyentes, lo cual permitiría a este ejercerlas, sin perder su condición de Congreso ordinario. Antes de que se aprobara por unanimidad la creación de la Comisión especial indicada, el diputado Rafael Caldera intervino para enfatizar que era evidente que el Congreso debía ejercer funciones constituyentes y que lo que se aprobaría sería una «reforma total» de la Constitución de 1953; estimaba que solo había dudas sobre el procedimiento que el Congreso debía cumplir[41].

Al instalarse las Comisiones de reforma constitucional, que acordaron sesionar conjuntamente y serían también designadas con el nombre de «Comisión bicameral de Reforma Constitucional»[42], surgió de nuevo el debate escenificado en las Cámaras. Se reprodujo la tensión entre la tesis de URD, respaldada firmemente por el Partido Comunista, y quienes se inclinaban más por acometer de una vez la elaboración de la nueva Constitución, con arreglo al procedimiento previsto en la Constitución de 1953, entre los que se encontraba el senador Ambrosio Oropeza y el propio diputado Gonzalo Barrios. Se designó una Subcomisión para examinar la propuesta de una «reforma constitucional provisoria» formulada por URD, así denominada porque suponía una revisión puntual y acelerada de la Constitución de 1947, que dejaría pendiente un eventual cambio constitucional más de fondo. En la sesión conjunta de las Comisiones en que se consideraría el informe de la Subcomisión, se recogieron unos acuerdos alcanzados informalmente sobre el procedimiento de reforma constitucional, según los cuales se rechazaba la idea de una modificación constitucional meramente provisoria, a la vez que

---

[41] Ídem.
[42] Vid. *La Constitución de 1961 y la evolución constitucional de Venezuela. Actas de la Comisión redactora del Proyecto.* Tomo I, vol. I. Congreso de la República. Caracas, 1971, p. XXIII.

se afirmaba la urgencia de la reforma, a fin de superar el «problema moral» que representaba la vigencia de la Constitución de 1953, y se reiteraba que se seguiría el procedimiento previsto en ella, con la Constitución de 1947 como anteproyecto[43]. Sin embargo, el añadido que entonces propuso el diputado Jóvito Villalba, relativo a la fijación de un plazo perentorio de 30 días para la presentación a las Cámaras del Anteproyecto de Constitución, con las correcciones o adaptaciones indispensables de la Constitución de 1947[44], no cerraría la controversia sino la desplazaría al terreno de la celeridad de la labor de reforma y, por tanto, de la profundidad de las modificaciones que se plantearían respecto del Texto de 1947. Esto facilitó que el debate surgiera de nuevo en reunión posterior, en boca del Partido Comunista[45].

El presidente de la Cámara de Diputados y presidente de la Comisión de Reforma designada en esta Cámara, el diputado Rafael Caldera, quien con tal cualidad codirigía las reuniones conjuntas con el senador Raúl Leoni, presidente del Senado y de su Comisión especial, supo canalizar las discusiones hacia la consideración de temas concretos, mediante la asignación de ponencias para cada uno de los ámbitos constitucionales más relevantes. Además, tanto Caldera como Leoni invitaron a evitar posicionamientos filosóficos globales por partido, que suscitarían «diferencias ideológicas»[46]. Este reparto de temas y ponencias, según las preferencias y experiencias, orientó las deliberaciones hacia la preparación de la nueva Constitución, asumida sin la prisa que algunos propugnaban, ni como enmiendas o ajustes al Texto de 1947, sino como una tarea de cambio constitucional en toda su densidad.

En suma, se designaron por unanimidad sendas Comisiones de Reforma Constitucional, así prudentemente denominadas en las actas, para la elaboración

---

[43] *Vid.* ibíd., pp. 1 y ss.
[44] Ídem.
[45] El Partido Comunista manifestó que si prevalecía la propuesta de aprobar la Constitución de 1947, eventualmente con ajustes, como texto constitucional provisional, darían su aprobación sin objeciones, pero que si la reforma pretendía ser definitiva, se reservaban el derecho de formular las observaciones de fondo que decían tener; *vid.* ob. cit. (*La Constitución de 1961 y la Evolución...*), t. I, vol. I, p. 8.
[46] Ídem.

del Proyecto de Constitución, que resolvieron desde el inicio trabajar en reuniones conjuntas, y llevarían adelante su encargo tomando como anteproyecto la Constitución de 1947. Se observaría el procedimiento de reforma constitucional contemplado en la Constitución de 1953, lo que suponía que, tras la adopción de la reforma, esto es, de la nueva Constitución, por ambas Cámaras, esta debía someterse a la consideración de las asambleas legislativas. Si al menos las dos terceras partes de estas asambleas la aprobaban según el escrutinio final del Congreso, se declaraba sancionado el nuevo Texto.

El Proyecto de Constitución fue elaborado por las Comisiones o Comisión bicameral de Reforma Constitucional y una vez concluido fue enviado, primero, al Senado, donde empezó a considerarse el 20 de junio de 1960[47]. Después de su aprobación en el Senado, con modificaciones, el Proyecto pasó a la Cámara de Diputados, que introdujo a su vez cambios en la versión adoptada por el Senado y lo devolvió a esa Cámara el 24 de noviembre de 1960[48]. Durante las discusiones, los artículos que requerían mayor reflexión o ajustes técnicos se remitían de la Cámara correspondiente a la Comisión bicameral de Reforma Constitucional. Dado que se suscitaron algunas diferencias entre las Cámaras sobre el contenido de la Constitución, pues el Senado no compartió todas las modificaciones incorporadas por la Cámara de Diputados, debió convocarse a una sesión de Congreso para resolverlas, en la cual se propuso, en consonancia con el ánimo dialogante que distinguió el proceso de formación constitucional, que el Congreso se declarara en Comisión General, para que los parlamentarios pudieran intercambiar libremente puntos de vista sobre los asuntos en discusión, de manera informal y directa, sin sujetarse a las limitaciones reglamentarias ordinarias. Logrado un acuerdo sobre los tópicos correspondientes, el Proyecto fue sancionado por el Congreso el 28 de noviembre de 1960[49], al igual que el texto de las disposiciones transitorias, que se consideraban separadamente.

---

[47] OROPEZA: ob. cit., p. 137.
[48] Según oficio que cursa en el tomo 6 del expediente sobre la Constitución de 1961 del Archivo Histórico de la Asamblea Nacional.
[49] *Gaceta del Congreso* del 28 de noviembre de 1960, N.º 8. Existe una discrepancia entre el Diario de Debates de la Cámara de Diputados y la *Gaceta del Congreso* en cuanto a la fecha de esta sesión conjunta, pero los informes que se hallan en el tomo 7 del expediente sobre la Constitución de 1961 del Archivo Histórico de la Asamblea Nacional confirman que dicha sesión se celebró el 28 de noviembre de 1960. En todo caso, ha de prevalecer en principio la *Gaceta de Congreso*, por tratarse de sesión conjunta.

En esta sesión se acordó que el presidente del Congreso sometiera el texto de la «nueva Constitución» a las asambleas legislativas; que todos los diputados y senadores que pudieran hacerlo suscribirían la Constitución; y que quienes quisieran hacer constar sus reservas a algunas disposiciones deberían hacerlo en la sesión en la que se escrutarían los votos de las asambleas legislativas. Veremos luego en qué términos y oportunidad fueron planteadas tales reservas. También se exhortó al Ejecutivo Nacional para que convocara oportunamente al Congreso a sesiones extraordinarias para escrutar el voto de las asambleas legislativas[50]. Realizado el escrutinio en enero de 1961, se promulgaría la Constitución democrática el 23 de enero de 1961.

De acuerdo con la naciente Constitución, el tiempo transcurrido del periodo en curso de los poderes públicos electivos se imputó al ahora establecido constitucionalmente y no se llevó al país de inmediato a un nuevo episodio electoral, porque eso formaba parte de la senda política que se había tomado. Esto se hizo no en obsequio al supuesto alcance puramente reformador del proceso llevado a cabo, sino en atención al corte democrático que implicaron las elecciones del 7 de diciembre de 1958, junto a la inconveniencia de acudir intempestivamente a nuevos comicios.

5. Naturaleza del proceso de gestación constitucional desarrollado desde 1958

He intentado explicar las singularidades del proceso constituyente que culminó con la Constitución de 1961. Pese a que el 23 de enero de 1958 significaba una franca ruptura con el orden dictatorial hasta entonces imperante, dada la contraposición radical entre el régimen autocrático depuesto y el democrático naciente, no se acudió a una asamblea constituyente. Se ha puesto de relieve que ha sido tradicional en nuestra historia constitucional acudir a asambleas constituyentes después de revoluciones, golpes de Estado u otras situaciones políticas que comportan quiebres institucionales y se ha subrayado la excepcionalidad del 23 de enero de 1958 y de la Constitución de

---

[50] *Gaceta del Congreso* N.º 8, del 28-11-60.

1961[51]. Habría que apreciar también, no obstante, las especiales circunstancias de este acontecimiento histórico y de la transición a que dio lugar. La situación política creada a raíz del 23 de enero estaba rodeada de incertidumbres, muchas de ellas referidas al mundo militar y al temor al despliegue de posturas reaccionarias desde su interior. Se ha destacado el papel que jugó en aquellos días la acendrada desconfianza militar hacia el régimen de partidos, como factor que obligó a estos últimos a adoptar posiciones mesuradas, aunado ello a la debilidad en que se hallaban por causas diversas[52]. Además, desde el frente civil era preciso robustecer la actuación unitaria para preservar al sistema democrático de involuciones o aventuras despóticas. Todo esto, y las acciones previas, coetáneas y posteriores al 23 de enero de las fuerzas sociales marcaron un rumbo en el que se inscribió también el tema constitucional.

Es preciso preguntarnos acerca de la naturaleza jurídica del proceso de elaboración de la Constitución de 1961, desde la teoría del poder constituyente y de la reforma constitucional. Formalmente, como sabemos, se acudió al procedimiento de reforma constitucional de la Carta de 1953, pero esto no resuelve por sí solo el interrogante que acabamos de plantear. Desde esa óptica formal-procedimental, la facultad que estaba ejerciendo el Congreso electo en diciembre de 1958 era un poder de revisión de la Constitución, como competencia reconocida a determinados órganos del Estado para reformar la Constitución, con intervención final o no del pueblo mediante referendo, según la regulación correspondiente[53]. Sin embargo, la verdad es que los actores políticos de 1958 decidieron verter «vino nuevo en odres viejos», es decir, usaron disposiciones arcaicas, vetustas u obsoletas –desde la óptica democrática y de la dinámica en curso desde el 23 de enero– de la dictadura para desplegar sobre ellas la soberanía popular. Es evidente que el Congreso instalado en 1959 no desempeñó simplemente la función de poder constituido reformador de la Constitución, sino más bien actuó como poder

---

[51] *Vid.* OROPEZA: ob. cit., pp. 129 y ss.; BREWER-CARÍAS: ob. cit., p. 30; ambos autores señalan que el otro episodio en nuestra historia de cambio político y constitucional sin convocatoria de una asamblea constituyente se produjo tras la muerte de Gómez.
[52] CABALLERO: ob. cit. pp. 191 y 192.
[53] Sobre estas categorías *vid.* DE VEGA, Pedro: *La reforma constitucional y la problemática del poder constituyente*. Tecnos. Madrid, 1999.

constituyente, revestido de la condición de Congreso ordinario. Ello porque el orden constitucional dentro del cual el Congreso hubiera podido cumplir dicho papel limitado ya no existía.

La base político-constitucional de la Carta de 1953 era la dictadura militar y el fraude electoral de 1952. Caída la dictadura, ese orden constitucional se vino abajo, como lo hicieron quienes ocupaban, de acuerdo con las reglas de esa Constitución, los órganos constitucionales nacionales que ella contemplaba, como la Presidencia de la República, el Congreso, la Corte Federal y la de Casación. No quedó en pie ninguna de esas autoridades del orden anterior, y los nuevos titulares de los respectivos cargos lo fueron merced a una violación de esa Constitución: el golpe de Estado del 23 de enero de 1958. Más aún, las elecciones de 1952 fueron declaradas simuladas, como ya se dijo, y fueron dejadas sin efecto designaciones realizadas por la Asamblea Constituyente con base en una disposición transitoria de la Constitución de 1953. Dichos comicios no fueron declarados inexistentes, como sí ocurrió con el plebiscito de 1957, pero fueron desconocidos su validez y sus efectos, por razones de igual peso al de las que sustentaron aquella declaratoria. El producto político-institucional y normativo de la Asamblea Constituyente entonces «electa» que no fue cuestionado en su validez, contradictoriamente desde la óptica jurídica, fue la Constitución de 1953, por consideraciones más políticas que jurídicas. En todo caso, ella sobrevivió como hilo (constitucional) de un tejido desecho que satisfacía ciertas demandas de orden y continuidad formal. No olvidemos, por otra parte, que el Congreso que discutió y aprobó la Constitución de 1961 no era igual al que estaba previsto en la Constitución de 1953, pues el Senado electo en 1958 surgió del voto directo de los ciudadanos y no tenía la misma integración.

Importa observar, adicionalmente, que si bien la Constitución de 1961 fue discutida y aprobada con arreglo al procedimiento contemplado en la de 1953, puede sostenerse que su fuente de legitimidad y validez estribaba en los comicios indudablemente democráticos del 7 de diciembre de 1958 y en el mandato que podía considerarse allí emitido en favor de los parlamentarios para la adopción de una nueva Constitución. El Programa Mínimo Común, aprobado un día antes de las elecciones del 7 de diciembre de 1958, aludía al compromiso de promover la aprobación de una nueva Constitución, que debería llevar a cabo el Congreso entonces electo. Este acuerdo se adoptó en vísperas de los comicios y fue suscrito por los candidatos presidenciales, pero su significado político general era indudable. Hubo antes de este documento común, además, opiniones y propuestas que apuntaban en esa dirección, lo cual reforzaba la legitimidad del Congreso electo en 1958 para elaborar una nueva Constitución, no solo para reformar la de 1953, por más fluidas que puedan ser a veces las fronteras entre la modificación y el cambio constitucional.

Nótese, por otro lado, que la Constitución de 1961 omitió toda referencia expresa a la de 1953 y al procedimiento en ella establecido para la reforma. El Preámbulo, o encabezamiento, de la Constitución ciertamente alude a que se requirió el voto de las asambleas legislativas y a la verificación del resultado afirmativo del escrutinio, pero con tal generalidad que podría sostenerse, siguiendo a Oropeza, que la inclusión de las asambleas legislativas en el proceso de aprobación de la nueva Constitución era una forma de rescatar la Constitución histórica federal, ya que la Carta de 1864 disponía que el cambio constitucional se haría siempre con participación de las asambleas legislativas[54]. Incluso, en la Disposición Final de la Constitución de 1961, el Congreso evitó mencionar expresamente a la Constitución de 1953. El Proyecto de Constitución aprobado en el Senado sí lo hacía, pero la referencia explícita fue suprimida en la Cámara de Diputados, lo cual fue aceptado por el Senado[55]. De allí que el artículo 252 de la Constitución de 1961 prescriba que queda «derogado el ordenamiento constitucional que ha estado en vigencia hasta la promulgación de esta Constitución». La Constitución de 1961 no fue asumida en ninguna parte de su articulado como una reforma a la de 1953.

---

[54] Oropeza: ob. cit., p. 161. Según la Constitución de 1864 (artículo 122), las legislaturas de los Estados no solo debían concurrir en el procedimiento de reforma constitucional sino que, yendo más allá de la experiencia de 1959-1961, tenían iniciativa reservada al respecto, la cual definía el alcance material de las reformas. Pero lo esencial en el esquema federal de 1864 era que los Estados, por medio de las legislaturas correspondientes, tenían asegurada una participación decisiva en el proceso, que fue lo apuntado por Oropeza.

[55] *Vid.* los tomos 6 y 7 del expediente sobre la Constitución de 1961 del Archivo Histórico de la Asamblea Nacional.

Estos fenómenos de ejercicio del poder constituyente por Congresos aparentemente ordinarios, no por asambleas constituyentes, son conocidos en la doctrina y experiencias constitucionales, siendo buen ejemplo de ello las Cortes constituyentes españolas electas en 1977, que adoptaron la Constitución de 1978. También allí se acudió, por cierto, al artilugio de mantenerse apegado al ordenamiento jurídico en vigor, esto es, a las leyes fundamentales del Reino (del franquismo), aunque en este caso se hizo dictando otra, la «Ley para la Reforma Política», que abriría las puertas a iniciativas de «reforma constitucional»[56].

Más allá de cualquier comparación entre el proceso constitucional español de 1977-78 y el venezolano de 1958-61, donde habría también, por supuesto, diferencias que apuntar[57], la invocación en nuestra transición a la democracia de 1958 de la Constitución de 1953 fue, sobre todo, una decisión política, que adelantó la Junta Militar de Gobierno y que sería confirmada en consultas partidistas y sociales. Una decisión que procuraba evitar sobresaltos jurídico-institucionales, que respondía a la prudencia de no añadir un flanco adicional de conflicto a los ya producidos y a los que se vislumbraban como posibles, incluso en las propias Fuerzas Armadas. Esa continuidad formal con el ordenamiento constitucional anterior servía además para solapar un poco la radicalidad del cambio operado y de las implicaciones que tendría, o para postergar su visibilidad. Fueron igualmente políticas las razones por las cuales se prescindió de la convocatoria a una asamblea constituyente.

---

[56] Juliá, Santos: *Transición*. Galaxia Gutenberg. Barcelona, 2017, p. 374; Tusell, Javier: *La transición española a la Democracia*. Historia 16. Madrid, 1991, pp. 56 y ss.

[57] Una de ellas es que en España la Ley para la Reforma Política fue una Ley nueva de «autorruptura» (Tusell) dictada cuando el régimen franquista seguía aún en pie, mientras que cuando se decide mantener la vigencia formal de la Constitución de 1953 esta ya estaba liquidada como norma y la dictadura en que se gestó ya había sido en gran medida defenestrada.

6. Las deliberaciones parlamentarias durante la elaboración de la Constitución de 1961

No es posible examinar aquí los detalles del proceso de formación de la Constitución de 1961[58]. Baste con resaltar el carácter francamente deliberativo de las reuniones conjuntas de las Comisiones de Reforma Constitucional y de las sesiones plenarias de las Cámaras en que el debate continuó, comenzando por el Senado. Porque es preciso observar que hubo debate. Hubo controversias acerbas, cargadas de ironía e incluso hirientes[59], aunque el clima general de las deliberaciones fue sosegado y respetuoso y se logró construir de manera plural y racional soluciones normativas adecuadas. En el Congreso estaban presentes partidos políticos de orientaciones ideológicas divergentes, en un arco político que sobrepasaba a las organizaciones firmantes del Pacto de Punto Fijo, ya que había representación parlamentaria del Partido Comunista. Adicionalmente, la escisión del Movimiento de Izquierda Revolucionaria (MIR) se produjo en abril de 1960. URD se apartó finalmente del Gobierno en noviembre de ese año, cuando la Constitución aún no había sido sancionada en plenaria. La suscripción de ese Pacto no implicaba ni implicó, por lo demás, que no hubiera debates entre los miembros de las organizaciones respectivas durante la formación de la Constitución. Por otro lado, si bien en varios temas las propuestas de parlamentarios de partidos externos a ese Pacto fueron acogidas, en algunas ocasiones la mayoría progubernamental denegó modificaciones planteadas por ellos que lucen justificadas. La dinámica dominante fue, no obstante, integradora y deliberativa.

Hubo posiciones encontradas sobre muchos temas, como la forma de Estado, el sistema de gobierno, la reelección presidencial, las facultades de control del Congreso, los estados de excepción, la elección o designación de los gobernadores, el régimen de las asambleas legislativas, entre otros muchos.

---

[58] *Vid.* RACHADELL: ob. cit., pp. 699 y ss.
[59] *Vid.* por ejemplo, el debate sobre el sistema de gobierno y las facultades de control del Congreso que planteó Domingo Alberto Rangel y el intercambio dialéctico que se suscitó entre él y Gonzalo Barrios: *Diario de Debates de la Cámara de Diputados*, 23-11-60, N.º 37, pp. 857 y ss.

Lo peculiar de las discusiones correspondientes es que se decía lo que había que expresar, desde la opinión política de cada cual, pero dentro de un espíritu de respeto mutuo por las discrepancias y procurando favorecer soluciones armonizadoras o transaccionales. Desde la Presidencia de las Comisiones de Reforma constitucional y de las Cámaras se salvaguardaron los derechos de palabra de todos los parlamentarios y se enviaban desde la plenaria a dichas Comisiones los puntos objeto de disensos para examinarlos con mayor cuidado y conseguir soluciones más sólidas técnica y políticamente. La propia Exposición de Motivos de la Constitución señala que muchas veces las deliberaciones parlamentarias desembocaban en «conversaciones sinceras e informales, tras de las cuales hemos logrado en la mayoría de los casos una decisión unánime»[60].

El llamado espíritu del 23 de enero se prolongó en los espacios serenos del Palacio de las Academias, donde se reunieron conjuntamente las Comisiones, a lo largo de 250 sesiones[61], distribuidas entre el 2 de febrero de 1959 y el 25 de noviembre de 1960, durante las cuales fueron consultados sectores diversos, mientras en las calles arreciaban las intentonas conspirativas militares de la derecha y se preparaban las de otro signo.

El contenido de la Constitución trasluce esa dinámica deliberativa, por la fórmula ambigua pero transaccional plasmada respecto de la forma de Estado, por su admisión del futuro establecimiento de la elección de los gobernadores de Estado; por el esquema flexible instaurado en relación con los modelos de política-económica. En estos y otros temas fue posible construir dialécticamente regulaciones constitucionales razonables para un recorrido político-constitucional de largo aliento. Se garantizaron con amplitud los derechos humanos, en sus distintas dimensiones; se incluyó una renovada cláusula de apertura a derechos «inherentes a la persona humana»; se redefinió al Ministerio Público, para conjugar su papel tradicional de titular de la persecución penal con el de defensor de los derechos humanos; se recuperó la

---

[60] *Vid.* la Exposición de Motivos de la Constitución en: Arcaya, Mariano: *Constitución de la República de Venezuela*. Tomo I. El Cojo. Caracas, 1971, p. 31.
[61] *Vid.* ob. cit. (*La Constitución de 1961 y la Evolución...*), t. I, vol. I, pp. XXIII y ss.

regulación constitucional sobre las Fuerzas Armadas que las colocaba claramente bajo subordinación civil y al margen de la deliberación política, entre otras bondades de esa Constitución.

La Constitución fue sancionada con el voto aprobatorio de todas las organizaciones políticas. Algunos parlamentarios formularon votos salvados o dejaron constancia de su voto negativo, a título individual o en representación de la fracción parlamentaria correspondiente, al someterse el precepto respectivo a aprobación en la plenaria, o a veces en la Comisión bicameral de Reforma Constitucional. Esto último lo hizo el senador Uslar Pietri en dicha Comisión cuando se consideró la norma transitoria sobre confiscación de bienes y enriquecimiento ilícito[62]. URD dejó sentadas en plenaria sus reservas sobre la regulación de los estados de emergencia y manifestó su posición contraria y su voto negativo categórico en relación con la norma constitucional referida a las llamadas medidas de alta policía (artículo 244), cuando la Cámara de Diputados conoció el informe de la Comisión bicameral referido al Título IX del Proyecto, que versaba sobre la Emergencia[63]. En esta materia, el diputado Orlando Tovar señaló que: «URD no solo va a dejar de votar, sino que va a votar en contra» y razonó oralmente su postura negativa con una exposición preclara sobre la naturaleza y alcance de los estados de excepción y sobre el margen lícito de la acción policial, en la cual recordó que la Disposición Transitoria Tercera de la Constitución de 1953 era «el monstruo jurídico más grande que ha sido redactado en Constitución alguna», y lamentó que se previera en la Constitución democrática una norma que podía inclinar al Ejecutivo a actuar indiscriminadamente bajo la lógica de la emergencia. El Partido Comunista afirmó en la misma oportunidad que no votaría a favor de este artículo del Proyecto, sobre el cual el MIR también había formulado discrepancias[64].

Adicionalmente, el Partido Comunista y el MIR consignaron escritos en los que resumían las reservas u observaciones que habían planteado a lo largo de

---

[62] Cfr. ob. cit. (*La Constitución de 1961 y la Evolución…*), t. I, vol. I, p. 336.
[63] *Diario de Debates de la Cámara de Diputados*, 23-11-60, N.º 37, pp. 878 y ss.
[64] Ídem.

las discusiones sobre el Proyecto de Constitución. El primero, lo hizo al culminar las deliberaciones respectivas en la Cámara de Diputados, mediante Declaración del 25 de noviembre de 1960, en la cual se sostenía que la nueva Constitución contenía disposiciones que son «supervivencias negativas del ejercicio personalista del Poder Ejecutivo y de las funciones represivas y policíacas del Estado venezolano». Se criticaba también la forma menguada en que habrían quedado consagrados los derechos sociales; la falta de previsión de la inmediata elección de los gobernadores; la limitada autonomía municipal; y la insuficiente defensa de la soberanía nacional y del desarrollo independiente de la economía venezolana. Se lamentaba que no se hubiera adoptado una Constitución «de mayor contenido popular». Sin embargo, los firmantes reconocían que la Constitución de 1961 «desplaza el engendro monstruoso de la Constitución Perezjimenista» y que consagra «formalmente las libertades y derechos democráticos del pueblo», lo cual llevó a «dejar constancia definitiva (…) del voto aprobatorio de los comunistas a la nueva Constitución»[65].

El MIR, por su parte, presentaría por escrito su postura global acerca de la Constitución en la oportunidad contemplada para formular reservas finales, al suscribir la Constitución. Los integrantes de la respectiva fracción parlamentaria, después de aseverar que suscribían la Constitución, formularon las siguientes reservas: se objetaba la regulación constitucional sobre los Estados, porque no se introdujo la elección directa de los gobernadores y se habrían mermado las facultades estadales, y la normativa sobre los municipios, por haberse restringido «peligrosamente» sus competencias. Se criticaba por insuficiente la disposición constitucional sobre el amparo, por no haber detallado aspectos procesales; se rechazaban los amplios poderes conferidos a la policía por el artículo 60 constitucional para practicar detenciones, sin orden judicial y sin plazo preciso para que el detenido fuera puesto a la orden de un juez; se dejaba constancia sobre los riesgos de cercenamiento de la libertad ideológica de los partidos que implicaría el artículo 114 de la Constitución,

---

[65] «Declaración de los diputados Comunistas en torno al Proyecto de Constitución Nacional», que se halla en el tomo 6 del expediente sobre la Constitución de 1961 del Archivo Histórico de la Asamblea Nacional.

y se señalaron los peligros de las medidas de «policía política» contempladas en el artículo 244 y de la normativa sobre la suspensión de garantías. En cuanto al sistema de gobierno y la organización del poder, se cuestionaba la existencia de un único periodo constitucional para todos los poderes públicos, en particular para el Ejecutivo y el Legislativo, así como el bicameralismo, en parte por no establecer la Constitución diferencias relevantes entre las Cámaras en lo funcional y electoral; en este sentido, se estimaba desacertado que no se reservaran a la Cámara de Diputados determinadas atribuciones financieras del Parlamento[66]. Se lamentaba también que no se hubieran admitido sus propuestas referidas a las facultades de control parlamentario. Se formularon observaciones sobre las condiciones de inelegibilidad a la Presidencia de la República y sobre el régimen de las correspondientes faltas absolutas. Se manifestaba, por último, desacuerdo con la prolongación, hasta por dos meses sin intervención judicial, de las medidas policiales de orden público, privativas de la libertad, previstas en la Disposición Transitoria Séptima[67].

Hubo, por tanto, diferencias de fondo sobre regulaciones de la nueva Constitución, pero dentro de una convicción general sobre la necesidad de su aprobación, al ser considerada una Constitución democrática, cuyos avances en materia de soberanía popular y de derechos y libertades debían ser propugnados. Las reservas y temores expresados, si bien en parte se relacionaban con el contenido de la Constitución, tenían mucho que ver con la desconfianza de algunas organizaciones hacia la actuación de quienes desde el Poder Ejecutivo pudieran abusar de sus facultades.

Colofón

Los casi cuarenta años de vigencia de la Constitución de 1961, de una vigencia que no fue solo formal, sino que tendía a consolidarse como efectiva,

---

[66] *Vid.* la intervención que sobre este asunto había realizado el diputado Jesús María Casal Montbrun, en: *Diario de Debates de la Cámara de Diputados*, 23-11-60, N.º 37, pp. 873 y ss.

[67] «Reservas de la fracción parlamentaria del Movimiento de Izquierda Revolucionaria a la Constitución», documento que se halla en el tomo 7 del expediente sobre la Constitución de 1961, del Archivo Histórico de la Asamblea Nacional.

con inconsistencias, tropiezos y dificultades, son muestra de las bondades de esa Constitución y de la predominante lealtad de los poderes públicos con su cumplimiento.

Recordando esa Carta Fundamental y la transición que la vio nacer es pertinente hacer alguna reflexión sobre las lecciones que es posible extraer de cara al futuro. Las resumiría así: agudeza en la definición de los propósitos y firmeza en su consecución; observación atenta de las circunstancias y adversidades que rodean la acción política; confianza en la democracia y elevación espiritual para estar por encima de las propias apetencias de poder, tanto como lo exija el logro del objetivo superior común. En lo que a las disciplinas jurídicas respecta, fe en el Derecho, en su fuerza ordenadora y en la garantía que proporciona a la dignidad y a la libertad del ser humano; empeño en asegurar que la Constitución sea un límite efectivo frente a los gobernantes, y compromiso indeclinable con el pluralismo como base para construir un marco constitucional compartido.

* * *

Resumen: El autor examina la transición constitucional que se vivió desde la caída de la dictadura en 1958 y el proceso de la reinstalación de la democracia con la sanción de la Constitución de 1961. En tal sentido, se pasea por los textos constitucionales antagónicos de 1947 y 1953, la posición política en favor del cambio constitucional, la definición del procedimiento a seguir, así como las deliberaciones que dieron como resultado la Constitución de 1961. **Palabras clave**: Transición constitucional, reforma constitucional, democracia.

Otros matices del trabajador de dirección, en el Decreto-Ley Orgánica del Trabajo, los Trabajadores y las Trabajadoras

Hugo A. Díaz Izquierdo[*]

Sumario

In limine Introducción 1. Indemnización para el trabajador de dirección por despido injustificado 2. Conservación de la condición más favorable en tutela del trabajador de dirección 3. El trabajador de dirección en el ámbito de las convenciones colectivas laborales. Conclusiones

> … porque todo está obsoleto (…) hay que inventar un nuevo lenguaje (…) que hable de democracia, de valores éticos, de libertad, progreso y justicia social, hay que inventar la educación y crear un país de emprendedores, artistas e inventores, un país digno y soberano en el contexto global, en fin, en Venezuela hay que inventarlo todo. ¡Que maravilla!
>
> Carlos Cruz-Diez Ciudad de Panamá, abril, 2017

In limine

El permitírseme colaborar en este libro homenaje al profesor, René Rafael Molina Galicia, es un grandísimo honor para el suscrito, entre otras razones, porque dicho pedágogo universitario fue mi insigne docente en el pregrado

---

[*] **Universidad Central de Venezuela**, Abogado, profesor de Derecho del Trabajo. **Instituto de Estudios Superiores de Administración**, profesor invitado. Miembro de Número del Instituto Venezolano de Derecho Social-Capítulo de la Academia de Ciencias Políticas y Sociales. Profesional independiente en vigente libre ejercicio. hugo.a.diaz.i@gmail.com; @hugodiazizq.

ucevista, mutando luego en compañero de luchas tribunalicias y demás afinidades del libre ejercicio profesional, todo sin menoscabo de ser maestro integral de vida, cultivador de recíproca amistad, tatuada esta de evolutiva solidaridad, arte, poética, conocimientos, libros, películas, historia, etc. Por tanto, sirva este humilde ensayo, en lo posible, como validación del sincero afecto que profeso en favor de la noble humanidad intitulada, René Rafael MOLINA GALICIA.

Introducción

Más allá de que desde hace tiempo en Venezuela existe una especie de régimen jurídico particular para trabajadores[1] de dirección, sumado a la complejidad entonces derivada, aquí limitadamente se desarrollan algunas tentativas de ideas, referidas principalmente a la indemnización que pudiere aplicar o no a favor de tales dependientes, al momento de extinguirse por despido injustificado, los respectivos contratos laborales, para lo cual, también se analizará eventual mantenimiento de la condición más favorable, como también sí de pleno derecho, son aplicables las convenciones colectivas a los trabajadores de dirección; todo, en consonancia a los principios laborales de rango constitucional, conforme a una implementación ponderada y proporcional de los posibles derechos fundamentales en pugna, pues, como lo afirma CARBALLO MENA:

> ... mientras que en el plano abstracto las reglas, principios y valores fundamentales se articulan armoniosamente y configuran la bóveda que regula la vida en sociedad; en plano concreto el ejercicio de los derechos dimanantes de aquellas normas, podría entrañar conflictos merecedores de composición que delimite armónia con el sistema constitucional[2].

---

[1] En este inacabado estudio, la referencia en masculino, tiene un sentido genérico, referido siempre, por igual, a hombres y mujeres, salvo expresa intención contraria.

[2] CARBALLO MENA, César: «Intervención administrativa de empresas por crisis o cierre legal». En: *I Congreso de Derecho Social-Cátedra Fundacional Nohemí Irausquín de Vargas-Ensayos sobre Derecho del Trabajo*. Instituto Venezolano de Derecho Social-UCAB-BOD. Caracas, 2016, pp. 121-147.

Así las cosas, nuestra legislación laboral determina ciertas disposiciones legales y reglamentarias, imponiendo tratamiento jurídico diferente sobre el trabajador de dirección, creándose para este, un abordaje disímil de una serie de derechos, beneficios e indemnizaciones que, ordinariamente, solo aplican a favor de otros trabajadores distintos que constituyen mayoría, pues toda relación dependiente-laboral en Venezuela, salvo prueba en contrario, se presume de carácter normal, resultando así de carácter excepcional y comprensión restringida, la condición de trabajador de dirección.

Igualmente, en uso del artículo 89.1 de la Constitución de la República Bolivariana de Venezuela[3], para determinar, si estamos o no ante un trabajador de dirección, siempre debemos ir al fondo de lo fáctico, pues, al respecto, «... prevalece la realidad sobre las formas o apariencias...»; subrayándose que bajo similar óptica el artículo 39 del Decreto con rango, valor y fuerza de Ley Orgánica del Trabajo, los Trabajadores y las Trabajadoras[4], reza:

> ... la calificación de un trabajador (...) como de dirección (...) dependerá de la naturaleza real de las labores que ejecuta, independientemente de la denominación que haya sido convenida por las partes, de la que unilateralmente hubiese establecido el patrono (...) o de la que señalen los recibos de pago o contratos de trabajo...

Agrega la norma que «en caso de controversia en la calificación de un cargo, corresponderá a la Inspectoría del Trabajo o a la jurisdicción laboral, determinar la calificación que corresponda». Tal como lo indica García Vara:

> ... la calificación de un trabajador como de dirección (...) está atribuida a la Inspectoría del Trabajo o a los tribunales del trabajo, quienes,

---

[3] *Gaceta Oficial de la República Bolivariana de Venezuela* N.° 5453 extraordinario, del 24-05-00.
[4] *Gaceta Oficial de la República Bolivariana de Venezuela* N.° 6076 extraordinario, del 07-05-12.

a los efectos de la calificación, tomaran en cuenta las características y naturaleza de las funciones desempeñadas[5].

Para precisar las reales ejecutorias caracterizadoras del trabajador de dirección, más allá de la vigente discusión sobre la naturaleza conjuntiva o disyuntiva de estas, sirve guiarse al efecto, por lo reglado a tal fin, en los artículos 37, 41 y 42 del Decreto con rango, valor y fuerza de Ley Orgánica del Trabajo, los Trabajadores y las Trabajadoras, todo lo cual también es desarrollado pedagógicamente en varios fallos del Tribunal Supremo de Justicia, en Sala de Casación Social[6] y Sala Constitucional[7].

La complejidad que deriva al pretender abordar cualquier tópico sobre el trabajador de dirección, también se observa fuera de nuestras fronteras, corroborando ello el investigador CAMBA[8], al afirmar:

> En (…) Derecho comparado, el tema también ha sido objeto de discusión a nivel de doctrina y jurisprudencia, específicamente en el Derecho español, como lo reseña M. ALONSO OLEA (*Introducción al Derecho del Trabajo*. Civitas. Madrid, 1994), pues, la razón de la exclusión de la antigua y de la actual consideración del alto directivo como trabajador «especial» se halla en la singular relación de confianza que le liga con el empresario, que hacen de difícil aplicación las normas comunes del contrato de trabajo especialmente las de su extinción.

---

[5] GARCÍA VARA, Juan: *Sustantivo laboral en Venezuela*. Ediciones Liber-Librería Jurídica Álvaro Nora. Caracas, 2012, p. 604.
[6] TSJ/SCS, sents. N.os 1975, del 04-10-07; 971, del 05-08-11; así como del 13-12-12 (caso: Eduardo Galán *vs*. PDVSA Gas C. A.).
[7] TSJ/SC, sent. N.º 587, del 14-05-12.
[8] CAMBA TRUJILLO, Nelson: «Altos ejecutivos, trabajadores de dirección y confianza: Una visión de la doctrina y la jurisprudencia venezolana». En: *Revista Derecho del Trabajo*. N.º 10. Fundación Universitas. Barquisimeto, 2010, pp. 265-299.

1. Indemnización para el trabajador de dirección por despido injustificado

A tenor de los artículos 87, último aparte del Decreto-Ley Orgánica del Trabajo, los Trabajadores y las Trabajadoras, y 3 del Decreto con rango, valor y fuerza de Ley de Inamovilidad Laboral[9], los trabajadores de dirección no están amparados por la estabilidad, ni inamovilidad laboral especial-presidencial vigentes, posibilitando ello que todo patrono hoy en Venezuela, cuando así lo decidiere, podrá libremente, despedir sin motivos a cualquiera trabajador de dirección, siendo que a tenor del artículo 77 del Decreto-Ley Orgánica del Trabajo, los Trabajadores y las Trabajadoras, debe entenderse por despido injustificado, la voluntad unilateral del empleador que pone fin a la relación laboral con el respectivo trabajador, sin que este haya incurrido en causa legal justificada.

Lo afirmado en el párrafo anterior, permite precisar la primera gran problemática que intentaremos analizar a través de estas líneas, en cuanto si le corresponde o no a los trabajadores de dirección, conforme al Decreto-Ley Orgánica del Trabajo, los Trabajadores y las Trabajadoras, alguna indemnización derivada de la extinción por despido injustificado del respectivo vínculo dependiente, que, como sabemos, en Venezuela, pueden celebrarse por tiempo indeterminado, tiempo determinado o para obra determinada (artículo 60 *eiusdem*).

Una posibilidad, basada fundamentalmente en el principio de legalidad, sería interpretar que el trabajador de dirección, al poder ser despedido injustificadamente, sin protección de estabilidad, ni inamovilidad laboral especial-presidencial, no puede él solicitar reenganche alguno a su puesto laboral; por tanto, no tendría derecho al pago indemnizatorio bajo análisis, todo conforme a reiterada jurisprudencia patria, a saber:

> Esta Sala de Casación Social ha establecido (…) que aquellos trabajadores a los cuales se les atribuya la categoría de dirección, pueden ser

---

[9] *Gaceta Oficial de la República Bolivariana de Venezuela* N.º 6207 extraordinario, del 28-12-15.

despedidos sin justa causa, sin que se produzca, por no gozar del régimen de estabilidad laboral (...) los efectos patrimoniales (...) referidos a las indemnizaciones por despido injustificado (...) propias de los trabajadores que sí gozan de estabilidad en el trabajo y que han sido despedidos sin causa legal que los justifique...[10].

Destacándose, que tal óptica es corroborada por Márquez Ferrer, quien detalla:

Varios son los aspectos que pone de manifiesto esa regulación especial. En primer lugar, los trabajadores de dirección pueden ser despedidos (...) sin necesidad de invocar una justa causa de las establecidas en (...) la Ley Orgánica del Trabajo, y sin que proceda indemnización alguna por despido. De acuerdo con (...) dicha Ley, los trabajadores de dirección están excluidos del régimen de estabilidad contemplado para los demás trabajadores permanentes (...) Lo anterior constituye una excepción a uno de los principios fundamentales del Derecho del Trabajo, según el cual es procedente el pago de indemnizaciones en caso de extinción de la relación del trabajo por causas imputable al patrono[11].

Bajo otra visión, del mismo punto precedentemente desarrollado, emerge distinta posibilidad hermenéutica, a la cual nos adherimos, nutrida con justa ponderación entre derechos fundamentales y el principio de proporcionalidad que desarrolla Blancas Bustamante[12], considerando que la misma auspicia solución más equitativa a la problemática en escrutinio, todo en consonancia a una óptica constitucional del Derecho del Trabajo, construyéndose tesis por la cual, indistintamente de no tener los trabajadores de dirección, estabilidad, ni la vigente, inamovilidad laboral especial-presidencial, y, poder ser, en todo

---

[10] TSJ/SCS, sent. del 16-12-08, (caso: Armando de Jesús Peña *vs.* Recuperaciones RVA C. A.).

[11] Márquez Ferrer, Victorino: *Estudios sobre la relación de trabajo: administradores sociales, trabajadores de dirección, agentes concesionarios, franquicias y productores de seguros.* UCAB. Caracas, 2002, p. 124.

[12] Blancas Bustamante, Carlos: *Derechos fundamentales de la persona y relación de trabajo.* 2.ª, Fondo Editorial de la Pontificia Universidad Católica del Perú. Lima, 2013, p. 278.

tiempo, despedidos incausadamente, ello no impide que estos tengan pleno derecho a la indemnización que resulta de la extinción del respectivo contrato laboral por voluntad unilateral e injusta del patrono.

En efecto, si bien el empleador, al despedir sin justa causa a los trabajadores de dirección actualiza, entre otros, sus derechos fundamentales sobre libertad de empresa y contratación, así como el de propiedad, tal posición no impide considerar que más allá de que el patrono pueda despedir sin justa causa, al trabajador de dirección, este es receptor de un daño que en interpretación constitucional, creemos debe ser indemnizado, pues el empleador con ese obrar, impacta negativamente la vital manutención que deriva del salario devengado por cada trabajador de dirección, cuya afectación incluso puede extenderse a las personas dependientes suyas económicamente, erosionándose así –parafraseando al recientemente fallecido maestro Alfonzo Guzmán[13]–, la fundamental naturaleza alimentaria, personal y familiar de dicha prestación salarial, resultando también titular de esta, el trabajador de dirección, luciendo útil al respecto, transcribir parcialmente el artículo 1160 del Código Civil[14]: «Los contratos (…) obligan no solamente a cumplir lo expresado en ellos, sino a todas las consecuencias que se derivan de los mismos contratos, según la equidad…»; todo sin menoscabo del artículo 1185 encabezado *eiusdem*, pues, según Calvo Baca:

> … el hecho ilícito es el contrapuesto al hecho jurídico, que siempre ha de ser lícito (…) Es la conducta culposa o dolosa, contraria a derecho y de la cual el ordenamiento jurídico deriva como consecuencia sustantiva, el deber de indemnizarla (…) Para que un hecho sea calificado como ilícito deben concurrir tres elementos: a. Que sea un acto que vaya contra el ordenamiento jurídico; b. que produzca como consecuencia un daño, y c. que el acto sea imputable a su autor[15].

---

[13] Alfonzo Guzmán, Rafael: *Nueva didáctica del Derecho del Trabajo*. 16.ª, Impresos Miniprés. Caracas, 2016, p. 504.
[14] *Gaceta Oficial de la República de Venezuela* N.º 2990 extraordinario, del 26-07-82.
[15] Calvo Baca, Emilio: *Código Civil venezolano-comentado y concordado*. 6.ª, Ediciones Libra. Caracas, 1990, p. 1172.

Buscando armonía, entre los principios laborales-fundamentales de razonabilidad, igualdad y no discriminación, creemos compatible, reproducir lo dicho al respecto por Plá Rodríguez, pues:

> Todo orden jurídico se estructura en criterios de razón y de justicia que parten de la naturaleza de la persona humana y buscan concretar un ideal de justicia (…) conforme a la regla del equilibrio conveniente (…) significándose también que no están prohibidas todas las diferencias sino solo las diferencias injustificadas, que suelen ser identificadas con la palabra discriminación (…) Lo que interesa a los efectos de determinar si se configura trato discriminatorio no es que haya algún empleado más favorecido que otro, sino que un dependiente resulte discriminado respecto a la generalidad[16].

Así las cosas, aparte de todo lo anteriormente dicho, encontramos que en estos tiempos, luce ilegalmente discriminatorio y contrario a la ponderación entre derechos fundamentales, el que lícitamente se permita al patrono despedir sin justa causa a los trabajadores de dirección, pero no se define claramente, una justa indemnización a favor de estos en razón de tal proceder, indistintamente que no fueren titulares de estabilidad o inamovilidad laboral especial-presidencial vigente, debiendo prevalecer al respecto, aspectos más cercanos a la justicia sustantiva que define estos tiempos.

Buscando congruencia con todo lo anterior e intentado robustecer la tesis que suscribimos, observamos afinidad en el contenido del aún novísimo artículo 92 del Decreto-Ley Orgánica del Trabajo, los Trabajadores y las Trabajadoras, cuyo contenido detalla:

> En caso de terminación de la relación de trabajo por causas ajenas a la voluntad del trabajador (…) o en casos de despido sin razones que lo justifiquen (…) el patrono (…) deberá pagarle una indemnización equivalente al monto que le corresponde por prestaciones sociales.

---

[16] Plá Rodríguez, Américo: *Los principios del Derecho del Trabajo*. 3.ª, Depalma. Buenos Aires, 1998, p. 437.

Basados en los argumentos expuestos, referidos a la proporcionalidad entre derechos fundamentales que debe concretar también igualdad, y sin menoscabo de la invocación que hicimos antes de los artículos 1160 y 1185 del Código Civil, adicionándose ahora lo reglado en el artículo 4 *eiusdem*, consideramos que la procedencia indemnizatoria que proponemos a favor de los trabajadores de dirección por despido injusto, debe fijarse conforme a las mismas tarifas establecidas previamente en el Decreto-Ley Orgánica del Trabajo, los Trabajadores y las Trabajadoras, para los demás trabajadores; ello, en caso de extinción por despido injustificado de contratos laborales, bien fueren por tiempo indeterminado (artículo 92), por tiempo determinado u obra determinada (artículo 83), subrayando que ya existe fallo vinculado a un trabajador de dirección, donde la suprema autoridad judicial, discutiblemente lo entendió sometido a un contrato por tiempo determinado, condenando pagar la indemnización bajo análisis, fundada en extinción anticipada e injusta del respectivo vínculo dependiente[17].

Aunque para concretar lo *supra* sugerido, no creemos imprescindible reforma legal alguna, bajo tal supuesto escenario, luce útil invocar lo propuesto al efecto por MÁRQUEZ FERRER, siendo que:

> … parece conveniente regular aspectos tales como (…) la procedencia de una indemnización en caso de extinción del contrato de dirección por voluntad unilateral del patrono, compatible con la libertad que debe tener el patrono para prescindir de un trabajador de estas características…[18].

2. Conservación de la condición más favorable en tutela del trabajador de dirección

Antes de la vigencia del Decreto-Ley Orgánica del Trabajo, los Trabajadores y las Trabajadoras, regía al efecto, la Ley Orgánica del Trabajo[19]; en tal sentido,

---

[17] TSJ/SCS, sent. del 21-05-13 (caso: Jesús R. Rodríguez Gómez *vs.* Fundación Universitaria Santa Rosa-UCSR).
[18] MÁRQUEZ FERRER: ob. cit., p. 58.
[19] Publicada inicialmente en la *Gaceta Oficial de la República de Venezuela* N.° 4240 extraordinario, del 20-12-90; reformada según *Gaceta Oficial* N.° 5512 extraordinario,

siempre se entendió que esta última Ley, negaba a los trabajadores de dirección, la indemnización por despido injustificado, entre otras razones, porque como hoy, estos no tenían la respectiva estabilidad laboral.

Por tanto, conforme a la Ley Orgánica del Trabajo de entonces, los trabajadores de dirección, a lo que sí tenían derecho, en caso de despido injustificado, era al preaviso legal, reglado entonces en el ahora derogado artículo 104; así como, en el artículo 36 del Reglamento de la Ley Orgánica del Trabajo, aún vigente de forma parcial[20].

Sin embargo, tenemos que, con la entrada en vigencia del Decreto-Ley Orgánica del Trabajo, los Trabajadores y las Trabajadoras, desde el 7 de mayo del 2012, no solo se omitió allí, toda referencia al preaviso que ocupa, sino que tampoco por esa regresividad, se compensó de cualquier forma a los trabajadores de dirección, es decir, en detrimento de estos a través del Decreto-Ley se eliminó dicho preaviso legal para ese sector que concretaba –creemos– un derecho adquirido.

Así las cosas, acercándonos a una tentativa de análisis sobre la temática en cuestión, apalancados en el principio de conservación de la condición laboral más favorable, e indistintamente que el nuevo Decreto-Ley omitió mención alguna del preaviso al cual tenían derecho los trabajadores de dirección, antes del 7 de mayo de 2012, conforme a la entonces vigente Ley Orgánica del Trabajo, consideramos que tal preaviso legal, debe ser respetado, proclamando actual vigencia, ello en favor de los trabajadores de dirección que bajo una misma relación laboral preexistente desde entonces, hoy mantienen tal cualidad. En efecto, considerar lo contrario, aparte de inconstitucional, pincela con altisonantes colores, regresividad en las condiciones laborales de aquellos, luciéndonos cuesta arriba, poder alegar en contra que el transcurrir del tiempo, configura un consentimiento tácito que legitimaría la invocada omisión y

---

del 19-06-97; resultando la misma, igualmente reformada mediante Decreto-Ley, publicado en *Gaceta Oficial* N.º 6024 extraordinario, del 06-05-11.

[20] *Gaceta Oficial de la República Bolivariana de Venezuela* N.º 38426, del 28-04-06.

regresión legal; ello, entre otras razones, porque la viva vigencia del respectivo contrato, permitiría reclamar a la fecha lo del preaviso en cuestión.

En consonancia a lo expuesto, podemos apuntar que, más allá de la no vigencia del referido artículo 104 de la Ley Orgánica del Trabajo, su contenido y alcance, debe entenderse integrado a los contratos individuales de trabajo vinculantes, bajo la óptica posible que permite el artículo 432 primera parte del Decreto-Ley Orgánica del Trabajo, los Trabajadores y las Trabajadoras, aunque, cambiando lo cambiable, todo conforme a la constitucional intangibilidad y progresividad de los derechos laborales.

Intentando evitar contradicciones conceptuales y argumentativas, es menester precisar que los trabajadores de dirección legitimados para ser titulares de lo que ocupa, al extinguirse por despido injustificado su contrato laboral, iniciado antes del 7 de mayo del 2012, y, terminado por despido injustificado, luego de tal data, no pueden pretender ser titulares al unísono del invocado preaviso y lo indemnizatorio explicitado *supra*, pues ambos derechos son excluyentes; no obstante, ello no impide que pueda reclamarse, uno de forma principal y el otro subsidiariamente, para el supuesto que no proceda, lo requerido como principal, todo sin menoscabo de también poder considerar al efecto, lo del principio laboral de favor, por virtud del cual, sí se plantearen dudas razonables en la aplicación de dos o más normas, será aplicada aquella que más favorezca al respectivo dependiente, siendo que la norma escogida al efecto será aplicada integralmente.

3. El trabajador de dirección en el ámbito de las convenciones colectivas laborales

En salvaguarda del principio de pureza, consagrado en los artículos 366 y 432 del Decreto-Ley Orgánica del Trabajo, los Trabajadores y las Trabajadoras, así como en el artículo 118 del Reglamento de la Ley Orgánica del Trabajo, salvo acuerdo contrario entre partes, actualmente está prohibido que los representantes del patrono, que autoricen y participen en la negociación y discusión de cualquiera convención colectiva, se beneficien de las cláusulas que conformen a esta, todo lo cual de forma obvia, excluye a los trabajadores de dirección que concreten tales ejecutorias en representación del patrono, entendiéndose que tal prohibición contra dichos dependientes, consagrada en el Decreto-Ley limita a estos, pues, según Pirela León «... restringe sus derechos en materia de derecho colectivo laboral. Dicha restricción pretende evitar que el trabajador de dirección influya o intervenga en la organización sindical en defensa de los intereses de la entidad de trabajo»[21].

Lo apuntado en el párrafo anterior permitiría de pleno derecho, al menos conceptualmente, el contrasentido que los trabajadores de dirección a quienes no corresponda autorizar y participar en la discusión de la respectiva convención colectiva, pudieren quedar amparados por esta jurídicamente. Ante tal opción, oponemos que todo trabajador de dirección es un representante del patrono, siendo que, según Montoya Melgar, tal poder de dirección «... tiene una doble dimensión: general –como poder de organizar laboralmente la empresa– y singular –como poder de ordenar las concretas prestaciones de los trabajadores individuales–»[22].

Conclusiones

Por medio de todo lo antes desarrollado, creemos que se pudo validar la vigorosa utilidad de asumir una interpretación del Derecho Laboral, desde óptica constitucional que salvaguarda ponderadamente, la proporcional eficacia de posibles derechos fundamentales en pugna, prevaleciendo el fondo sobre las formas, como también lo equitativo sobre lo jurídico.

En estos tiempos, luce inconstitucionalmente discriminatorio y contrario a la ponderación entre derechos fundamentales, el que lícitamente se permita al

---

[21] Pirela León, Jaime: «El régimen jurídico del trabajador de dirección en la LOTTT». En: *Revista Derecho del Trabajo*. N.º 16. Fundación Universitas. Barquisimeto, 2013, pp. 151-166.

[22] Montoya Melgar, Alfredo: «El poder de dirección del empresario en las estructuras empresariales complejas». En: *Revista Derecho del Trabajo*. N.º 1. Fundación Universitas. Barquisimeto, 2005, pp. 201-215.

patrono despedir a los trabajadores de dirección, careciendo de justa causa, sin establecerse claramente una equitativa indemnización a favor de estos, indistintamente que los mismos no fueren titulares de estabilidad o inamovilidad laboral especial-presidencial.

Si bien el aún novísimo Decreto con rango, valor y fuerza de Ley Orgánica del Trabajo, los Trabajadores y las Trabajadoras omitió mención alguna del preaviso, al cual tenían derecho los trabajadores de dirección, antes del 7 de mayo de 2012, conforme a la entonces vigente Ley Orgánica del Trabajo, consideramos que tal preaviso legal debe ser respetado hoy, ello en favor de los trabajadores de dirección que bajo una misma relación laboral preexistente desde entonces, mantienen actualmente esa cualidad. Apuntándose que, más allá de la no vigencia del referido artículo 104 de la Ley Orgánica del Trabajo, su contenido y alcance, debe entenderse integrado a los contratos individuales de trabajo vinculantes, bajo la óptica de lo posible que permite el artículo 432 primera parte del Decreto-Ley.

Salvo acuerdo contrario entre partes, actualmente está prohibido que los representantes del patrono, que autoricen y participen en la negociación y discusión de cualquiera convención colectiva, se beneficien de las cláusulas que la conformen, lo cual podría permitir, al menos conceptualmente, el despropósito que los trabajadores de dirección a quienes no corresponda autorizar y participar en la discusión de la aludida convención, pudieren quedar amparados de pleno derecho por aquella.

Estos son los otros matices del trabajador de dirección, todo conforme a nuestra vigente legislación laboral.

* * *

Resumen: El autor examina la categoría de trabajador de dirección según la vigente legislación laboral. Con tales intenciones destaca tras aspectos, a saber: lo referente a la indemnización por despido injustificado, la conservación de sus condiciones más favorables según el régimen anterior y los efectos de su participación en la discusión de convenciones colectivas. Con ello logra perfilar los matices del trabajador de dirección. **Palabras clave**: Trabajador de dirección, indemnización por despido injustificado, convenciones colectivas laborales.

Administración de justicia en los inicios de la República: María Antonia Bolívar vs. Ignacio Padrón

Inés Quintero[*]

Sumario

Introducción 1. Contendores desiguales 2. En defensa de Padrón 3. El juez de la causa 4. La República se respeta. Conclusiones

Introducción

El 8 de septiembre de 1836, María Antonia Bolívar, caraqueña, viuda de Pablo Clemente, madre de cuatro hijos, abuela de varios nietos y hermana del difunto Simón Bolívar, se presenta ante el Alcalde General de la Parroquia Catedral para informar que le han robado de su casa la cantidad de diez mil pesos, una suma nada despreciable; informa, igualmente, que el principal sospechoso del hurto es Ignacio Padrón, un mozo que trabajaba para ella. El hecho, de acuerdo a la misma declaración, había ocurrido el 19 de abril de ese mismo año.

La denuncia es procesada por el Juez Primero de la Parroquia Catedral, José Julián Osío quien tuvo a su cargo la preparación del sumario y enviada el 11 de septiembre al Juez de Primera Instancia, Juan Jacinto Rivas, responsable de conducir el juicio. La defensa de Padrón la realiza el abogado Juan Bautista Carreño.

---

[*] **Universidad Central de Venezuela**, Doctora en Historia, Profesora Titular en la Escuela de Historia, en la Maestría y Doctorado de Historia. Individuo de Número y Directora de la Academia Nacional de la Historia. Fullbright Scholar en la Biblioteca del Congreso, Washington D. C. Andrés Bello Fellow de la Universidad de Oxford.

Son interrogados numerosos testigos de parte y parte, María Antonia es convocada por la defensa para que rinda declaración en el tribunal y, finalmente, el juez dicta sentencia el 17 de octubre de ese mismo año. Padrón es declarado inocente y María Antonia es condenada a pagar las costas del juicio.

El caso fue estudiado en detalle y publicado en el libro *El fabricante de peinetas. Último romance de María Antonia Bolívar*[1], y reeditado varias veces. En los años inmediatamente posteriores a su publicación, por iniciativa de René MOLINA, este libro fue materia de lectura para los estudiantes de Derecho de la Universidad Central de Venezuela, en la asignatura «Introducción al Derecho». También dispuso el mismo profesor invitar a la autora para compartir el contenido de esta historia con quienes iniciaban su proceso formativo.

El propósito fundamental era reflexionar con los estudiantes el desarrollo del caso, su significación y alcances, no solamente desde el punto de vista procesal o jurídico, sino de manera especial en relación con el desempeño de quienes fueron pieza fundamental del desenlace: el abogado defensor de Ignacio Padrón, Juan Bautista Carreño, y el juez de primera instancia que tuvo a su cargo la conducción de la causa, Juan Jacinto Rivas.

La iniciativa de René MOLINA de utilizar este libro como recurso formativo para sus estudiantes, del mismo modo que la oportunidad que representó compartir su lectura con estos jóvenes que comenzaban a exponerse a las exigencias que demanda estudiar Derecho en nuestro país, constituyeron no solamente un intercambio extraordinario, sino, también, la posibilidad de reflexionar, una vez más, sobre lo que representó este particular episodio como importante referente de lo que fue el esfuerzo de dar inicio a la construcción de la República, en un ámbito especialmente sensible: el de la administración de justicia con apego a las leyes y con absoluta independencia de los intereses y presiones que pudiesen incidir en el desarrollo y desenlace del caso. La conclusión en las diferentes ocasiones que hicimos el ejercicio fue más o menos la misma: fascinación y sorpresa ante la muy transparente y equilibrada

---

[1] QUINTERO, Inés: *El fabricante de peinetas. Último romance de María Antonia Bolívar*. Editorial Alfa. Caracas, 2011.

administración de justicia que había tenido lugar en el resultado del juicio que enfrentó a la señora Bolívar y al joven Padrón.

La breve reconstrucción de esta historia tiene como finalidad no solamente recordar y agradecer lo que representó el muy grato y enriquecedor intercambio con los estudiantes de Derecho sino, muy especialmente, destacar y reconocer la vocación y el compromiso docente de René MOLINA en su empeño de formar abogados que puedan valorar y comprender la importancia que tuvo en el pasado, y sigue teniendo en el presente, y por supuesto en el futuro, actuar conforme a la ley y a los mandatos de la República. De eso se trata. Gracias René.

1. Contendores desiguales

Desde el momento en que María Antonia Bolívar hace la denuncia del robo ante el alcalde parroquial, comienza un proceso que involucra a dos personas con biografías absolutamente diferentes, con trayectorias familiares, posibilidades económicas, condiciones y relaciones sociales abiertamente dispares. Por una parte, está María Antonia Bolívar, la denunciante, blanca criolla y principal, perteneciente a las principales familias de Caracas, desde la época colonial, dueña de una importante fortuna y, por la otra, se encuentra Ignacio Padrón, el sospechoso, sobreviviente de la guerra de Independencia, de padre desconocido, antiguo empleado del estanco del tabaco, fabricante de peinetas y dueño de una modesta posada que está comenzando a montar, precisamente cuando se inicia la causa.

La señora Bolívar, nacida en Caracas en 1777, era hija de Juan Vicente Bolívar y doña Concepción Palacios, dos blancos principales caraqueños, descendientes a su vez de conquistadores y fundadores de la sociedad colonial. María Antonia se casó con Pablo Clemente, también perteneciente a las primeras familias de Caracas y tuvo cuatro hijos. Defensora del orden monárquico, no compartió el proyecto de La Independencia y en 1814 se vio obligada a abandonar Venezuela, vivió en la Habana y obtuvo una pensión del rey. Regresó a Venezuela en 1822 y desde entonces se ocupó de recuperar y administrar la fortuna familiar, para lo cual recibió un amplio poder de su hermano Simón Bolívar. En 1827, cuando Bolívar viajó a Venezuela y repartió sus bienes entre sus familiares, traspasó a su nombre varias casas, haciendas y propiedades. A la muerte de su hermano, en 1830, y luego de una larga y complicada disputa por la herencia del difunto, su fortuna se vio ampliada de manera significativa, especialmente cuando se lograron vender las minas de Aroa a una empresa inglesa, viéndose beneficiada con una elevada cantidad de dinero. En 1836, cuando ocurre el robo, María Antonia era dueña de una casa de buen tamaño en la esquina de Sociedad, otra de descanso en la parroquia La Vega, en el sitio llamado El Empedrado; un trapiche con numerosos esclavos en Macarao, varias casas en La Guaira y el trapiche y la hacienda cañífera de San Mateo[2].

Ignacio Padrón, a diferencia de María Antonia, es un personaje absolutamente desconocido. Cuando se hizo la investigación para escribir *El fabricante de peinetas*, no hubo manera de conseguir mayor información sobre Padrón; solo se conoce el nombre de su madre, María Josefa Higuera, ya que es citada en el juicio; otros datos se obtuvieron de las declaraciones que se hacen durante la causa, de donde se desprenden algunas referencias aisladas. Se supo entonces que Padrón nació en Caracas, en 1814, el año más terrible de la guerra de Independencia, logró sobrevivir junto a su madre a los estragos de la guerra; al concluir la contienda tenía siete años; en los años siguientes tuvo la oportunidad de aprender a leer y escribir; trabajó en las oficinas del estanco del tabaco hasta 1833; en ese momento ya se desempeñaba como fabricante de peinetas. Sus peinetas se vendían en Caracas en la peinetería del señor Ramón Aveledo. En febrero de 1835 comenzó a trabajar para la señora Bolívar, a quien debe hacer conocido por la fabricación de peinetas. En septiembre de 1836, es acusado de robo por su antigua patrona. Para entonces, como ya se dijo, estaba instalando una modesta posada. La única descripción física que hay de Padrón dice que era un joven alto, delgado, de nariz chata, color amarillento, pelo crespo y sin barba. Para el momento de la denuncia tenía 22 años.

---

[2] Véase al respecto QUINTERO, Inés: *La criolla principal. María Antonia Bolívar, hermana del Libertador*. Editorial Alfa. Caracas, 2015 (1.ª, edición Fundación Bigott, Caracas, 2003).

Se trata sin duda de un juicio en el cual no solamente son claras y evidentes las desigualdades entre denunciante y sospechoso, sino que, además, María Antonia hará valer estas mismas diferencias al momento de realizar la denuncia y hacer manifiestas sus sospechas contra Padrón. Esta posición queda claramente evidenciada en su comunicación al tribunal de fecha 22 de septiembre en la cual describe a Padrón y da cuenta de las razones en que fundamenta su sospecha.

El joven Padrón, dice María Antonia:

> … es un mozo pobre y miserable que andaba en esta ciudad ganando dos o tres reales en calidad de escribiente y a quien yo había tenido en mi casa en clase de dependiente pagándole una cuota mensual por hacerme algunas diligencias y por llevarme la correspondencia epistolar, al cual había despedido algunos meses antes del suceso, porque ya le había notados otras faltas que me hacían entrar en desconfianza[3].

La mayor evidencia y el motivo esencial por el cual no tenía dudas respecto a que Padrón era el ladrón se basaba en el hecho de haber visto a este «… joven infeliz, de la noche a la mañana, haciendo francachelas, gastos y desembolsos que son totalmente incompatibles con su miserable suerte y ninguna fortuna»[4].

Quedaba claro, a la vista de María Antonia que, una persona como Padrón, de inferior calidad y sin bienes de fortuna, no era digno de confianza y, mucho menos, si después de ocurrido el robo, se le vio gastando más dinero del que nunca había tenido. El objetivo de María Antonia era que fuese juzgado, condenado y castigado por el delito cometido, con todo el rigor que establecían las leyes. Unos días antes de esta declaración, se había tomado la libertad de dirigirle una carta al juez de la causa, Juan Jacinto Rivas, para enviarle unas pruebas y reiterar sus sospechas respecto a Padrón. La carta tiene fecha 20 de septiembre y es como sigue:

---

[3] Quintero: ob. cit. (*El fabricante de peinetas…*), p. 43.
[4] Ídem.

Muy señor mío:

Debo advertir y hacer presente a Usted que consecuente al robo que se me hizo el 19 de abril, y considerando siempre que no podía ser otro que José Ignacio Padrón según todos los síntomas, tomé en secreto la precaución de llamar a mi casa a una samba vieja llamada Lorenza de la casa del dicho Padrón, para encargarle como le encargué examinase e indagase del modo que le fuese posible, si le veía onzas o algunos bustos de oro de mi hermano Simón Bolívar que estaban dentro del saco, y en efecto, a pocos días de mi encargo se me apareció en casa dicha samba trayéndome dos de los bustos que me dijo había encontrado, junto con la llave nueva que acompaño que sin duda fue con la que me abría la puerta de la calle, pues aunque parece hecha de algún aprendiz le sirve a la cerradura exactamente según lo verá el Tribunal, de cuyas resultas quité la cerradura que también remito con la llave vieja y puse otra en su lugar. Dejo los dos bustos en mi poder, pero la samba Lorenza salió de la casa de Padrón y existe por Santa Rosalía que me será fácil proporcionar su encuentro si se manda llamar o citar con un ministro. Digo esto porque tal hallazgo es parte esencial del cuerpo del delito cometido, y no quiero se omita nada en la averiguación que está haciendo la justicia, y de que no había dado denuncio anteriormente porque la dicha Lorenza se encontraba fuera en Barquisimeto y ahora ha vuelto.

Quedo de Usted atenta,

María Antonia Bolívar[5]

Las posibilidades de Padrón son muy distintas a las de su denunciante. Luego de que María Antonia Bolívar da cuenta del robo ocurrido en su casa, solicita que el sospechoso sea reducido a prisión y así se hace. El 9 de septiembre, al día siguiente de la denuncia, Padrón es detenido y conducido a la cárcel de Caracas.

---

[5] Carta de María Antonia Bolívar a Juan Jacinto Rivas, 20 de septiembre de 1836, en QUINTERO: ob. cit. (*El fabricante de peinetas…*), p. 41.

Ante la acusación de María Antonia Bolívar, la única opción que tiene Padrón es buscar un abogado que asuma su defensa; recurre inicialmente a Juan Bautista Carreño pero este debe salir de la ciudad y no puede ocuparse del caso, hace un segundo intento con otro abogado, José Sistiaga, un hombre mayor, maestro y doctor en Derecho Civil, quien por motivos de salud, no pudo ocuparse de la defensa. No será sino al regreso de Carreño, el 29 de septiembre, cuando Padrón cuenta con un abogado que lo defienda.

Además de declararse inocente, Padrón alega en su defensa que entre la señora Bolívar y su persona existía un «convenio privado». Para demostrarlo tiene en su poder las cartas que ella le envió, en las cuales queda en evidencia la cercanía e intimidad que había existido entre ellos, antes de que ocurriera la denuncia[6]. La aspiración de Padrón es que el desarrollo del juicio permita demostrar su inocencia y recobrar su libertad. Que se haga justicia.

2. En defensa de Padrón

Cuando Juan Bautista Carreño se hace cargo del caso, su primera actuación como abogado defensor es solicitar la excarcelación del sospechoso; introduce dos escritos con este propósito. Pero, en ambas ocasiones, el juez las rechaza y argumenta las razones que impiden sacar de la cárcel a Padrón. Se ocupa entonces, el abogado Carreño, de demostrar que los juicios emitidos por María Antonia Bolívar contra el sospechoso carecen de fundamento y, con ese fin, introduce una demanda por injuria contra la denunciante. Su objetivo es demostrar que Ignacio Padrón es un hombre de bien, trabajador y que se gana el sustento de manera honesta; todo lo contrario a lo expuesto por la señora Bolívar.

Más de veinte personas son llamadas a declarar: un talabartero, un sastre, la señora que le había alquilado un cuarto, otra que le preparaba comida; uno

---

[6] Los originales de la cartas escritas por María Antonia Bolívar a Ignacio Padrón se encuentran en el expediente «Criminales seguidos contra Ignacio Padrón, por atribuírsele el hurto de diez mil pesos», Sección Criminales, Letra P, año 1836, Archivo General de la Nación (AGN), Caracas. El mismo expediente que sirvió de apoyo al desarrollo de esta investigación.

que le había arrendado un terreno para pastar unas vacas; otro que le vendió una mula, y muchos más que habían tratado a Padrón o habían hecho algún negocio con él. Todos afirman, al hacer su declaración, que se trata de un hombre trabajador, que cumple sus compromisos; también dan fe de su buen comportamiento.

El segundo recurso utilizado por el abogado defensor es poner en entredicho y descalificar a los testigos presentados por la denunciante. Cada uno de ellos es interrogado en el tribunal, a fin de demostrar la falsedad y las inconsistencias de sus afirmaciones y dejar en evidencia la relación cercana y de servicio que tienen con la denunciante, lo cual pone en tela de juicio sus declaraciones.

En su defensa de Padrón, Carreño también presenta y hace valer las cartas escritas por María Antonia Bolívar a su defendido, en las cuales se pone en evidencia la relación privada que existía entre el sospechoso y la denunciante. Solicita entonces la presencia de la señora Bolívar en el tribunal con el propósito de que responda una serie de preguntas que permitan dilucidar cuáles eran los términos de su relación con Ignacio Padrón, antes de que ocurriera el robo. Al ser interrogada en el tribunal, María Antonia Bolívar, como era de esperarse, niega rotundamente que haya mantenido algún tipo de relación privada con el joven Padrón.

En el desarrollo de los interrogatorios el abogado es acucioso y diligente, no omite detalles, insiste y repregunta, siempre con el firme objetivo de dejar por sentado que Padrón es un hombre de bien y demostrar, al mismo tiempo, que las declaraciones de María Antonia y de sus testigos no son confiables y que de sus respuestas tampoco se desprenden indicios firmes que permitan demostrar la culpabilidad de su defendido.

3. El juez de la causa

La actuación del juez, desde el primer momento, deja ver que no está dispuesto a aceptar la intervención ni las presiones de la parte denunciante. Así vemos que, cuando María Antonia le escribe a título personal para enviarle las pruebas que, en su opinión, inculpan al sospechoso, el juez Rivas le contesta inmediatamente para hacerle saber los términos en los cuales debe conducirse el juicio con apego a la ley, independientemente de las personas que están involucradas.

> Señora María Antonia Bolívar:
>
> Como Juez de Primera Instancia encargado de administrar justicia no recibo cartas particulares, ni puedo oír a las partes en otro lugar que en el mismo Tribunal. Usted puede presentarse denunciando a la voz o por escrito, y entonces esté Usted segura de que haré todo lo que me corresponda en cumplimiento de mis deberes, entretanto yo devuelvo a Usted los dos bustos con las llaves y cerraduras, para que si Usted quiere sean presentados de una manera legal.
>
> Como Juan Jacinto Rivas soy de Usted muy respetuoso Servidor.
>
> Que besa sus pies,
>
> Juan Jacinto Rivas[7]

No podía, bajo ninguna circunstancia, como denunciante, establecer comunicación directa con él, sino a través de los mecanismos establecidos por la ley. No importa que la carta estuviese firmada por la señora María Antonia Bolívar. También en el desarrollo del juicio es cuidadoso y apegado a lo que establecen los procedimientos, se mantiene atento y sigue de cerca los interrogatorios, interviniendo en ellos cuando lo considera necesario, hasta el momento de dictar sentencia.

Luego de todos los interrogatorios y presentación de pruebas, el juez fijó la vista definitiva del expediente para el domingo 16 de octubre a las 9 de la mañana. Ese día fueron convocadas las partes y, en la puerta del tribunal, se pregonó a viva voz el inicio del último procedimiento de la causa iniciada el 8 de septiembre, como consecuencia de la denuncia introducida por María Antonia Bolívar.

---

[7] Carta de Juan Jacinto Rivas a María Antonia Bolívar, Caracas, 20 de septiembre de 1836 en QUINTERO: ob. cit. (*El fabricante de peinetas...*), p. 43.

En presencia del juez, del abogado defensor y de las partes involucradas, así como del público asistente, se hizo la lectura minuciosa de todo el expediente con la totalidad de las diligencias practicadas, omitiendo solamente las cartas escritas por María Antonia Bolívar a Ignacio Padrón.

La vista del expediente continuó al día siguiente, ya que por su extensión no fue posible terminar su revisión en la audiencia del domingo. Concluida la lectura, el abogado Carreño expuso de viva voz la defensa de Padrón, solicitó su completa absolución, que se le pusiera en libertad y se le devolviesen sus bienes; solicitó igualmente que se condenara a la parte delatora a pagar los gastos de justicia, costas y perjuicios.

Leyó entonces el juez su veredicto declarando inocente el acusado. Revisado todo el expediente, consideró el juez que las pruebas sobre el cuerpo del delito tuvieron su origen en lo dicho e insinuado por la propia denunciante, apoyándose en testigos cuyas declaraciones se basaban, igualmente, en el testimonio de la acusadora; también expuso que la señora María Antonia Bolívar no dio parte del robo inmediatamente, sino cuatro meses y medio después. No había razón alguna para creer que fuese calumnia o falsa su exposición, pero sí para advertir que no se demostró el delito denunciado.

En relación con la autoría del robo por parte de Ignacio Padrón, destacó el juez que los bustos y la llave que se presentaron para incriminar a Padrón, se obtuvieron por un conducto que dificultaba su consideración como una prueba cabal y libre de toda sospecha; tampoco quedó persuadido de la culpabilidad de Padrón, después de escuchar y conocer las declaraciones de los testigos presentados por María Antonia Bolívar. No había en ninguna de ellas demostración alguna de que Padrón hubiese sido el autor del robo.

Respecto a todos aquellos que declararon haber visto a Padrón gastando grandes cantidades de dinero, tal como lo había expuesto María Antonia en su primera denuncia, estimó el juez que el capital manejado por Padrón no excedía los mil quinientos pesos y, además, no había sido a la vez, sino en diferentes épocas del año, cosa que de ninguna manera probaba que hubiese sido el ladrón, tanto más cuando presentó un gran número de testigos, en cuyas declaraciones afirmaron que, desde años atrás, lo conocieron siempre en especulaciones y agencias de alguna consideración, disponiendo de cantidades iguales a las reparadas por la denunciadora para fundar sus sospechas.

No encontraba el juez suficiente comprobado el delito, ya que todas las pruebas contra Ignacio Padrón se reducían a indicios y sospechas sobre las cuales no podía fallarse en esta causa, condenando como autor del delito al acusado. Por todo lo cual la sentencia era, como ya se dijo, absolutoria de Padrón y condenando a la señora María Antonia Bolívar a pagar el impuesto para gastos de justicia.

En el texto de la sentencia, se cuida muy bien el juez de señalar cada una de las leyes en las cuales fundamenta su veredicto, pueden verse citadas con absoluta precisión y dominio de sus contenidos leyes antiguas que seguían teniendo vigencia para entonces al igual que las nuevas disposiciones legales establecidas por la República en tiempo recientes. Refiere el juez Rivas en su sentencia las leyes 8.ª, 12.ª, 28.ª, y 41.ª, Título 16, de la Tercera Partida y la ley 26.ª, Título 1.º de la Séptima Partida, se trata de las Partidas del rey de Castilla, Alfonso x el Sabio, redactadas y promulgadas entre los años 1256 y 1265; también recurre a la Ley Tercera, Títulos 23 y 32 de la Novísima Recopilación de Indias, al Código de Procedimiento Judicial sancionado en Caracas el 19 de mayo de 1836 y a la recién aprobada Ley de Hurtos sancionada el 23 de mayo de ese mismo año.

Sobre el convenio privado entre María Antonia Bolívar y el acusado no dijo el juez ni una palabra. No era esa la materia del juicio sobre el cual estaba dictando sentencia. Pero el asunto no terminó allí.

4. La República se respeta

María Antonia Bolívar, presente en la sala cuando se leyó la sentencia, no estuvo conforme con la decisión, lo cual se puso en evidencia cuando, al concluir la lectura, el juez le solicitó que se acercara a la mesa. El propósito del juez era entregarle los dos bustos de oro del Libertador, depositados por ella en el tribunal como evidencias del robo. La primera reacción de María Antonia fue dejarlos de mala manera en la mesa, diciéndole al juez que bien podría servirse de ellos y dándole la espalda con intención de salir de la sala.

El juez Rivas, inmediatamente, le reclamó su desaire e irrespeto, exigiéndole que tomara los bustos. La respuesta de María Antonia no se hizo esperar. Los tomó de la mesa y los tiró al suelo diciendo: «esto no vale nada».

Frente a la desmedida e irrespetuosa reacción de María Antonia, el juez se impuso y en tono severo le ordenó recoger los bustos del suelo amenazándola con llevarla a la cárcel si no guardaba el debido respeto a la autoridad y solicitándole que se retirase del tribunal. No tuvo María Antonia más remedio que cumplir la orden del juez.

La sala estaba llena de personas, de manera que el episodio no pasó desapercibido para nadie. Allí, frente a todos los asistentes, María Antonia Bolívar, viuda y principal, había irrespetado al juez Rivas y este, sin titubeos, se había impuesto sobre la arrogancia y desfachatez de la altiva mantuana.

La propia María Antonia, en medio de su alteración y soberbia, al llegar a su casa y seguramente siguiendo recomendaciones de su abogado o de alguna persona sensata y consciente de la gravedad de la ofensa, decidió escribirle una carta al juez, con el fin de presentar sus disculpas y restarle importancia al incidente.

El último párrafo de la carta es elocuente del propósito de su comunicación:

> Se molestó Ud. con mi humilde insinuación, tomando a mal o como insulto que yo irrogaba a su persona conminándome en su virtud hasta con cárcel. Ni mi sexo, ni mi edad, ni nacimiento podían esperar que dando diferente sentido a las palabras, se reputase y conceptuase por falta un acto indiferente y que en mi corazón no abrigaba la menor idea de irrespetuosidad al tribunal, demás que consecuente con mis principios me ha

parecido conveniente hacer esta manifestación en obsequio del honor de la magistratura que V. desempeña y de su propia persona deponga V. cualquier concepto que haya formado contrario a esta exposición, bien persuadido que ahora ni nunca he tenido el más pequeño ánimo de faltar a la alta consideración que me ha merecido su persona[8].

En la misma comunicación solicita que esta última carta se incluya en el expediente. Nuevamente el juez le sale al paso a la pretensión de María Antonia de hacer ver que no hubo tal irrespeto y que, además, aspire dejar constancia escrita de su versión del incidente. Su decisión fue que se hiciera registro formal y certificado de lo ocurrido ese día en el tribunal.

Fueron citadas dos de las personas que estuvieron presentes, a fin de que rindieran testimonio de los sucesos, y también se ocupó él mismo de hacer el relato detallado y certificado del episodio en los términos siguientes:

> Juan Jacinto Rivas, juez de primera instancia interino del primer circuito de las provincias de Caracas. Certifico que habiendo comparecido ayer en mi tribunal la señora María Antonia Bolívar se le notificó en audiencia pública la sentencia pronunciada en la causa contra Ignacio Padrón por hurto, apeló dicha señora de ella para ante S. E. la corte superior y después de extendida y, firmada la diligencia, llamé a mi mesa a la señora Bolívar y trate de devolverle los dos bustos de oro que acompañó a su escrito de denunciación folio (45) según solicitó allí. Al dárselos me contestó la señora Bolívar con estas palabras «Déjelos V. D. ahí, eso no vale nada»: de pronto me reí y le dije: «tome Vd. Sra. sus bustos» y ella siguió siempre de espalda y tratando de retirarse, y me dijo otra vez «sírvase V.D. de ello, eso no vale nada; déjelos Vd.». Pero todo esto dicho con un tono y de una manera que no pude menos que creer que la Sra. Bolívar me dirigía un insulto. Por cuya razón enseriándome le dije entonces: «Sra., si Ud. trata de insultarme con esos conceptos guárdese Ud. de hacerlo, tome Ud. sus bustos y retírese». Había presentes en la barra como treinta

---

[8] María Antonia Bolívar al señor juez de primera instancia, Caracas, 17 de octubre de 1836 en QUINTERO: ob. cit. (*El fabricante de peinetas…*), p. 148.

personas, y tomando la señora Bolívar los bustos en sus manos dijo siempre en el mismo tono «yo no lo insulto a Ud. sino lo que digo es que no vale nada», y tiró los bustos al suelo con un ademán demasiado irrespetuoso, entonces fue que el juez le dijo: «Sra., levante Ud. esos bustos del suelo si Ud. no me guarda los respetos que se me deben como juez, la mandaré a la cárcel», levantó los bustos y se retiró replicando, por cuyo motivo le dirigí estas palabras «Sra. sea Ud. más recatada y en otra ocasión respete Ud. las autoridades como se debe».

Juan Jacinto Rivas[9].

Conclusiones

La actuación del juez durante el juicio, al dictar sentencia y en su firme respuesta a la desfachatez e irrespeto de María Antonia Bolívar, constituyen expresión elocuente de los cambios que se están empezando a operar en Venezuela en los inicios de la vida republicana. Juan Jacinto Rivas, el juez de la causa, hace valer su autoridad como Juez de Primera Instancia de la República, responsable de administrar justicia, sin dejarse intimidar por las presiones del entorno, especialmente de la señora Bolívar, actuado de conformidad con lo que establecen las leyes y además dispuesto sin titubeos a defender y a hacer respetar la institucionalidad republicana. Es por ello que, tanto el juicio como el episodio final, adquieren significación y relevancia históricas.

Del mismo modo ocurre en el caso del desempeño del abogado Juan Bautista Carreño quien asume la defensa de Padrón de manera comprometida, demostrando a lo largo del juicio, a través de los interrogatorios a los testigos de la parte denunciante como a los que presenta en el desarrollo de su defensa, que no hay indicios ni pruebas que permitan incriminar a su defendido y que se trata de una acusación sin fundamentos contra su defendido Ignacio Padrón, todo el tiempo apegado a la ley, independientemente de que la parte acusadora fuese la señora María Antonia Bolívar, de procedencia social y recursos notablemente diferentes a los del acusado.

---

[9] Declaración de Juan Jacinto Rivas, Caracas, 18 de octubre de 1836 en QUINTERO: ob. cit. (*El fabricante de peinetas...*), p. 150.

Visto la actuación de ambos, resulta ilustrativo destacar que, tanto Rivas como Carreño estudiaron en la Universidad de Caracas, el primero se graduó de bachiller en 1825 y luego de abogado, comenzando su carrera judicial después de 1830; Carreño terminó sus estudios universitarios en 1833 y al finalizar 1836, el mismo año del juicio, fue nombrado Juez de Primera Instancia. Ninguno de los dos tenía vínculos con el pasado colonial, ni con las prácticas sociales antiguas según las cuales el origen, la calidad y el linaje, determinaban el lugar que cada quien ocupaba en la sociedad; ambos ingresaron y se formaron en la Universidad en tiempos de la República, precisamente en los años durante los cuales comienza a transformarse la vida universitaria, luego de la aprobación del estatuto republicano de 1827, bajo la rectoría del Dr. José María Vargas.

Se inicia entonces un importante proceso de cambios que se consolida en los años siguientes, los cuales se expresan en los contenidos y orientación de las diferentes carreras que se impartían en la Universidad, y en la concepción, orientación y funcionamiento de la vida universitaria[10], bajo los parámetros y fundamentos republicanos que consagran, entre muchos otros, el principio de la igualdad ante la ley.

En el caso de la enseñanza del Derecho, tal como lo ha señalado PÉREZ PERDOMO en sus estudios sobre el tema, el *pensum* que se instrumentó entonces, aun cuando mantuvo una orientación conservadora, introdujo varios aspectos modernizadores al reducir los estudios de Derecho canónico, aumentar el peso del Derecho Civil, incorporar el estudio del Derecho público, un curso de Derecho práctico y otro de legislación universal y económica política[11]. Todo ello, sin duda, debe haber incidido en la defensa que hace Carreño del joven Padrón y también en la conducción del juicio y en la sentencia dictada

---

[10] Sobre el estatuto republicano de 1827 y los cambios que tuvieron lugar en la Universidad de Caracas, pueden verse: LEAL, Ildelfonso: *Historia de la UCV: 1721-1981*. Ediciones de la Biblioteca de la Universidad Central de Venezuela. Caracas, 1981 y *La Universidad de Caracas, en los años de Bolívar, 1783-1830*. Vol. I y II. Academia Nacional de la Historia. Caracas, 2010.

[11] PÉREZ PERDOMO, Rogelio: *Los abogados en Venezuela*. Monte Ávila Editores. Caracas, 1981, pp. 108 y 109.

por el juez Rivas, dejando ver que, en tiempos de la República, la prosapia y poder de una mantuana como María Antonia Bolívar no podían imponerse sobre la administración de justicia y que un joven desconocido y sin recursos podía ser defendido y absuelto conforme a las leyes, sin importar su condición.

Reflexionar sobre cada uno de estos aspectos, en el marco de la asignatura «Introducción al Derecho» por invitación del Dr. René Molina, como se dijo al comienzo, representó la posibilidad de compartir con los estudiantes lo que fueron esos difíciles y exigentes años de nuestra historia, cuando apenas comenzaban a practicarse los principios y fundamentos de la vida republicana, especialmente para destacar la importancia que tuvo la actuación de estos jóvenes abogados, formados en las aulas universitarias, en la construcción y defensa de un sistema de administración de justicia apegado a las leyes y sujeto a los mandatos de la República. Ese fue el sentido que tuvieron estos provechosos, recordados y didácticos encuentros entre Historia y Derecho, especialmente en tiempos como los que vivimos en los cuales es importante no solamente recordar, sino defender y practicar los principios republicanos que deben guiar el ejercicio del Derecho.

* * *

Resumen: La autora comenta brevemente un particular proceso penal, en el cual denunciante y acusado se caracterizan por poseer claras diferencias sociales, hechos que no privaron en la decisión, pues del proceso se evidencia una sentencia apegada a la ley y una posición imparcial del tribunal. **Palabras clave**: Historia y Derecho, vida republicana, defensa.

Días de descanso y feriados en la legislación laboral venezolana

Ana Victoria Perdomo Bazán[*]

Sumario

Introducción 1. Descanso semanal 2. Días feriados 3. Remuneración del descanso semanal y de los días feriados 4. Trabajo en el descanso semanal 5. Trabajo en los días feriados. Conclusiones

Muchos son los que han tenido la suerte de conocer al profesor René Molina Galicia en su rol de docente; lamentablemente yo no estoy entre ellos. Sin embargo, he tenido el privilegio, junto a otros profesores de distintas casas de estudio, de compartir con el profesor René Molina espacios para la disertación, el estudio y la conversación, no solo sobre Derecho del Trabajo, sino también sobre Derecho Constitucional y Procesal inclusive, junto a él nos permitimos transitar los senderos de la historia de Venezuela y en cada uno de estos escenarios, el profesor René Molina siempre ha mostrado su disposición a compartir conocimientos, a propiciar la investigación y, sobre todo, a fomentar la concepción de que el estudio, la formación, la educación y la cultura son los medios para construir al hombre de sociedad. Como lo afirmó el maestro Simón Rodríguez, «Enseñen a los niños a ser preguntones, para que, pidiendo el porqué de lo que se les manda a hacer, se acostumbren a obedecer a la razón, no a la autoridad como los limitados, no a la costumbre como los estúpidos»[1]. Gracias, profesor René Molina Galicia, por su dedicación y constancia, es un honor ser partícipe de este merecido homenaje.

---

[*] **Universidad Católica Andrés Bello**, Abogado. **Universidad Central de Venezuela**, Especialista en Derecho del Trabajo; Escuela de Administración y Contaduría, Jefe de Cátedra de Derecho Social.
[1] http://www.eumed.net/libros-gratis/2013a/1320/educacion.html.

Introducción

El medio ambiente, las condiciones adecuadas en el lugar de trabajo, la organización y la distribución de las tareas son aspectos importantes que ayudan a prevenir la fatiga del trabajador en la prestación de servicio pactada con el patrono. Sin embargo, los límites de la jornada tomando en cuenta los descansos necesarios reparadores de las energías físicas y mentales, permiten que el trabajador efectivamente se recupere del cansancio y logre continuar su actividad en el día, en la semana y en el año, motivo por el cual las legislaciones se han ocupado de establecer la duración de las jornadas, así como el tiempo de los descansos a que tienen derecho los trabajadores para proteger su salud en la ejecución de sus tareas.

Precisamente, uno de los temas reformados en el Decreto con rango, valor y fuerza de Ley Orgánica del Trabajo, los Trabajadores y las Trabajadoras[2] fue modificar los límites de las jornadas y el descanso semanal al establecer, en su artículo 173, que la jornada de trabajo no excederá de cinco días a la semana y el trabajador tendrá derecho a dos días de descansos continuos y remunerados durante cada semana de labor; así el Ejecutivo Nacional considera que se logra la disminución de la jornada prevista en el artículo 90 y en la Disposición Transitoria Cuarta de la Constitución de la República Bolivariana de Venezuela[3], tal como lo señala la Exposición de Motivos del Decreto-Ley «… se disminuye la jornada diurna a un máximo semanal de 40 horas, con dos días continuos de descanso a la semana. Se mantiene la jornada nocturna en un máximo de 35 horas a la semana (…) y en consecuencia, se fija la jornada mixta en el punto medio de 37 horas y medias semanales»; sin advertir que para la entrada en vigencia del Decreto-Ley, muchas empresas, bien por convención colectiva de trabajo o bien por acuerdos colectivos o contratos individuales, ya concedían dos días de descanso en la semana

---

[2] *Vid. Gaceta Oficial de la República Bolivariana de Venezuela* N.º 6076 extraordinario, del 07-05-12.
[3] *Vid. Gaceta Oficial de la República Bolivariana de Venezuela* N.º 5453 extraordinario, del 24-03-00.

porque la misma la Ley Orgánica del Trabajo del 2011[4] lo permitía en su artículo 196 en los siguientes términos: «Por acuerdo entre el patrono y los trabajadores, podrá establecerse una jornada diaria hasta de nueve horas sin que se exceda el límite semanal de 44 horas, para otorgar a los trabajadores dos días completos de descanso cada semana». Se trataba de una prolongación permanente de la jornada al aumentar el número de horas de la jornada diaria hasta alcanzar, en algunos casos, los límites máximos permitidos semanales, en la jornada diurna 44 horas semanales, en la jornada nocturna 35 horas semanales y en la jornada mixta 42 horas semanales, todo ello en concordancia con lo establecido en el artículo 195 de la misma Ley y el artículo 90 de la Constitución. De manera que si el objeto de la reforma era disminuir la jornada, bastaba con reducir el número de horas diarias o semanales de cada jornada de trabajo, sin tener que imponer dos días de descanso continuos.

Tampoco el Ejecutivo Nacional consideró que en las empresas donde se ejecutan labores no susceptibles de interrupción, donde en la mayoría de los casos se labora por turnos, se concedía un día de descanso que podía o no coincidir con el día domingo y para reconocerles a estos trabajadores su labor los días domingos y feriados, el Reglamento de la Ley Orgánica del Trabajo[5] en sus artículos 89 y 90 les otorgó un pago adicional por el trabajo del día domingo y feriado, a saber, el pago de un día de salario más el 50 %, según lo previsto en el artículo 154 de la Ley Orgánica del Trabajo del 2011, beneficios estos que mantiene el vigente «Reglamento Parcial del Decreto con rango, valor y fuerza de Ley Orgánica del Trabajo, los Trabajadores y las Trabajadoras sobre el Tiempo de Trabajo»[6] en sus artículos 13 y 15.

Pero, además de conceder dos días de descansos continuos y remunerados, el artículo 184 del Decreto-Ley Orgánica del Trabajo, los Trabajadores y las

---

[4] Según el Decreto con rango, valor y fuerza de Ley Orgánica de Reforma Parcial de la Ley Orgánica del Trabajo se eliminaron los artículos 282 al 290 de la Ley Orgánica del Trabajo publicada en la *Gaceta Oficial de la Republica del Venezuela* N.º 5152 extraordinario, del 19-06-97 y se ordenó imprimirla en un solo texto, razón por la cual se hará referencia a la Ley Orgánica del Trabajo del 2011.
[5] Vid. *Gaceta Oficial de la República Bolivariana de Venezuela* N.º 38426, del 28-04-06.
[6] Vid. *Gaceta Oficial de la República Bolivariana de Venezuela* N.º 41157, del 30-04-13.

Trabajadoras establece que todos los días del año son hábiles para el trabajo con excepción de los días feriados y señala que los días domingos son feriados, no agrega la norma como día feriado el segundo día de descanso semanal y obligatorio, impuesto por el artículo 173 *eiusdem*; entonces, ¿cómo debemos entender esta omisión? Tendríamos dos posibles interpretaciones: la primera, es que se deben tratar como dos días distintos, el domingo es feriado y puede ser día de descanso; en cambio, el segundo día de descanso es solo de descanso y no feriado. Así tenemos que si se labora el día domingo, además de pagar el recargo de un día más el 50 % se debe otorgar el día de descanso compensatorio, cuando ese día domingo corresponde a un día de descanso; en cambio, si se labora el segundo día de descanso, el trabajador tiene derecho a un día completo de salario, más un día de descanso compensatorio, sin el recargo del 50 %, y en las empresas de trabajo continuo por turnos se compensará con un día adicional de disfrute en el período vacacional correspondiente a ese año con pago del salario. La segunda interpretación sería que aun cuando la norma no incluye el segundo día de descanso como día feriado, este día y el domingo deben considerarse como días feriados.

Por otra parte, el artículo 119 del Decreto-Ley establece que:

> El trabajador o trabajadora tiene derecho a que se le pague el salario correspondiente a los días feriados o de descanso cuando haya prestado servicio durante los días hábiles de la jornada semanal de trabajo. Cuando se haya convenido un salario mensual el pago de los días feriados y de descanso obligatorio estarán comprendidos en la remuneración. Para el cálculo de lo que corresponda al trabajador o trabajadora por causa de los días de descanso o de los días feriados, se tomará como base el promedio del salario normal devengado durante los días laborados en la respectiva semana. Si se ha estipulado un salario quincenal o mensual, el salario que corresponda a los días de descanso o los días feriados será el promedio del salario normal devengado durante los días laborados en la respectiva quincena o mes, según sea el caso.

De la lectura del artículo se podría interpretar que, cuando un trabajador devenga un salario por unidad de tiempo, el valor de los días de descanso y feriados están comprendidos en el pago del salario semanal o mensual; y cuando el trabajador devenga un salario variable, cualquiera que sea su modalidad, el valor de estos días de descanso y feriados será el promedio del salario normal devengado durante los días laborados en la respectiva semana; otra interpretación podría ser que como el Ejecutivo Nacional estableció una nueva forma de cálculo de los días de descanso y feriados para los trabajadores que devengan un salario por unidad de tiempo, pues ahora será el promedio del salario normal devengado durante los días laborados en la respectiva quincena o mes, según sea el caso; sin embargo, se omitió el cálculo de los días de descanso y feriados cuando el trabajador devenga cualquiera de las modalidades de salario variable, cálculo este que sí estaba previsto en el artículo 216 de la Ley Orgánica del Trabajo del 2011: «... Cuando se trate de trabajadores a destajo o con remuneración variable, el salario del día feriado será el promedio de los devengados en la respectiva semana», cálculo que ha sido reconocido en la reiterada jurisprudencia de los tribunales de instancia del trabajo y el Tribunal Supremo de Justicia. Entonces, ¿debemos entender que se derogó esta base de cálculo porque dicho supuesto no se encuentra previsto expresamente en el artículo 119 ni en cualquier otra norma del Decreto-Ley Orgánica del Trabajo, los Trabajadores y las Trabajadoras, por lo que los trabajadores que devengan cualquier modalidad de salario variable no tienen derecho a los salarios de los días de descanso y feriados?, o ¿solo significa que la base de cálculo señalada en el artículo 119 es igual para los dos tipos de salario, es decir, por unidad de tiempo y variable?; o visto que en la norma no se hace mención del cálculo de los días de descanso y feriados cuando el trabajador devenga un salario variable, ¿se debe aplicar el artículo 216 de la Ley Orgánica del Trabajo del 2011 de acuerdo con los principios de intangibilidad y progresividad de los derechos y beneficios laborales? (artículo 18.2 del Decreto-Ley).

A los fines de resolver las interrogantes planteadas se analizará la normativa laboral venezolana, algunas legislaciones latinoamericanas y opiniones de diversos autores, para examinar las diversas nociones y los presupuestos necesarios que abarcan: los días de descanso, los días feriados, el valor de los días de descanso y feriados cuando el trabajador labora en jornadas comunes y en jornadas no susceptibles de interrupción; cuando devenga un salario por unidad de tiempo y un salario variable; así como el salario de los días de descanso y feriados cuando son laborados.

1. Descanso semanal

Como lo señalamos anteriormente, al ejecutar sus labores habituales el trabajador requiere de periodos de descansos para recuperarse del esfuerzo físico y mental realizado en un día, en la semana y en el trascurso de un año. Hoy, algunas legislaciones y la doctrina reconocen estos periodos como: un «descanso intrajornada», es decir, dentro de la jornada, el cual podría ser de media hora o de una hora o de dos horas; un «descanso interjornada», de una jornada a otra; un «descanso semanal» que podría ser de un día, un día y medio o de dos días, y el «descanso anual», de un número determinado de días al año.

PALOMEQUE y ÁLVAREZ DE LA ROSA señalan que el descanso semanal es un «... descanso que limita el poder de distribución de la jornada del empresario y protege la salud del trabajador»[7]; por su parte, CABANELLAS afirma que es «un reposo mínimo de 24 horas en cada lapso de siete días consecutivos»[8], es decir, el descanso semanal es la pausa que requiere el trabajador luego de prestar servicio continúo por más de cinco o seis, de los siete días de la semana para que se recupere del cansancio diario y semanal causado por el esfuerzo físico o mental en el desempeño de sus funciones.

Por su parte, GARCÍA indica que las finalidades del descanso semanal, además de limitar la labor diaria, son velar por los intereses del trabajador y de la colectividad, siendo dichas finalidades:

---

[7] PALOMEQUE, Manuel Carlos y ÁLVAREZ DE LA ROSA, Manuel: *Derecho del Trabajo*. Centro de Estudios Ramón Areces, S. A. Madrid, 2001, p. 874.

[8] CABANELLAS, Guillermo: *Compendio de Derecho Laboral*. Bibliográfica Omeba. Buenos Aires, 1968, p. 543.

a. fisiológica, ya que el trabajador necesita un descanso periódico para reponer la fatiga que produce todo trabajo; b. culturales, que permiten al trabajador dedicarse a obras educadoras o recreativas y alternar su trabajo con las necesidades de su ilustración; c. familiares, que contribuyen a robustecerse los nexos familiares del trabajador, llamándolo por entero a la vida hogareña; d. religiosos, que permiten el cumplimiento de sus deberes que le impone la religión que profesa; e. finalmente, el Estado está interesado en la salud física del trabajador, y el descanso semanal permite a éste que no sufra ni desgaste su salud con ningún régimen de trabajo sin reposo[9].

El descanso semanal no siempre recibe la misma denominación, en la legislación latinoamericana. Es conocido, por ejemplo, como «día de descanso» en Costa Rica[10], Chile[11], México[12], Panamá[13], Perú[14], República Dominicana[15] y Venezuela (artículo 173 del Decreto-Ley Orgánica del Trabajo, los Trabajadores y las Trabajadoras); «descanso dominical» en Colombia[16]; «descanso semanal forzoso» en Ecuador[17]. Con relación a su duración, el descanso semanal varía en cada legislación dependiendo del número de horas de la jornada semanal, y puede ser fijado en horas o días; 24 horas en Colombia

---

[9] Citado en HERNÁNDEZ, V.: *Curso de Derecho del Trabajo*. Tipografía Vargas, S. A. Caracas, 1971, pp. 533 y 534.
[10] Ley N.º 2, Código de Trabajo, publicada por el Congreso Constitucional de Costa Rica, del 26-08-43, artículo147.
[11] Ley N.º 1692, Código de Trabajo, publicada por la Secretaria del Estado de Chile, del 20-05-92, artículo 35.
[12] Ley Federal de México, publicada en el *Diario Oficial de la Federación*, del 12-06-15, artículo 69.
[13] Decreto de Gabinete N.º 252, Código de Trabajo, publicado en la *Gaceta de la República de Panamá*, del 30-12-71, artículo 40.
[14] Decreto Legislativo N.º 713, Legislación sobre Descansos Remunerados de los Trabajadores sujetos al Régimen Laboral de la Actividad Laboral, publicado en el *Diario Oficial El Peruano*, del 06-11-91, artículo 4.
[15] Ley 16-92, Código del Trabajo, publicada en la *Gaceta Oficial de República Dominicana*, del 29-05-92, artículo 163.
[16] Decreto Ley N.º 2663, Código Sustantivo del Trabajo, publicado en el *Diario Oficial* N.º 27407, del 09-09-50, artículo 172.
[17] Código del Trabajo, publicado en el *Registro Oficial* suplemento N.º 167, del 16-12-05, artículo 50.

(artículo 172) y Perú (artículo 1); 32 horas en Chile (artículo 36); 36 horas en República Dominicana (artículo 163); un día en Costa Rica (artículo 152), México (artículo 69) y Panamá (artículo 40). En algunos casos, el descanso semanal debe coincidir con el día domingo, salvo las excepciones previstas en los mismos textos legales, como en Colombia (artículo 174), Chile (artículo 35), México (artículo 71), Panamá (artículo 41) y Perú (artículo1); en cambio en Ecuador (artículo 50) son dos días de descanso continuos, los cuales en principio deberían coincidir con los sábados y domingos.

En Venezuela, se fijó un día de descanso semanal obligatorio desde la Ley de Talleres y Establecimientos Públicos de 1917, luego en la Ley del Trabajo de 1928 hasta la Ley del Trabajo de 1936, el cual coincidía con el domingo como día no hábil para el trabajo, tal como lo reseña Jaime[18].

En la Ley Orgánica del Trabajo de 1990[19] se reiteró el día domingo como día no hábil para el trabajo (artículos 211 y 212) y visto que de acuerdo con el artículo 195 de la misma Ley, la jornada diurna no podía exceder de ocho horas diarias ni de 44 horas semanales; la jornada nocturna de siete horas diarias ni de 40 horas semanales; y la jornada mixta no podía exceder de siete y media horas diarias ni de 44 horas semanales, los trabajadores podían disfrutar de un día y medio de descanso semanal obligatorio, es decir, de 36 horas, el llamado «sábado inglés», según la doctrina[20], tomando en cuenta que al prestar servicios 44 horas en las jornadas diurnas y mixtas, podían laborar cinco días y medio. Pero también los trabajadores podían disfrutar de dos días completos de descanso remunerado cada semana, si las partes, trabajador y patrono, convenían por contrato individual o colectivo una jornada de nueve horas sin exceder el límite semanal de 44 horas (artículos 196 y 216).

En la reforma de la Ley Orgánica del Trabajo de 1997 se conservaron idénticas condiciones sobre el día de descanso semanal, el cual podía ser de un día,

---

[18] Jaime, H.: *El tiempo de trabajo. Jornada de trabajo y descansos*. Talleres de Litho Arte, C. A. San Cristóbal, 2013, p. 171.
[19] *Gaceta Oficial de la República de Venezuela* N.º 4240 extraordinario, del 20-12-90.
[20] Bernardoni, María: «De las condiciones de trabajo». En: *Comentarios a la Ley Orgánica del Trabajo y su Reglamento*. Jurídicas, C. A. Barquisimeto, 2015, p. 248.

uno y medio día o de dos días (artículos 195, 196 y 216) y como en los anteriores textos legales, el día domingo era feriado y día de descanso, al establecer el artículo 211 de la misma Ley, que todos los días del año son hábiles para el trabajo con excepción de los feriados. Por su parte, el Reglamento[21] de la Ley Orgánica del Trabajo de 1999, en su artículo 114, estableció expresamente que el trabajador tenía derecho a descansar un día a la semana, el cual debía coincidir con el día domingo, pero también las partes podían pactar otro día distinto de descanso en aquellas empresas no susceptibles de interrupción según lo previsto en los artículos 115, 116 y 117 del mismo Reglamento.

En el vigente Decreto-Ley Orgánica del Trabajo, los Trabajadores y las Trabajadoras se prevé que la jornada de trabajo no excederá de cinco días a la semana y el trabajador tendrá derecho a dos días de descanso, continuos y remunerados durante cada semana de labor (artículo 173), es decir, el descanso semanal obligatorio será de dos días continuos en los que se incluirá el día domingo, pudiendo establecerse como días de descanso sábado y domingo o domingo y lunes (artículo 13 del Reglamento Parcial del Decreto-Ley), se trata de las jornadas más frecuentes, las jornadas comunes de lunes a domingo. Cabe señalar que, de acuerdo con lo establecido en el artículo 2 de del Reglamento Parcial del Decreto-Ley Orgánica del Trabajo, los Trabajadores y las Trabajadoras, se entenderá como jornada ordinaria de trabajo, el tiempo durante el cual, de modo normal o habitual, el trabajador está a disposición del patrono para cumplir con las responsabilidades y tareas a su cargo en el proceso social de trabajo, en los términos previstos en el artículo 167 del Decreto-Ley, motivo por el cual en el presente trabajo se identificarán como jornadas comunes las que son de lunes a domingo y los días de descanso podrían ser sábados y domingos o domingos y lunes.

Con respecto a las jornadas no susceptibles de interrupción, los artículos 184 y 185 del Decreto-Ley Orgánica del Trabajo, los Trabajadores y las Trabajadoras prevén que los feriados, incluyendo el domingo, son días hábiles para prestar servicios porque las actividades en este tipo de empresas no se pueden interrumpir por razones de interés público (artículo 17 del Reglamento

---

[21] *Gaceta Oficial de la República de Venezuela* N.º 5292 extraordinario, del 25-01-99.

Parcial del Decreto-Ley), técnicas (artículo 18 del Reglamento Parcial) y por circunstancias especiales o eventuales, (artículo 19 del Reglamento Parcial) excepción que ha sido reconocida desde la Ley del Trabajo de 1928, tal como lo indica Caldera[22], razón por la cual en estas empresas podrán pactarse otros días de descanso distintos al sábado, domingo y lunes, siempre que los dos días de descanso sean continuos, por ejemplo, aquella jornada que comienza el miércoles hasta el martes, siendo los días de descanso semanal lunes y martes, todo de conformidad con lo previsto en el artículo 13 del Reglamento Parcial del Decreto-Ley.

En cambio, en aquellas empresas de trabajo continuo y por turnos, en el curso de cada período de siete días, el trabajador deberá disfrutar como mínimo de un día de descanso (artículo 7 del Reglamento Parcial del Decreto-Ley). Agrega el artículo 13 del referido Reglamento Parcial que en las entidades de trabajo con horarios continuos y por turnos podrán fijarse días de descanso distintos al domingo, sin la obligación que sean continuos. Y cuando en la semana se fije un solo día de descanso, deberá ser compensado con un día adicional de disfrute en el período vacacional correspondiente a ese año, con pago de salario y sin incidencia en el bono vacacional (artículos 176 del Decreto-Ley Orgánica del Trabajo, los Trabajadores y las Trabajadoras, 7 y 13 del Reglamento Parcial). Según el artículo 176 del Decreto-Ley, las empresas con horarios continuos y por turnos son aquellas cuya duración pueden exceder de los límites diarios y semanales (jornada diurna ocho horas diarias, 40 semanales; jornada nocturna siete horas diarias, 35 semanales, y jornada mixta siete y media horas diarias, 37 y media semanales) siempre que el total de horas trabajadas por cada trabajador en un período de ocho semanas, no exceda en promedio el límite de 42 horas semanales. De la lectura de las referidas normas se observa que el artículo 176 del Decreto-Ley hace referencia a empresas de trabajo continuo; los artículos 7 y 13 del Reglamento Parcial hacen mención a empresas de horarios continuos cuando en realidad se trata de jornadas continuas, tal como lo afirma Jaime[23].

---

[22] Caldera, Rafael: *Derecho del Trabajo*. 2.ª, Editorial Astrea. Buenos Aires, 1960, p. 470.
[23] Jaime: ob. cit., p. 179.

Por su parte, el artículo 18 del Reglamento Parcial establece que se consideran trabajados no susceptibles de interrupción por razones técnicas:

> ... e. Las actividades que requieran un proceso continuo, entendiéndose por tal, aquél cuya ejecución no puede ser interrumpida sin comprometer el resultado técnico del mismo, tales como: 1. Las actividades industriales encaminadas al procesamiento de alimentos; 2. Los trabajos necesarios para la producción del frío en aquellas industrias que lo requieran; 3. Las explotaciones agrícolas y pecuarias; 4. En las industrias siderúrgicas, la preparación de la materia, los procesos de colada y de laminación; 5. El funcionamiento de los aparatos de producción y de las bombas de compresión en las entidades de trabajo de gases industriales; 6. En la industria papelera, los trabajos de desecación y calefacción; 7. En las tenerías, los trabajos para la terminación del curtido rápido y mecánico; 8. La vigilancia y graduación de los caloríferos para el secado de los cigarrillos húmedos; 9. La germinación del grano, la fermentación del mosto y la destilación del alcohol; 10. Los trabajos de refinación; 11. La conducción de combustibles por medio de tuberías o canalizaciones.

Es decir, las empresas de jornadas continuas o de proceso continuo son aquellas que no pueden suspender sus actividades, donde la prestación del servicio es ininterrumpida, de manera que los trabajadores ejecutan sus labores en equipos, de turnos rotativos, como lo señala Peterson[24]. Siendo así, estas empresas de trabajo continuo se podrían equiparar a las entidades de trabajo no susceptibles de interrupción porque en ambos casos las actividades desarrolladas son continuas, no se pueden suspender, motivo por el cual sus trabajadores laboran por turnos para garantizar la continuidad de la producción, servicio o mantenimiento los 365 al año las 24 horas o 12 horas al día dependiendo de las labores a ejecutar.

Sin embargo, el Decreto-Ley Orgánica del Trabajo, los Trabajadores y las Trabajadoras hace esta distinción innecesaria solo para permitir en este tipo de empresa de procesos continuos y por turnos, un día de descanso semanal,

---

[24] Citado en Cabanellas: ob. cit., p. 530.

cuando en ambos supuestos se trata de empresas o establecimientos que no pueden paralizar sus operaciones por razones de interés público, técnicas o circunstancias eventuales y debió admitir que como consecuencia de las actividades ejecutadas en dichas empresas no se podía conceder dos días de descanso, sino uno, pero su solución fue trasladar el segundo día de descanso al periodo de vacaciones anuales del trabajador, permitiendo que un trabajador, por ejemplo, acumule aproximadamente 49 días hábiles de vacaciones, si tomamos en cuenta que un año tiene 52 semanas menos tres semanas correspondientes al disfrute de 15 días hábiles de vacaciones por el primer año de servicio, restan 49 semanas, por lo que serían 49 días de descanso no disfrutados por el trabajador, así el trabajador tendría 64 días hábiles de vacaciones (15 días más 49 días, igual a 64 días), lo que se traduciría en 3 meses aproximadamente de vacaciones. Si esta situación es absurda, también resulta un despropósito cuando los artículos 176 del Decreto-Ley, 7 y 13 del Reglamento Parcial establecen que, en este caso, el trabajador será compensado con un día adicional de disfrute en el período vacacional correspondiente a ese año, con pago de salario y sin incidencia en el bono vacacional, lo que implicaría que el bono vacacional no sería proporcional al pago del periodo vacacional correspondiente, cuando el bono vacacional es parte de la remuneración para el disfrute de las vacaciones anuales.

Distinta sería la conclusión anterior si tanto el Decreto-Ley como el Reglamento Parcial hubiesen desarrollado lo señalado en la Exposición de Motivos del mismo Decreto-Ley de la siguiente manera: «en las entidades de trabajo continuo, se establece una jornada máxima semanal de 42 horas, compensadas con un día adicional de vacaciones por cada cuatro semanas laboradas», en ese supuesto el trabajador solo hubiese podido laborar seis días en cuatro semanas, con la obligación por parte del patrono de compensarlo con cuatro días hábiles adicionales de vacaciones, el resto de las semanas el trabajador hubiese tenido derecho a dos días de descanso semanal, no de un día al laborar los seis días, como lo indican los artículos 176 del Decreto-Ley Orgánica y 7 del Reglamento Parcial.

Al equiparar las empresas de trabajo continuo y por turnos con las entidades de trabajo no susceptibles de interrupción debemos entender que los dos días de descanso semanal podrán ser continuos o discontinuos y no necesariamente estará incluido el día domingo como día de descanso de conformidad con lo establecido los artículos 185 del Decreto-Ley, 7 y 13 del Reglamento Parcial.

2. Días feriados

A diferencia de los días de descanso semanal, los días feriados no surgieron como una necesidad para que el trabajador se recupere del esfuerzo diario y semanal al ejecutar sus labores habituales sino por motivos religiosos, cívicos, históricos, etc.[25], es decir, son pausas remuneradas previstas en las legislaciones por razones de intereses público, de manera que los días feriados varían en cada legislación dependiendo de sus tradiciones y costumbres.

Igual que los días de descanso semanal, los días feriados no tienen la misma denominación en la legislación latinoamérica: «descanso obligatorio» en Ecuador (artículo 65), México (artículo 74) y Panamá (artículo 45); «días de fiesta» o «festivos» en Colombia (artículos 177 y 179); «días no laborables» en República Dominicana (artículos 165 y 166); «feriados» en Chile (artículos 35), Costa Rica (artículos 148), Perú (Artículos 5) al igual que en Venezuela (artículo 184 del Decreto-Ley).

En Venezuela, en la Ley del Trabajo de 1928, se fijaron como días feriados, el primero de enero, Jueves y Viernes Santos, los señalados en la Ley de Fiestas Nacionales, los declarados o que se declaren festivos por el Gobierno nacional, por los de los estados o por lo municipios, días estos que conservó la Ley del Trabajo de 1936 como feriados; en la reforma de la Ley del Trabajo de 1947 se agregaron el primero de mayo y el 25 de diciembre, siempre incluyendo el domingo como día feriado[26], en el entendido que durante los días feriados no podían efectuarse trabajos de ninguna clase en las empresas, explotaciones y establecimientos, salvo aquellas empresas que por razones de interés público, técnicas y motivos eventuales deban mantener su actividad

---

[25] Caldera: ob. cit., p. 481.
[26] Ídem.

durante todos o algunos de los feriados previstos en la Ley. Esta redacción se mantuvo en los mismos términos hasta la reforma del año 2012, con el Decreto-Ley Orgánica del Trabajo, los Trabajadores y las Trabajadoras, donde se incorporaron como días feriados los lunes y martes de Carnaval, así como el 24 y el 31 de diciembre, tal como lo indica el artículo 184 del citado Decreto-Ley:

> Todos los días del año son hábiles para el trabajo con excepción de los feriados. Son días feriados, a los efectos de esta Ley: a. Los domingos; b. el 1º de enero; lunes y martes de Carnaval; el Jueves y el Viernes Santos; el 1º de mayo y el 24, 25 y el 31 de diciembre; c. Los señalados en la Ley de Fiestas Nacionales; y d. Los que se hayan declarado o se declaren festivos por el Gobierno nacional, por los estados o por las municipalidades, hasta un límite total de tres por año.

La norma denomina «feriados» a los días no hábiles para el trabajo; sin embargo, no utiliza el mismo vocablo para los días declarados por el Gobierno nacional, por los estados o por las municipalidades, a los cuales se refiere como «festivos», designación que se mantiene desde la Ley del Trabajo de 1928[27], aun cuando debió utilizar el mismo nombre en todos los casos, tal como lo afirma JAIME[28].

El artículo 184 del Decreto-Ley Orgánica del Trabajo, los Trabajadores y las Trabajadoras ratifica que todos los días son hábiles para el trabajo, salvo los días feriados, en el entendido que en los días feriados las entidades de trabajo suspenderán sus actividades, salvo aquellas que por razones de interés público, técnicas y motivos eventuales deban prestar servicio en forma continua (artículo 185 del Decreto-Ley, en concordancia con los artículos 17, 18, y 19 del Reglamento Parcial). En estas empresas, como hemos señalado anteriormente, los días domingos y feriados son hábiles para el trabajo; sin embargo, por disposición expresa de los artículos 13 y 15 del Reglamento Parcial del Decreto-Ley, por el trabajo de los días domingos y feriados el trabajador recibirá

---

[27] Ibíd., p. 482.
[28] JAIME: ob. cit., p. 189.

el recargo previsto en el artículo 120 del Decreto-Ley, es decir, de un día más el 50 % adicional al pago de la respectiva semana.

Ahora bien, según los artículos 173 del Decreto-Ley y 13 del Reglamento Parcial el trabajador tendrá derecho a dos días de descanso continuos y remunerados durante cada semana de labor, como se indicó *supra*; en las jornadas comunes al menos un día de descanso debe coincidir con el domingo, siendo los días de descansos sábados y domingos o domingos y lunes; situación que varía en las jornadas no susceptibles de interrupción, donde podrán pactarse dos días de descanso distintos a los sábados y domingos o domingos y lunes, podrán ser continuos o discontinuos y si el trabajador solo disfruta de un día de descanso, el segundo día de descanso se acumulará a los días de disfrute de vacaciones (artículos 7 y 13 del Reglamento Parcial).

Como los días sábados, domingos y lunes pueden ser de descanso semanal, se debe tomar en cuenta que solo el domingo es feriado según el artículo 184 del Decreto-Ley, ni el sábado ni el lunes son feriados, pues el segundo día de descanso semanal obligatorio no fue incluido en la enumeración taxativa de la citada norma, son días de descanso semanal; en consecuencia, se podría afirmar que cuando el trabajador en una jornada común labora el sábado y el domingo, siendo estos sus días de descanso semanal, ambos días se pagarán distintos; y cuando el trabajador labore en una jornada no susceptible de interrupción, el domingo tendrá recargo por ser día feriado, tal como se explicará *infra*.

3. Remuneración del descanso semanal y de los días feriados

Reconocido el derecho al descanso semanal y a no prestar servicio los días de descanso y feriados porque así lo consagra la ley, también se aceptó el pago de dichos días como consecuencia de la naturaleza alimentaria del salario que debe satisfacer las necesidades del trabajador y de su familia, pues el salario no es la remuneración por el trabajo efectivamente ejecutado por el trabajador sino la retribución por el trabajo pactado entre las partes porque la ley le permite al trabajador no prestar el servicio en algunas oportunidades –días de descanso, feriados y vacaciones– conservando, por su parte, el derecho a que se le pague su salario y el patrono, la obligación de pagar el respectivo salario, tal como lo afirma ALFONZO:

> El sinalagma funcional establecido por el contrato no es entre el salario y el trabajo que se ha ejecutado, sino entre el salario y el trabajo contratado, ejecutable únicamente en los días hábiles según la ley, el respectivo contrato o la costumbre[29].

La remuneración de los días de descanso y feriados en la legislación latinoamericana se reconoce expresamente, el Código Sustantivo del Trabajo de Colombia (artículo 172) establece que como remuneración del descanso el trabajador debe recibir el salario ordinario sencillo; el Código de Trabajo de Costa Rica (artículo 152) señala que el trabajador tiene derecho a disfrutar de un día de descanso absoluto con goce de salario correspondiente; en Ecuador (artículo 53) será pagado con la cantidad equivalente a la remuneración integra, o sea de dos días; en Perú (artículo 4) la remuneración del día de descanso será equivalente a una jornada ordinaria; según la Ley Federal del Trabajo de México (artículo 69) por cada seis días de trabajo el trabajador disfrutará de un día descanso por lo menos, con goce de salario íntegro. Con relación el pago de los días feriados, en algunas legislaciones como en Colombia (artículo 177), México (artículo 75), Perú (artículo 8) y Republica Dominicana (artículo 165) se reconoce simplemente como días remunerados; en el Código del Trabajo de Chile (artículo 45) el salario de los días domingos y feriados será el promedio de lo devengado en el respectivo periodo de pago; y en Costa Rica (artículo 148) si el trabajador devenga un salario por unidad de tiempo, será el salario ordinario y si percibe un salario variable, será el promedio de lo devengado durante la semana inmediata al descanso, aun cuando se reconoce el pago de los feriados no es obligatorio el pago de los días 2 de agosto y 12 de octubre, días feriados según el mismo Código.

En Venezuela el trabajador tiene derecho a que se le pague el salario correspondiente a los días feriados o de descanso cuando haya prestado servicio

---

[29] ALFONZO, Rafael: *Nueva didáctica del Derecho del Trabajo*. 16.ª, Impresos Miniprés. Caracas, 2016, p. 189.

durante los días hábiles de la jornada semanal de trabajo. El artículo 119 del Decreto-Ley Orgánica del Trabajo, los Trabajadores y las Trabajadoras señala que el trabajador no perderá ese derecho si durante la jornada semanal de trabajo faltare un día de su trabajo, es decir, una jornada diaria[30]. No indica la norma si la falta es justificada o injustificada, es decir, que el patrono no requiere verificar el motivo de la falta. Al ausentarse de su puesto de trabajo más de un día, el trabajador perderá el derecho al pago de los dos días de descanso, pues, en Venezuela, el trabajador tiene derecho a dos días de descanso semanal salvo las excepciones previstas en el Decreto-Ley. La Ley Orgánica del Trabajo del 2011 en su artículo 216 contemplaba igual contenido al del artículo 119 del Decreto-Ley, con la única diferencia de que solo se refería a perder los días de descanso semanal y no a los días feriados. Entendemos que al indicar la nueva norma días feriados o de descanso, el trabajador perderá el derecho al pago de dichos días si falta más de un día en su jornada habitual de trabajo, tal como lo afirman Jaime[31] y Alfonzo[32]. A diferencia de lo previsto en el artículo 54 del Código de Trabajo de Ecuador, el cual establece expresamente los días a pagar cuando el trabajador falta injustificada o justificada, en los siguientes términos:

> El trabajador que faltare injustificadamente a media jornada continua de trabajo en el curso de la semana, tendrá derecho a la remuneración de seis días, y el trabajador que faltare injustificadamente a una jornada completa de trabajo en la semana, solo tendrá derecho a la remuneración de cinco jornadas. Tanto en el primer caso como en el segundo, el trabajador no perderá la remuneración si la falta estuvo autorizada por el empleador o por la ley, o si se debiere a enfermedad, calamidad doméstica, o fuerza mayor debidamente comprobadas, y no excediere de los máximos permitidos.

Para determinar la remuneración de los días de descanso semanal y feriados, primero, debemos distinguir los descansos semanales y los feriados en la jornada común y en la jornada no susceptible de interrupción, así como

---

[30] Jaime: ob. cit., p. 187.
[31] Ídem.
[32] Alfonzo: ob. cit., p. 267.

también el tipo de salario devengado por el trabajador, es decir, si es por unidad de tiempo o se trata de un salario variable, todo de conformidad con lo establecido en el artículo 119 del Decreto-Ley y el Reglamento Parcial del Decreto-Ley.

Tenemos, entonces, que en la jornada común los trabajadores deben disfrutar dos días de descanso semanal, según los artículos 173 del Decreto-Ley y 13 del Reglamento Parcial; sábados y domingos o domingos y lunes. Si el trabajador devenga un salario por unidad de tiempo (artículo 113 del Decreto-Ley), el salario del día de descanso semanal y feriado estará comprendido en el pago de la semana o el mes, tal como lo prevé el mismo artículo 119 del Decreto-Ley: «Cuando se haya convenido un salario mensual el pago de los días feriados y de descanso obligatorio estarán comprendidos en la remuneración», véase: Cálculos N.º 1:

> Cálculos N.º 1. Jornada común entre salario por unidad de tiempo –semana– (artículos 113 y 119 del Decreto-Ley): cinco días de la semana (lunes, martes, miércoles, jueves y viernes), más dos días de descanso (sábado y domingo); salario mensual Bs. 570 000 entre 30 días, igual al salario diario Bs. 19 000. Conceptos a pagar: 5 días trabajados x Bs. 19 000 = Bs. 95 000 + 2 días de descanso x Bs. 19 000 = Bs. 38 000. Total a pagar en la semana: Bs. 133 000.

Con respecto al salario de los días de descanso y feriados, cuando los trabajadores devengan un salario variable (artículo 114 del Decreto-Ley), ni el artículo 119 del Decreto-Ley ni ninguna otra norma hacen mención expresa de este supuesto, solo indica el artículo 119 que: «para el cálculo de lo que corresponda al trabajador por causa de los días de descanso o de los días feriados, se tomará como base el promedio del salario normal devengado durante los días laborados en la respectiva semana», debemos entender que se hace referencia al promedio de los salarios variables, tal como lo afirman Carballo Mena[33] y Jaime[4]. Véase: Cálculos N.º 2:

---

[33] Carballo Mena, César Augusto: *Ley Orgánica del Trabajo, los Trabajadores y las Trabajadoras (LOTT) y su Reglamento Parcial sobre el Tiempo de Trabajo*. Caracas, 2013, p. 135.
[34] Jaime: ob. cit., p. 186.

Cálculos N.º 2. Jornada común entre salario variable –semana– (artículos 114 y 119 del Decreto-Ley): cinco días de la semana (lunes, martes, miércoles, jueves y viernes), más dos días de descanso (sábado y domingo). Devengado en una semana de trabajo: lunes: comisión Bs. 15 000, martes: comisión Bs. 45 000, miércoles: comisión Bs. 18 000, jueves: comisión Bs. 22 000. Total comisiones: Bs. 100 000, dividido entre cuatro días hábiles igual Bs. 25 000; viernes: día feriado (no trabajado). Conceptos a pagar: comisiones: Bs. 100 000, viernes feriado: Bs. 25 000, sábado día de descanso: Bs. 25 000, domingo día de descanso: Bs. 25 000. Total a pagar en la semana: Bs. 175 000.

Sin embargo, el citado artículo 119 establece que «… se tomará como base el promedio del salario normal devengado durante los días laborados en la respectiva semana», es decir, que ahora para determinar el salario promedio solo se debe tomar en cuenta los días laborados por el trabajador en la respectiva semana. Evidentemente, estamos ante una situación ilógica porque el artículo 216 de la Ley Orgánica del Trabajo del 2011 señalaba que, cuando el trabajador devengaba una remuneración variable, el salario del día feriado era el promedio de los salarios devengados en la respectiva semana. Conforme a la nueva norma si en una semana de lunes a viernes el trabajador falta un día, el salario del feriado será el promedio de lo devengado entre cuatro días y no cinco días hábiles como lo establecía la norma derogada; al dividir entre cuatro días el promedio será mayor que si dividiéramos entre cinco, beneficiando así al trabajador que falta un día con relación al trabajador que asiste a su puesto de trabajo los cinco días hábiles. Razón por la cual consideramos que se debe conservar el criterio del artículo derogado, si se toma en cuenta que el salario variable depende del esfuerzo que realiza el trabajador y el resultado obtenido, de manera que no es necesario verificar cuántos días prestó servicio el trabajador para calcular el promedio de lo devengado en la respectiva semana (véase: Cálculos N.º 3), todo de conformidad con los principios de intangibilidad y de progresividad de los derechos de los trabajadores previstos en el artículo 18.2 del Decreto-Ley y tal como lo ha declarado la Sala de Casación Social al analizar los artículos 211, 212, 216, 217 y 196 de la Ley Orgánica del Trabajo derogada, a saber:

Cuando el salario es estipulado por unidad de tiempo, el pago de los días domingos y feriados está comprendido dentro de la remuneración, pero cuando un trabajador devenga un salario variable, el pago que corresponde a los días domingos y feriados debe calcularse con base en el promedio de lo generado en la respectiva semana, o, con el promedio del mes correspondiente cuando las comisiones generadas se calculen y liquiden mensualmente (…) Así las cosas, por cuanto la empresa demandada no demostró haber pagado la incidencia de las comisiones sobre los sábados, domingos y feriados, de conformidad con lo previsto en los artículos 216 y 217 de la Ley Orgánica del Trabajo y el criterio de esta Sala, se acuerda el pago de dicho concepto, el cual deberá ser calculado con base en el promedio de lo percibido por concepto de comisiones en el mes respectivo, el cual deberá ser establecido mediante experticia complementaria del fallo que a tal efecto se ordena realizar, para lo cual el perito deberá dividir el total de las comisiones percibidas en el mes entre el número de días hábiles del mismo, para luego multiplicar ese resultado por la cantidad de sábados, domingos y feriados del mes respectivo. Asimismo, se deja establecido que de conformidad con lo previsto en el artículo 133 y los artículos 216 y 217 de la Ley Orgánica del Trabajo, ya analizados, los días domingos y feriados forman parte del salario normal, en consecuencia, al no haber sido pagado en su oportunidad, de conformidad con la sentencia N.º 2191 del año 2006 de este Tribunal Supremo de Justicia, corresponde a los actores intereses de mora desde el momento en que debieron ser pagados los domingos y feriados, es decir, al final de cada mes, razón por la cual se ordena la realización de una experticia complementaria del fallo para calcular este concepto[35].

Cálculos N.º 3. Jornada común entre salario variable –semana– (artículos 114 y 119 del Decreto Ley): cinco días de la semana (lunes, martes, miércoles, jueves y viernes), más dos días de descanso (sábado y domingo). Devengado en la semana de trabajo: lunes: comisión Bs. 15 000, martes:

---

[35] TSJ/SCS, sent. N.º 1262, del 10-11-10, http://historico.tsj.gob.ve/decisiones/scs/noviembre/1262-101110-2010-09-118.HTML.

comisión Bs. 45 000, miércoles: comisión Bs. 18 000, jueves: comisión Bs. 22 000. Total comisiones: Bs. 100 000, entre cinco días hábiles igual a Bs. 20 000, viernes: falta injustificada o justificada. Conceptos a pagar: comisiones: Bs. 100 000, sábado día de descanso: Bs. 20 000, domingo día de descanso: Bs. 20 000. Total a pagar en la semana: Bs. 140 000.

Continúa el artículo 119 del Decreto-Ley: «Si se ha estipulado un salario quincenal o mensual, el salario que corresponda a los días de descanso o los días feriados será el promedio del salario normal devengado durante los días laborados en la respectiva quincena o mes, según sea el caso».

Cuando ya la norma había indicado que el salario mensual incluye el valor de los días de descanso y feriados, pareciera existir una contradicción, pues el cuarto párrafo transcrito señala que el valor de los días de descanso semanal y feriados se obtiene con el promedio del salario normal devengado en la respectiva quincena o mes; sin embargo, debemos considerar que, de acuerdo con el artículo 104 del Decreto-Ley, el salario normal es «… la remuneración devengada por el trabajador en forma regular y permanente por la prestación de su servicio», de igual contenido era la norma de la Ley Orgánica del Trabajo del 2011 (artículo 133). Como lo afirma Vilera «… lo normal es lo que se repite dentro de un cierto lapso de tiempo, vale decir, una semana, un mes, un año, un período, una época, etc.» y el salario devengado «… nos remite al salario causado –producido, originado–, vale decir, el salario que se ha debido pagar, con independencia del salario pagado. Se trata entonces del salario al cual se tiene derecho en un periodo de tiempo dado…»[36]. Así tenemos que el salario normal devengado en la respectiva quincena o mes sería el promedio de los conceptos salariales causados que se repiten en una quincena o mes, es decir, se trata de una nueva base de cálculo que se debe utilizar para determinar los días de descanso semanal y feriados cuando el trabajador devenga un salario por unidad de tiempo y, adicionalmente, percibe otros conceptos que detentan carácter salarial en forma regular y permanente de

---

[36] Vilera, M.: *El salario para prestaciones*. Centro de Estudios de Postgrado, FCJP-UCV. Caracas, 1999, p. 54 (mimeo).

acuerdo con lo establecido en el artículo 104 del Decreto-Ley, tales como bono nocturno o bono de productividad, de igual opinión es Carballo Mena[37] (véase: Cálculos N.º 4). Criterio que también sostiene el Ministerio del Poder Popular para el Proceso Social de Trabajo; al realizar las fiscalizaciones a las entidades de trabajo para verificar el cumplimiento de la normativa laboral y de seguridad social, exige que los días de descanso y feriados deben ser calculados con el promedio del salario devengado en la respectiva quincena o mes, independientemente de que se trate de un salario por unidad de tiempo o variable, sea normal o no el salario devengado.

> Cálculos N.º 4. Jornada común entre salario por unidad de tiempo más precepciones salariales normales en la semana (artículos 113 y 119 del Decreto-Ley): cinco días de la semana (lunes, martes, miércoles, jueves y viernes), más dos días de descanso (sábado y domingo), salario mensual Bs. 570 000 entre 30 días, igual al salario diario Bs. 19 000. Devengado en una semana de trabajo (5 días trabajados x Bs. 19 000): Bs. 95 000, bono de productividad semanal: Bs. 35 625; promedio devengado en la semana (Bs. 130 625 / 5 días): Bs. 26 125. Conceptos a pagar: 5 días trabajados x Bs. 19 000 = Bs. 95 000, bono de productividad semanal: Bs. 35 625, sábado día de descanso: Bs. 26 125, domingo día de descanso: Bs. 26 125. Total a pagar en la semana: Bs. 182 875.

Estas mismas consideraciones del salario por unidad de tiempo y el salario variable las debemos tomar en cuenta para calcular los días de descanso semanal en la jornada no susceptible de interrupción, además de las previsiones contenidas en el Decreto-Ley y el Reglamento Parcial, a saber, si el trabajador devenga un salario por unidad de tiempo, tendrá derecho al pago de la respectiva semana más el pago correspondiente por el trabajo de los días domingos y feriados previstos en el Decreto-Ley con el respectivo recargo porque son empresas de producción continua por turnos, donde los días domingos y feriados son días hábiles de trabajo; en este sentido, el artículo 13 del Reglamento Parcial señala que, en todos los casos, el trabajo en día

---

[37] Carballo Mena: ob. cit., p. 136.

domingo deberá pagarse de conformidad con lo establecido en el artículo 120 del Decreto-Ley y, por su parte, el artículo 15 del citado Reglamento Parcial prevé que cuando la Ley permite que la jornada ordinaria de trabajo implique la prestación de servicios en días feriados, deberá pagarse al trabajador la remuneración adicional por labores en un día feriado, según el artículo 120 del Decreto-Ley. Es decir, que en los casos de jornada no susceptible de interrupción, por ejemplo: en una jornada de miércoles a martes siendo los días de descanso lunes y martes, si el trabajador devenga un salario por unidad de tiempo tendrá derecho a siete días de salario por la semana más un día de salario con 50 % de recargo por el domingo trabajado (véase: Cálculos N.º 5). Ahora bien, si en esa semana existe un día feriado que no coincide con los días de descanso, el trabajador tendrá derecho a siete días de salario por la semana más un día de salario con 50 % de recargo por el domingo trabajado, más un día de salario con 50 % de recargo por el día feriado trabajado si lo hubiere (véase: Cálculos N.º 6). Visto que el recargo del día domingo se repetirá todos los meses mientras el trabajador labore ese turno, serán normales en la respectiva semana de cada mes, los días de descanso serán calculados con el promedio de los salarios devengados en la semana, incluyendo el recargo de los domingos trabajados, de acuerdo con lo previsto en el artículo 119 del Decreto-Ley, no ocurre lo mismo con el salario de los días feriados, pues no son regulares y permanentes en un mes.

Cabe señalar que, si bien la base de cálculo de los días de descanso es el salario normal devengado en la respectiva quincena o mes, el cual incluye el valor del domingo trabajado, no es así para los días feriados, aun cuando el artículo 119 del Decreto-Ley establece que el salario de los días feriados será el promedio del salario normal devengado durante los días laborados en la respectiva quincena o mes, pues el artículo 104 *eiusdem* prevé que para la estimación del salario normal ninguno de los conceptos que lo conforman producirá efectos sobre sí mismo, es decir, que el recargo del día domingo no se deberá incluir para determinar el salario del día domingo y tampoco para el feriado porque ambos días, domingos y feriados, son hábiles para este tipo de jornada y además son feriados, razón por la cual debe tener la misma base de cálculo (véase: Cálculos N.º 6).

Cálculos N.º 5. Jornada no susceptible de interrupción entre salario por unidad de tiempo –semana– (artículos 113, 119, 120 del Decreto-Ley y 13 del Reglamento Parcial): cinco días de la semana (jueves, viernes, sábado, domingo y lunes), más dos días de descanso (martes y miércoles), domingo día hábil, feriado trabajado, salario mensual Bs. 570 000 entre 30 días, igual a salario diario Bs. 19 000. Devengado en una semana de trabajo (5 días trabajados x Bs. 19 000): Bs. 95 000, domingo trabajado (artículo 120 del Decreto-Ley y 13 del Reglamento: 1 día + 50 % (Bs. 19 000 + Bs. 9500): Bs. 28 500, promedio devengado en la semana (Bs. 123 500 / 5 días): Bs. 24 700. Conceptos a pagar: 5 días trabajados x Bs. 19 000 = Bs. 95 000, domingo trabajado: Bs. 28 500, martes día de descanso: Bs. 24 700, miércoles día de descanso: Bs. 24 700. Total a pagar en la semana: Bs. 172 900.

Cálculos N.º 6. Jornada no susceptible de interrupción entre salario por unidad de tiempo –semana– (artículos 113, 119, 120 del Decreto-Ley; 13 y 15 del Reglamento Parcial): cinco días de la semana (jueves, viernes, sábado, domingo y lunes), más dos días de descanso (martes y miércoles), domingo día hábil feriado trabajado, lunes día hábil feriado trabajado, salario mensual Bs. 570 000 entre 30 días, igual a salario diario: Bs. 19 000. Salario devengado en una semana de trabajo (5 días trabajados x Bs. 19 000): Bs. 95 000, domingo trabajado (1 día + 50 % = Bs. 19 000 + Bs. 9500): Bs. 28 500, promedio devengado en la semana (Bs. 123 500 / 5 días): Bs. 24 700. Concepto a pagar en una semana de trabajo: 5 días trabajados x Bs. 19 000 = Bs. 95 000, domingo trabajado: Bs. 28 500, lunes feriado trabajado: Bs. 28 500, martes día de descanso: Bs. 24 700, miércoles día de descanso: Bs. 24 700. Total a pagar en la semana: Bs. 201 400.

Como se ha indicado, en las jornadas no susceptibles de interrupción los días domingos y feriados son días hábiles de trabajo; si el trabajador percibe cualquier modalidad de salario variable para calcular el valor de los días de descanso, primero, se le deberá agregar al salario devengado los días domingo o feriados el recargo del 50 %, tal como lo señala el artículo 120 del Decreto-Ley: «Cuando un trabajador o una trabajadora preste servicio en día feriado tendrá derecho al salario correspondiente a ese día y además al que le corresponda por razón del trabajo realizado, calculado con recargo del cincuenta por ciento sobre el salario normal», es decir, se obtiene el valor de día trabajado (domingo o feriado) y luego, el promedio del salario normal devengado durante la respectiva semana, incluyendo cualquier modalidad de salario variable para calcular los días de descanso, así el trabajador tendrá derecho a los salarios variables de esa semana más 50 % por el domingo trabajado, más 50 % por el feriado trabajado si lo hubiere, una vez obtenido el promedio se dividirá entre los días hábiles de la semana para lograr el valor de los días de descanso y feriados de esa semana (véase: Cálculos N.º 7).

> Cálculos N.º 7. Jornada no susceptible de interrupción entre salario variable –semana– (artículos 114, 119, 120 del Decreto-Ley; 13 y 15 del Reglamento Parcial): cinco días de la semana (jueves, viernes, sábado, domingo y lunes), más dos días de descanso (martes y miércoles), domingo día hábil feriado trabajado, lunes día hábil feriado trabajado. Salario devengado en una semana de trabajo: jueves: comisión Bs. 18 000, viernes: comisión Bs. 22 000, sábado: comisión Bs. 95 000, domingo (comisión Bs. 80 000 + 50 %): Bs. 120 000, lunes feriado (comisión Bs. 55 000 + 50 %): Bs. 82 500, promedio devengado en la semana (total comisiones más recargos entre días hábiles: Bs. 337 500 / 5): Bs. 67 500. Conceptos a pagar en la semana: Comisiones más recargos: Bs. 337 500, domingo feriado: Bs. 67 500, lunes feriado: Bs. 67 500, martes día de descanso: Bs. 67 500, miércoles día de descanso: Bs. 67 500. Total devengado en la semana: Bs. 607 500.

4. Trabajo en el descanso semanal

En Venezuela, los trabajadores que prestan servicios tanto en jornadas comunes como en jornadas no susceptibles de interrupción pueden laborar sus días de descanso, en cambio, de acuerdo con la Ley Federal del Trabajo de México, «Los trabajadores no están obligados a prestar servicios en sus días de descanso. Si se quebranta esta disposición, el patrón pagará al trabajador independientemente del salario que le corresponda por el descanso, un salario doble por el servicio prestado» (artículo 73).

Según el artículo 188 del Decreto-Ley Orgánica del Trabajo, los Trabajadores y las Trabajadoras, cuando se presta servicio en el día de descanso el trabajador tiene derecho a descansar la siguiente semana, medio día, un día o dos días según el tiempo laborado; adicionalmente, tiene derecho al salario del día laborado dependiendo del número de horas efectivamente trabajadas y el tipo de salario devengado.

En la jornada común, cuando el trabajador devenga un salario por unidad de tiempo: si el día de descanso semanal coincide con el día domingo, como es feriado se le debe agregar el recargo establecido en el artículo 120 del Decreto-Ley; ahora bien, si el trabajador presta servicios cuatro o más horas el día domingo, tendrá derecho a siete días de salario por la semana más un día de salario con 50 % de recargo por el trabajo de cuatro o más horas el domingo día de descanso, más un día de descanso compensatorio –24 horas– (véase: Cálculos N.º 8); pero si el trabajador labora menos de cuatro horas el domingo, tendrá derecho a siete días de salario por la semana más medio día de salario con 50 % de recargo por el trabajo de menos de cuatro horas el domingo día de descanso, más medio día de descanso compensatorio –12 horas– (véase: Cálculos N.º 9), todo de conformidad con lo establecido en el artículo 188 del Decreto-Ley.

Ahora, si el trabajador presta servicios el segundo día descanso obligatorio –sábado o lunes–, además de tomar en cuenta las previsiones de las horas laboradas de cuatro o más horas, o menos de cuatro horas, de acuerdo con el artículo 188 del Decreto-Ley, tendrá derecho al salario por el trabajo ejecutado sin el recargo previsto en el artículo 120 del mismo Decreto-Ley, pues estos días de descanso –sábados y lunes– no son feriados, son días de descanso según lo previsto en el artículo 184 *eiusdem*.

Al respecto, la Ley Orgánica del Trabajo del 2011 establecía que si el trabajador prestaba servicios en uno o más días feriados y descanso tenía derecho al salario correspondiente al trabajo realizado y a un recargo del 50 % según lo previsto en el artículo 154, todo conforme a las normas que se transcriben a continuación:

Artículo 217.- Cuando se haya convenido un salario mensual el pago de los días feriados y de descanso obligatorio estará comprendido en la remuneración, pero quienes prestaren servicios en uno o más de esos días tendrán derecho a la remuneración correspondiente a aquellos días en los cuales trabajen y a un recargo del 50 %, conforme a lo previsto por el artículo 154.
Artículo 154.- Cuando un trabajador preste servicios en día feriado tendrá derecho al salario correspondiente a ese día y además al que le corresponda por razón del trabajo realizado, calculado con un recargo del 50 % sobre el salario ordinario.

De acuerdo con las normas derogadas, si el trabajador prestaba servicios el día de descanso, hoy segundo día de descanso –sábado y lunes– se pagaba con el recargo de un día más el 50 %, equiparando el trabajo del día de descanso con el trabajo del día feriado, además de tomar en cuenta las previsiones del número de horas laboradas y los descansos compensatorios según lo establecido en el artículo 218 de la Ley derogada, el cual es del mismo tenor del artículo 188 del Decreto-Ley. De manera que, si antes de la entrada en vigencia del Decreto-Ley Orgánica del Trabajo, los Trabajadores y las Trabajadoras las empresas pagaban el trabajo de los días de descanso, coincidieran o no con el día domingo, con el recargo de un día más el 50 %, en la actualidad no deberían aplicar las normas del referido Decreto-Ley, pues ello implicaría desmejorar las condiciones de los trabajadores pagando solo las horas laboradas de los días de descanso trabajados sin recargo adicional conforme los artículos 120 y 188 del Decreto-Ley, infringiendo los principios de intangibilidad y progresividad de los trabajadores contenidos en el artículo 18.2 del mismo Decreto-Ley, según los cuales los derechos de los trabajadores no sufrirán desmejoras y tenderán al progresivo desarrollo.

Tampoco se puede pretender que ante una misma interrogante: ¿cómo se debe pagar el trabajo de los días de descanso?, primero, se deba determinar en qué momento comenzó la relación de trabajo para luego explicar cuáles normas se deben aplicar: si el trabajador prestó servicios estando vigente la Ley Orgánica del Trabajo del 2011 y continúa haciéndolo a favor del patrono, se pagarán las horas laboradas más el recargo de 50 % (artículos 154 y 217); si el trabajador comenzó la relación de trabajo después de la entrada en vigencia del Decreto-Ley recibirá por los descansos trabajados el pago de las horas laboradas sin recargo adicional por no ser días feriados los días de descanso, salvo los domingos (artículos 120 y 188). Sería una discriminación entre los trabajadores, lo cual es inadmisible de conformidad con lo establecido en la Constitución de la República Bolivariana de Venezuela (artículo 89.5) y el mismo Decreto-Ley (artículo 18.7); pues todos los trabajadores deben ser tratados por igual ante ley. Así lo ha señalado la Sala Constitucional:

> La Sala debe llamar la atención acerca del amplio alcance que tiene, en Venezuela, el derecho a la igualdad, un derecho que no solo implica que todos deben ser tratados por igual al momento de la aplicación de las leyes –igualdad ante la Ley, recogido en el artículo 21 de la Carta Magna–, sino que el propio ordenamiento jurídico debe descansar sobre tal principio –igualdad en la Ley–. Existe, así, en la Constitución de la República Bolivariana de Venezuela, un derecho implícito de igualdad «en» la Ley, que es un derecho frente al legislador, así como un derecho a la igualdad «ante» la Ley o en la aplicación de ésta. De ese modo, las normas deben contener todas las garantías necesarias para la materialización de ese derecho de igualdad en la Ley[38].

Finalmente, si se concluye que el pago del trabajo realizado el segundo día de descanso distinto al domingo, es sin el recargo del 50 %, a diferencia del día domingo, el patrono podría concluir que, cuando sea necesario, solo se labore el segundo día de descanso, pues su valor es de menor costo.

De manera que, cuando el trabajador presta servicios cuatro o más horas durante el segundo día de descanso, tendrá derecho a siete días de salario por la semana, más un día de salario con 50 % de recargo por el trabajo de cuatro horas o más por el segundo día de descanso trabajado, más un día de descanso compensatorio –24 horas– (véase: Cálculos N.º 8); cuando el trabajador labora

---

[38] TSJ/SC, sent. N.º 1986, del 23-10-07, http://historico.tsj.gob.ve/decisiones/scon/octubre/1986-231007-04-1961.HTM.

menos de cuatro horas en su segundo día de descanso, tendrá derecho a siete días de salario por la semana, más medio día de salario con 50 % de recargo por el trabajo de menos de cuatro horas por el segundo día de descanso, más medio día de descanso compensatorio –12 horas– (véase: Cálculos N.º 9).

Se puede afirmar que si el trabajador labora el domingo, el día de descanso semanal o el segundo día de descanso –sábados o lunes–, además de pagar el trabajado de cuatro o más horas, o de menos de cuatro horas, se le debe agregar el recargo del 50 % establecido en el artículo 120 del Decreto-Ley más el descanso compensatorio por ser día de descanso, tal como lo afirma Jaime[39].

Cálculos N.º 8. Jornada común entre salario por unidad de tiempo –semana más recargos por el trabajo los días de descanso sábado y domingos de cuatro o más horas– (artículos 120 y 188 del Decreto-Ley): cinco días de la semana (lunes, martes, miércoles, jueves y viernes), más dos días de descanso (sábado y domingo), trabajo días de descanso sábado y domingos cuatro o más horas, salario mensual Bs. 570 000 entre 30 días, igual a salario diario Bs. 19 000. Conceptos a pagar en la semana: salario devengado en una semana de trabajo (5 días trabajados x Bs. 19 000): Bs. 95 000, dos días descanso (2 x Bs. 19 000): Bs. 38 000, sábado descanso trabajado más de cuatro horas (artículos 120 y 188 del Decreto-Ley: 1 día + 50 % = Bs. 19 000 + Bs. 9500): Bs. 28 500, domingo descanso trabajado más de cuatro horas artículos 120 y 188 del Decreto-Ley: 1 día + 50 % = Bs. 19 000 + Bs. 9500): Bs. 28 500. Total a pagar en la semana: Bs. 190 000, más dos días de descanso compensatorio (uno por el sábado y otro por el domingo).

Cálculos N.º 9. Jornada común entre salario por unidad de tiempo –semana más recargos por el trabajo los días de descanso sábado y domingos menos de cuatro horas– (artículos 120 y 188 del Decreto-Ley): cinco días de la semana (lunes, martes, miércoles, jueves y viernes), más dos días de descanso (sábado y domingo), trabajo días de descanso sábado

---

[39] Jaime: ob. cit., p. 184.

y domingos menos de cuatro horas, salario mensual Bs. 570 000 entre 30 días, igual a salario diario Bs. 19 000. Conceptos a pagar en la semana: salario devengado en una semana de trabajo (5 días trabajados x Bs. 19 000): Bs. 95 000, dos días descanso (2 x Bs. 19 000): Bs. 38 000, sábado descanso trabajado menos cuatro horas (artículos 120 y 188 del Decreto-Ley: ½ día + 50 % = Bs. 9500 + Bs. 4750): Bs. 14 250, domingo descanso trabajado más cuatro horas (artículos 120 y 188 del Decreto-Ley: ½ día + 50 % = Bs. 9500 + Bs. 4750): Bs. 14 250. Total a pagar en la semana: Bs. 161 500, más un día de descanso compensatorio (medio día por el sábado, más medio día por el domingo).

En el caso de la jornada no susceptible de interrupción, como el día o los días de descanso semanal obligatorio pueden ser distintos al día domingo, si el trabajador labora cuatro o más horas en su día de descanso, tendrá derecho a siete días de salario por la semana, más un día de salario con 50 % por el domingo trabajado, más un día de salario con 50 % de recargo por el de trabajo de cuatro o más horas el día de descanso, más un día de descanso compensatorio –24 horas– (véase: Cálculos N.º 10); y si presta servicios menos de cuatro horas, tendrá derecho a siete días de salario por la semana, más un día de salario más 50 % por el domingo trabajado, más medio día de salario más 50 % de recargo por el trabajado de menos de cuatro horas el día de descanso, más medio día de descanso compensatorio –12 horas– (véase: Cálculos N.º 11).

El artículo 188 del Decreto-Ley señala que, cuando un trabajador hubiere prestado servicios el día que le corresponda su descanso semanal obligatorio, por cuatro o más horas, tendrá derecho a un día completo de salario y cuando haya trabajado menos de cuatro horas, tendrá derecho a medio día de salario, no indica la norma si se trata de un salario promedio o el salario normal devengado. Sin embargo, antes indicamos que para el cálculo de los días de descanso trabajados se debe aplicar lo establecido en el artículo 120 del Decreto-Ley, el cual prevé que el valor de los días feriados será el salario que corresponda por el trabajo realizado, calculado con recargo del 50 % sobre el salario normal, y que, en este caso, el salario del domingo es regular y permanente en un mes para los trabajadores que laboran en jornadas continuas por turnos, motivo por el cual este valor debe ser agregado al promedio devengado en la respectiva semana para calcular el salario del día o días de descanso semanal obligatorio del trabajador.

Cálculos N.º 10. Jornada no susceptibles de interrupción entre salario por unidad de tiempo –semana más recargos por trabajo del día de descanso martes de cuatro o más horas– (artículos 120, 188 del Decreto-Ley y artículo 13 del Reglamento Parcial): cinco días de la semana (jueves, viernes, sábado, domingo y lunes), más dos días de descanso (martes y miércoles), domingo día hábil feriado trabajado, trabajo día de descanso martes cuatro horas o más, salario mensual Bs. 570 000 entre 30 días, igual a salario diario Bs. 19 000, salario devengado en una semana de trabajo (5 días trabajados x Bs. 19 000): Bs. 95 000, domingo trabajado (1 día + 50 %): Bs. 28 500, promedio devengado en la semana (123 500 / 5 días): Bs. 24 700. Conceptos a pagar en una semana de trabajo: cinco días trabajados (5 x Bs. 19 000): Bs. 95 000, domingo trabajado: Bs. 28 500, martes descanso trabajado (Bs. 24 700 + Bs. 12 350): Bs. 37 050, martes día de descanso: Bs. 24 700, miércoles día de descanso: Bs. 24 700. Total devengado en la semana: Bs. 209 950, más un día de descanso compensatorio por el martes.

Cálculos N.º 11. Jornada no susceptibles de interrupción entre salario por unidad de tiempo –semana más recargos por trabajo día de descanso martes menos de cuatro horas– (artículos 120, 188 del Decreto-Ley y 13 del Reglamento Parcial): cinco días de la semana (jueves, viernes, sábado, domingo y lunes), más dos días de descanso (martes y miércoles), domingo día hábil feriado trabajado, trabajo día de descanso menos de cuatro horas, salario mensual Bs. 570 000 entre 30 días, igual a salario diario Bs. 19 000, salario devengado en la semana (5 días trabajados x Bs. 19 000): Bs. 95 000, domingo trabajado (1 día + 50 %): Bs. 28 500, promedio devengado en la semana (123 500 / 5 días): Bs. 24 700. Conceptos a pagar en una semana de trabajo: cinco días trabajados (5 x Bs. 19 000): Bs. 95 000, domingo trabajado: Bs. 28 500, martes descanso trabajado menos de cuatro horas (½ día +50 % = Bs. 12 350 + 6175): Bs. 18 525, martes día de descanso:

Bs. 24 700, miércoles día de descanso: Bs. 24 700. Total a pagar en la semana: Bs. 191 425, más medio día de descanso compensatorio por el martes.

Con respecto a los descansos compensatorios, el artículo 188 del Decreto-Ley establece que el trabajador tendrá derecho a un día o medio día dependiendo del número de horas laboradas, se trata de 24 horas o de 12 horas continuas respectivamente, lo que se traduce en una jornada legal o contractual, o la mitad de ella, tal como lo afirma ALFONZO[40]. Dichos descansos compensatorios deben concederse en la semana inmediatamente siguiente al domingo, conforme lo previsto en el referido artículo, entendemos que deben ser disfrutados en la semana siguiente del día de descanso semanal obligatorio en que se hubiere trabajado. Agrega, el artículo 14 del Reglamento Parcial del Decreto-Ley, que, cuando un trabajador preste servicios en uno o en los dos días en que le corresponda su descanso semanal, tendrá derecho a disfrutar en el transcurso de la semana siguiente de uno o dos días continuos de descanso compensatorio remunerado. La norma no distingue entre la jornada común y la no susceptible de interrupción, consideramos que en esta última, si el trabajador labora sus dos días de descanso, tendrá derecho a sus días de descanso compensatorios continuos o discontinuos de conformidad con lo establecido en el artículo 13 del Reglamento Parcial, sin que puedan sustituirse por un beneficio de otra naturaleza, lo que significa que no podrá el trabajador acumular días compensatorios por días de descansos trabajados para disfrutarlos posteriormente ni recibir un pago o bono adicional por el no disfrute de uno o dos días de descanso semanal en la respectiva semana. Por su parte, JAIME señala:

> … la obligación de permitir el descanso semanal del trabajador, es una obligación sometida a término esencial, es decir, aquellas que se deben cumplir en un lapso determinado y que luego de pasado ese lapso, no es posible alcanzar el objeto para el cual fue establecida la obligación. Con base en lo anterior, si el trabajador no toma el descanso en el lapso previsto por la Ley, una semana después del día de descanso trabajado,

---
[40] ALFONZO: ob. cit., p. 267.

el descanso compensatorio concedido, dos meses o un año después no cumplirá con la finalidad para la cual fue establecida la obligación, como es el de permitir al trabajador recuperar sus fuerzas y participar de la vida familiar y social, por lo que no sería procedente la aplicación analógica de la norma del artículo 195 antes referido[41].

En cambio, tanto en Colombia como en República Dominicana, el trabajador puede optar por disfrutar del día de descanso compensatorio o recibir un pago adicional. Así, en Colombia, cuando el trabajador excepcionalmente labore el día de descanso obligatorio tendrá derecho «... a un descanso compensatorio remunerado, o a una retribución en dinero, a su elección...» (artículo 180); en República Dominicana si el trabajador presta servicios en el descanso semanal «... puede optar entre recibir su salario ordinario aumentado en un ciento por ciento o disfrutar en la semana siguiente de un descanso compensatorio igual al tiempo de su descanso semana» (artículo 164). Por su parte, el Código del Trabajo de Panamá prevé un pago adicional para el descanso compensatorio, al señalar: «El trabajo en el día que deba darse como compensación al trabajador por haber trabajado el domingo o en su día de descanso semanal obligatorio, se remunerará con un cincuenta por ciento de recargo sobre la jornada ordinaria» (artículo 48).

5. Trabajo en los días feriados

Cuando un trabajador preste servicio en día feriado tendrá derecho al salario correspondiente a ese día más el salario que le corresponda por razón del trabajo realizado, calculado con recargo del 50 % sobre el salario normal (artículo 120 del Decreto-Ley).

En la jornada común, si el trabajador devenga un salario por unidad de tiempo, cuando presta servicios en un día feriado tendrá derecho al pago de un día de salario más el recargo del 50 %, es decir, siete días de salario por la semana más un día de salario con 50 % por el feriado trabajado, sin día de descanso

---

[41] JAIME: ob. cit., p. 181.

compensatorio (véase: Cálculos N.º 12); ahora, si el trabajador devenga un salario variable, tendrá derecho a los salarios variables de esa semana más 50 % por el feriado trabajado, una vez obtenido el promedio se dividirá entre los días hábiles de la semana para calcular los días de descanso y feriados de esa semana sin día de descanso compensatorio (véase: Cálculos N.º 13).

>Cálculos N.º 12. Jornada común entre salario por unidad de tiempo –semana más recargo por el trabajo feriado viernes– (artículos 113, 119, 120 del Decreto-Ley): cinco días de la semana (lunes, martes, miércoles, jueves y viernes), más dos días de descanso (sábado y domingo), viernes día feriado trabajado, salario mensual Bs. 570 000 entre 30 días, igual a salario diario Bs. 19 000. Conceptos a pagar en una semana de trabajo: cinco días trabajados (5 x Bs. 19 000): Bs. 95 000, dos días descanso (2 x Bs. 19 000), Bs. 38 000, viernes feriado trabajado (artículo 120 del Decreto Ley 1 día + 50 % Bs. 19 000 + Bs. 9500): Bs. 28 500. Total a pagar en la semana. Bs. 161 500.

>Cálculos N.º 13. Jornada común entre salario variable –semana más recargo por el trabajo el feriado viernes– (artículos 113, 119, 120 del Decreto-Ley): cinco días de la semana (lunes, martes, miércoles, jueves y viernes), más dos días de descanso (sábado y domingo), viernes día feriado trabajado, salario devengado en la semana: lunes: comisión Bs. 15 000, martes: comisión Bs. 45 000, miércoles: comisión Bs. 18 000, jueves: comisión Bs. 22 000, viernes: (comisión más 50 % = Bs. 55 000 + 27 500): 82 500, promedio (total comisiones más recargo entre cinco = Bs. 182 500 / 5 días): 36 500. Conceptos a pagar: Comisiones + recargos: Bs. 182 500, viernes feriado: Bs. 36 500, sábado día de descanso: Bs. 36 500, domingo día de descanso: Bs. 36 500. Total a pagar en la semana: Bs. 292 000.

En el caso de la jornada no susceptible de interrupción, como se trata de un trabajo continuo por turnos, el día feriado es un día hábil de trabajo en la jornada y de conformidad con lo establecido en el artículo 15 del Reglamento Parcial, cuando la Ley permite que la jornada ordinaria de trabajo implique la prestación de servicios en días feriados, deberá pagarse al trabajador la remuneración adicional por labores en un día feriado de conformidad con el artículo 120 del Decreto-Ley, lo que se traduce en un día de salario con el recargo del 50 % por el feriado distinto al día domingo, sin el disfrute del día de descanso compensatorio porque el trabajador no laboró sus días descanso, solo laboró un día feriado, el cual es un día hábil para el trabajo en el caso de la jornada no susceptible de interrupción. En estas empresas, cuando el trabajador devenga un salario por unidad de tiempo, tendrá derecho a siete días de salario por la semana mas un día de salario con 50 % de recargo por el día domingo trabajado, más un día de salario con 50 % por el día feriado trabajador si lo hubiere (véase: Cálculos N.º 6); como el recargo del día domingo en un mes será regular y permanente en la respectiva semana de cada mes, los días de descanso serán calculados con el promedio de los salarios devengados en la semana incluyendo los domingos, de acuerdo con lo previsto en el artículo 119 del Decreto-Ley (véase: Cálculos N.º 5); si el trabajador devenga cualquier modalidad de variable, tendrá derecho a los salarios variables de esa semana más 50 % por el domingo trabajado, más 50 % por el feriado trabajado si lo hubiere, una vez obtenido el promedio se dividirá entre los días hábiles de la semana para lograr el valor de los días de descanso y feriados de esa semana (véase: Cálculos N.º 7).

Cabe indicar que el artículo 120 del Decreto-Ley establece que cuando el trabajador preste servicio en día feriado tendrá derecho al salario correspondiente a ese día y, además, al que le corresponda por razón del trabajo realizado, calculado con el recargo del 50 %; no señala la norma qué ocurre si se realiza la labor en cuatro horas o más, o en menos de cuatro horas en los días feriados, tal como si lo indica expresamente el artículo 188 del Decreto-Ley en el trabajo de los días domingos o de descanso semanal, motivo por el cual entendemos que, si el trabajador labora solo una hora un día feriado, que no coincida con un domingo o día de descanso, el trabajador tendrá derecho al pago de ese día con el recargo del 50 %.

Cuando el trabajo se efectúe en los días 1º de enero, lunes y martes de Carnaval; Jueves y Viernes Santos, 1º de mayo, 24, 25 y 31 de diciembre, en los señalados en la Ley de Fiestas Nacionales y los declarados festivos por los estados o municipalidades, no habrá lugar a ese descanso compensatorio, salvo que alguno de estos días coincida con domingo o con su día de descanso semanal (artículo 188 del Decreto-Ley).

Si en una misma fecha coinciden dos o más días feriados, o uno de estos días con los de descanso semanal obligatorio, solo se paga la remuneración correspondiente a un día de trabajo, salvo que se hubiere convenido un régimen más favorable en el contrato individual o la convención colectiva de trabajo (artículo 16 del Reglamento Parcial del Decreto-Ley).

Conclusiones

Los días de descanso son la pausa que requiere el trabajador luego de prestar servicio continúo por más de cinco o seis, de los siete días de la semana, para que se recupere del cansancio diario y semanal causado por el esfuerzo físico o mental en el desempeño de sus funciones; en cambio, los días feriados son pausas remuneradas previstas en la ley por razones de intereses público.

En Venezuela, el Decreto-Ley Orgánica del Trabajo, los Trabajadores y las Trabajadoras establece en su artículo 173 que la jornada de trabajo no excederá de cinco días a la semana y el trabajador tendrá derecho a dos días de descanso continuos y remunerados durante cada semana de labor.

Para fijar los días de descanso se debe tomar en cuenta el tipo de jornada que labora el trabajador; así podríamos denominar jornada común aquella que se desarrolla de lunes a domingo siendo los días de descanso sábado y domingo o domingo y lunes, en la cual se incluye el día domingo (artículo 13 del Reglamento Parcial del Decreto-Ley); en cambio, en las jornadas no susceptibles de interrupción, cuyas actividades son continuas por turnos porque no se pueden interrumpir debido a razones de interés público, técnicas y circunstancias eventuales (artículos 184 y 185 del Decreto-Ley; 17, 18 y 19 del Reglamento Parcial) podrán pactarse para el descanso del trabajador otros días distintos a los días sábado y domingo o domingo y lunes; estos días de descanso pactados pueden ser continuos o discontinuos, y si el trabajador solo disfruta de un solo día de descanso, el segundo se acumulará a los días de disfrute de vacaciones correspondiente a ese año, con pago de salario y sin incidencia en el bono vacacional, en cuyo caso no habría proporcionalidad entre el pago de los días hábiles de disfrute y el pago bono vacacional como parte de la remuneración de las vacaciones (artículos 176 del Decreto-Ley; 7 y 13 del Reglamento Parcial).

Los trabajadores tienen derecho al salario correspondiente a los días feriados o de descanso cuando hayan prestado servicio durante los días hábiles de la jornada semanal de trabajo; sin embargo, perderán el pago de estos días si faltasen más de un día durante su jornada habitual de trabajo (artículo 119 del Decreto-Ley).

En la jornada común si el trabajador devenga un salario por unidad de tiempo, el salario de los días de descanso semanal y feriados estará comprendido en el pago de la semana o el mes (artículo 119 del Decreto-Ley), pero si durante ese semana el trabajador percibe en forma regular y permanente otros conceptos con naturaleza salarial, el valor de los días de descanso y feriados será el promedio de devengado en la respectiva semana. Si el trabajador devengan un salario variable, el valor de los días de descanso y feriados será el promedio de los salarios devengados en la respectiva semana o mes, tomando en cuenta los días hábiles de la semana según lo establecido en el artículo 217 de la Ley Orgánica del Trabajo del 2011, no los días laborados por el trabajador conforme lo previsto en el artículo 119 del Decreto-Ley, pues los derechos de los trabajadores son intangibles, según el artículo 18.2 del mismo Decreto-Ley.

En la jornada no susceptible de interrupción, si el trabajador devenga un salario por unidad tiempo, además de recibir el pago de la semana respectiva tiene derecho al pago de los días domingos y feriados, a razón de un día más el recargo del 50 % porque son empresas de trabajo continuo en las que se efectúan sus actividades por turnos, donde los días domingos y feriados son días hábiles para el trabajo (artículos 13 y 15 del Reglamento Parcial del Decreto-Ley) y como el valor de los domingos será regular y permanente en un mes, los días de descanso serán calculados con el promedio de los salarios devengados en la semana, incluyendo los domingos, de acuerdo con lo previsto en el artículo 119 del Decreto-Ley. Si se trata de un salario variable, la base de cálculo del recargo del 50 % de los días domingos y feriados previsto en el artículo 120 del Decreto-Ley será sobre el día trabajado y una vez logrado este valor, se procederá a obtener el salario promedio incluyendo los días domingos con su recargo para calcular los días de descanso semanal y feriados (artículo 119 *eiusdem*).

Con respecto al trabajo en los días de descanso, en una jornada común si el trabajador labora su día o días de descanso, sea domingo o cualquier otro día, tendrá derecho al salario del día trabajado de acuerdo con el número de horas laboradas más el recargo del 50 %, de conformidad con lo establecido en el artículo 217 de la Ley Orgánica del Trabajo del 2011 por ser más favorable al régimen contenido en los artículos 120 y 188 del Decreto-Ley; así, si el trabajador presta servicios cuatro o más horas el día domingo o el segundo día de descanso, tendrá derecho a un día completo de salario más 50 % y un día de descanso compensatorio; si el trabajador labora menos de cuatro horas el día domingo o el segundo día de descanso, tendrá derecho a medio día de salario más el 50 % y a medio día de descanso compensatorio (artículo 188 del Decreto-Ley).

En la jornada no susceptible de interrupción, el día o los días de descanso semanal obligatorio podrían ser distintos al día domingo, así tenemos que si el trabajador labora cuatro o más horas en su día de descanso, tendrá derecho a un día de salario más el 50 % y a un día de descanso compensatorio, y si el trabajador labora menos de cuatro horas durante ese día de descanso, tendrá derecho a medio día de salario más el 50 % y a medio día de descanso compensatorio (artículos 188 del Decreto-Ley, 13 del Reglamento Parcial). Adicionalmente, tendrá derecho al salario de los domingos y feriados, es decir, de un día más el recargo del 50 % porque son días hábiles para el trabajo en este tipo de jornada.

Cuando el trabajador presta servicio en su descanso semanal, tiene derecho a descansos compensatorios en la siguiente semana de medio día, un día o dos días según el tiempo laborado, descansos que no pueden ser sustituidos por ningún otro beneficio (artículo 14 del Reglamento Parcial del Decreto-Ley).

En el caso de que el trabajador preste servicio en día feriado, tendrá derecho al salario correspondiente a ese día más el salario que le corresponda por razón del trabajo realizado, calculado con recargo del 50 % sobre el salario normal según lo previsto en el artículo 120 del Decreto-Ley, a diferencia de los días de descanso, cuando el trabajador labora un día feriado no tiene derecho a los descansos compensatorios (artículo 14 del Reglamento Parcial). Si dentro de la jornada común el trabajador presta servicios un día feriado, tendrá derecho a un día más el recargo del 50 % al igual que en la jornada no susceptible de interrupción, pero en este tipo de jornada los feriados son días hábiles para el trabajo, de acuerdo con lo establecido en los artículos 120 del Decreto-Ley y 15 del Reglamento Parcial.

* * *

Resumen: Según el Decreto con rango, valor y fuerza de Ley Orgánica del Trabajo, los Trabajadores y las Trabajadoras, en la jornada común, el trabajador tendrá derecho a dos días continuos de descanso, incluido el domingo; en la jornada no susceptible de interrupción, podrán pactarse dos días, los cuales no tienen que coincidir con el domingo o un solo día de descanso, en cuyo caso el segundo día será un día adicional de disfrute en el período vacacional correspondiente a ese año. En una jornada común, el salario de los días de descanso y feriados están comprendidos en el salario quincenal o mensual del trabajador. Si el salario es variable el valor de los días de descanso y feriados será el promedio de lo devengado en la quincena o mes. En la jornada no susceptible a interrupción, el trabajador tiene derecho a recibir el pago de la respectiva semana más el pago de los días domingos y feriados. Como el salario del domingo trabajado es regular y permanente se tomará en cuenta para el cálculo de los días de descansos. Tanto en la jornada común como en la jornada no susceptible a interrupción si se laboran los días de descanso, se pagarán las horas laboradas más el recargo del 50 % con el disfrute de los días de descanso compensatorios correspondiente.

Palabras clave: Pago en descanso semanal y feriados.

Sistema Rector Nacional de Protección Integral de Niños, Niñas y Adolescentes

Juan Rafael Perdomo*

Sumario

Introducción 1. **Convención sobre los Derechos del Niño 2. La Constitución de la República Bolivariana de Venezuela 3. La Ley Orgánica para la Protección del Niño, Niña y Adolescente 4. El Sistema Rector Nacional para la Protección Integral de Niños, Niñas y Adolescentes** *4.1. Definición 4.2. Medios 4.3. Integrantes 4.4. Políticas, programas y proyectos de protección integral de niños, niñas y adolescentes 4.5. Medidas de Protección* **5.** Unicef

Introducción

Es un honor participar en el homenaje que se rinde al profesor René Molina Galicia, por considerar que ha logrado en el foro venezolano una alta estima, por sus aportes intelectuales al ordenamiento jurídico, su dedicación a la enseñanza del Derecho en nuestras universidades, el respeto por su condición de abogado en ejercicio, autor de varias obras significativas en materia constitucional y procesal. El homenaje se justifica en un ciudadano de su calidad.

La finalidad del presente ensayo es divulgar la importancia del Sistema Rector Nacional para la Protección Integral de los Niños, Niñas y Adolescentes, llamar la atención para el ajuste de los entes que lo conforman, especialmente

---

* **Universidad Central de Venezuela**, Abogado; *Magister Scientiarum* en Derecho del Trabajo; profesor. **Tribunal Supremo de Justicia**, exmagistrado de la Sala de Casacion Social.

en lo relativo al personal, la infraestructura y tecnología que impone el bagaje constitucional de su estructura y la filosofía de la Convención sobre los Derechos del Niño.

En primer lugar, se ha marcado una diferencia formal y material entre el llamado «sistema de la situación irregular del menor» y la «teoría de la protección integral del niños, niñas y adolescentes». Según Buaíz Valera la doctrina de la situación irregular estima que el menor:

> Es un ser considerado incapaz. ¿Quiénes son esos menores? ¿Quiénes los niños incapaces? Veamos: i. Los abandonados material y moralmente, es decir, aquellos que no tiene habitación cierta, que no tienen escuela, que no reciben el afecto espiritual de sus padres, y cualesquiera otras situaciones similares de carencia socio-económicas; ii. los que se encuentran en situación de peligro, es decir, los que por una conducta de terceros o de la sociedad, o por cualquier otra circunstancia, pueden tornarse peligrosos para esa misma sociedad, y iii. los infractores, que son generalmente aquellos a los que se les abandonó material y moralmente, se les negó sus derechos, o se les colocó en peligro, y comenten actos previstos en las leyes como delito[1].

Si esa es la doctrina citada, no cabe duda que la doctrina o teoría de la protección integral del niño desplazó para siempre del entorno infantil a la situación irregular del menor que es intolerable[2]. Por el contrario, el Sistema Rector Nacional de Protección de Niños, Niñas y Adolescentes, al fundamentar la protección integral de los niños, niñas y adolescentes, incorpora el aporte de la Convención sobre los Derechos del Niño a su contenido para combatir el pasado a que hace referencia la situación irregular del menor antes citada.

---

[1] Buaíz Valera, Yuri Emilio: «Introducción a la doctrina para la protección integral de los niños». En: *Introducción a la Ley Orgánica para la Protección del Niño y Adolescente*. UCAB. Caracas, 2000, pp. 9-11.
[2] Ibíd., p. 10.

1. Convención sobre los Derechos del Niño

La Convención sobre los Derechos del Niño fue adoptada, abierta a la firma y ratificación por la Asamblea General de las Naciones Unidas en su resolución 44/25, el 20 de noviembre de 1989. Entró en vigor el 2 de septiembre de 1990, de conformidad con el artículo 49 de la normativa del ente citado. Fue suscrita por los Estados Miembros en forma unánime, si se estima que de los 140 asistentes a la Asamblea, solo dos no la suscribieron: Somalia y Estados Unidos. Actualmente, tiene 193 miembros, debido a la validez institucional adquirida al ocuparse de una materia trascendente en la existencia de los países del mundo, como es la infancia y adolescencia. Las Naciones Unidas la han institucionalizado hasta el punto de contar con la «doctrina de los derechos humanos para la infancia y la adolescencia», denominada «protección integral de los niños, niñas y adolescentes». La Convención está integrada por su Preámbulo y los Protocolos que han sido elaborados progresivamente: a. Protocolo Facultativo de la Convención sobre los Derechos del Niño relativo a la venta de niños, la prostitución infantil y la utilización de niños en la pornografía; b. Protocolo Facultativo de la Convención sobre los Derechos del Niño relativo a la participación de niños en los conflictos armados, y c. Protocolo Facultativo de la Convención sobre los Derechos del Niño relativo a un procedimiento de comunicaciones. La inseguridad, los riesgos, el abandono, el hambre, la ignorancia, las drogas son hechos que agreden tempranamente su vida.

El Estado venezolano el 29 de agosto de 1990 recibe la Convención[3]. Como consecuencia de ese acto internacional, Venezuela, en los espacios públicos y privados, se moviliza para asumir el contenido de la Convención, tanto en el Congreso como en el medio universitario, que desempeñó un papel significativo, al participar en la elaboración de la «Ley Orgánica de Protección del Niño y Adolescente»[4].

En cuanto a los principios de la Convención, relativos al tema objeto de este ensayo, desde el artículo 1 hasta el 4, se prevé lo concerniente a la definición del

---

[3] *Gaceta Oficial de la República de Venezuela* N.º 34451, del 29-08-90.
[4] *Gaceta Oficial de la República de Venezuela* N.º 5266 extraordinario, del 02-10-98.

niño, «que es todo ser humano menor de 18 años de edad, salvo que en virtud de la ley que le sea aplicable, haya alcanzado antes la mayoría de edad». En el artículo 2, dice:

> Los Estados Partes respetarán los derechos enunciados en la presente Convención y asegurarán su aplicación a cada niño sujeto a su jurisdicción, sin distinción alguna, independientemente de la raza, el color, el sexo, el idioma, la religión, la opinión política o de otra índole, el origen nacional, étnico o social, la posición económica, los impedimentos físicos, el nacimiento o cualquier otra condición del niño, de sus padres o de sus representantes legales.

En el artículo 3 se expresa:

> 1. Todas las medidas concernientes a los niños que tomen las instituciones públicas o privadas de bienestar social, los tribunales, las autoridades administrativas o los órganos legislativos, una consideración primordial que se atenderá será el interés superior del niño. 2. Los Estados Partes se comprometen a asegurar al niño la protección y el cuidado que sean necesario para su bienestar, teniendo en cuenta los deberes de sus padres, tutores u otras personas responsables de él ante la ley y con ese fin, tomarán todas las medidas legislativas y administrativas adecuadas. 3. Los Estados Partes se asegurarán en que las instituciones, servicios y establecimientos encargados del cuidado o la protección de los niños cumplan las norma establecidas por las autoridades competentes, especialmente en materia de seguridad, sanidad, número y competencia de su personal, así como en relación con la existencia de una supervisión adecuada.

En el artículo 4 se expresa:

> Los Estados Partes adoptarán todas las medidas administrativas, legislativas y de otra índole para dar efectividad a los derechos reconocidos en la presente Convención. En lo que respecta a los derechos económicos, sociales y culturales, los Estados Partes adoptarán esas medidas hasta el

máximo de los recursos de que dispongan y, cuando sea necesario, dentro del marco de la cooperación internacional.

Hemos seleccionado estos cuatro artículos, con el objeto de precisar, que el Estado tiene la obligación de proteger integralmente al niño, niña y adolescente. Dispondrá de los recursos económicos, sociales, educativos y culturales para que el niño reciba de su familia la protección necesaria en la que también participa la sociedad y, desde luego, el Estado. Cuando Venezuela aceptó ser miembro de la Convención se sometió a su normativa para desarrollar la protección integral del niño y del adolescente; desde luego, se incluye la necesidad de crear un «sistema jurídico» donde tal compromiso se aprecie y un «sistema económico» para la protección de la infancia y de la adolescencia en todos los aspectos de su vida. Usualmente, el Estado es convocado a las Naciones Unidas (Ginebra) para que informe todas las medidas de protección de la infancia y adolescencia que ha tomado. Venezuela ha presentado los «Informes sobre la infancia y la adolescencia» conforme a la legislación internacional de la ONU sobre el crecimiento, desarrollo, salud, educación, alimentación de esa población de la infancia y adolescencia y las ONG vigentes en el país también presentan un informe que recibe el tratamiento del protocolo correspondiente. En síntesis, la Convención sobre los Derechos del Niño es el texto máximo que fundamenta la protección integral de la infancia y adolescencia del mundo.

2. La Constitución de la República Bolivariana de Venezuela

Durante el año de 1999 se discutió la Constitución de la República Bolivariana de Venezuela, mediante referendo fue aprobada el día 15 de diciembre del citado año, para la realización de los fines del Estado. La Exposición de Motivos de dicho instrumento remarca en el Título III, Capítulo I: que está inspirada «por las principales tendencias que se han desarrollado en Derecho comparado y en los tratados internacionales sobre derechos humanos, la Constitución reconoce expresamente el principio de progresividad en la protección de tales derechos, conforme a lo cual el Estado garantizará a toda persona natural o jurídica, sin discriminación alguna, el respeto, el goce y el ejercicio irrenunciable, indivisible e interdependiente de los mismos».

El texto constitucional permite la construcción de un sistema jurídico basado en fuentes internacionales y en el reconocimiento de principios sociales, para el goce y disfrute de los derechos. Toda ley debe basarse en principios constitucionales y los administradores del sistema judicial tomarán en cuenta la importancia de tales principios para evaluar el gasto social. En la Exposición de Motivos, Título III, Capítulo V, se patentiza la idea de esos derechos así:

> … que los derechos sociales contenidos en la Constitución consolida las demandas sociales, jurídicas, políticas, económicas y culturales de la sociedad en un momento histórico en que los venezolanos y venezolanas se redescubren como actores de la construcción de un nuevo país inspirado en los saberes populares que le dan una nueva significación al conocimiento socio-político y jurídico del nuevo tiempo.

Se agrega en el Capítulo citado que: «La corresponsabilidad entre sociedad y Estado, el sentido de la progresividad de los derechos, la indivisibilidad e interdependencia de los derechos humanos constituyen una herramienta doctrinaria que define una nueva relación de derechos y obligaciones entre sujetos que participan solidariamente en una sociedad democrática…».

En correspondencia con la norma antes citada, la Constitución vigente consignó en el artículo 78, principios derivados de la Convención, específicamente el niño como sujeto de derecho y el interés superior del niño:

> Los niños, niñas y adolescentes son sujetos plenos de derechos y estarán protegidos por la legislación, órganos y tribunales especializados, los cuales respetarán, garantizarán y desarrollarán los contenidos de esta Constitución, la Convención sobre los Derechos del Niño y demás tratados internacionales que en esta materia haya suscrito y ratificado la República. El Estado, las familias y la sociedad asegurarán, con prioridad absoluta, protección integral, para lo cual se tomará en cuenta su interés superior en la decisiones y acciones que les conciernen.

Esta es la norma de alto significado que la Constitución asumió para construir el Sistema de Protección Integral de la Infancia y Adolescencia en nuestro país. Significa que la legislación que se dicte con base en ella, desde luego, debe circunscribirse a los principios allí citados. Y pasar a la legislación especial para que esta concrete en su texto las líneas a desarrollar en el tema ya descrito.

Desde el año 2003, se inicia en la Sala de Casación Social del Tribunal Supremo de Justicia la reforma de dicha Ley para producir un nuevo texto que, se promulga el 10 de diciembre de 2007[5], adecuándose a la Constitución vigente en el Título III, artículo 78 que contiene los principios esenciales para el nuevo texto legal.

Esta norma contiene los siguientes principios: a. Reconocimiento de los niños, niñas y adolescentes como sujetos plenos de derechos, y como ciudadanos y ciudadanas; b. el interés superior del niño, niña y adolescente; c. el papel fundamental y prioritario de la familia en la vida de los niños, niñas y adolescentes; d. corresponsabilidad del Estado, la familia y la sociedad en la protección integral de la infancia y la adolescencia. Estos principios los asume el Sistema Rector Nacional para la Protección de los Niños, Niñas y Adolescentes para cumplir los predicamentos de la Convención, ahora en el centro del Sistema de Protección Integral del Niño, Niña y Adolescente de Venezuela. Además, la reforma intentada se orienta por los siguientes principios: i. Fortalecimiento de la oralidad; ii. proceso por audiencias; iii. uniformidad de procedimientos; iv. fortalecimiento de los medios alternativos de resolución de conflictos[6]; v. redefinición de las funciones judiciales, y vi. modernización del tribunal, reflejados en el sistema judicial de protección.

---

[5] *Gaceta Oficial de la República Bolivariana de Venezuela* N.º 5859 extraordinario.
[6] *Vid*. Constitución de la República Bolivariana de Venezuela, artículo 258: «… La ley promoverá el arbitraje, la conciliación, la mediación y cualesquiera otros medios alternativos para la solución de conflictos».

3. La Ley Orgánica para la Protección del Niño, Niña y Adolescente

La Ley Orgánica para la Protección de Niños, Niñas y Adolescentes fue una iniciativa del Tribunal Supremo de Justicia. Establece en el artículo 1 lo siguiente:

> Objeto. Esta Ley tiene por objeto garantizar a todos los niños y adolescentes, que se encuentren en el territorio nacional, el ejercicio y el disfrute pleno y efectivo de sus derechos y garantías, a través de la protección integral que el Estado, la sociedad y la familia deben brindarles desde el momento de su concepción.

Pues bien, así se estableció cuál era la misión de la Ley. En ella se encuentra el comienzo de lo que significa para el país la protección integral de los niños, niñas y adolescentes. Justamente, la validez del Sistema Rector Nacional para la Protección Integral de Niños, Niñas y Adolescentes se encuentra en el centro del sistema de protección porque a él le corresponde todo el desarrollo de las políticas destinadas a la protección de la infancia y adolescencia. En forma minuciosa, se describen los objetivos de la Ley, al definir cada uno de los hechos que deben ajustarse al Sistema Rector Nacional para la Protección Integral de Niños, Niñas y Adolescentes.

La Ley Orgánica para la Protección de Niños, Niñas y Adolescentes sigue los lineamientos previstos en la Convención en sus cuatro primeros artículos ya indicados, desde luego, en el resto del articulado de la normativa. Se acentúa, en este caso, el significado que tiene el artículo 117 cuando define los objetivos y el funcionamiento del Sistema Rector Nacional para la Protección Integral de Niños, Niñas y Adolescentes.

Para ello utiliza los «medios» previstos en el artículo 118 de la Ley Orgánica para la Protección de Niños, Niñas y Adolescentes; describe quiénes lo integran (artículo 119), y define lo que debe entenderse por políticas, programas y proyectos de protección integral de niños, niñas y adolescentes (artículos 120 al 132).

En el artículo 8 se establece el interés superior del niño como un principio de interpretación y aplicación de la Ley, y el Estado promoverá su incorporación progresiva a la ciudadanía activa y creará un Sistema Rector Nacional para la Protección Integral de los Niños, Niñas y Adolescentes, con lo cual queda establecido el aspecto conceptual del mencionado texto internacional y de allí hay una derivación lógica hacia la Constitución y, desde luego, a la Ley Orgánica para la Protección de Niños, Niñas y Adolescentes, que es la base fundamental del Sistema Rector Nacional para la Protección Integral de Niños, Niñas y Adolescentes.

Por otra parte, el artículo 10 define que: «Todos los niños, niñas y adolescentes son sujetos de derecho; en consecuencia, gozan de todos los derechos y garantías consagrados en favor de las personas en el ordenamiento jurídico, especialmente aquellos consagrados en la Convención sobre los Derechos del Niño». Es decir, la Ley se ajustó a la Convención y a la Constitución venezolana para garantizar los derechos que los textos mencionados prevén en su desarrollo. Ahora bien, el principio que hemos mencionado en el artículo 78 de la Constitución incorporado en el artículo 10 de la Ley tiene importancia para las relaciones del niño con su familia, la sociedad y el Estado, porque de él se derivan consecuencias para su vida, cimiento y desarrollo integral del niño. Es, también, un mandato para el Estado cuyas políticas deben tomar en cuenta los dos principios arriba indicados que tienen elementos objetivos y subjetivos indispensables para los niños, niñas y adolescentes en la multiplicidad de relaciones que tiene el crecimiento y desarrollo del niño.

4. El Sistema Rector Nacional para la Protección Integral de Niños, Niñas y Adolescentes

4.1. Definición

«Es el conjunto de órganos, entidades y servicios que formulan, coordinan, integran, orientan, supervisan, evalúan y controlan las políticas, programas y acciones de interés público nacional, estatal y municipal destinadas a la protección y atención de todos los niños, niñas y adolescentes, y establecen los medios a través de los cuales se asegura el goce efectivo de los derechos, garantías, el cumplimiento de los deberes establecidos en esta Ley» (artículo 117 de la Ley Orgánica para la Protección de Niños, Niñas y Adolescentes). Este Sistema funciona a través de los Poderes Públicos, de la sociedad y de la familia, es un conjunto articulado de acciones intersectoriales realizadas por órganos, entes del Estado y por la sociedad organizada, para la protección del niño.

4.2. Medios

Para el logro de estos objetivos, el Sistema cuenta con los siguientes Medios: a. Políticas y programas de protección y atención; b. medidas de protección; c. órganos administrativos y judiciales de protección; d. entidades y servicios de atención; e. sanciones; f. procedimientos; g. acción judicial de protección; h. recursos económicos.

Estos medios están indicados en la Ley para que, de acuerdo con el esquema que presenta el Sistema apegado a la legislación vigente, se establezcan todos los aspectos señalados en el artículo 118 de la Ley Orgánica para la Protección de Niños, Niñas y Adolescentes, cada uno de los cuales cumple con sus funciones previstas en la Ley para desarrollar la protección de los niños, niñas y adolescentes, conforme a los caracteres que tiene la Ley para lograr que el movimiento de los medios citados funcione en favor de la protección integral del niño. La articulación de ellos produce unos resultados positivos en el abordaje de los problemas confrontados por la infancia y adolescencia; debe disponer de los recursos necesarios para cumplir con la misión convenida.

4.3. Integrantes

El Sistema Rector Nacional para la Protección Integral de Niños, Niñas y Adolescentes (artículo 119 de la Ley Orgánica para la Protección de Niños, Niñas y Adolescentes) está integrado por:

> a. Ministerio del poder popular con competencia en materia de protección integral de niños, niñas y adolescentes. Es el órgano rector del Sistema Rector Nacional para la Protección Integral de Niños, Niñas y Adolescentes[7].

---

[7] *Vid.* artículo 133 de la Ley Orgánica para la Protección de Niños, Niñas y Adolescentes: «Del Órgano Rector. El ministerio del poder popular con competencia en

b. Consejos de derechos de niños, niñas y adolescentes y consejos de protección de niños, niñas y adolescentes. Es un instituto autónomo con personalidad jurídica y patrimonio propio, adscrito al Ministerio (artículos 134-137). c. Tribunales de protección de niños, niñas y adolescentes y Sala de Casación Social del Tribunal Supremo de Justicia. El ejercicio de la jurisdicción para la resolución de los asuntos sometidos a su decisión. d. Ministerio Público (artículo 169). e. Defensoría del Pueblo (artículo 169-A). f. Defensa Pública (artículo 169-B). g. Entidades de atención. Son instituciones de interés público que ejecutan proyectos, medidas y sanciones. h. Defensorías de niños, niñas y adolescentes. Es un servicio de interés público que en cada municipio debe ser organizado por la Alcaldía y, de acuerdo con su población, deberá contar con más de una Defensoría. i. Los consejos comunales y demás formas de organización popular.

---

materia de protección integral de niños, niñas y adolescentes es el órgano rector del Sistema Rector Nacional para la Protección Integral de Niños, Niñas y Adolescentes, siendo sus atribuciones las siguientes: a. Definir las políticas del Sistema Rector Nacional para la Protección Integral de Niños, Niñas y Adolescentes. b. Aprobar el Plan Nacional para la Protección Integral de Niños, Niñas y Adolescentes. c. Aprobar los lineamientos y directrices generales, de carácter imperativo y obligatorio cumplimiento, del Sistema Rector Nacional para la Protección Integral de Niños, Niñas y Adolescentes, presentadas a su consideración por el Consejo Nacional de Derechos de Niños, Niñas y Adolescentes. d. Efectuar el seguimiento y la evaluación de las políticas, planes y programas en materia de protección integral de niños, niñas y adolescentes. e. Revisar y proponer las modificaciones a la normativa legal aplicable, a los fines de garantizar la operatividad del Sistema Rector Nacional para la Protección Integral de Niños, Niñas y Adolescentes. f. Establecer y desarrollar formas de interacción y coordinación conjunta entre entes públicos, privados y comunitarios, a los fines de garantizar la integralidad de las políticas y planes del Sistema. g. Garantizar el cumplimiento de las competencias y obligaciones del Sistema Rector Nacional para la Protección Integral de Niños, Niñas y Adolescentes en las materias de su competencia, así como las de los entes u organismos bajo su adscripción. h. Ejercer los mecanismos de tutela que se deriven de la ejecución de la administración y gestión de los entes u organismos bajo su adscripción. i. Requerir del Consejo Nacional de Derechos de Niños, Niñas y Adolescentes la información administrativa y financiera de su gestión. j. Elaborar el Reglamento de la presente Ley. k. Las demás establecidas en la ley y por el Ejecutivo Nacional».

El artículo 119 se trató de articular a entes públicos para lograr la finalidad, por lo cual se señala en la misma la competencia de cada integrante del Sistema Rector Nacional cuyo papel se encuentra indicado, sobre todo, para la protección de los derechos de los niños, niñas y adolescentes. En el momento de confeccionar el texto legal fue una magnifica experiencia articular los entes citado, para luego precisar las funciones que se indican en el texto.

4.4. Políticas, programas y proyectos de protección integral de niños, niñas y adolescentes

«Es el conjunto de orientaciones y directrices, de carácter público, dictadas por los órganos competentes, a fin de guiar las acciones dirigidas a asegurar los derechos y garantías consagrados en esta Ley», definida como política para fijar las orientaciones y directrices en materias, tales como asistencia –protección integral–, comunicación, integración –hacer que alguien o algo pase a formar parte de un todo, DRAE–, coordinación, promoción, evaluación, control, estímulo y financiamiento. Están involucrados en este aspecto el Poder Ejecutivo, Legislativo y Judicial por intermedio de los órganos competentes del sistema (artículo 120 de la Ley Orgánica para la Protección de Niños, Niñas y Adolescentes).

Por otra parte, «el Estado y sociedad son responsables por la formulación, ejecución y control de las políticas de protección de niños, niñas y adolescentes de conformidad con esta Ley» (artículo 121). Es un concepto que se repite en el ordenamiento jurídico de protección de la infancia y adolescencia, es el núcleo del sistema y debe agregarse «familia».

Y, finalmente, el artículo 122 se refiere «a la obligatoriedad de las políticas adoptadas que tienen carácter vinculante para todos los integrantes del Sistema Rector Nacional para la Protección Integral de los Niños, Niñas y Adolescentes dentro de sus respectivos ámbitos de competencia». Se trata de una materia de orden público eminente, de carácter constitucional, de ineludible cumplimiento. Es más, los entes públicos frente a las políticas y programas deben someterse al imperio de este vínculo legal que opera en beneficio de la estructura histórica de un pueblo: es su infancia y su adolescencia.

Se define en el artículo 123 del texto legal que: «El programa o proyecto es el plan desarrollado por personas naturales, jurídicas o entidades de atención, con el objeto de proteger, atender, capacitar, fortalecer los vínculos familiares, lograr la inserción social, entre otros, dirigidos a garantizar los derechos de los niños, niñas y adolescentes». Durante la elaboración de la Ley Orgánica para la Protección de Niños, Niñas y Adolescentes se realizaron varios programas y proyectos[8] por parte de la Sala de Casación Social del Tribunal Supremo de Justicia de la República Bolivariana de Venezuela para la protección, atención, capacitación, fortalecimiento de los vínculos familiares, inserciones sociales, entre otros objetivos, dirigidos a garantizar los derechos de los niños, niñas y adolescentes. Este fue el impulso central que movió las líneas de trabajo para la elaboración de la Ley, asimismo, el establecimiento de los medios alternos de resolución de conflictos, para realizar el contenido de los artículos 78, 49, 257 y 258 del texto constitucional vigente en el país. La Ley Orgánica para la Protección de Niños, Niñas y Adolescentes establece los tipos:

> Artículo 124.- Tipos: a. De asistencia para satisfacer las necesidades de los niños, niñas, adolescentes y sus familias, que se encuentren en situación de pobreza o afectados por desastres naturales y calamidades. b. De apoyo u orientación: para estimular la integración del niño, niña y adolescente en el seno de su familia y de la sociedad, así como guiar el desarrollo armónico de las relaciones entre los miembros de la familia. c. De colocación familiar para organizar la colocación de niños, niñas y adolescentes en familias sustitutas mediante un proceso de selección. d. De rehabilitación y prevención: para atender a los niños, niñas y adolescentes que sean

---

[8] Matus Nakamura, Julio: «Los proyectos se dan cuando existen actividades nuevas, incluyendo mejoras nuevas. Tienen un inicio y fin, objetivos específicos, entregables y son únicos. Los programas agrupan proyectos relacionados, que pueden ser ejecutados de manera secuencial o paralela», https://sg.com.mx/buzz/diferencia-entre-programas-y proyectos. Según el *Diccionario de la lengua española*. RAE. Madrid, 2001, «Programa (…) 2. Previa declaración de lo que se piensa hacer en alguna materia u ocasión», «Proyecto. Representación en perspectiva o designio o pensamiento de ejecutar algo, idear, trazar o proponer el plan y los medios para la ejecución de algo».

objeto de torturas, maltratos, explotación, abuso, discriminación, crueldad, negligencia u opresión; tengan necesidades especiales tales como discapacitados o discapacitadas y superdotados o superdotados; sean consumidores de sustancias alcohólicas, estupefacientes o psicotrópicas; padezcan de enfermedades infecto-contagiosas; tengan embarazo precoz; así como para evitar la aparición de estas situaciones. e. De identificación: para atender las necesidades de inscripción de los niños, niñas y adolescentes en el Registro del Estado Civil y de obtener sus documentos de identidad. f. De formación, adiestramiento y capacitación: para satisfacer las necesidades de capacitación de las personas que se dediquen a la atención de niños, niñas y adolescentes; así como las necesidades de adiestramiento y formación de los niños, niñas o adolescentes, su padre, madre, representantes o responsables. g. De localización: para atender las necesidades de los niños, niñas y adolescentes de localizar a su padre, madre, familiares, representantes o responsables; que se encuentren extraviados, desaparecidos o hayan sido de alguna forma separados o separadas del seno de su familia o de la entidad de atención en la que se encuentran, o les hayan violado su derecho a la identidad. h. De abrigo: para atender a los niños, niñas y adolescentes que lo necesiten, de acuerdo a lo previsto en el artículo 127 de esta Ley. i. Comunicacionales: para garantizar la oferta suficiente de información, mensajes y programas dirigidos a niños, niñas y adolescentes divulgados por cualquier medio comunicacional o a través de redes y a que esta oferta contribuya al goce efectivo de los derechos a la educación, salud, recreación, participación, información y a un entorno sano de todos los niños, niñas y adolescentes, estimulando su desarrollo integral. j. Socio-educativos: para la ejecución de las sanciones impuestas a los y las adolescentes por infracción a la ley penal. k. Promoción y defensa: para permitir que los niños, niñas y adolescentes conozcan sus derechos y los medios para defenderlos. l. Culturales: para la preparación artística, respeto y difusión de los valores autóctonos y de la cultura universal.

4.5. Medidas de Protección

En cuanto a las medidas de protección desarrolladas en la misma Ley (artículo 125) son impuestas por la autoridad competente cuando se causa un daño a un niño, niña o adolescente. Esa violación puede provenir del Estado o de la sociedad o de la misma familia, las cuales también pueden denunciar del hecho ocurrido y los órganos están en la obligación de investigar y constatar la denuncia. La Ley Orgánica para la Protección de Niños, Niñas y Adolescentes indica cuáles son los tipos de medidas que pueden procesarse para proteger al infante o al adolescente. El primer caso es el de la inclusión del niños, niñas y adolescentes y su familia, en forma conjunta o separada en algunos o varios de los programas que se han señalado en el artículo 124 de la Ley. El listado de estos tipos de programas para atender la amenaza o violación de los derechos del niño son los siguientes:

> a. Inclusión del niño, niña o adolescente y su familia, en forma conjunta o separada, según el caso, en uno o varios de los programas a que se refiere al artículo 124 de esta Ley. b. Orden de matrícula obligatoria o permanencia, según sea el caso, en escuelas, planteles o institutos de educación. c. Cuidado en el propio hogar del niño, niña o adolescente, orientando y apoyando al padre, a la madre, representantes o responsables en el cumplimiento de sus obligaciones, conjuntamente con el seguimiento temporal de la familia y del niño, niña o adolescente, a través de un programa. d. Declaración del padre, de la madre, representantes o responsables, según sea el caso, reconociendo responsabilidad en relación al niño, niña o adolescente. e. Orden de tratamiento médico, psicológico o psiquiátrico, ambulatorio o en régimen de internación en centro de salud, al niño, niña o al adolescente que así lo requiera o a su padre, madre, representantes o responsables, en forma individua o conjunta, según sea el caso. f. Intimación al padre, a la madre, representantes, responsables o funcionarios y funcionarías de identificación a objeto de que procesen y regularicen, con estipulación de un plazo para ello, la falta de presentación e inscripción ante el Registro del Estado Civil o las ausencias o deficiencias que presenten los documentos de identidad de niños, niñas y adolescentes, según sea el caso. g. Separación de la persona que maltrate a un niño, niña o adolescente de su entorno. h. Abrigo. i. Colocación familiar o en entidad de atención. j. Adopción. Se podrá aplicar otras medidas de protección si la particular naturaleza de la situación la hace idónea a la preservación o restitución del derecho, dentro

de los límites de competencia del Consejo de Protección de Niños, Niñas y Adolescentes que las imponga.

El Sistema Rector Nacional de Protección Integral de los Niños, Niñas y Adolescentes, entre otras decisiones tomadas al aprobarse la Ley fue la de ubicar los Tribunales de Protección en las mejores sedes, además la formación profesional de los funcionarios en la Escuela de la Magistratura, con énfasis especial en los jueces para quienes se diseñaron varios cursos en materia de Derecho Constitucional, Derecho Procesal, Derecho de Familia y una información sobre los medios alternos de solución de conflicto para fortalecer dicho proceso. Por otra parte, en materia de relaciones internacionales se acentuó el vínculo con las Naciones Unidas, en su oficina Unicef, establecido desde 1967 que aportó, y aporta, sus procedimientos y técnicas de educación para el personal. Igualmente se establecieron relaciones con la Conferencia Internacional de la Haya para el desarrollo de la restitución internacional de niños, niñas y adolescentes y el tratamiento de los problemas de la infancia y adolescencia que comprende el área penal y los derechos humanos al más alto nivel profesional.

De modo que la Ley es reforzada por todas las instancias internacionales relacionadas con el tema de la infancia y adolescencia ya mencionada y en lo nacional, por la Constitución vigente basándose en la Convención sobre los Derechos del Niño a través de Sistema Rector Nacional para la Protección Integral de Niños, Niñas y Adolescentes integrado por un conjunto de órganos, entidades y servicios que formulan, coordinan, integran, orientan, supervisan, evalúan y controlan las políticas, programas y acciones de interés público a nivel nacional, estatal y municipal, destinadas a la protección de la infancia y adolescencia, que establece los medios para asegurar el goce efectivo de los derechos y garantías previstos en la Ley Orgánica para la Protección de Niños, Niñas y Adolescentes.

El Sistema Rector Nacional de Protección Integral asume, para abordar la protección integral de los niños, niñas y adolescentes, las siguientes materias: a. La salud, b. alimentación, c. educación, d. vivienda, y e. protección integral de sus derechos e impulsa las políticas que dicte para la realización de sus metas. Por tanto, dispone de «medidas de protección» acorde al Sistema aquí indicado para proteger los sujetos de la Ley, en consecuencia, se proscribe el castigo, la discriminación, el irrespeto, la agresión, el abuso, el abandono moral y material. Considera, además, el proceso de maduración física y mental como sujeto de derecho, el respeto como condición esencial para su vida. Por otra parte, el Sistema, en combinación con el Estado, la sociedad y la familia, implantará las medidas proyectadas desde la Convención en todos los niveles institucionales pertinentes para protegerlo.

Los organismos administrativos o judiciales designados tendrán el interés superior del niño como norma de interpretación y aplicación de la Ley, en todo hecho, acto o medida que lo afecte, que debe estar presente en toda disputa, cualquiera sea su nivel, para después decidir lo mejor en beneficio de los niños, niñas y adolescentes.

La jurisprudencia de los tribunales de protección, en todas sus instancias, ha resuelto casos emblemáticos sobre el sentido que tiene el principio del interés superior del niño, específicamente la Sala Constitucional del Tribunal Supremo de Justicia, a saber:

> … estima esta Sala que, en razón del alegado principio del interés superior del niño, tal solicitud clama por una respuesta, no solo en interés de los menores involucrados sea cual fuere la decisión que se tome, sino también por el deber que tiene el Estado venezolano de dar curso y repudiar –en caso de llevar razón el solicitante– aquellos hechos cometidos en perjuicio de los menores, como lo sería el apartamiento ilícito de los menores o adolescentes del lado de las personas o instituciones que estuvieren en el deber de guardarlos[9].

El Sistema Rector Nacional ha señalado: «El principio del interés superior ¿cómo opera? (…) Se ha dicho que el interés superior del niño debe prevalecer

---

[9] TSJ/SC, sent. N.º 579, del 20-06-00, *vid. Derecho de la Niñez y de la Adolescencia en la Doctrina de la Sala Constitucional (2000-2008)*. TSJ. Carmen ZULETA DE MERCHÁN, compiladora. Caracas, 2009.

para decidir conflictos de derechos de igual rango; así ni el interés de los padres, ni el de la sociedad, ni el Estado pueden ser considerados prioritarios por encima de los derechos del niño»[10].

De la naturaleza de este principio constitucional consciente y así lo ordena a las instituciones bajo su dependencia, la validez de dicho principio como instrumento para las buenas prácticas del Sistema de Protección. La jurisprudencia es útil revisarla previamente para tomar cualquier decisión o medida que afecte el interés superior del niño, debe contribuir a que se tomen medidas apropiadas para combatir cualquier desviación que afecte el interés del niño o cualquier hecho que afecte su condición de ser humano. La vigilancia de la educación en todos sus niveles es una meta a cubrir para que el respeto y las normas establecidas le den seguridad a su vida en los niveles de su acontecer cotidiano para lo cual es indispensable que haya una protección de la familia y la sociedad cuando el niño la requiera, pero, además, es una materia que debe desarrollar políticas de prevención para salvaguardar los valores señalados por la normativa antes indicada. Hay circunstancia en los cuales la Administración Pública debe intervenir para garantizar los derechos de los niños, niñas y adolescentes, sobre todo, en los casos de abandono material y moral, corrupción, prostitución, trabajo forzoso, explotación que ocurren lamentablemente y hay otra circunstancias que el Poder Judicial debe asumir para su protección, los consejos de protección son los guardianes permanentes de la vida de los niños, niñas y adolescentes, durante 24 horas del día están en guardia: en cada municipio, para combatir el ambiente o condición dañina que lo afecte. Por eso, todo lo que diga el ordenamiento jurídico en esta materia, se fundamenta en el texto universal señalado arriba en primer lugar, pero también la literatura nacional de esa misma categoría tienen una fortaleza que le permite desarrollar el principio de protección en el tono más elevado. Es útil concientizarse que más que un aprendizaje sea un deber nacional que concierne al país

---

[10] *Vid. El Derecho de la Niñez y Adolescencia en la Doctrina de la Sala Constitucional (ene. 2009-abr. 2012).* TSJ. Carmen ZULETA DE MERCHÁN, compiladora. Caracas, 2012, p. 48.

y junto con el Estado y la sociedad se eleve la protección al máximo grado de desarrollo. Estamos hablando de la familia en específico y de la sociedad en general, que, dicho sea de paso, ha desarrollado programas de protección de gran validez. La Convención está reflejada en el Sistema Rector Nacional de Protección del Niño, en la Constitución y en la Ley, y constituyen el soporte nacional de la política prevista. Los medios, los integrantes, las políticas y programas de protección integral de niños, niñas y adolescentes han pretendido asumir una asistencia de primer orden y darle al país la fortaleza que se requiere para lograr las metas que diseña el Sistema de protección.

5. Unicef

Para articular objetivamente el trabajo de una institución de las Naciones Unidas con los Estados Miembros de la Convención y subjetivamente con la familia, el significado de Unicef es máximo. Inició su labor en el año de 1946 como el Fondo de las Naciones Unidas para la Infancia y hoy actúa en 190 países enarbolando el estandarte de la Convención sobre los Derechos del Niño. El primer acuerdo que Venezuela celebró con Unicef fue en el año de 1967[11], desde entonces ha contribuido para la protección de la infancia y adolescencia en nuestro país, vinculada al Sistema Rector Nacional para la Protección Integral de Niños, Niñas y Adolescentes y ha jugado un papel preponderante en la legislación de Protección. Para la elaboración de la Ley Orgánica para la Protección de Niños, Niñas y Adolescentes su participación contribuyó grandemente.

* * *

> **Resumen**: El autor describe los textos jurídicos que sirven de soporte al actual Sistema Rector Nacional para la Protección Integral de Niños, Niñas y Adolescentes. Con ello aborda sus elementos estructurales, a saber: su conceptualización, medios, integrantes, políticas, programas, proyectos y medidas de

---

[11] www.unicef.org/es.

protección, todos estos elementos funcionan en conjunto para garantizar, con la participación del Estado, la sociedad y la familia, la protección integran que se anhela para todos los niños, niñas y adolescentes. **Palabras clave**: Sistema Rector Nacional, protección integral, Convención sobre los Derechos del Niño.

En torno a la noción de la acción societaria y su enajenación

Pedro R. Rondón Haaz[*]

SUMARIO

Introducción 1. La personalidad jurídica de la sociedad y los socios 2. Especies de sociedades comerciales 3. Importancia de los aportes 4. Función de los aportes 5. Noción de acción 6. Objeciones a la noción de acción 7. La acción como título valor 8. Función de la acción 9. Sobre la enajenación de las acciones 10. Dislates registrales 11. Pignoración de acciones. Conclusiones

Introducción

El propósito de este escrito se restringe a algunas observaciones en relación con la noción de la acción en las sociedades mercantiles donde las haya, al examen de algunos aspectos de la enajenación de ellas y sus requisitos y, finalmente, al análisis crítico de las exigencias de los registradores mercantiles en lo que tiene que ver con la venta de acciones que, por lo general, se concretan en prácticas disparatadas, abusivas y corruptas.

1. La personalidad jurídica de la sociedad y los socios

No es pretensión de estas líneas la revisión histórica ni detallada del tema que se subtitula. Lo que se quiere destacar es una realidad indiscutible en el orden jurídico nacional, cual es que, en Venezuela, *ex* artículo 206 del Código

---

[*] Universidad de Carabobo, Abogado; Doctor en Derecho; profesor de Derecho Mercantil. Exmagistrado de la Sala Constitucional del Tribunal Supremo de Justicia.

de Comercio, las compañías de comercio tienen personalidad jurídica y, por ello, son personas jurídicas.

Adicionalmente, la regla de derecho precitada precisa que las sociedades mercantiles son personas distintas de sus socios. En otras y sencillas palabras, una es la persona jurídica sociedad mercantil y otra la persona jurídica concretada en cada uno de sus socios. Ello se traduce en una nítida y debida separación de personalidades entre la de la compañía comercial y la de los correspondientes socios, separación que apareja importantísimas consecuencias, entre ellas y muy ligeramente:

i. Uno es el nombre de la sociedad y otro el de sus socios. Esto es particularmente importante en lo que tiene que ver con la razón social de las compañías en nombre colectivo y en comandita, en las que, según los artículos 227 primera parte, y 235 primer aparte, ambos del Código de Comercio, los nombres de los socios solidarios e ilimitadamente responsables pueden y deben formar parte de la respectiva razón social y, por lo menos, uno de esos nombres debe integrarla.

ii. Uno es el domicilio de la compañía y otro el de sus socios. En principio, el documento constitutivo de cada sociedad debe expresar el domicilio de esta y, en ausencia de tal expresión, se tendrá como tal el lugar del establecimiento societario principal, según el artículo 203 del Código de Comercio.

iii. Uno es el capital y el patrimonio del ente societario y otro el de sus socios, de manera que cada uno de ellos es independiente, separado e inconfundible con el otro. Tal conclusión se sostiene en lo que disponen los artículos 205 y 208 del Código de Comercio. De manera que sociedad y socios cuentan con un patrimonio propio, separado y diferente.

Esta última consecuencia de la separación de personalidades va a ser tomada muy en cuenta para la fundamentación y afincamiento de algunas observaciones que aparecerán más adelante.

iv. A los anteriores efectos se añade el señalamiento de que la sociedad es persona, esto es, sujeto, generalmente con capacidad restringida por su objeto social y a veces por la ley, y, además, el de que tiene o cuenta con una nacionalidad; aspecto este que ha generado importantes debates y conclusiones en el ámbito nacional.

Se advierte que tales efectos y consecuencias aparecen dilatadamente desarrollados en la doctrina concerniente nacional y extranjera y la mención de ellos persigue darle sostén a explicaciones sobre la noción de acción de sociedades anónimas y otras donde las haya.

2. Especies de sociedades comerciales

En favor de los lectores menos versados en los temas societarios, es pertinente la explicación sobre en cuáles especies de compañías comerciales existen acciones. Con arrimo en el artículo 201 del Código de Comercio de Venezuela hay variedades de entes societarios comerciales: en nombre colectivo, en comandita, anónima, de responsabilidad limitada y accidental o de cuentas en participación. Según la norma prenombrada, la última carece de personalidad jurídica a diferencia de las restantes que, como ya se explicó, si están provistas de dicho atributo y, por tanto, son personas jurídicas. La regla que se citó establece las preindicadas especies societarias en atención a la responsabilidad de los socios frente a los terceros que se vinculen con el ente social y a la especie de *nomen* que las identifica.

En conexión con este último, el mentado artículo 201 *in fine* pauta que la compañía en nombre colectivo y la sociedad en comandita, simple o por acciones, se identifican mediante una razón social; regla esta que debe complementarse con las disposiciones de los artículos 227 y 235 *eiusdem*, en lo que tienen que ver con las compañías en nombre colectivo y en comandita, respectivamente. Cuando se trata de las anónimas y las de responsabilidad limitada, el artículo 202 del mismo texto legal establece que ellas «deben girar bajo una denominación social» y agrega la manera de composición de dicho nombre.

En el régimen de responsabilidad que afecta a los socios frente a los terceros por causa de las relaciones de estos con la sociedad, el ya indicado artículo 201 prescribe que los socios de las en nombre colectivo y los comanditantes en las en comanditas garantizan el pago con su responsabilidad solidaria e ilimitada. En cambio, los comanditarios y los socios en las anónimas y en las de responsabilidad limitada solamente responden limitadamente, esto es, hasta por el monto del aporte que hayan enterado en caja o que, en conformidad con la ley, hayan prometido o estén obligados a efectuar, según disponen los artículos 201, ordinales segundo, tercero y cuarto; 237 y 312 del Código de Comercio.

3. Importancia de los aportes

Lo que anteriormente se ha expuesto evidencia la importancia de los aportes, no solo como conformantes indispensables del contrato de sociedad, sino también en lo tocante a la responsabilidad de los socios en ciertas variedades de compañías. En efecto, tal y como se ha explicado, en las compañías anónimas, en las de responsabilidad limitada y en las en comanditas, en lo concerniente a los comanditarios, los aportes hechos y los prometidos y por hacer conforman el límite cuantitativo máximo de la responsabilidad jurídica económica de los socios de las variantes societarias que se mentaron, ante los sujetos que se conectan con aquellas.

Cuando se hace mención de aportes hechos se da a entender la idea de los enterados en caja en la oportunidad de la constitución de la compañía, en la ocasión de un aumento de capital y de un reintegro del mismo, en total conformidad con el artículo 280.5 de la Ley mercantil fundamental. En lo que tiene que ver con los aportes prometidos y por hacer se hace referencia a las situaciones de capital suscrito, mas no pagado, que admiten los artículos 212.4, 213.4, 249 y 313 del cuerpo legal precitado.

4. Función de los aportes

Respecto a las especies de aportes, la regla generalmente admitida es la de que todo aquello que sea apreciable en dinero es susceptible de aportación, claro está, con las variables y excepciones que estén legalmente dispuestas en materia de aportes, en relación con cada tipo de compañía. Así, por ejemplo, en las anónimas y de responsabilidad limitada están proscritas las aportaciones de industria.

Es importantísimo relievar que las entregas de los socios tienen la función económica y jurídica de componer y estructurar el capital social, tanto en la ocasión de la constitución de la compañía como en oportunidades posteriores, como lo serían la de los aumentos de capital social y la de reposición del mismo. Hay que tener en cuenta que uno es el capital social y otro el patrimonio social, los cuales coinciden cuantitativamente para el momento de la creación de la sociedad, pero que pueden dejar de hacerlo, en más o menos, de acuerdo con la dinámica negocial del ente social y los resultados de ella.

Finalmente, en este aspecto del tema que se desarrolla, debe tenerse muy presente y no olvidar la disposición del artículo 208 del Código de Comercio, que norma que los bienes aportados por los socios se hacen propiedad de la compañía, salvo pacto en contrario. Lo anterior es una consecuencia indubitable de la separación e independencia de personalidades y de patrimonio entre el ente social y sus socios. Como ya se dijo, unos son los bienes y el patrimonio de aquel y otros el patrimonio y los bienes de los últimos.

5. Noción de acción

En lo pertinente a la definición de la acción presente en las sociedades anónimas y en comandita por acciones, la misma se ha abordado en la doctrina, con bastante frecuencia y extensión, desde tres puntos de vista o enfoques, a saber: como parte o fracción del capital, como título valor y la acción como atributiva de derecho. Esta orientación es seguida por autores extranjeros y nacionales. En Venezuela, lo hacen MORLES, GOLDSCHMIDT y NÚÑEZ[1]. En la

---

[1] *Vid.* MORLES H., Alfredo: *Curso de Derecho Mercantil.* Tomo II (Las sociedades mercantiles). 4.ª, UCAB. Caracas, 1998; GOLDSCHMIDT, Roberto: *Curso de Derecho Mercantil.* UCAB-Fundación Roberto Goldschmidt. Caracas, 2002; NÚÑEZ, Jorge Enrique: *Sociedades mercantiles.* Tomos I y II. Maracaibo, 1976.

doctrina extranjera se pueden citar a RODRÍGUEZ RODRÍGUEZ, IZQUIERDO MONTORO, GALGANO, ALEGRÍA, HALPERÍN y OTAEGUI y, con bastante aproximación, BRUNETTI, entre muchos[2].

En torno al primer aspecto, MORLES afirmó que el capital social se divide en acciones y aclaró que tal división es ideal por la imposibilidad de dividir dicho capital. Agregó que cada acción resulta una parte alícuota del capital social. RODRÍGUEZ RODRÍGUEZ consideró que las acciones, en su conjunto, integran el capital social y distinguió entre el valor nominal de ellas, que se obtiene con la división del capital social entre la totalidad de aquellas, y su valor real que se conoce dividiendo el patrimonio de la compañía entre el número de acciones. A esa misma conclusión arribaron los doctrinarios mencionados y otros más, lo que significa que, para ellos, acción, por un lado, y capital y patrimonio social, por otro, se identifican; conclusión que no se comparte como se explicará más adelante.

Con relación a la acción como título valor, GOLDSCHMIDT la refiere como el documento que se le entrega al accionista acerca de su derecho de participación. En algunos ordenamientos jurídicos, no en todos, se impone la incorporación de la acción a título de la especie antes nombrada.

Y, por último, en lo atañedero que respecta a lo acción como derecho se habla de ella como atributiva, a su tenedor activamente legitimado, de los llamados derechos corporativos.

6. Objeciones a la noción de acción

El autor de este trabajo cree que buena parte de lo expuesto por un sector de la doctrina abrumadoramente mayoritaria no se ajusta a los caracteres definidores de la acción.

---

[2] *Vid.* RODRÍGUEZ RODRÍGUEZ, Joaquín: *Derecho Mercantil.* Tomo I. 12.ª, Porrúa. México D. F., 1976; IZQUIERDO MONTORO, Elías: *Temas de Derecho Mercantil.* Editorial Montecorvo. Madrid, 1971; GALGANO, Francesco: *Derecho Comercial.* Vol. II (Sociedades). Temis. Bogotá, 1999; ALEGRÍA, Héctor: *Sociedades anónimas.* Forum Ediciones. Buenos Aires, 1971; HALPERIN, Isaac y OTAEGUI, Julio C.: *Sociedades anónimas.* 2.ª, Depalma. Buenos Aires, 1998; BRUNETTI, Antonio: *Tratado del derecho de las sociedades.* Tomo II. UTEHA. Buenos Aires, 1960.

Así, quien suscribe piensa que la acción no representa el capital social, muy a pesar de lo que expresa la letra del artículo 201.2 *in fine* del Código de Comercio y ello porque, si bien tal capital se arma con los aportes hechos y por hacer, ellos, en total conformidad con el precitado artículo 208, se convierten en propiedad de la sociedad, salvo pacto en contrario. En cambio, las acciones que reciben los accionistas pertenecen a estos. De manera que si se admitiera que las acciones son una división del capital social, se estaría aceptando que este último, contradictoriamente, sería objeto de propiedad de la sociedad y de los socios. Esto comportaría un evidente desconocimiento a la independencia de personalidades jurídicas y patrimoniales entre el ente societario y los socios. El capital y el patrimonio social siempre serán de la compañía. En cambio, las acciones, en su integridad, siempre pertenecerán a los accionistas.

Por otra parte, la asimilación de las acciones con el capital social traería como lógica consecuencia que cualquiera afectación de unas recaería sobre el otro. Ahora y acá se hace referencia a la constitución de gravámenes y a la imposición de medidas cautelares y ejecutivas, que, instaladas sobre las primeras –las acciones–, se trasladarían al segundo –el capital social– o viceversa; situación que está total y jurídicamente proscrita.

Finalmente, el capital social y las acciones tienen identidades patrimoniales que, con frecuencia, pueden ser, y efectivamente son, distintas. Por ejemplo, mientras dicho capital pudiera ser totalmente inmobiliario, la acción, de conformidad con el artículo 533 del Código Civil, es de definitiva y exclusiva naturaleza mobiliaria.

Un aspecto que tal vez conduzca a confusión es el hecho del valor nominal de la acción que el artículo 293 de nuestra Ley mercantil fundamental confunde con «el precio», cuando regula los requisitos formales de los títulos accionarios. En Venezuela, las acciones deben tener un valor nominal y el mismo se determina mediante la división del capital social entre el número de acciones. Según Sánchez Calero, «ha de existir una relación exacta entre el número de acciones que tiene la sociedad, su valor nominal y el capital social, de manera que la cuantía de ésta es el resultado de multiplicar el número de acciones por su valor nominal»[3]. Pero tal circunstancia determinante del valor nominal de la acción por la división del número de ellas entre el *quantum* del capital social, no lleva a concluir, en el orden lógico del razonamiento, que las acciones son el capital social o viceversa, pues unas y otro pertenecen a personas jurídicamente diferentes e independientes y conforman realidades patrimoniales distintas y separadas. Unas pertenecen a los accionistas o socios y el otro a la sociedad. La admisión de tal identificación entre el capital y el patrimonio implica un protuberante desconocimiento del principio aristotélico de no contradicción, según el cual «no se puede ser y no ser a la vez». Esto es, el capital y el patrimonio social no pueden ser a la vez de la sociedad y de los socios.

También, se ha dicho que la acción marca el límite de la responsabilidad económica-jurídica del accionista, con lo que se confunde la acción con el aporte hecho o prometido, el que realmente es el muro de contención de las obligaciones jurídico-económica de los socios, al menos en las anónimas y en las en comanditas.

7. La acción como título valor

En lo que tiene que ver con la acción como título valor o de crédito, es muy cierto que cabe la posibilidad de que las acciones se incorporen a documentos «cartulares». En el texto legal mejicano que comenta RODRÍGUEZ RODRÍGUEZ se dispone que «las acciones en que se divide el capital estarán representadas por títulos, y se regirán por las disposiciones relativas a valores literales» y estos, según el autor nombrado, son los títulos de crédito o títulos valores y afirma categóricamente que las acciones son títulos valores regidos por la Ley de Sociedades y por la Ley de Títulos[4]. Sin embargo, el panorama que antes se explicó no es invariable ni uniforme en el *jurisferio*, al extremo de que en más de un ordenamiento jurídico se da la existencia de acciones sin que estén expresadas e incorporadas a títulos valores.

---

[3] SÁNCHEZ CALERO, Fernando: *Instituciones de Derecho Mercantil*. Tomo I (Introducción, empresa y sociedades). 20.ª, McGraw-Hill. Madrid, 1997.
[4] RODRÍGUEZ RODRÍGUEZ: ob. cit., *passim*.

En Venezuela, Goldschmidt, Morles y Núñez admiten la presencia de las acciones sin que exista instrumento cartular alguno y consideran que la existencia de este último no constituye un elemento esencial del régimen de las compañías por acciones, las cuales operan cabalmente pese a la inexistencia de títulos accionarios, sin menoscabo de los derechos y deberes que estén atribuidos a cada accionista. De manera que la acción como título valor es una realidad escasa en nuestro ámbito nacional y, por ello, no es un rasgo genérico y diferencial para tomarse en cuenta en su definición.

A pesar de lo antes dicho, no debe prescindirse de la información que llega a través de un trabajo de Briceño[5]. El mismo se apoya en una sentencia del 29 de noviembre de 1940 de la Corte Federal y de Casación, en Sala de Casación, que dispuso que la acción societaria nace con su emisión y no con el contrato de sociedad y que mientras el ente social no haya emitido las correspondientes acciones, los socios carecen de ellas y solo tienen un «derecho a acciones». El autor en referencia destacó el origen esencialmente contractual de la acción y que ella nace del contrato social, rechaza la dependencia existencial de la acción en relación con su incorporación cartular, alertó que desde la aparición del fallo que se citó no se ha pronunciado otro con opinión contraria y concluyó sumándose a la posición doctrinaria mayoritaria venezolana, de que la acción es y existe aun sin su presencia en un título valor.

8. Función de la acción

En lo que incumbe a la acción como atributiva de derechos, es credo del autor de estas líneas que se trata de un carácter invariable y común a cada una de ellas, aun cuando tal atribución no sea homogénea por cada especie de acción de una misma compañía, y es una consecuencia directa e inmediata de su consideración como bien, calificación y naturaleza esta que aparece nítida e indiscutiblemente en más de una norma del ordenamiento jurídico nacional. Así lo dispone el ya invocado artículo 533 del Código Civil y, por lo tanto,

---

[5] Briceño, Rafael Ángel: «La acción societaria (crítica a una sentencia)». En: *Centenario del Código de Comercio venezolano de 1904*. Academia de Ciencias Políticas y Sociales. Caracas, 2004.

la acción es susceptible de ser afectada por un derecho de propiedad como ciertamente lo admite el artículo 296 del Código de Comercio; derecho que encuentra su lugar de apoyo en el artículo 115 de la Constitución de la República Bolivariana de Venezuela.

El soporte constitucional que antes se invocó trae como consecuencia que el accionista propietario goza de los atributos que nuestra Carta Magna confiere al derecho de propiedad, a saber: derecho a usar, a disfrutar y a disponer del bien objeto de propiedad. Por supuesto, tales derechos expresan un género de facultades que reciben especificidad en el caso de cada bien.

En virtud de ello, la titularidad sobre las acciones, de manera específica, es atributiva, primeramente, de la cualidad de accionistas o socios de la respectiva sociedad, lo que, por vía de consecuencia, confiere derechos y obligaciones, los cuales quedan precisados en el documento constitutivo y estatutos de la compañía de la que se trate y por la ley. Dichos derechos han sido clasificados en atención a criterios diversos, mas en este escrito solamente se listan algunos de los mismos. Ellos son: i. El derecho a participar en los beneficios que arroje el negocio societario, en los términos que dispone el artículo 387 del Código de Comercio, cuando haya utilidades líquidas y recaudadas; ii. el derecho a participar, en caso de liquidación de la sociedad, en la cuota de activo correspondiente por cada acción; iii. el derecho de asistencia y voto en las asambleas de accionistas, ordinarias y extraordinarias. En relación con el derecho de voto se discute en Venezuela si es posible la existencia de acciones sin derecho de voto; iv. el derecho de preferencia para adquirir nuevas acciones en la ocasión de aumentos de capital y también cuando otro socio manifieste su voluntad de vender las suyas, si tal derecho figura estatutariamente establecido; v. el derecho a estar informado sobre el desarrollo y estado del negocio societario y al examen del balance o informe, y los recaudos justificativos, que presenten los administradores; ello con base en los artículos 304 y 306 del Código de Comercio; vi. el derecho a receso que establece el artículo 292 del Código de Comercio, en casos de aumento o de reintegro de capital, solo para los socios que no hayan convenido en los mismos; vii. el derecho de oposición a las decisiones de las asambleas de accionistas manifiestamente contrarios a los estatutos o la ley, *ex* artículo 290 del Código de comercio; viii. el derecho a la denuncia de irregularidades graves en el cumplimiento con los deberes de los administradores y de la falta de vigilancia de los comisarios, con fundamento en el artículo 291 del Código de Comercio; norma que exige un número de socios a quienes corresponda la propiedad de una quinta parte de la totalidad de las acciones. Al respecto, la Sala Constitucional[6] desechó dicho porcentaje por inconstitucional, lo calificó de impeditivo del acceso a la justicia y a la tutela judicial efectiva y conculcante del derecho a la igualdad, y le reconoció este derecho a todo accionista, aun singular; ix. el derecho a solicitar el nombramiento de comisarios, si la asamblea no lo hiciera, en los términos que regla el artículo 288 del Código de Comercio; x. el derecho a ser convocado para su participación en las asambleas de accionistas en conformidad con los artículos 277, 288 y 279 del Código de Comercio; xi. el derecho a la inspección de los libros de accionistas y de actas de asambleas que prescribe el artículo 261 del Código de Comercio; y xii. el derecho a la enajenación y venta de las acciones.

Pero la cualidad de accionista también es atributiva de deberes. Entre ellos podemos mencionar: i. La obligación de enterar en caja o pagar todos los aportes prometidos, ora en la oportunidad de la constitución de la compañía, ora en la oportunidad de aumento del capital social, con las excepciones legales respectivas, ora en caso de reintegro del mismo; ii. la obligación de pagar intereses de mora en el supuesto de retardo en la entrega de los aportes y la de reparar los daños y perjuicios que esa mora le llegare a causar al ente social; iii. los deberes que impone o se derivan de la *affectio societatis*; y iv. la obligación de cumplir con las decisiones de las asambleas de accionistas, aun cuando no hayan asistido a ellas o, a pesar de su opinión contraria, con la excepción en los casos del derecho a receso.

9. Sobre la enajenación de las acciones

Como se preanotó, los socios-accionistas tienen derecho a la enajenación y, por tanto, a la venta de sus acciones, lo cual no es más que la concreción

---

[6] TSJ/SC, sent. N.º 05-0709, del 12-05-15.

del derecho a la disposición que expresamente reconoce el artículo 115 de la Constitución de la República Bolivariana de Venezuela. No obstante, el ejercicio de tal derecho presupone la atribución de propiedad al enajenante, quien, llegado el caso, deberá demostrarla; propiedad que, en principio, se adquiere como contraprestación por la participación en la constitución de la sociedad o en un aumento de capital o por situación posterior mediante acto entre vivos –compra, permuta, dación en pago, remate judicial, donación, etc.– o *mortis causa*. Por ello, ¿cómo se prueba la propiedad de las acciones en las sociedades donde existen? Según el artículo 296 del Código de Comercio, en concordancia con el artículo 260 *eiusdem*, la propiedad de las acciones nominativas se evidencia con su inscripción en el libro de accionistas.

Según Núñez, la finalidad del libro de accionistas es que, a falta de los títulos por no haberse emitido acciones, cualquier interesado pueda probar su carácter de accionista. Además, el autor precisó varias hipótesis, a saber: i. La cesión de acciones nominativas o al portador es válida y se perfecciona entre cedente y cesionario por el simple consentimiento, aun cuando no se haya inscrito en el respectivo libro de accionistas. Ella solo será oponible a terceros y a la sociedad luego de su asiento en el libro ya indicado. En este caso, la inscripción debe estar firmada por cedente y cesionario y en relación con este punto afirma que, con base en el artículo 260.1 del Código de Comercio, son los administradores los obligados a llevar el libro de accionistas; ii. contradictoriamente con lo que precedentemente se explicó, el mismo tratadista sostiene que cuando el acto traslativo se realiza en el libro de accionistas, es a partir de tal realización cuando la cesión se perfecciona y surte efecto en relación con la sociedad y los terceros. En este asunto se disiente de lo que expuso el jurista que se nombró en lo que respecta al perfeccionamiento, porque es perfectamente aplicable el artículo 1161 del Código Civil, y se comparte lo de los efectos; iii. cuando la cesión se perfecciona entre los contratantes y le es notificada a la sociedad, tal cesión surte efecto frente a la sociedad, ya que es a esta, y no al cedente ni al cesionario, sobre quien pesa la obligación de la inscripción por expresa aplicación del artículo 260.1 del Código de Comercio; iv. la sola cesión notificada a la sociedad no es oponible a terceros, porque siempre será necesaria la anotación en el libro de accionistas y las firmas del enajenante y del adquirente, y v. no admite la oponibilidad de la transmisión de acciones a los terceros cuando se haga mediante documento público o en conformidad con las reglas de la cesión de crédito, porque los artículos 260 y 296 del Código nombrado son normas especiales que, por ello mismo, excluyen la aplicación de otros preceptos del Código Civil y del Código de Comercio.

Por otro lado, Morles sostiene que el solo consentimiento entre las partes no basta para el perfeccionamiento de la cesión de acciones, cuando estas han sido incorporadas a un título valor, caso en el cual se requiere la entrega del título accionario del enajenante al adquirente y el asiento de la declaración de cesión en el libro de accionistas. Dicho tratadista es del criterio de que, en Venezuela, solamente en la circulación de las acciones nominativas tiene lugar el empleo del *tranfert* o *traslazione*. En cambio, cuando se trata de acciones no incorporadas a un documento cartular, y en consecuencia no conforman títulos valores, se debe emplear la cesión de derechos que regula el Código Civil por expresa disposición del artículo 150 del Código de Comercio.

En cuanto a los efectos de la anotación de la cesión en el libro de accionistas, asunto que se planteó ante la Sala Plena del Tribunal Supremo de Justicia[7], el criterio prácticamente unánime de la doctrina nacional es que el cesionario se inviste y recibe la cualidad de accionista frente a la sociedad y frente a terceros.

La posición de Morles que precedentemente se expuso recibe una complementación que apareció publicada en un magnífico trabajo inserto en un texto que patrocinó la Academia de Ciencias Políticas y Sociales, en el año 2006[8]. Se pretende su resumen en las líneas que siguen:

> i. El artículo 296 del Código de Comercio recepta el *transfert* como ley típica de circulación de las acciones nominativas y solamente para ellas. El resto de los títulos valores nominativos deberán circular mediante la

---

[7] TSJ/SP, sent. N.º 70, del 04-07-00.
[8] Morles H., Alfredo: *Cuestiones de derecho societario*. Academia de Ciencias Políticas y Sociales. Caracas, 2006.

figura contractual de la cesión *ex* artículo 150 *eiusdem*; ii. debe distinguirse entre el *transfert* o inscripción o asiento registral y el negocio que se pacte entre cedente y cesionario como causa o determinante de dicho *transfert*, inscripción o asiento. Se entiende que el *transfert* es el negocio cartular y el contrato de cesión es el negocio causal; realidad siempre presente en las realidades circulatorias relativas a títulos valores; iii. el contrato de cesión o negocio causal es de naturaleza consensual y, en consecuencia, está sometido a la regulación del artículo 1161 del Código Civil y, por lo tanto, el derecho objeto del negocio se transmite por el consentimiento legítimamente manifestado. En cambio, el *transfert* no es un contrato si no un acto registral que se concreta en el asiento respectivo estampado en el libro de accionistas; iv. el *transfert* genera los efectos de transmisión y legitimación en favor del adquirente de las acciones, similares a la del endoso traslativo; v. el *transfert* se agota y consume con la transmisión del título accionario y, por ello, de la acción misma; vi. el libro de accionistas es el medio de un sistema de publicidad registral, generador de los efectos de legitimación, oponibilidad y fe pública registral; vii. el *transfert* es la ley típica de circulación de las acciones nominativas, pero no es la única, ni esencial. Tal como ocurre con otras especies de títulos valores, las acciones pueden circular típica y atípicamente. Por lo tanto, la utilización del *transfert* no es indispensable para la circulación de las acciones, ni la única prueba de su traslación; viii. la inscripción de la cesión accionaria en el libro de accionistas genera efectos frente a la sociedad y frente a terceros; ix. como la inscripción del *transfert* no es indispensable, cabe el empleo de los documentos públicos y aplicación de las reglas de Derecho común sobre prueba de las obligaciones; x. la aparición de la Ley de Registro Público y del Notariado, que comenzó a regir desde el 27 de noviembre de 2001, y aunque posteriormente reformada, dispone la inscripción de los actos y contratos relativos a los comerciantes y, por tanto, la cesión de acciones nominativas. Por ello, una vez inscritos registralmente, y publicado, los arropan los efectos que dispone el artículo 53 de dicho texto legal, esto es, emerge una presunción, que no puede ser desvirtuada, sobre el conocimiento universal del negocio registrado; xi. las operaciones de transmisión de acciones instrumentadas en documentos privados se perfeccionan con el solo acuerdo interpartes y son oponibles a la sociedad y a los terceros desde la notificación a aquella. Igualmente son eficaces y oponibles si se emplearan documentos públicos; y xii. recomienda la autenticación de los documentos privados y su posterior inscripción en el Registro Mercantil, sin que haga falta el asiento en el libro de accionistas, en virtud de lo que dispone el citado artículo 53 de la Ley que se nombró últimamente.

10. Dislates registrales

El punto de la enajenación de las acciones de una sociedad mercantil ha planteado en la rutina negocial del país un tratamiento contrario a derecho, corrupto y materializante de una grotesca voracidad fiscal, todo en desmedro de derechos ciudadanos que se ven gravemente obstaculizados en sede administrativa por los funcionarios registrales mercantiles. En efecto, si un ciudadano acude ante una oficina de Registro Mercantil con la intención de inscribir un acta de asamblea de accionistas, en la que aparezca un nuevo socio, que lo es por compra de acciones, en dicha oficina le exigirán, además de otros requisitos y recaudos, los siguientes:

i. Un acta de asamblea de accionistas en la que conste la negociación accionaria. En otras palabras, se requiere que la cesión de acciones se celebre en asamblea de accionistas y se documente en un acta de esa asamblea.

ii. Que el acta de asamblea de accionistas que antes se refirió contenga una reforma del documento constitutivo-estatutos, en la que se modifiquen las cláusulas que conciernan al capital social, a las acciones y a los suscriptores de las mismas.

iii. La solvencia de la compañía cuyas acciones son objeto de cesión en lo que respecta al pago de las cotizaciones correspondientes al Instituto Venezolano de los Seguros Sociales.

iv. La puesta al día de la compañía a la que corresponden las acciones objeto de negocio, en lo que tiene que ver con los cierres de ejercicios económicos anuales, la presentación de balances y de los informes de los comisarios.

Por lo demás es bueno que se sepa que raramente exigen presentación de asiento alguno del libro de accionistas relativo a la cesión de la que se trata.

Con relación al primer recaudo al que anteriormente se hizo mención debe tenerse presente que la cesión de acciones es un negocio del interés único y exclusivo del cedente y del cesionario, pero no de la sociedad. Más aún, con la lectura de los artículos 275 –concerniente a las asambleas ordinarias de accionistas–, y 280 –referido a las asambleas extraordinarias de accionistas–, puede apreciarse y concluirse en que los negocios de cesión de acciones no competen a las asambleas de accionistas y son del interés particular de enajenante y adquirente. Por ello, es disparatada la exigencia y la imposición de que la venta de acciones deba realizarse y aprobarse en asamblea de quien, antijurídicamente por tratarse de un tercero, dependería la celebración de la negociación.

En torno a la requerida reforma del documento constitutivo-estatutos de la compañía cuyas acciones son objeto de negocios, se trata de un atropello que conduce al dislate y la mentira.

En efecto, en los registros mercantiles se exige la modificación de la cláusula correspondiente al capital social y que se haga aparecer al adquirente de las acciones y nuevo socio como suscriptor y pagador del capital fundacional de la compañía. Y ello es falso por imposible. En verdad, solo son suscriptores de capital social los socios fundadores y los participantes en un aumento de capital. De modo que quien adquiere por cesión una o varias acciones no suscribe ni suscribió ni pagó capital social alguno. Dicho adquirente se subroga en los derechos del enajenante y lo sustituye en sus obligaciones.

Por ello la práctica registral que se delata obliga al administrado a que declare falsamente y lo coloca, y el mismo funcionario registral también se ubica, en una situación muy cercana a la delictual.

En lo que tiene que ver con la pretensión de la solvencia de la sociedad cuyas acciones son objeto de enajenación, debe tenerse en cuenta una reflexión que precedió: las partes del negocio son el cedente y el cesionario, pero no la sociedad. La imposición de tal menester muta en la imposibilidad de la negociación de acciones, si la sociedad no la desea y su materialización dependería de la voluntad de un tercero. A este le basta con no pagar las mencionadas cotizaciones para que el registrador mercantil no le dé curso al registro de la asamblea de accionistas indebidamente requerida, como ya se especificó, lo que conformaría en un evidente agravio al orden público económico por convertirse en una prohibición de negocios accionarios evidentemente contraria a derecho y una inconstitucional restricción al derecho de propiedad, que solo es limitable por vía legal, según los artículos 115 de la Constitución de la República Bolivariana de Venezuela y 545 del Código Civil. En cambio, es extraño que los registradores mercantiles pidan a los administrados copia del asiento del libro de accionistas donde conste la cesión de acciones.

La obligación de registrar que se demanda de la ciudadanía en las hipótesis que se refirieron le impone el pago de tributos que, en conformidad con el orden jurídico, no le corresponde satisfacer, además de otros pagos indebidos que en toda Venezuela se sabe que ocurren y que no tienen como destino la Tesorería Nacional, sino otros bolsillos y otras gavetas.

En cuanto a la puesta al día que imponen los registros mercantiles, tienen espacio acá los argumentos cuestionantes que se alegaron en relación con la solvencia del Instituto Venezolano de los Seguros Sociales.

11. Pignoración de acciones

Además del derecho a la cesión de la propiedad de las acciones, se reconoce, como hipótesis del derecho a la enajenación, el derecho a la constitución de gravamen prendario sobre la acción nominativa, tal como lo permite el artículo 536 del Código de Comercio, que exige el traspaso en garantía de la acción objeto de pignoración en el libro de accionistas. Aunque en los textos reguladores nada se dice, la doctrina considera que como el accionista pignorante continúa siendo socio, a este corresponde el derecho de voto, salvo pacto en contrario; y en lo que respecta a los dividendos que generen tales acciones Núñez considera aplicables, por analogía, los artículos 1303 y 1846 del Código Civil, como fundamento del derecho del acreedor pignoraticio a la percepción de dichos frutos.

Si las acciones pignoradas hubiesen sido emitidas e incorporadas a un documento cartular, Goldschmidt, con base en fallos de tribunales de instancia, ha sostenido que el solo asiento en el libro de accionistas no es suficiente en cuanto a la eficacia del gravamen prendario porque debe complementarse con el «endoso» en garantía del título accionario al acreedor garantizado. Extraña el empleo de «endoso» si se tiene presente que este conforma la ley típica de circulación de los títulos valores a la orden y que en Venezuela las acciones son invariablemente nominativas.

Conclusiones

Hecha una sintética revisión de algunos aspectos de la acción de las sociedades mercantiles, en las especies en las que las haya, debe presentarse al lector de estas líneas algunas conclusiones sobre la definición de ella y los regímenes sobre su circulación en el mercado accionario. En relación con la primera –la definición de la acción– se expondrán sus caracteres genéricos y diferenciales, a saber:

i. Es un bien mueble. Su naturaleza mobiliaria está dogmáticamente definida en el artículo 533 del Código Civil que la califica así. Debe aclararse que la acción, mientras no esté o sea emitida, es de naturaleza incorpórea y dejará de serlo para convertirse en corpórea, cuando se materialice en un título valor en la ocasión de su emisión; ii. es distinta del capital y del patrimonio social. Al respecto Galgano afirma que es un bien autónomo que, no obstante, representa una fracción del capital social y lo define como un bien de segundo grado; consideración que se rechaza por razones expuestas *supra* en este mismo texto; iii. como bien que es tiene un valor económico y al respecto debe tenerse presente lo que disponen los artículos 213.4, 292 y 293.2 del Código de Comercio. Cabe destacar que suele hablarse de varias especies de valor accionario, a saber: el nominal, que resulta de la división del capital social entre el número de acciones; el contable –valor en libros–, que se apoya en los libros de contabilidad del ente social y se sabe mediante la división del activo líquido entre el número de acciones; el bursátil, que es el resultante de las cotizaciones en bolsa de acciones de la misma compañía y de igual categoría constantes en el listín de bolsa, lo cual en Venezuela cuenta con el apoyo del artículo 118 del Código de Comercio; y el real, que se alcanza mediante la división del valor total del activo, luego de la deducción de los pasivos, entre el número de acciones; iv. es atributiva de una cualidad –la de socio o accionista– la que impone derechos y deberes en favor y en contra del titular de la acción, los cuales se han enumerado con anterioridad. Tales derechos y deberes no se consuman inmediata o instantáneamente; por el contrario, ellos existen durante toda la vigencia de la compañía y mientras se den los supuestos para su procedencia; v. en su realidad cartular o no cartular la acción es incompleta porque ella sola no regula las relaciones jurídicas del negocio societario, regulación que siempre requerirá de las estipulaciones del contrato social y de los preceptos legales correspondientes. Como puede leerse no se incluye en la caracterización de la acción su rasgo de título valor y ello obedece a que tal realidad solo existe cuando la acción ha sido emitida e incorporada a una cartula, caso en el cual adquiere naturaleza corpórea y causal, por su dependencia regulatoria de los pactos y acuerdos societarios y de las disposiciones pertinentes de la ley. En Venezuela, con base en el artículo 292 y siguientes del Código de Comercio, existe la posibilidad de la acción como título valor, que siempre será nominativo, pero ello no es estrictamente necesario para la presencia de ella, como sí ocurre en otros ordenamientos jurídicos. En adición, puede afirmarse que, en nuestro país, la inmensa mayoría de las anónimas no ha emitido acciones y, al respecto, la doctrina y la jurisprudencia han admitido que la emisión de títulos accionarios no conforma un componente necesario y existencial de las compañías anónimas.

La realidad y el trato registral que reciben las enajenaciones de acciones y que se denuncian en estas líneas, encuentran cuestionable apoyo en la Resolución N.º 019, del 13 de enero de 2014, que dictó el Ministerio del Poder Popular para las Relaciones Interiores, Justicia y Paz. En el artículo 17 de dicha Resolución, en lo concerniente con la venta de acciones de sociedades mercantiles, se dispone la presentación de la solvencia del Seguro Social de la compañía y la presencia obligatoria del vendedor y comprador «para la firma».

La primera exigencia preceptúa una limitación al derecho de propiedad no establecida en la ley, sino mediante un acto administrativo, en consumación de franca inconstitucionalidad, y, sobre la segunda, sépase que explícitamente se dispone una actividad registral que desconoce el artículo 296 del Código de Comercio y la doctrina unánime sobre su interpretación y aplicación en Venezuela, con lo que la resolución *in commento* se sitúa en terrenos de ilegalidad. Si acaso resultaría comprensible que se reclame la inscripción, en el Registro Mercantil, del instrumento documentante del negocio de enajenación, con base en el artículo 52 de la Ley del Registro Público y del Notariado, pero no de acta de asamblea de accionistas alguna.

Finalmente, en lo que tiene que ver con la exigida actualización de la sociedad, se trata de circunstancia que se reclama sin soporte legal alguno y, por ello, es fruto de imaginación y mitomanía funcionarial.

Valencia, mayo, mes de María Inmaculada y Santísima, de 2018

Ad Maiorem Gloriam Dei

* * *

Resumen: El autor estudia el concepto de acción societaria para así perfilar las reglas que rigen su enajenación. Todo ello justificado por el reciente trato registral que recibe la enajenación de acciones, el cual se ha convertido en un despropósito que raya en un tratamiento inconstitucional. **Palabras clave**: Acción societaria, sociedades comerciales, enajenación de las acciones.

El principio de soberanía de humanidad

Moisés Troconis Villarreal[*]

Sumario

Introducción 1. De la noción de soberanía 2. De la noción de humanidad 3. Del principio en sus fundamentos. Conclusiones parciales

Introducción

El artículo 2.7 de la Carta de la Organización de las Naciones Unidas consagra el principio de no intervención como límite, en tanto que el texto de la Carta no puede ser interpretado en el sentido de que autorice a las Naciones Unidas a intervenir en los asuntos que sean esencialmente de la jurisdicción interna de los Estados, pero no como un límite absoluto, en cuanto que deja a salvo la aplicabilidad de las medidas coercitivas prescritas en el Capítulo VII del instrumento[1].

La exigencia de la no intervención es tratada como un principio de Derecho que sería expresión de la igualdad soberana entre los Estados, igualdad que,

---

[*] **Universidad de Los Andes**, Abogado *Summa Cum Laude*; Profesor Titular. **Universidad Central de Venezuela**, Doctor en Ciencias mención «Derecho». Exmagistrado de la Sala Constitucional del Tribunal Supremo de Justicia. Exmagistrado del Tribunal de Justicia de la Comunidad Andina.

[1] «Artículo 2.- Para la realización de los propósitos consignados en el artículo 1, la Organización y sus Miembros procederán de acuerdo con los siguientes principios: (…) 7. Ninguna disposición de esta Carta autorizará a las Naciones Unidas a intervenir en los asuntos que son esencialmente de la jurisdicción interna de los Estados, ni obligará a los Miembros a someter dichos asuntos a procedimientos de arreglo conforme a la presente Carta, pero este principio no se opone a la aplicación de las medidas coercitivas prescritas en el Capítulo VII», http://www.un.org/es/sections/un-charter/charter-i/index.html.

recogida en el artículo 2.1 de la Carta en mención, sería manifestación a su vez del principio de soberanía de Estado.

A la vista de este principio, así como de situaciones de hecho caracterizadas por la violación grave y sistemática de derechos humanos, el ex Secretario General de la Organización de las Naciones Unidas, Kofi Annan, en su Informe a la Asamblea General de la Organización, publicado en fecha 27 de marzo del año 2000, planteó una especie de contraposición entre la defensa de la humanidad y la defensa de la soberanía, por virtud de la figura de la intervención humanitaria, en los términos siguientes:

> 217 (…) Si la intervención humanitaria es, en realidad, un ataque inaceptable a la soberanía, cómo deberíamos responder a situaciones como las de Rwanda y Srebrenica, y a las violaciones graves y sistemáticas de los derechos humanos que transgreden todos los principios de nuestra humanidad común?
>
> 218. Nos enfrentamos a un auténtico dilema. Pocos estarán en desacuerdo en que tanto la defensa de la humanidad como la defensa de la soberanía son principios que merecen apoyo. Desgraciadamente, eso no nos aclara cuál de esos principios debe prevalecer cuando se hallan en conflicto.
>
> 219. La intervención humanitaria es una cuestión delicada, plagada de dificultades políticas y sin soluciones fáciles. Pero sin duda no hay ningún principio jurídico –ni siquiera la soberanía– que pueda invocarse para proteger a los autores de crímenes de lesa humanidad. En los lugares en que se cometen esos crímenes y se han agotado los intentos por ponerles fin por medios pacíficos, el Consejo de Seguridad tiene el deber moral de actuar en nombre de la comunidad internacional. El hecho de que no podamos proteger a los seres humanos en todas partes no justifica que no hagamos nada cuando podemos hacerlo. La intervención armada debe seguir siendo el último recurso, pero ante los asesinatos en masa es una opción que no se puede desechar[2].

---

[2] Informe «Nosotros los pueblos: la función de las Naciones Unidas en el siglo XXI», http://unpan1.un.org/intradoc/groups/public/documents/un/unpan004567.pdf.

La Comisión Internacional de Intervención y Soberanía de Estado, creada, establecida y patrocinada por el Gobierno de Canadá en respuesta al planteamiento formulado por el ex Secretario General, rindió un Informe, en diciembre del año 2001, a través del cual desarrolló, en el marco del problema mayor de la «intervención humanitaria», su tesis central, la responsabilidad de proteger, según la cual los Estados soberanos tienen la responsabilidad primera de proteger a sus propios ciudadanos de catástrofes evitables, pero, cuando ellos no quieran o no puedan hacerlo, la responsabilidad pasa a la comunidad de Estados y se materializa, en lo sustancial, en la provisión de soporte vital, protección y asistencia a las poblaciones en riesgo.

La tesis, elaborada como una directriz para la comunidad internacional de Estados, se apoyó en los siguientes principios, fundamentos y elementos:

Principios: La soberanía de Estado implica responsabilidad; cuando la población sufre graves daños, como resultado de guerra civil, insurgencia, represión u otros eventos, y el Estado no puede o no quiere detener o prevenir tales daños, el principio de no intervención cede frente a la responsabilidad internacional de proteger.

Fundamentos: Las obligaciones inherentes al concepto de soberanía; la responsabilidad del Consejo de Seguridad, según el artículo 24 de la Carta, de mantener la seguridad y la paz internacional; las obligaciones legales específicas establecidas en los tratados, convenios y declaraciones protectoras de los derechos humanos, Derecho internacional humanitario y Derecho nacional; y las prácticas en curso de Estados y organizaciones regionales, y del propio Consejo de Seguridad.

Elementos: La responsabilidad de proteger abarca tres responsabilidades específicas: la de prevenir los conflictos internos y las crisis de origen humano que pongan en riesgo a la población; la de reaccionar frente a situaciones de necesidades humanas apremiantes, y la de reconstruir a través de la provisión de la asistencia que fuere necesaria[3].

---

[3] Comisión Internacional de Intervención y Soberanía de Estado (ICISS): *The responsibility to protect*. International Development Research Centre. Ottawa, 2001, pp. VII y ss., http://responsibilitytoprotect.org/ICISS%20Report.pdf.

A través de su Informe, la Comisión se propuso responder al mandato de elaborar un entendimiento más amplio del problema de reconciliar la intervención con propósitos de protección humanitaria y la soberanía.

En lo que concierne a la soberanía de Estado, la Comisión la definió, en su dimensión interna, como la capacidad de adoptar decisiones de autoridad sobre el pueblo y los recursos existentes dentro del Estado mismo, pero reconoció que dicha autoridad no es absoluta, sino limitada y regulada por el orden constitucional; que su defensa no significa que el Estado goce de un poder ilimitado sobre su propia población; y que implica una doble responsabilidad: la externa, de respeto a la soberanía de los otros Estados; y la interna, de respeto a la dignidad y a los derechos humanos de todas las personas dentro del Estado[4].

Este Informe sirvió de base al que rindiera el ex Secretario General de Naciones Unidas a la 59.ª sesión de la Asamblea General (A/59/2005), distribuido en fecha 21 de marzo de 2005, y en el cual su autor declaró: «… experiencias aún más duras nos han conducido a aferrarnos al hecho de que a ningún principio legal –ni siquiera a la soberanía– debe permitírsele proteger el genocidio, los crímenes contra la humanidad y el sufrimiento humano masivo»[5].

El Informe citado del ex Secretario General sirvió a su vez de base de la Resolución A/60/L.1, adoptada por la Asamblea General de Naciones Unidas en sesión plenaria (*World Summit* 2005), distribuida en fecha 20 de septiembre de 2005, cuyo parágrafo 135 reafirma la necesidad de respetar debidamente la soberanía y el derecho a la libre determinación, cuyo parágrafo 138 destaca que cada Estado es responsable de proteger a su población del genocidio, los crímenes de guerra, la depuración étnica y los crímenes de lesa humanidad, y cuyo parágrafo 139 declara:

> La comunidad internacional, por conducto de las Naciones Unidas, tiene también la responsabilidad de utilizar los medios diplomáticos, humanita-

---

[4] Ibíd., pp. 8 y 12.
[5] Report of the Secretary General: «*In larger freedom: towards development, security and human rights for* all», 2005, p. 34, http://www.un.org/en/ga/search/view_doc.asp?symbol=A/59/2005.

rios y otros medios pacíficos apropiados, de conformidad con los Capítulos VI y VIII de la Carta de las Naciones Unidas, para ayudar a proteger a las poblaciones del genocidio, los crímenes de guerra, la depuración étnica y los crímenes de lesa humanidad. En este contexto, estamos dispuestos a adoptar medidas colectivas, de manera oportuna y decisiva, por conducto del Consejo de Seguridad, incluido su Capítulo VII, en cada caso concreto y en colaboración con las organizaciones regionales pertinentes cuando proceda, si se demuestra que los medios pacíficos son inadecuados y que las autoridades nacionales no protegen manifiestamente a su población del genocidio, los crímenes de guerra, la depuración étnica y los crímenes de lesa humanidad[6].

Los informes y declaraciones que anteceden bastan para formular preguntas como las siguientes: ¿Es la «intervención humanitaria» un ataque a la soberanía? ¿Se contrapone la defensa de la soberanía a la defensa de la humanidad? ¿Hay necesidad de reconciliar la intervención con propósitos humanitarios y la soberanía? ¿Constituye la soberanía un límite? ¿Tiene límites la soberanía?

En la base de varias de estas preguntas se halla la que se interroga, en general, por la relación entre la soberanía y la humanidad y, en particular, por la naturaleza jurídica de esta relación. Este artículo tiene por objeto general hacer un estudio breve de la pregunta por la naturaleza de la relación entre los conceptos de soberanía y humanidad.

En el marco de la dimensión externa del concepto de soberanía, RAMOS ha puesto de relieve la insuficiencia de las fuentes del Derecho Internacional clásico para proveer a las necesidades contemporáneas relacionadas con los crímenes masivos y las tragedias humanitarias, así como la posibilidad de revisar los principios clásicos de soberanía y no intervención en el marco de la responsabilidad de proteger. La autora, en su estudio académico sobre la responsabilidad de proteger de los Estados, ha dado cuenta de una idea expuesta por Fabio KONDER COMPARATO en el prefacio a una obra de André DE CARVALHO

---

[6] Documento final de la Cumbre Mundial 2005, pp. 31 y 32, http://globalr2p.org/media/files/2005-spanish.pdf.

Ramos sobre la teoría de los derechos humanos en el orden internacional: según Comparato, se ha venido produciendo una sustitución de la soberanía tradicional por una soberanía de humanidad, es decir, por una cuyo *telos* es el principio de humanidad, el mismo que postula el respeto y garantía de los derechos humanos de los ciudadanos[7]. Este artículo tiene por objeto específico hacer una revisión breve de los fundamentos de esta orientación.

1. De la noción de soberanía

Una primera aproximación al concepto, desde la enciclopedia y el diccionario[8], conduce a identificar la soberanía –del latín *superaneus*: lo que está sobre–[9] como una cualidad jurídica consistente en un poder originario e independiente que se atribuye, luego de una evolución iniciada en la Edad Media, al *imperium* del Estado moderno, cuyo poder es definido como soberano en cuanto originario, es decir, no derivado de otro, absoluto, porque *superiorem non recognoscens*, exclusivo, por indivisible, inalienable e imprescriptible, por tratarse de una función pública necesaria a toda organización política[10].

Esta definición de soberanía se expresará, aunque con diferencias significativas, a través del pensamiento de Bodin, Hobbes y Rousseau, pero también será criticada, por su potencial despótico, a través de la tradición liberal constitucional que, manifestada en el pensamiento de Locke, Montesquieu y Constant, sostendrá en cambio la necesidad de limitar el poder del Estado a fin de tutelar la libertad de los individuos y la autonomía de la sociedad civil[11].

---

[7] Ramos, Mariana dos Anjos: *Responsabilidade de proteger dos Estados e sua dimensão jurídico-normativa*. Faculdade de Direito da Universidade de São Paulo. San Paulo, 2013, pp. 149 y ss.

[8] *Vid.* «*Sovranità*», en: *Dizionario di storia*, 2011, http://www.treccani.it/enciclopedia/sovranita_(Dizionario-di-Storia)/.

[9] *Vid.* «*Sovranità*», en: *Dizionario di filosofia*, 2009, http://www.treccani.it/enciclopedia/sovranita_(Dizionario-di-filosofia)/.

[10] Ídem.

[11] Ídem.

El concepto se asocia a la historia de la fórmula *rex in regno suo est imperator* utilizada entre los siglos XII y XIII para designar la *plenitudo potestatis* del *princeps*, luego del *rex*, cuyo paradigma era el *imperator in regno suo*. Más tarde, Bartolo DE SASSOFERRATO extenderá la *plenitudo potestatis* a la *civitas* que no reconoce superior y que, por tanto, es príncipe de sí misma, es decir, se gobierna a sí misma (*civitas superiorem nos recognoscens est sibi princeps*). Ahora bien, el paso obligado que contribuirá a consolidar los elementos propios del concepto de soberanía, vale decir, la plenitud de los poderes y la independencia de todo otro poder, será la época del *princeps absolutus*, cuya *maiestas*, según Jean BODIN (*De République I*, 8), es potestad suprema sobre ciudadanos y súbditos, no sometida a leyes (*Maiestas est summa in cives ac subditos legibusque soluta potestas*), de modo que la soberanía, dice, es el poder absoluto y perpetuo propio del Estado, entendido este como el gobierno que se ejerce con poder soberano sobre las diversas familias y, sobre todo, lo que ellas tienen en común entre sí, salvo el *dominium* privado, y cuya prerrogativa principal es el poder de hacer las leyes[12].

En el Estado contemporáneo se atribuye al concepto de soberanía un doble significado: considerado el Estado como el orden jurídico en su conjunto, indica el carácter originario del orden mismo, en el sentido de que este no deriva su validez de un orden jurídico superior; considerado el Estado como persona jurídica, indica su posición de independencia frente a toda otra persona jurídica existente en el ámbito externo, y de supremacía absoluta frente a toda otra persona, física o jurídica, que obre en su ámbito territorial[13].

Y la doctrina contemporánea suele distinguir, en los Estados democráticos, entre la soberanía como fuente política de la potestad de gobierno y la soberanía como titularidad de la potestad misma, atribuyendo la primera a la colectividad entera, personificada en el cuerpo electoral, y la segunda al Estado como organización jurídica de la colectividad. Sin embargo, cuando la soberanía de Estado entra en contacto con ordenamientos más vastos, como lo es el internacional, puede encontrar límites a la exclusividad de su ejercicio, por

---

[12] Ídem.
[13] Vid. «*Sovranità*», en: ob. cit. (*Dizionario di storia*).

efecto, por ejemplo, de la adhesión a organizaciones internacionales que se hallen dotadas de poderes y funciones tales que lleguen a limitar el ejercicio de aquella potestad, limitación fundada desde luego en la manifestación de voluntad del Estado mismo[14].

Pero otra línea de evolución es la que se asocia a las revoluciones americana y francesa, entre otras, y gira en torno a la soberanía popular, cuya base teórica ha sido desarrollada en el marco general del pensamiento iusnaturalista moderno y en el ámbito particular del contractualismo, según el cual el fundamento del poder político reside en un pacto libre y originario entre los individuos entre si, o entre estos y el monarca[15]. En el caso del *pactum subiectionis* entre pueblo y monarca, un problema medieval fue el de establecer si el *pactum* implicaba la renuncia de parte del pueblo a sus derechos –*alienatio*–o solamente una concesión –*cessio*– revocable cuando, por ejemplo, el monarca dejase de cumplir sus obligaciones y se transformase en tirano o, en caso de conflicto con la Iglesia, se convirtiese en enemigo de la fe y de los cánones[16].

Según Hobbes, el Estado es el resultado de una opción adoptada voluntariamente por individuos libres e iguales que se hallan expuestos al riesgo de la destrucción recíproca; en tanto que entidad puramente artificial, dicho Estado se fundamenta solo en la voluntad de los individuos y en su racionalidad instrumental; gracias a la institución de la soberanía se constituye el pueblo, y gracias a las leyes civiles se dispone de un criterio para distinguir lo justo de lo injusto. En este contexto, el poder del soberano no está sometido a límites políticos porque, en el pacto, los individuos cedieron todos sus derechos, excepto el de la vida, ni a límites jurídicos, porque el *ius* es tal en cuanto *iussum*, de manera que lo que hace la ley es la autoridad y no la verdad, ni a límites éticos, porque el *iussum* es el único modo de distinguir entre el bien y el mal. Por tanto, se trata de un poder originario y absoluto, pero no arbitrario, insiste Hobbes, porque sus mandatos no son el fruto del capricho, sino el resultado necesario de una racionalidad dirigida a realizar el

---

[14] Ídem.
[15] Ídem.
[16] Vid. «*Sovranità*», en: http://www.treccani.it/enciclopedia/sovranita/.

supremo valor político que es la paz, es decir, la condición que permite a todo individuo autoconservarse y procurar su propia utilidad[17].

En el pensamiento de ROUSSEAU, la soberanía reside en la voluntad general que, nacida de la superación y unificación de la voluntad de los individuos, tiende al bien común. El individuo enajenaría voluntariamente en el pacto su libertad originaria a favor de la comunidad para recibir a cambio derechos civiles y políticos. Y si bien la cesión de los derechos de los individuos sería total, lo que haría que la soberanía fuese absoluta, la titularidad de esta correspondería al cuerpo social en su integridad, el mismo que la ejercería colectivamente y expresaría la voluntad general. Desde la perspectiva de ROUSSEAU, la soberanía no sería expresión de una racionalidad instrumental y utilitaria, como la de HOBBES, sino de una racionalidad sustancial que coincidiría con la moralidad por cuanto la voluntad general velaría por el interés general de la comunidad, por el bien común[18].

Por su parte, la tradición liberal recela del carácter absoluto de la soberanía. En el pensamiento de LOCKE, el pacto originario nacería de la convicción de que los hombres son libres e iguales por naturaleza, y de que ninguno abandonaría esta condición sin su consentimiento; que el poder se ejerce a través de dos centros fundamentales, el legislativo y el ejecutivo, caracterizados porque el segundo se halla subordinado al primero, pero el primero se halla subordinado al pueblo, en tanto que debe interpretar su voluntad y sus necesidades, y porque el pueblo es el que puede renovar y cambiar su representación en el Parlamento. A juicio de LOCKE, el Parlamento no es poder soberano porque se halla limitado por los derechos naturales de los individuos, ni es poder originario, desde que su origen y fundamento está en la confianza del pueblo, el mismo que también dispone del derecho de resistencia, ni poder exclusivo, si se considera el modelo constitucional de origen medieval del *king in parliament* que conduciría a un ejercicio compartido de la soberanía[19].

---

[17] Vid. «*Sovranità*», en: ob. cit. (*Dizionario di filosofia*).
[18] Ídem.
[19] Ídem.

CONSTANT reconoce también el principio de la soberanía popular porque solamente es legítimo el poder que deriva de la sociedad, que se funda sobre el consentimiento del pueblo, pero rechaza la idea de que dicha soberanía sea ilimitada porque el poder, aun cuando pertenezca de derecho a todos, es ejercido siempre de hecho por una minoría. A su juicio, el error fundamental de ROUSSEAU fue el haber procurado la libertad, confiándola a la sociedad entera, sin haber limitado el poder. Para CONSTANT, el principio que debe afirmarse es que la soberanía existe solamente de manera limitada y relativa, que su jurisdicción termina donde se inicia la independencia de la existencia individual, que cuando la autoridad se extiende a materias que salen de su ámbito deviene ilegítima, y que el consentimiento de la mayoría no es en absoluto suficiente en todas las circunstancias para conferir a sus actos el carácter de ley[20].

El principio de la soberanía popular aparece recogido en textos como la Declaración de Independencia de los Estados Unidos de América, según la cual los gobiernos derivan sus poderes legítimos del consentimiento de los gobernados, o como la Declaración Universal de los Derechos del Hombre y del Ciudadano, según la cual la fuente de toda soberanía reside esencialmente en la Nación[21].

Ahora bien, la figura ha sido utilizada a veces, desde sus inicios, como una cubierta para esconder crueldades e injusticias libres de todo escrutinio externo. Las más importantes limitaciones legales e institucionales de la soberanía, como las derivadas de las convenciones internacionales sobre derechos humanos y de la integración europea, surgieron únicamente después del Holocausto.

No obstante, la Comisión Internacional sobre Independencia y Soberanía de Estado encuentra que, en un mundo marcado por enormes desigualdades de poder y recursos, la figura de la soberanía es para muchos Estados su mejor y, a veces, su única línea de defensa, un reconocimiento de su igual valor y dignidad, una protección de sus identidades únicas y de su libertad nacional, y una afirmación de su derecho a moldear y determinar su propio destino.

---

[20] Ídem.
[21] Ídem.

Por este tipo de razones, el principio según el cual todos los Estados son igualmente soberanos bajo el Derecho Internacional fue recogido en el artículo 2.1 de la Carta de la Organización de las Naciones Unidas. Pero una condición de la soberanía de cualquier Estado es su obligación de respetar la soberanía de los otros Estados, lo que la Comisión enlaza con el principio de no intervención previsto en el artículo 2.7 de la Carta citada, principio que, según el texto de dicho artículo, no se opone sin embargo a la aplicación de las medidas coercitivas prescritas en el Capítulo VII, elemento este último que la Comisión no destaca[22].

A su juicio, la soberanía ha venido a significar, desde la Paz de Westfalia, la identidad legal de un Estado en el ámbito del Derecho Internacional; es un concepto que provee orden, estabilidad y previsibilidad en las relaciones internacionales porque los Estados soberanos son considerados como iguales, con independencia de su tamaño o riqueza; internamente, la soberanía significa la capacidad de adoptar decisiones de autoridad en relación con la población y sus recursos en el territorio de un Estado, autoridad que, sin embargo, no puede ser considerada como absoluta sino constreñida y regulada internamente por acuerdos de orden constitucional[23].

La Comisión da por reconocido que la soberanía implica una doble responsabilidad: externamente, el respeto de la soberanía de los otros Estados; internamente, el respeto de la dignidad y de los derechos básicos de la población que habita en el territorio del Estado, pero también acepta que los asuntos de soberanía e intervención no son cuestiones que afecten los derechos o las prerrogativas de los Estados, sino a los seres humanos en aspectos fundamentales. Desde su perspectiva, una de las virtudes del uso del concepto «responsabilidad de proteger» es que centra la atención en las necesidades humanas que requieren protección o asistencia[24].

En el campo de las relaciones Estado-ciudadanos, la totalidad de las cláusulas de la Carta de la Organización de Naciones Unidas e instrumentos

---

[22] ICISS: ob. cit. (*The responsibility to protect...*), pp. 7 y 12.
[23] Ibíd., p. 12.
[24] Ibíd., pp. 8 y 15.

como la Declaración Universal de Derechos Humanos restringen la autoridad de los Estados que pretendan afectar a su propia población en su territorio. Según la Comisión, la obligación de protegerla de la muerte y de otros daños graves es la responsabilidad fundamental que impone la soberanía al Estado, de modo que, si este no puede o no quiere cumplirla, la intervención coactiva para propósitos de protección humanitaria, incluyendo en última instancia la intervención militar, desde la comunidad internacional, puede encontrar justificación en casos extremos. Según la Comisión, se trata de reconciliar dos objetivos: fortalecer y no debilitar la soberanía de los Estados y mejorar la capacidad de la comunidad internacional para reaccionar decisivamente cuando los Estados no puedan o no quieran proteger a su propia población[25].

Las consideraciones que anteceden revelan que, desde antiguo, se ha transferido al Estado la titularidad de una soberanía cuya fuente originaria es la voluntad popular; que se ha asignado a la soberanía de Estado los atributos de originaria y absoluta porque los ciudadanos habrían cedido a este, en el pacto fundamental, la totalidad de sus derechos, y hasta su libertad originaria; y que, progresivamente, dicha soberanía ha venido siendo objeto, a través de instrumentos convencionales, de limitaciones en su ejercicio.

2. De la noción de humanidad

A juicio de DELMAS-MARTY, se llama «humanidad» a un fondo común de valores que se encuentra en germen en la Declaración Universal de Derechos Humanos, adoptada por la Asamblea General de la Organización de las Naciones Unidas, el 10 de diciembre de 1948, texto que consagra ante todo la igual dignidad de los seres humanos. Pero, advierte la autora, se trata de un texto puramente declarativo, de modo que la violación de los valores que contiene no recibe una sanción directa. En cambio, la justicia penal internacional expresa un universal normativo de mayor fuerza porque la definición de los crímenes internacionales es acompañada de sanciones penales que son más gravosas y estigmatizantes, y que afectan los cuerpos materiales y no solo los cuerpos simbólicos de los Estados. Por esta razón, la hipótesis que formula DELMAS-

---

[25] Ibíd., pp. 49, 69 y 75.

Marty es que la lista de los crímenes internacionales podrían expresar el reconocimiento de valores universales o, al menos, universalizables[26].

En la lista de los crímenes en referencia, continua la autora, la gran novedad consistió en la consagración del «crimen contra la humanidad», ilícito que en cierto modo instituye la humanidad como categoría jurídica. Después de Nuremberg, la autonomía de este crimen se afirmó de manera progresiva, pues primero se recogió de nuevo en los principios de las Naciones Unidas, y luego se completó en instrumentos tales como la Convención sobre el Genocidio de 1948 y la Convención sobre el Apartheid de 1973, en la creación de los Tribunales Penales Internacionales para la ex Yugoslavia en 1993 y para Ruanda en 1994, y en la aprobación del Estatuto de la Corte Penal Internacional en 1998. En este último instrumento, la definición del crimen se amplió debido a la introducción del concepto de desaparición forzada y de nuevas formas de persecución. Así pues, a su juicio, la humanidad que el Derecho Internacional protege no se define sino mediante la enumeración de los más graves comportamientos[27].

Ahora bien, el fundamento del crimen contra la humanidad, dice Delmas-Marty, se halla en la «despersonalización» de la víctima y, finalmente, en la negación de su condición humana. Por esta razón, precisa la autora, el asesinato se convierte en un crimen contra la humanidad cuando es cometido en forma de atentado masivo, o cuando la víctima es elegida por su relación de pertenencia a un grupo nacional, racial o religioso. En definitiva, lo que subyace a un crimen de esta naturaleza, sostiene, «es la consagración de una humanidad plural que entraña a la vez la singularidad de cada ser y su igual pertenencia a la comunidad humana»[28].

---

[26] Delmas-Marty, Mireille: «¿Pueden los crímenes internacionales contribuir al debate entre universalismo y relativismo de los valores?». En: *Crímenes internacionales y jurisdicciones internacionales*. Grupo Editorial Norma. Antonio Cassese y Mireille Delmas-Marty, editores. Trad. Horacio Pons. Bogotá, 2004, pp. 80, 82 y 90.
[27] Ibíd., pp. 82-84.
[28] Ibíd., pp. 90 y 91.

Así pues, a través de la previsión y sanción de este tipo de ilícito penal se procura proteger la integridad de la humanidad, que es a la vez la de la persona, cuya humanidad la vincula a la comunidad humana, y la del género humano[29].

Por su parte, el Preámbulo de la Declaración Universal de los Derechos Humanos establece como base de los valores de libertad, justicia y paz el reconocimiento de la dignidad intrínseca de la persona humana y de sus derechos fundamentales, iguales e inalienables[30].

El concepto de humanidad se ha asociado, además, al de patrimonio común de la humanidad, concepto a través del cual se busca sustraer espacios o bienes a la soberanía del Estado con el objeto de organizar su gestión en interés común y de forma sostenible. Los criterios de identificación de dicho patrimonio serían la no apropiación, lo que excluye la apropiación por razones de soberanía, la existencia de un régimen internacional, el reparto de beneficios, el uso pacífico y la toma en consideración de las generaciones futuras[31].

El concepto se ha vinculado también con el de interés común, noción que procede del hecho de que ningún Estado puede resolver por sí solo los problemas que los asuntos comunes plantean ni recibir todos los beneficios que ellos proveen. Es el caso del ambiente, medio de vida de la humanidad, y del cual dependen la calidad de vida de los seres humanos y su salud. Otro tanto cabe decir del agua o de los recursos alimentarios. Estos intereses comunes han derivado en derechos humanos internacionales que han sobrepasado las soberanías para proteger la vida humana[32].

Las consideraciones que anteceden han dado lugar al reconocimiento de unos derechos de la humanidad que encuentran fundamento en el derecho al

---

[29] Franck ABIKHZER, citado en PARENT, Valérie: *L'humanité et le Droit International (Mémoire)*. Université de Montréal. Montréal, 2013, p. 10.
[30] Vid. *Declaración Universal de Derechos Humanos*. Instituto Interamericano de Derechos Humanos. San José, 1992, p. 1.
[31] PARENT: ob. cit., p. 11.
[32] Ibíd., pp. 35, 37, 38 y 46.

ambiente, a la paz, al patrimonio común, a la supervivencia y a la integridad, en el marco del respeto a la dignidad humana. Se trata de derechos que dan lugar a obligaciones *erga omnes* por parte de los Estados hacia la comunidad internacional[33].

Por otra parte, la humanidad lleva consigo la idea fundamental según la cual quienes viven hoy no son más que elementos de una cadena que no debe ser interrumpida, razón por la cual el género humano deviene humanidad solamente en su perpetuación, lo que explica que la toma de conciencia de la humanidad se encuentre ligada inexorablemente a su supervivencia y, por tanto, orientada hacia su salvaguarda[34].

La persecución de este propósito común hace que la noción de humanidad se asocie también a la de comunidad y, en particular, a la de una comunidad interdependiente y solidaria que, en consecuencia, no puede ser reducida a una constelación de Estados cuyos intereses se oponen entre sí, sino identificada como el sustrato de necesidades humanas fundamentales, más allá de la existencia contingente de sus miembros. Por esta razón, el principio del desarrollo sostenible es definido como el desarrollo que responde a las necesidades del presente sin comprometer la capacidad de las generaciones futuras de responder a las suyas[35].

Otra noción relacionada con la de humanidad, originada en un Informe del Programa de Naciones Unidas para el Desarrollo (1999), es la de «bien público global». Se trata de bienes como el ambiente, la salud, el conocimiento o la paz, de cuyo disfrute no debe ser excluida ninguna persona[36].

Ahora bien, el riesgo es que, si el concepto de humanidad se instrumentaliza, como advierte Le Bris, pudiera llegar a ser puesto al servicio del Estado y

---

[33] Ibíd., pp. 53 y 57.
[34] Ibíd., p. 67.
[35] ONU: «*Rapport on the World Commission on Environment and Development 'Our Common Future'*», 1987, http://www.un-documents.net/our-common-future.pdf.
[36] Parent: ob. cit., p. 80.

sustituir este los intereses comunes de la humanidad por los suyos propios[37]. No se trata de oponer humanidad y soberanía, toda vez que no se puede negar que el Estado constituye una forma significativa de organización social y jurídica, pero la consideración del concepto de humanidad permite relativizar su papel.

Parent resume el aporte de la doctrina destacando que la humanidad combina, en una infinidad de relaciones necesitadas de equilibrio, el todo y las partes; que, cuando todos los puntos de referencia han desaparecido, la única cosa que nos queda y nos guía todavía es nuestra humanidad; que ella, más que una suma de eslabones, es la conciencia de adhesión a valores comunes que se traduce en responsabilidad[38].

En conclusión, el concepto de humanidad reposa sobre la idea de comunidad, interdependiente y solidaria, y esta descansa sobre valores susceptibles de ser reconocidos y aceptados como comunes porque los individuos que la integran y la integrarán son relativamente idénticos en sus necesidades fundamentales. El propósito de la humanidad, en tanto que especie, se hallaría en estos valores transculturales y universalmente compartidos.

Es del caso destacar la advertencia de Schmitt, según la cual el orden internacional moderno, elaborado a partir de la Paz de Westfalia, ha reemplazado la moralidad de los fines por la de las soberanías de Estado[39]. Sin embargo, el fundamento de la comunidad humana no se halla en los Estados, sino en el conjunto de valores universales que lleva consigo.

Estos valores comunes se apoyan a su vez en el de la dignidad de toda persona, el mismo que, en la expresión de Iovane, constituye el valor fundamental de todo ser humano, el que lo distingue en tanto que humano y lo eleva por encima de toda otra entidad[40].

---

[37] Catherine Le Bris, citada en Parent: ob. cit., p. 95.
[38] Parent: ob. cit., p. 117.
[39] Carl Schmitt, citado en Parent: ob. cit., p. 118.
[40] Massimo Iovane, citado en Parent: ob. cit., p. 121.

Cabe citar en este punto la perspectiva esencial de KANT, según la cual el hombre es un ser racional que pertenece al reino de los fines por existir como un fin en sí mismo y no como un medio para ser utilizado discrecionalmente por otra voluntad, de modo que, tanto en las acciones orientadas hacia sí mismo como en las dirigidas hacia otros seres racionales, el hombre ha de ser considerado siempre al mismo tiempo como un fin. Por existir en sí y no por otro, el ser humano es autónomo, subsiste por si, se autodetermina, se autogobierna, pertenece a sí mismo, descansa en sí, es un *sui iuris*. Por ser un fin en sí y no instrumento de otra entidad, el ser humano es digno de respeto. El filósofo asocia esta idea de dignidad a la de humanidad, como lo revela la segunda fórmula del imperativo categórico: «Obra de tal modo que uses a la humanidad, tanto en tu persona como en la persona de cualquier otro, siempre al mismo tiempo como fin y nunca como medio»[41].

Sobre la base de este postulado, la dignidad del ser humano se expresaría en la de la humanidad, y esta, desde los valores comunes universalmente compartidos, serviría de fuente de los derechos que se hallan en la disciplina normativa de una vida digna. Por tanto, los derechos humanos, al reflejar normativamente tales valores, serían expresión del sentido de humanidad.

Se trata ahora de examinar la relación entre los conceptos de soberanía y humanidad.

3. Del principio en sus fundamentos

En el estado de naturaleza primario, explica HÖFFE, cada quien posee libertad de acción. Si cada uno ejerce sus libertades sin ningún tipo de límites, violando las ajenas, quedará expuesto a la violación de las propias. En este marco, la necesidad primera de todo ser humano, cual es la de su preservación

---

[41] Manuel KANT, citado en HOYOS, Ilva Miriam: *De la dignidad y de los derechos humanos. Una introducción al pensar analógico.* Editorial Temis. Bogotá, 2005, pp. 165 y 166.

y la de la especie, lo obliga a renunciar a la libertad de dar muerte o de dañar a los demás[42]. Desde la perspectiva de Ferrero:

> Cada hombre sabe que es más fuerte o más débil que uno u otro de sus semejantes; que, aislado en una completa anarquía, él sería el terror de los más débiles y la víctima de los más fuertes: viviría temblando y haciendo temblar. Por eso, siempre y en todas partes, la mayoría de los hombres renuncia a aterrorizar a los más débiles, para poder temer menos a los más fuertes: tal es la fórmula universal del orden social[43].

Siglos antes, de Espinosa, había advertido que, si los seres humanos vivieran según la guía de la razón, cada uno se esforzaría por preservar su existencia sin causar daño alguno a los demás, pero que, como están sujetos a afectos inconstantes y volubles que superan con mucho a la virtud, son arrastrados a menudo en diversos sentidos y a posiciones contrarias; que dichos seres se procuran con mucha mayor facilidad lo que necesitan mediante la ayuda mutua, y que solo uniendo sus fuerzas pueden evitar los peligros que los amenazan por todas partes, pero que para que ello ocurra es necesario que se presten garantías recíprocas de que no harán nada que pueda causar daño ajeno, y ello solo sucederá si cada quien se abstiene de inferir un daño a los demás por temor a un daño mayor[44].

En efecto, como precisa Höffe, se trata de una renuncia recíproca: a cambio de la renuncia propia se obtiene la ajena. Así, cada quien preferirá la posibilidad de vivir a la de dar muerte a los demás, optará por la protección mutua de la vida en lugar de la amenaza constante de ser muerto. La limitación recíproca de las libertades hará posible y garantizará la supervivencia de todos los miembros de la comunidad, su coexistencia y la coexistencia de sus libertades. En palabras de Höffe, «La limitación de la libertad se intercambia

---

[42] Höffe, Otfried: *Justicia Política. Fundamentos para una filosofía crítica del Derecho y del Estado.* Ediciones Paidós-ICE-UAB. Trad. Carmen Innerarity. Barcelona, 2003, p. 101.
[43] Ferrero, Guglielmo: *Potere.* Sugarco Edizione. Milán, 1981, p. 38.
[44] de Espinosa, Baruch: *Ética demostrada según el orden geométrico.* Ediciones Orbis, S. A. Trad. Vidal Peña García. Madrid, 1980, pp. 303 y 304.

por una garantía de libertad, la negación de la libertad se recompensa con un derecho a la libertad»[45].

Por tanto, estas libertades fundamentales se las deben las personas entre sí, y su limitación o renuncia recíproca también. No se observa que el Estado intervenga en este intercambio, por lo que ni dichas libertades fundamentales ni la reciprocidad de su renuncia le son debidas.

Como es sabido, estas libertades, cuya limitación recíproca se convierte en una regla que beneficia a todos por igual, se constituyen en derechos que cada uno puede exigir a los demás en cualquier circunstancia. Se trata de derechos iguales que los miembros de la comunidad se conceden originariamente y se deben entre sí, y cuya justificación es independiente de factores individuales o grupales. Son derechos irrenunciables e inviolables, propios del ser humano. Son los derechos humanos[46].

La necesidad de garantizar la protección de estos derechos hace surgir el poder de coacción. Por considerar de beneficio individual y colectivo la existencia de un poder común que garantice esa protección, los miembros de la comunidad transfieren al Estado el ejercicio de este poder. El objeto de esta transferencia es, por tanto, que el Estado garantice la protección de los derechos humanos de cada uno y de todos. He aquí su obligación fundamental.

De la consideración que antecede se desprende que los miembros de la comunidad no ceden la titularidad de sus derechos, que por ser humanos les son inherentes, y tampoco su ejercicio. La transferencia ocurre en el ámbito del poder de coacción, y no en su titularidad sino en su ejercicio, a causa de la necesidad de obtener, de parte del Estado, una mayor garantía de protección de tales derechos.

Por otra parte, esta obligación de proteger revela que el poder del Estado es un poder derivado. Según HÖFFE, es correcto sostener que el Estado –legítimo–

---

[45] HÖFFE: ob. cit., pp. 101, 102 y 105.
[46] Ibíd., pp. 114 y ss.

no es una instancia junto a o más allá de los ciudadanos, sino que, más bien, se constituye a partir de ellos. La obligación citada revela también que el ordenamiento jurídico positivo debe estar en función de los derechos humanos y de su respeto, derechos que integran los componentes elementales del orden[47]. Agrega:

> En este reconocimiento como Derecho positivo los derechos humanos tienen un doble significado. Desde una perspectiva sistemática son, fundamentalmente, derechos recíprocos de las personas. Pero, secundariamente, son también derechos frente a la instancia que debe proteger esos derechos, el Estado. Esto es así porque los derechos humanos no están solo amenazados por parte de los demás y por eso son protegidos por el Estado; son derechos que también se ven amenazados por el «poder protector», por ejemplo, la integridad corporal y la vida por un encarcelamiento arbitrario, por penas excesivas –draconianas– o por medidas totalmente injustificadas como la tortura. El Estado amenaza también a la propiedad por medio de expropiaciones –arbitrarias y sin una compensación–, al honor por medio de un trato desigual a las ciudadanos y quizá también mediante intromisiones de la burocracia, a la libertad de opinión por medio de la censura, y a la libertad religiosa mediante privilegios y discriminaciones[48].

FERRAJOLI desarrolla una tesis que guarda correspondencia con esta línea de pensamiento: a su juicio, los derechos fundamentales, a diferencia de los que denomina «patrimoniales», son derechos indisponibles, inalienables, inviolables, intransigibles, personalísimos. El jurista argumenta que la indisponibilidad de estos derechos significa que «están sustraídos tanto a las decisiones de la política como al mercado»; que, en virtud de su indisponibilidad activa, no son alienables por el sujeto que es su titular, de modo que «no puedo vender mi libertad personal o mi derecho de sufragio y menos aún mi propia autonomía contractual»; que, en razón de su indisponibilidad pasiva, no son expropiables o limitables por otros sujetos, «comenzando por el Estado», razón por la cual, dice, «ninguna mayoría, por aplastante que sea, puede privarme de la vida, de la libertad o de mis derechos de autonomía»;

---

[47] Ibíd., p. 123.
[48] Ibíd., pp. 186 y 187.

y que los derechos fundamentales son un límite no solo a los poderes públicos, sino también a la autonomía de sus titulares: «ni siquiera voluntariamente se puede alienar la propia vida o la propia libertad»[49].

Y ha sido el propio FERRAJOLI quien ha puesto de relieve la relación entre esta soberanía y aquellos derechos. El jurista argumenta que el pueblo estaría constituido por la titularidad de los derechos fundamentales, igual y común, en cabeza de cada uno de sus miembros; que la unidad del pueblo no se expresaría en una voluntad común sino en la igualdad en los derechos[50]; que la soberanía popular constituiría la suma de la totalidad de los derechos fundamentales y su garantía; que los derechos, específicamente los derechos políticos, podrían concebirse como fragmentos de soberanía distribuidos en cabeza de todos y cada uno de los ciudadanos; y que la soberanía popular garantizaría la inviolabilidad de tales derechos[51].

Si se reconoce que el titular de la autoridad suprema en que consiste la soberanía es el pueblo, que las personas que lo integran son los titulares de sus propios derechos, y que el pueblo es también el titular del poder constituyente que aprueba el pacto fundamental que recoge y garantiza los derechos y garantías de sus miembros, no hay duda de que la noción de soberanía de Estado es resultado de una transposición indebida, y de que hay lugar a la tentativa del jurista de establecer la relación correspondiente entre soberanía y derechos. Se observa, sin embargo, que la tentativa se limita a imputar a un mismo sujeto la titularidad de ambas situaciones y a mezclar en el concepto de soberanía la titularidad de los derechos y su garantía.

La Declaración Universal de los Derechos Humanos prescribe que «La voluntad del pueblo es la base de la autoridad del poder público...» (artículo

---

[49] FERRAJOLI, Luigi: «Derechos fundamentales». En: *Los fundamentos de los derechos fundamentales*. Antonio DE CABO y Gerardo PISARELLO, editores. Trotta. Madrid, 2007, pp. 31, 32 y 33.
[50] FERRAJOLI, Luigi: *Principia Iuris*. Vol. I *Teoria del Diritto*. Laterza. Bari, 2007, pp. 928 y ss.
[51] FERRAJOLI, Luigi: *Principia Iuris*. Vol. II *Teoria della democrazia*. Laterza. Bari, 2007, p. 11.

21.3)[52], lo que presupone que el pueblo es el titular del poder y de la autoridad que el Estado ejerce, lo que conduce a reconocer en el pueblo la titularidad de la soberanía, así como la existencia de una relación funcional y de garantía entre ambos sujetos, caracterizada porque el Estado tendría a su cargo la obligación de asegurar la tutela de los derechos fundamentales de las personas integrantes de aquel.

La Constitución venezolana[53], al igual que otros textos fundamentales, declara que la soberanía reside intransferiblemente en el pueblo y que los órganos del Estado emanan de la soberanía popular (artículo 5), así como dispone, a título de obligación de garantía, que el Estado ha de asegurar, conforme al principio de progresividad y sin discriminación alguna, el goce y ejercicio irrenunciable, indivisible e interdependiente de los derechos humanos, y que el respeto y garantía de tales derechos son obligatorios para los órganos del Poder Público, de conformidad con la propia Constitución, los tratados sobre derechos humanos suscritos y ratificados por la República y las leyes que los desarrollen (artículo 19).

Y el artículo 334 constitucional, primer párrafo, consagra, a título de obligación específica de garantía, puesta a cargo del Estado, por órgano de los jueces competentes de la República, la siguiente: «Todos los jueces o juezas de la República, en el ámbito de sus competencias y conforme a lo previsto en esta Constitución y en la ley, están en la obligación de asegurar la integridad de la Constitución». Esta disposición forma parte de un Capítulo que se denomina «Garantía de la Constitución», y tanto el artículo como el Capítulo forman parte de un Título que se denomina «De la protección de la Constitución».

La Constitución consagra, pues, en forma expresa, la obligación judicial de garantizar su integridad. Lo íntegro es lo que permanece intacto, ileso, incólume, indemne, es decir, sin menoscabo. Por tanto, la obligación del Estado, por la vía de los jueces, es la de garantizar que la Constitución permanezca

---

[52] Ob. cit., p. 6.
[53] *Vid.* Constitución de la República Bolivariana de Venezuela, *Gaceta Oficial de la República de Venezuela* N.º 36860, de 30-12-99.

intacta, ilesa, incólume, indemne, sin menoscabo, obligación a la cual corresponde necesariamente el derecho de todo ciudadano a la Constitución cuyo texto aprobó, y a que esta permanezca íntegra.

El correlato de estas obligaciones de garantía, a cargo del Estado, es el derecho al pacto constitucional, a su integridad y a su vigencia. El titular de este derecho no puede ser sino el ciudadano del Estado, en tanto que miembro y destinatario de una Constitución cuyo soporte son los derechos humanos y, en general, los derechos fundamentales, y a quien interesa que, en razón del pacto, tales derechos permanezcan íntegros, es decir, intactos, ilesos, incólumes, indemnes, sin menoscabo. En defensa de este derecho, el artículo 333, segundo párrafo, impone a todo ciudadano, investido o no de autoridad, el deber de colaborar en el restablecimiento de la vigencia de la Constitución que haya dejado de observarse por acto de fuerza o en razón de haber sido derogada por un medio distinto al previsto en ella.

En resumen, la obligación del Estado de garantizar la integridad y, por tanto, la permanencia y vigencia de la Constitución, se fundamenta en la obligación del Estado de garantizar la integridad, permanencia y vigencia de los derechos fundamentales que aquella consagra; y el derecho del ciudadano del Estado a la Constitución, así como a su integridad y vigencia, se fundamenta en el derecho que posee a la existencia, integridad y vigencia de sus derechos fundamentales.

Estos derechos y, en particular, los derechos humanos, remiten a necesidades e intereses del máximo rango, en tanto que constituyen la condición de posibilidad de necesidades e intereses de menor rango, y en cuanto que reflejan normativamente valores trascendentales, es decir, valores comunes universalmente compartidos que configuran el propósito de la humanidad toda. En consecuencia, a los derechos humanos subyace este *telos*, el mismo que sirve de fundamento a la exigencia de respeto y garantía de tales derechos por cuanto la supervivencia y salvaguarda de las personas que son sus titulares conduce a la supervivencia y salvaguarda de la humanidad en su conjunto.

Desde esta perspectiva, lo que hacen los textos constitucionales es recoger la adhesión de comunidades humanas a valores fundamentales que se expresan ante todo en términos de derechos humanos.

Los valores sobre los cuales descansan estos derechos, así como los derechos mismos, atraviesan el orden constitucional y transforman al Estado, titular del deber de protección, y al pueblo, titular originario de la soberanía, en sujetos pasivos de una relación obligatoria de garantía.

En efecto, el ejercicio de la soberanía popular, a través del poder constituyente originario, conduce a la celebración del pacto constitucional y a la consagración en el de los derechos fundamentales de toda persona, lo que transforma la soberanía en un mecanismo permanentemente dirigido a asegurar la tutela de estos derechos.

Por su parte, la autoridad del Estado, cuya obligación fundamental consiste precisamente en garantizar la protección de los derechos humanos, de cada uno y de todos, no puede ser ejercida sino con el propósito de dar cumplimiento a su obligación fundamental.

Conclusiones parciales

Estas reflexiones estuvieron dirigidas en lo principal a dar respuesta a la pregunta de si la defensa de la soberanía se contrapone a la defensa de la humanidad. Las consideraciones que anteceden conducen a sostener que, por el contrario, la soberanía, tanto la originaria como la derivada, tanto la interna como la externa, se halla dirigida a la tutela de los derechos humanos de toda persona y, por esta vía, tiende a la defensa de los valores comunes y universales que configuran el propósito de la comunidad humana y de la humanidad. Por tanto, la soberanía es un medio de defensa de la humanidad, lo que justifica y hace necesario, a los fines de la defensa de la humanidad, la defensa de la soberanía.

En segundo lugar, la soberanía es un límite, pero no para la defensa de los derechos humanos sino para el Estado, en cuanto que el ejercicio de la autoridad que le fuera conferida no puede estar orientado sino al cumplimiento de su obligación fundamental.

En tercer lugar, como ha destacado FERRAJOLI, la soberanía encuentra su límite esencial en la indisponibilidad activa y pasiva de los derechos humanos y, en consecuencia, en la indisponibilidad de los derechos de la humanidad toda. Por esta razón, en el caso de un Estado cuyos agentes incurran en violación masiva de derechos humanos, la solución no es el abandono de las víctimas, sino la defensa de su soberanía.

Diógenes LAERCIO cuenta que ESTILPON era un filósofo de la época de Alejandro MAGNO, y que cuando Demetrio POLIORCETES le pidió, tras la conquista de Megara, que hiciera una lista de todas las cosas que se habían perdido en el saqueo de su casa, el respondió: nadie se ha llevado de mi casa la cultura[54]. Lo primero que se aprecia en el profesor René MOLINA GALICIA es precisamente su cultura, jurídica ante todo, pero también musical y literaria. Luego, su espíritu humanista, revelado una y otra vez en su fecunda vida académica y profesional. Después, en el centro de todo su quehacer, la lucha intransigente por el Derecho y la justicia. En el recorrido de esta lucha no es posible olvidar uno de sus inicios: la causa denominada «El amparo a Rondalera», cuyo proceso se desarrolló entre los años 1982 y 1983, y que abrió espacio decisivo en Venezuela a la tutela constitucional de los derechos fundamentales. En ese caso, la asistencia profesional de MOLINA GALICIA hizo posible que, en medio de las más severas circunstancias, se declarara e hiciera efectiva la tutela judicial del derecho fundamental de los maestros a educar y de los niños a ser educados[55]. Ha sido la suya una práctica profesional mediada siempre por la reflexión seria y el estudio sistemático. Una de sus obras, publicada hace diez años, muestra que ha sido frecuente el ir y venir entre BOBBIO y ALEXY, o entre COUTURE y CAPPELLETTI, o entre SCHMITT y RECASENS SICHES[56].

---

[54] SNELL, Bruno: *El descubrimiento del espíritu*. Acantilado. Trad J. FONTCUBERTA. Barcelona, 2007, p. 426.
[55] MOLINA GALICIA, René: *El amparo a Rondalera*. Ediciones Síntesis Jurídica. Caracas, 1984.
[56] MOLINA GALICIA, René: *Reflexiones sobre una nueva visión constitucional del proceso y su tendencia jurisprudencial. Hacia un gobierno judicial?* 2.ª, Ediciones Paredes. Caracas, 2008.

En estos tiempos de destrucción en Venezuela de todo sentido de humanidad y de justicia, por parte de un régimen manifiestamente dictatorial, René Molina se ha hecho presente en la defensa firme y clara del orden constitucional y de la independencia judicial. Por estas razones, entre otras, agradezco muy de veras la invitación de la distinguida profesora Flor Karina Zambrano para participar en el homenaje a un jurista venezolano de quien no podrán llevarse ni su cultura, ni su espíritu de justicia, ni su sentido de humanidad.

* * *

Resumen: El autor se cuestiona si la defensa de la soberanía se contrapone a la defensa de la humanidad. Para responder tal interrogante explica los conceptos de soberanía y humanidad, evidenciando cómo el primer término es un medio de defensa del segundo, lo que implica que la soberanía es un verdadero límite al Estado al condicionar que las conductas de este último estén dirigidas a la garantía de los derechos fundamentales. **Palabras clave**: Soberanía, humanidad, derechos fundamentales.

La supremacía constitucional y la supuesta supraconstitucionalidad

Edison Lucio Varela Cáceres[*]

«Hay solo dos alternativas demasiado claras para ser discutidas: (…) o la Constitución es ley suprema, inalterable por medios ordinarios; o se encuentra al mismo nivel que las leyes y de tal modo, como cualquiera de ellas, puede reformarse o dejarse sin efecto siempre que al Congreso le plazca. Si es cierta la primera alternativa, entonces una ley contraria a la Constitución no es ley; si en cambio es verdadera la segunda, entonces las constituciones escritas son absurdos intentos del pueblo para limitar un poder ilimitable por naturaleza…»

John Marshall: «Marbury vs. Madison», 1803[1].

Sumario

Introducción 1. La Constitución como norma suprema *1.1. Supremacía formal 1.2. Supremacía material* **2. Algunas tesis que colisionan con la supremacía constitucional** *2.1. La doctrina de los derechos humanos 2.2. El Derecho internacional de la integración 2.3. La jurisprudencia de la Sala Constitucional 2.4. La actividad de la Asamblea Nacional Constituyente* **Conclusiones**

---

[*] **Universidad de Los Andes**, Abogado *Cum Laude*. **Universidad Central de Venezuela**, Especialista en Derecho de la Niñez y de la Adolescencia; Profesor Asistente de Derecho Civil I Personas. **Universitat de Barcelona**, Máster en Derecho de Familia e Infancia.

[1] Fallo de la Corte Suprema de los Estados Unidos, reproducido en Álvarez, Tulio Alberto: *Instituciones políticas y Derecho Constitucional*. Tomo I. 2.ª, Ediciones Liber. Caracas, 2008, pp. 421 y ss.

Introducción

Hablar de supremacía constitucional parece una redundancia; no obstante, la realidad obsequia diversos supuestos donde, de hecho, la Constitución es un mero papel –de suerte verjurado– y donde es indispensable subrayar su verdadero valor y posición en el ordenamiento jurídico.

En el presente opúsculo se pretende examinar el anterior escenario bajo la mirada de la mejor doctrina y nuestra reciente realidad. Con tal propósito se dividirá la colaboración en dos secciones, a saber: una primera parte donde se expondrá el concepto de Constitución como norma suprema, la distinción entre supremacía material y formal, y una vez aclarado dichos términos se comentará, brevemente, en una segunda sección, las hipótesis en las cuales la doctrina habla de una supuesta «supraconstitucionalidad», en concreto el caso de los derechos humanos, los procesos de integración, las interpretaciones de la Sala Constitucional y la actividad de la Asamblea Nacional Constituyente. Finalizando con las conclusiones respectivas.

1. La Constitución como norma suprema

El concepto de Constitución es una noción inmutable[2], que lamentablemente ha vivido constantes distorsiones en su aplicación práctica a lo largo del devenir histórico. Hoy en día se puede sostener que es sinónimo de norma jurídica[3],

---

[2] *Vid*. GARCÍA DE ENTERRÍA, Eduardo: *La Constitución como norma y el Tribunal Constitucional*. 3.ª, Civitas. Madrid, 2001, p. 44, «La idea de la Constitución debe ser referida, para no volatilizarla en abstracciones descarnadas e inoperativas, a una corriente que viene de los siglos medievales, que se concreta a finales del siglo XVIII y en el XIX en el movimiento justamente llamado constitucional y que, tras la Segunda Guerra Mundial y el trágico fracaso de los totalitarismos que en ella perecieron, ha vuelto a reanudar su mismo sentido específico».

[3] *Vid*. CARBONELL, Miguel: «Prólogo: ZAGREBELSKY y el uso de la historia por el Derecho Constitucional». En: ZAGREBELSKY, Gustavo: *Historia y Constitución*. Trotta. Madrid, 2011, p. 17, «El proceso de constitucionalización supone dotar de contenido normativo a todas las disposiciones de la Carta fundamental (...) pero de lo que no debe quedar duda es de que las normas jurídicas constitucionales son, ante todo

es decir, de un conjunto de disposiciones de carácter obligatorias, siendo que las reglas y principios que la componen representan un Derecho superior desde una percepción jerárquica y por ello su cumplimiento es ineludible y condiciona las demás normas que componen un ordenamiento jurídico[4].

Lo expuesto no desdice de la concepción que se pueda tener de la Constitución desde el punto de vista político o sociológico, que, obviamente, son relevantes incluso para el jurista[5], pero lo que hace que una Constitución adquiera ese particular *nomen* jurídico es ser el conjunto de normas de más alto

---

y sobre todo, normas jurídicas aplicables y vinculantes, y no simples programas de acción política o catálogos de recomendaciones a los poderes públicos». *Cfr.* LINARES BENZO, Gustavo: *Leer la Constitución. Un ensayo de interpretación constitucional.* Editorial Jurídica Venezolana. Caracas, 1998, p. 10, «la Constitución es derecho verdadero y vinculante, tanto en su conjunto como en cada una de sus normas, que debe ser aplicada preferentemente por los tribunales y cualesquiera otros operadores jurídicos».

[4] Se pudiera decir que el anterior intento de definición es elaborado desde su punto de vista formal –el cual resulta útil a los fines propuestos de explicar la supremacía–, pues, sustancialmente, la Constitución es algo más, en efecto GARCÍA DE ENTERRÍA: ob. cit. (*La Constitución como norma...*), pp. 44 y 45, comenta que se entiende por Constitución donde el pueblo decide por sí mismo: «1. Establecer un orden político determinado, definido en su estructura básica y en su función; 2. Pero, a la vez, en esa estructura ha de participar de manera preponderante, si no exclusiva, el propio pueblo, de modo que los ejercientes del poder serán agentes y servidores del pueblo y no sus propietarios, y, por su parte, esas funciones han de definirse como limitadas, especialmente por la concreción de zonas exentas al poder, reservadas a la autonomía privada –libertades y derechos fundamentales–». *Cfr.* DE OTTO, Ignacio: *Derecho Constitucional (sistema de fuentes).* 2.ª, Ariel. Barcelona, 2001, p. 12, «que un Estado sea constitucional, significa, ante todo, que en él la organización de los poderes responda a un determinado fin, el de aseguramiento y garantía de la libertad de los ciudadanos».

[5] Al respecto señala ARAGÓN REYES, Manuel: «Sobre las nociones de supremacía y supralegalidad constitucional». En: *Revista de Estudios Políticos.* N.º 50. CEPC. Madrid, 1986, p. 10, «La Constitución es, ante todo, norma jurídica y la teoría de la Constitución no puede ser, en consecuencia, más que teoría jurídica. Sin embargo, la norma constitucional es un tipo específico de norma y justamente su especificidad jurídica proviene de la finalidad política que pretende cumplir (…) De ahí que el jurista no pueda olvidar el sentido político de la Constitución, pero sin que ello le lleve a abdicar del método jurídico».

valor jerárquico en un ordenamiento, con un fin concreto: tutelar los derechos fundamentales[6] y limitar el poder[7].

Ahora bien, la precisión del concepto de Constitución ha permitido a la doctrina identificar una particular característica de dicho instrumento jurídico, el cual es su supremacía. En efecto, PEÑA SOLÍS indica: «si bien la Constitución es una norma, o si se quiere un conjunto de normas, no se trata de cualquier tipo de normas de las que integran el ordenamiento jurídico, pues a diferencia de todas ellas, es la norma suprema, la norma de cabecera, la norma cúspide de ese ordenamiento jurídico; de allí pues, que norma suprema y supremacía constitucional tengan la misma connotación conceptual»[8]. Para FERNÁNDEZ MORALES:

> El constitucionalismo moderno elaboró la doctrina de la supremacía de la Constitución, referida especialmente al caso del Estado que tiene Constitución escrita y rígida. A esta Constitución se le considera suprema, o sea fundamental y se le ubica en la cúspide de una pirámide o en la base. Cualquiera que sea la perspectiva, la Constitución encabeza o preside todo el orden jurídico y político del Estado, haciendo derivar de ella las demás normas y los demás actos que integran aquel orden jurídico[9].

---

[6] Vid. GARCÍA DE ENTERRÍA, Eduardo: *Justicia y seguridad jurídica en un mundo de leyes desbocadas*. Civitas. Madrid, 2000, p. 42, «La única manera efectiva de proteger los derechos fundamentales es insertarlos en una norma superior e inmutable a la ley y cuya posible revisión requiera, directa o indirectamente, del consenso efectivo de la comunidad, a través de los *quorums* parlamentarios reforzados exigidos para su reforma y, en su caso, mediante un referéndum aprobatorio».

[7] Puntualiza GARCÍA DE ENTERRÍA: ob. cit. (*La Constitución como norma...*), p. 45, «En la Constitución como instrumento jurídico ha de expresarse, precisamente, el principio de autodeterminación política comunitaria, que es presupuesto del carácter originario y no derivado de la Constitución, así como el principio de la limitación del poder. Ninguno de los dos, y por supuesto no el último, son accesorios, sino esenciales».

[8] PEÑA SOLÍS, José: *Lecciones de Derecho Constitucional general*. Vol. I, tomo I. UCV. Caracas, 2008, p. 177.

[9] FERNÁNDEZ MORALES, Juan Carlos: *Temas de Derecho Constitucional. Especial referencia a la jurisprudencia de la Sala Constitucional*. 2.ª, ULA. Mérida, 2010, p. 128. Para RONDÓN DE SANSÓ, Hildegard: *Ad imis fundamentis análisis de la Constitución*

Entonces, la supremacía es consustancial con el concepto de Constitución[10], ya que es uno de los elementos que le da su propia efigie dentro de un ordenamiento jurídico y que permite desarrollar su valor como norma superior, jerárquicamente hablando[11]. Lo anterior viene acompañado de una distinción entre supremacía formal y material[12], a saber:

1.1. *Supremacía formal*

Este criterio alude a una jerarquía en cuanto al mecanismo de producción del propio texto constitucional, así como de su modificación, el cual está

---

venezolana de 1999. Parte orgánica y sistemas. Editorial Ex Libris. Caracas, 2001, p. 82, la «primacía constitucional significa la prevalencia de la norma contenida en la Constitución, por encima de cualquier otra disposición».

[10] *Vid.* Domínguez Guillén, María Candelaria: *Derecho Civil Constitucional (La constitucionalización del Derecho Civil).* CIDEP-Editorial Jurídica Venezolana. Caracas, 2018, p. 38, «La Constitución contiene como una de sus características más distintivas el ser suprema».

[11] *Cfr.* Nogueira Alcalá, Humberto: *Justicia y tribunales constitucionales en América del Sur.* Editorial Jurídica Venezolana. Caracas, 2006, p. 23, «La supremacía constitucional es una cualidad política de toda Constitución, en cuanto ella es un conjunto de reglas jurídicas que se tiene por fundamentales y esenciales para preservar la forma política del Estado, su sistema de valores y sistema de fuentes formales del Derecho (…) La supremacía constitucional afirma el carácter normativo de la Carta Fundamental, lo que tiene como consecuencia admitir que las normas inferiores no pueden contradecirla».

[12] Distinción que es muy similar a la que se efectúa sobre las fuentes del Derecho entre formales y materiales, *vid.* Aguiló Regla, Josep: *Teoría general de las fuentes del Derecho (y del orden jurídico).* Ariel. Barcelona, 2000, pp. 21 y ss.; Varela Cáceres, Edison Lucio: «Introducción a las fuentes del Derecho». En: *Revista Venezolana de Legislación y Jurisprudencia.* N.° 7-II. Caracas, 2016, pp. 373-418. También, Aragón Reyes: art. cit. («Sobre las nociones…»), pp. 17 y 23, ha distinguido entre la supremacía que «podría ser entendida como una cualidad política de toda Constitución, en cuanto que ésta es siempre –al margen de cualquier consideración ideológica– un conjunto de reglas que se tienen por fundamentales, es decir, por esenciales, para la perpetuación de la forma política» y la supralegalidad que es «en estricto sentido jurídico: cualidad que le presta a una norma su procedencia de una fuente de producción –y por lo mismo de modificación– jerárquicamente superior a la de la ley», lo que implica que «La supralegalidad no es más que la garantía jurídica de la supremacía y, en tal sentido, toda Constitución –en sentido lato– tiene vocación de transformar la supremacía en supralegalidad».

revestido de un trámite especial según el órgano y procedimiento particular instituido, generalmente más agravado que el requerido para producir los instrumentos jurídicos inferiores –leyes, reglamentos o decretos–[13].

Peña Solís alude a dos consecuencias de esta supremacía[14]; por una parte, determina el «sistema de producción jurídica», es decir, los tipos normativos que operarán en el ordenamiento jurídico instituidos a través del texto constitucional, fijando «las normas mediante las cuales se atribuyen potestades normativas a los órganos del Poder Público»[15], así como los tipos de normas y los procedimientos[16].

El otro efecto es la denominada «rigidez constitucional», entendiendo por tal aquella Constitución que «no puede ser modificada por ley ordinaria»[17]. Sobre el punto señala Peña Solís:

> … la rigidez constitucional es una expresión de la supremacía formal de la Constitución, la cual implica que el texto constitucional tiene una esta-

---

[13] Entonces, según Fernández Morales: ob. cit. (*Temas de Derecho…*), p. 134, «La Constitución es formalmente superior al restante ordenamiento jurídico en razón de que se encuentra sometida a las formalidades y procedimientos establecidos en la propia Constitución para su producción y reforma».

[14] Peña Solís: ob. cit. (*Lecciones de Derecho…*), vol. I, t. I, p. 189 (también del mismo autor: *Las fuentes del Derecho en el marco de la Constitución de 1999*. Funeda. Caracas, 2009 y *Los tipos normativos en la Constitución de 1999*. TSJ. Caracas, 2005, *passim*). *Cfr.* Chalbaud Zerpa, Reinaldo: *Estado y política*. ULA. Mérida, 1978, p. 47, «Dos consecuencias importantes se derivan de la superioridad formal de la Constitución, que son las siguientes: a. Rigidez constitucional (…) b. Proceso legislativo obligatorio impuesto a los órganos competentes para sancionar la leyes».

[15] *Vid.* de Otto: ob. cit. (Derecho Constitucional…), p. 15, «la Constitución es el conjunto de las normas a las que está sujeta la creación de normas por los órganos superiores del Estado».

[16] Sobre las atribuciones de los poderes públicos para crear normas jurídicas véase los artículos 162.1, 175, 187.1 y 19, 236.8 y 10, 293.1 y 324; sobre los tipos de normas véase los artículos 162, 164, 165, 175, 187.19, 203, 236 y 336.2; finalmente sobre los procedimientos los artículos 202-218 y 236.8 y 10, todos de la Constitución de la República Bolivariana de Venezuela.

[17] Aragón Reyes: art. cit. («Sobre las nociones…»), p. 26. *Cfr.* Duverger, Maurice: *Instituciones políticas y Derecho Constitucional*. 5.ª, Ariel. «Prólogo» de Pablo Lucas

bilidad jurídica reforzada, en virtud de que las normas que lo integran no pueden ser modificadas o reformadas siguiendo el procedimiento para la aprobación de las leyes por parte del Parlamento, debido a que para su válida modificación se requiere seguir unos procedimientos complejos, particulares, agravados, y por ende, sustancialmente distintos al ordinario de formación de las leyes[18].

Estas particularidades hacen del texto constitucional un instrumento jurídico jerárquicamente superior de, por ejemplo, la ley, ya que es la Constitución la que determina la forma en que aquella es creada y, además, limita que pueda ser modificada de la misma forma en que se hacen con las leyes, añadiendo mayores condiciones para su revisión.

1.2. Supremacía material

Esta visión de la supremacía alude al contenido de las normas jurídicas y cómo la Constitución condiciona que las conductas desarrolladas en los instrumentos normativos inferiores sean coherentes con el texto supremo en cuanto a su creación, hermenéutica y utilización práctica.

En tal sentido, para PEÑA SOLÍS «esta supremacía se extiende a todos los actos emanados de los Poderes Públicos, e inclusive de los privados, en virtud de que todos ellos para tener validez deben necesariamente ser compatibles con la Constitución», por lo que este criterio implica un «condicionamiento interno del contenido de todas las demás normas que integran el ordenamiento

---

VERDÚ. Trad. Jorge SOLÉ-TURA *et al*. Barcelona, 1970, p. 241, «Esta superioridad solo puede establecerse si se exige un procedimiento especial, distinto al de votación de las leyes ordinarias, para modificar la Constitución».

[18] PEÑA SOLÍS: ob. cit. (*Lecciones de Derecho*...), vol. I, t. I, p. 192. Sobre los procedimiento y mecanismos de modificación del texto constitucional vigente véase los artículos 340 al 350, *cfr*. HERNÁNDEZ-MENDIBLE, Víctor Rafael: «El poder de reforma de la Constitución límites del poder constituido». En: *Revista Venezolana de Legislación y Jurisprudencia*. N.º 7-II. Caracas, 2016, pp. 611-640; PEÑA SOLÍS, José: «La revisión de la Constitución de 1999». En: *Revista Venezolana de Legislación y Jurisprudencia*. N.º 5. Caracas, 2015, pp. 537-568.

jurídico, tanto en el momento de su aprobación, como en el momento de su interpretación y aplicación»[19].

Para velar que esta supremacía sea efectiva se han instaurado especiales mecanismos, que, siguiendo a Santamaría Pastor, serían: el deber de compatibilidad constitucional y la creación de órganos encargados de aplicar el test de compatibilidad constitucional[20].

El primer elemento se patentiza claramente en el artículo 7 del texto constitucional que alude a que «La Constitución es la norma suprema y el fundamento del ordenamiento jurídico», en consecuencia «Todas las personas y los órganos que ejercen el Poder Público están sujetos a esta Constitución»[21], lo que implica establecer un «principio de jerarquía en el sistema de las fuentes del Derecho»[22], o en palabras del propio texto supremo, artículo 334:

> … En caso de incompatibilidad entre esta Constitución y una ley u otra norma jurídica, se aplicarán las disposiciones constitucionales, correspondiendo a los tribunales en cualquier causa, aun de oficio, decidir lo conducente…

---

[19] Peña Solís: ob. cit. (*Lecciones de Derecho…*), vol. I, t. I, p. 194.
[20] Citado en ibíd., p. 196.
[21] En concordancia con el artículo 131 de la Constitución, referido al deber ciudadano de cumplir la Constitución. Por su parte, la Constitución colombiana de 1991, establece: «artículo 4.- La Constitución es norma de normas. En todo caso de incompatibilidad entre la Constitución y la ley u otra norma jurídica, se aplicarán las disposiciones constitucionales. Es deber de los nacionales y de los extranjeros en Colombia acatar la Constitución y las leyes, y respetar y obedecer a las autoridades».
[22] Peña Solís: ob. cit. (*Lecciones de Derecho…*), vol. I, t. I, p. 196. *Cfr.* Pozzolo, Susanna: «Neoconstitucionalismo y especificidad de la interpretación constitucional». En: *Doxa: Cuadernos de Filosofía del Derecho*. N.º 21-2. Alicante, 1998, p. 341, «la Constitución no tiene por objeto únicamente la distribución y la organización de los poderes, sino que presenta un contenido sustancial que condiciona la validez de las normas subconstitucionales (…) el legislador debe necesariamente considerar como una guía para la producción legislativa al que debe, por tanto, adecuarse y desarrollar».

En cuanto a los órganos especializados encargados de tutelar la supremacía material de la Constitución descuella el Tribunal Supremo de Justicia y, en particular, su Sala Constitucional. En efecto, el artículo 335 establece:

> El Tribunal Supremo de Justicia garantizará la supremacía y efectividad de las normas y principios constitucionales; será el máximo y último intérprete de la Constitución y velará por su uniforme interpretación y aplicación. Las interpretaciones que establezca la Sala Constitucional sobre el contenido o alcance de las normas y principios constitucionales son vinculantes para las otras Salas del Tribunal Supremo de Justicia y demás tribunales de la República.

A los anteriores se suman los demás tribunales de la República[23], pues, a tenor del artículo 334, todos ellos «en el ámbito de sus competencias y conforme a lo previsto en esta Constitución y en la ley, están en la obligación de asegurar la integridad de esta Constitución», siendo que «… Corresponde exclusivamente a la Sala Constitucional del Tribunal Supremo de Justicia como jurisdicción constitucional, declarar la nulidad de las leyes y demás actos de los órganos que ejercen el Poder Público dictados en ejecución directa e inmediata de la Constitución o que tengan rango de ley, cuando colidan con aquella»[24].

El ejercicio de las competencias apuntadas se conocen como «control de la constitucionalidad»[25] y distingue entre el control difuso y el control concentrado; el primero, atañe a todos los jueces, los cuales deben garantizar la supremacía de la Constitución sobre cualquier otro instrumento jurídico[26] y el

---

[23] Como recuerda CARBONELL: art. cit. («Prólogo: ZAGREBELSKY…)», p. 18, los intérpretes constitucionales «son tanto los encargados de desempeñar la jurisdicción constitucional como los jueces ordinarios, los demás órganos del Estado y los juristas en general».

[24] En concordancia con los artículos 4, 32 y 33 de la Ley Orgánica del Tribunal Supremo de Justicia.

[25] BLANCO-URIBE QUINTERO, Alberto: *El control indirecto de la constitucionalidad. En España y Venezuela*. Editorial Jurídica Venezolana-FUNEDA. Caracas, 2012, p. 28, alude al «sistema de justicia constitucional».

[26] *Vid.* HARO GARCÍA, José Vicente: «El control difuso de la constitucionalidad en Venezuela. El estado actual de la cuestión». En: *Tendencias actuales del Derecho Constitucional.*

concentrado corresponde al atribuido a la Sala Constitucional para anular, con efectos generales, las normas contrarias a la Constitución[27]. A los anteriores se añade un tercer control de constitucionalidad, como lo es el amparo (artículo 27), el cual sería un control concreto de «reparación» cuando se presente una violación de un derecho constitucional[28].

Homenaje a Jesús María Casal Montbrun. Tomo II. UCV-UCAB. Jesús M. CASAL H., Alfredo ARISMENDI A. y Carlos Luis CARRILLO ARTILES, coords. Caracas, 2007, pp. 129 y ss., señalando que todo juez es intérprete de la Constitución, es decir, es juez constitucional, mientras que la Sala Constitucional del Tribunal Supremo de Justicia es el máximo y último intérprete de la Constitución.

[27] *Vid.* BREWER-CARÍAS, Allan R.: *El control concentrado de la constitucionalidad de las leyes (estudio de Derecho comparado)*. Editorial Jurídica Venezolana. Caracas, 1994, p. 13, «Desde un punto de vista lógico y racional. Puede afirmarse que el poder conferido a un órgano estatal que ejerce una actividad jurisdiccional para que actúe como juez constitucional, es una consecuencia del principio de la supremacía de la Constitución». *Vid.* LA ROCHE, Humberto J.: *El control jurisdiccional de la constitucionalidad en Venezuela y Estados Unidos*. LUZ. Maracaibo, 1972, *passim*.

[28] *Vid.* TORO DUPOUY, María Elena: «El amparo contra decisiones judiciales en la jurisprudencia de la Sala Constitucional del Tribunal Supremo de Justicia. El amparo sobrevenido». En: *Revista de Derecho Constitucional*. N.º 7. Editorial Sherwood. Caracas, 2003, p. 208, «El amparo como remedio judicial es una forma diferenciada de tutela jurisdiccional de los derechos y garantías constitucionales, cuyo propósito es garantizar a su titular, frente a la violación o amenaza de uno de tales derechos y garantía, la continuidad de su goce y de su ejercicio, a través del otorgamiento de un remedio específico que, a objeto de restablecer la situación jurídica infringida, evite la materialización o permanencia del hecho lesivo y de sus efectos. Se trata de una forma de tutela que, por el rango de los derechos a que atiende, exige el otorgamiento de un remedio jurisdiccional diferenciado, un tratamiento procesal urgente y una ejecución pronta de la sentencia que la acuerde» (TSJ/SC, sent. N.º 95, del 15-03-00); TORO DUPOUY, María Elena: «El procedimiento de amparo en la jurisprudencia de la Sala Constitucional del Tribunal Supremo de Justicia (año 2000-2002)». En: *Revista de Derecho Constitucional*. N.º 6. Editorial Sherwood. Caracas, 2002, p. 208, «en sentencia de Baca (N.º 484, del 28-07-00) la Sala expresó que es de la naturaleza del amparo la condición de reparabilidad inmediata de la situación lesiva de derechos constitucional, hasta el punto de que la acción es inadmisible cuando la amenaza no sea inmediata, o cuando la lesión sea irreparable, por no ser posible el restablecimiento de la situación jurídica infringida».

2. Algunas tesis que colisionan con la supremacía constitucional

Si bien todo lo antes apuntado es una verdad teórica y coherente con la doctrina más autorizada, es necesario tener en cuenta que en el mundo de relaciones se ubican supuestos y posiciones que ponen en duda la supremacía constitucional, pues se afirma la existencia de instrumentos jurídicos que pueden privar sobre la Constitución y, en tal sentido, tener un valor jerárquico «supraconstitucional».

La gravedad de la anterior postura no se ubica en los fines bienhechores que tal posición pueda contener, pues, por ejemplo, poner preponderancia en los derechos fundamentales o humanos no es de hecho negativo en un sistema constitucional que justamente los toma como principios o valores interpretativos de todo el sistema[29], el problema se visualiza esencialmente en que tal desarrollo rebaja el valor de la Constitución y con ello se desdibuja los esfuerzos que por años se han realizado para crear un instrumento –Constitución– que sirva de coto al abuso del poder[30].

Por lo expuesto, es en extremo útil regresar el río de los conceptos a su verdadero cauce y con ello enfatizar que la Constitución sigue siendo el texto supremo sobre el cual no se reconoce instrumento superior, salvo que ella misma

---

[29] *Cfr.* García-Pelayo, Manuel: «Estado legal y Estado constitucional de Derecho» En: *Revista de la Facultad de Ciencias Jurídicas y Políticas*. N.º 82. UCV. Caracas, 1991, p. 40, los derechos fundamentales «son, de un lado derechos públicos subjetivos de los ciudadanos frente al Estado y, de otro lado, principios objetivos de ordenación del sistema jurídico-político que deberá orientarse en su desarrollo por los valores en ellos definidos».

[30] En términos más autorizados Peña Solís: ob. cit. (*Lecciones de Derecho...*), vol. I, t. I, p. 204, advierte que la pretendida supraconstitucionalidad además de revelar una contradicción, representa una tesis que «derrumba toda la fundamentación sobre la supremacía constitucional (...) porque es de lógica elemental, que si se admite que la Constitución es la norma suprema del ordenamiento jurídico (...) no puede existir ningún instrumento normativo superior a la Constitución, salvo que su texto lo declare expresamente, lo que (...) resulta muy difícil de imaginarse».

lo haga –por medio de normas constitucionales expresas de reenvío que fijen una equiparación a la Constitución, una preferencia de aplicación y, por supuesto, una jerarquía sobre la ley–, cosa que es distinta a sostener una supuesta supraconstitucionalidad. Véase las hipótesis a las que se hace referencia:

2.1. *La doctrina de los derechos humanos*

Los derechos fundamentales son una pieza clave dentro del constitucionalismo moderno, ello debido a que son facultades inmanentes de los hombres que implican restricciones al poder del público, por tanto existe una obligación de su reconocimiento por los ordenamientos jurídicos para que exista un verdadero Estado de Derecho[31]. Sobre este tema SCHNEIDER señala:

> Los derechos fundamentales poseen, por tanto, además de su peso específico jurídico-individual una significación que difícilmente puede sobrevalorarse para la totalidad jurídico-constitucional de la comunidad política. Son simultáneamente la *conditio sine qua non* del Estado constitucional democrático, puesto que no pueden dejar de ser pensados sin que peligre la forma del Estado o se transforme radicalmente[32].

Como consecuencia, estos derechos en el plano internacional han evolucionado en los derechos humanos, es decir, en facultades fundamentales que los Estados se encuentran obligados a garantizar y sobre los cuales se pueden exigir una responsabilidad directa, ya sea por vulnerarlos o lesionarlos a través de sus agentes o por medio de particulares que actúan bajo su licencia

---

[31] *Vid*. BASTIDA FREIJEDO, Francisco J.: «El fundamento de los derechos fundamentales». En: *Revista Electrónica del Departamento de Derecho de la Universidad de La Rioja* (REDUR). N.° 3. La Rioja, 2005, pp. 47-49, «para el funcionamiento del sistema jurídico que desea implantar es esencial dar la máxima protección jurídica a determinadas pretensiones y expectativas de autodisposición de los individuos e incluso de los grupos en las que éstos se organizan. Para ello las inserta en la norma más alta del ordenamiento jurídico y las regula como ámbitos jurídicos cuya existencia es indisponible por el legislador, lo que las hace jurídicamente fundamentales».

[32] SCHNEIDER, Hans-Peter: «Peculiaridades y función de los derechos fundamentales en el Estado constitucional democrático». En: *Revista de Estudios Políticos*. N.° 7 (nueva época). CEPC. Madrid, 1979, p. 23.

o tolerancia. En tal sentido, se han creado mecanismos internacionales que aspiran a que los referidos derechos sean efectivamente cumplidos, incorporando organismos supranacionales que persiguen su respeto y establecen la responsabilidad estatal en caso de inobservancia.

En lo que aquí corresponde puntualizar. Algún sector ha sostenido que tales derechos poseen un valor supraconstitucional[33], lo cual demanda de un análisis particular.

Ciertamente, en la doctrina nacional[34] se ha querido fundamentar la supraconstitucionalidad en el artículo 23 de la Constitución, que establece expresamente:

---

[33] Así, por ejemplo, Carlos FAYT, al comentar el término «superlegalidad», afirma que el mismo «implica la existencia de un conjunto de principios situados por encima de la Constitución escrita. Entre estos principios, encontramos: los derechos individuales y la forma de gobierno, que no pueden ser motivo de enmienda o revisión constitucional», parafraseado en FERNÁNDEZ MORALES: ob. cit. (*Temas de Derecho…*), p. 127. En realidad no se requiere recurrir a fórmulas artificiales para arribar al anterior resultado, pues la propia Constitución es la que postula la progresividad de los derechos humanos y la que identifica algunos –libertad, igualdad, democracia, pluralismo político– como «valores superiores» (artículo 2), que no podrían suprimirse sin desdibujar el valor del propio texto constitucional, por lo tanto, la limitación no se ubica en una supuesta «superlegalidad», sino en la supremacía constitucional. Distinto es el concepto de «superlegalidad constitucional» a que alude HAURIOU, Maurice: *Principios de Derecho Público y Constitucional*. 2.ª, Reus. Trad. Carlos RUIZ DEL CASTILLO. Madrid, s/f, p. 296, el cual identifica como sinónimo de Constitución escrita o rígida, en consecuencia, «se consideran como normas superiores a las leyes ordinarias».

[34] Es el caso de BREWER-CARÍAS, Allan R.: *Mecanismos nacionales de protección de los derechos humanos*. IIDH. San José, 2005, p. 60, quien apunta: «En cierta forma, también podría ubicarse en este primer sistema de jerarquía *supra* constitucional de los derechos humanos establecidos en instrumentos internacionales, el caso de la Constitución de Venezuela de 1999» (artículo 23), «Al señalar esta Constitución que los derechos humanos establecidos en los instrumentos internacionales prevalecen en el orden interno, es decir, el establecido en la propia Constitución y en las leyes, cuando prevean condiciones de goce y ejercicio más favorable, sin duda le está otorgando rango *supra* constitucional a dichos derechos» (también del mismo autor: «La aplicación por los tribunales constitucionales de América Latina de los tratados internacionales en materia de derechos humanos». En: *Libro homenaje al profesor Alfredo Arismendi A.* UCV-Ediciones Paredes. Caracas, 2008, pp. 119 y ss.). En el

Artículo 23.- Los tratados, pactos y convenciones relativos a derechos humanos, suscritos y ratificados por Venezuela, tienen jerarquía constitucional y prevalecen en el orden interno, en la medida en que contengan normas sobre su goce y ejercicio más favorables a las establecidas por esta Constitución y en las leyes de la República, y son de aplicación inmediata y directa por los tribunales y demás órganos del Poder Público.

Sin embargo, debe puntualizarse que lo que en realidad persigue la disposición bajo foco, es precisar que los derechos humanos contenidos en dichos instrumentos internacionales –que cumplan con los requisitos de forma–, se integran a la Constitución si poseen disposiciones más garantistas y, en consecuencia, al formar parte de la Constitución tienen la misma supremacía que ella, por consiguiente tienen prevalencia en relación al Derecho *infra* constitucional[35].

---

caso del Derecho argentino, BIDART CAMPOS, Germán J.: *La interpretación del sistema de derechos humanos*. EDIAR. Buenos Aires, 1994, pp. 155 y ss., señala en principio que en efecto «con nuestra Constitución actual tal como es, la supremacía de nuestra Constitución la hace prevalecer sobre el Derecho Internacional Público, también sobre los tratados internacionales por el principio de supremacía, por el principio de rigidez y por la cláusula del artículo 27; es decir que los tratados, en el Derecho Constitucional argentino actual, están por debajo de la Constitución», no obstante –como propuesta de reforma constitucional– indica debe preverse «la supremacía del Derecho internacional sobe todo el Derecho interno incluida la Constitución», es decir, que los «tratados sobre derechos humanos tuvieran prioridad sobre la Constitución y por supuesto sobre el resto del Derecho interno».

[35] *Vid*. AYALA CORAO, Carlos: «Recepción de la jurisprudencia internacional sobre derechos humanos por la jurisprudencia constitucional». En: *Politeia*. N.º 26. UCV. Caracas, 2001, p. 140, quien al comentar la anterior disposición constitucional apunta «a la par de otorgarle a los tratados sobre derechos humanos la jerarquía constitucional, permite su aplicación preferentemente aun frente a la propia Constitución cuando las normas internacionales resulten más garantistas y, por último, reitera la vinculación directa y operativa de dichas normas internacionales. De esta manera los tratados sobre derechos humanos reconocidos expresamente en el Derecho Constitucional –lo cual refuerza su carácter vinculante y operativo– quedan integrados al 'bloque de la constitucionalidad'» (también en: *Estudios de Derecho público. Libro homenaje a Humberto J. La Roche*. Vol. I. TSJ. Fernando PARRA ARANGUREN, editor. Caracas, 2001, pp. 155 y ss.), *cfr*. REY CANTOR, Ernesto: *Celebración y jerarquía de los tratados de derecho humanos (Colombia y Venezuela)*. UCAB. Caracas, 2007, p. 114, «En

Por su parte, Peña Solís sostiene que en aquellos casos donde se trae a colación el artículo 23 de la Constitución para hacer referencia a los tratados en materia de derechos humanos que contengan normas más favorables a las constitucionales o legales, muchos confunden «jerarquía» con «prevalencia», error que por demás se origina por la literalidad del propio artículo constitucional. En todo caso, la prevalencia «produce un desplazamiento de la norma de la ley venezolana, para dar lugar a la aplicación preferente de la norma del tratado en materia de derechos humanos, manteniendo la primera su vigencia. O sea, que la prevalencia no conduce a la nulidad de la norma desplazada»[36].

En otros términos, de la sana hermenéutica del artículo *supra* citado no se deduce ninguna supraconstitucionalidad[37], sino se reitera la supremacía constitucional, partiendo que Constitución no es solo el preámbulo, artículos y disposiciones derogatorias y finales que conforman el texto, sino además todas aquellas normas y principios que de forma expresa la propia Constitución le reconoce tal carácter. Ello ocurre, por ejemplo, con el artículo 22 que contienen la cláusula enunciativa de los derechos humanos[38], o con los

---

el constitucionalismo colombiano y venezolano los tratados de derechos humanos tienen jerarquía constitucional», véase la Constitución colombiana (artículos 93).

[36] Peña Solís: ob. cit. (*Las fuentes del Derecho…*), pp. 104 y 141.

[37] Vele destacar que el asunto no ha pasado desapercibido por el máximo tribunal, así en TSJ/SCP, sent. N.º 1505, del 21-11-00, se señaló: «Ha habido una notoria insistencia de la Sala sobre los tratados internacionales sobre derechos humanos, lo cual en principio está muy bien; pero pareciera que a veces en Venezuela se le quisiera dar ahora más importancia a esos tratados que a la propia Constitución de la República Bolivariana de Venezuela. En efecto, en Venezuela ya muchos están creyendo, incluso muy distinguidos abogados penalistas, que hay una supraconstitucionalidad de tales tratados sobre la Constitución (…) No puede ser 'supraconstitucional' sino constitucional, porque la misma Constitución lo ordena cuando haya principios más favorables. Entonces habría la prevalencia, por la remisión que hace la Constitución a esos tratados. Pero esos tratados son aplicables en lo que a la substancialidad se refiere y no respecto a lo procesal o adjetivo, porque sería renunciar a la soberanía. Tales tratados, etc., forman parte del sistema constitucional venezolano por voluntad de la Constitución; pero, en caso de que haya una antinomia o colisión con el dispositivo de la Constitución, deberá sin ningún género de duda, primar la Constitución. La Sala Constitucional del Tribunal Supremo de Justicia ha clarificado que esos tratados son aplicables por mandato de la Constitución».

artículos 78[39] y 339[40], así como también con la Disposición Transitoria Tercera[41], donde se reconoce rango constitucional de determinados instrumentos internacionales sobre derechos humanos[42].

El reconocimiento de los derechos humanos no puede extenderse al extremo de postular un piso normativo que esté por encima de la Constitución, pues ello no es racional con la teoría de la supremacía y además no hace falta, pues una correcta hermenéutica debe permitir la convivencia entre el texto de la Constitución y los derechos humanos o fundamentales que son uno de los aspectos que justamente se desarrollan y tutelan en un texto constitucional[43].

---

[38] *Vid.* MARTÍNEZ, Agustina Yadira y FARÍA VILLARREAL, Innes: «La cláusula enunciativa de los derechos humanos en la Constitución venezolana». En: *Revista de Derecho*. N.º 3. TSJ. Caracas, 2001, pp. 133 y ss.; BIDART CAMPOS, Germán J.: «Los derechos no enumerados en la Constitución». En: *Estudios de Derecho público. Libro homenaje a Humberto J. La Roche*. Vol. I. TSJ. Fernando PARRA ARANGUREN, editor. Caracas, 2001, pp. 225 y ss.

[39] Se alude a la Convención sobre los Derechos del Niño. Igual situación ocurre en la Constitución argentina, véase BIDART CAMPOS: ob. cit. (*La interpretación del sistema...*), pp. 187 y ss.

[40] La norma refiere al Pacto Internacional de Derechos Civiles y Políticos y a la Convención Americana sobre Derechos Humanos en materia de estados de excepción.

[41] Menciona la Convención Interamericana sobre Desaparición Forzada de Persona en relación con la tipificación de dicho delito.

[42] En todo caso, téngase en cuenta que, según expresa AYALA CORAO, Carlo: «La jerarquía de los instrumentos internacionales sobre derechos humanos». En: *El nuevo Derecho Constitucional Latinoamericano*. Vol. II. Asociación Venezolana de Derecho Constitucional-Fundación Konrad Adenauer. Ricardo COMBELLAS, coord. Caracas, 1996, pp. 744 y 745, «La jerarquía de los diversos instrumentos internacionales en general, y en particular, es una materia a ser determinada fundamentalmente por la propia Constitución. Es, por tanto, la Constitución, la llamada a establecer el rango normativo de un tratado, pacto o convenio internacional sobre derechos humanos».

[43] Para BIDART CAMPOS: ob. cit. (*La interpretación del sistema...*), pp. 188 y 189, «no hay que alarmarse por esta subordinación de los tratados sobre derechos humanos a la Constitución porque, al menos en ese ámbito específico del Derecho internacional, tenemos convicción cierta de que entre unos y otra no solo no hay incompatibilidad ni contradicción, sino armonía y congruencia».

2.2. El Derecho internacional de la integración

Muy relacionado con el tema de los derechos humanos se ubican los procesos de integración, pues ellos vienen acompañados de desarrollos normativos que los Estados miembros se obligan a incorporar a los sistemas nacionales[44], si bien la integración tiene un marcado énfasis en el tema de los derechos humanos, tales procesos se extienden a aspectos económicos, políticos o culturales. En el caso venezolano, la Constitución se refiere a este asunto en el artículo 153, a saber:

> … La República podrá suscribir tratados internacionales que conjuguen y coordinen esfuerzos para promover el desarrollo común de nuestras naciones, y que garanticen el bienestar de los pueblos y la seguridad colectiva de sus habitantes. Para estos fines, la República podrá atribuir a organizaciones supranacionales, mediante tratados, el ejercicio de las competencias necesarias para llevar a cabo estos procesos de integración…
>
> Las normas que se adopten en el marco de los acuerdos de integración serán consideradas parte integrante del ordenamiento legal vigente y de aplicación directa y preferente a la legislación interna.

Obsérvese que la disposición deja bien claro que las normas jurídicas que se desarrollen dentro de dicho proceso tendrán rango legal –salvo aquellas que por referirse a derechos humanos tengan rango constitucional según lo indicado *supra*–, garantizando en todo caso su superioridad en relación al bloque de la legalidad[45].

---

[44] Sostiene GARCÍA URBANO, César S.: «Integración y Constitución». En: *Boletín de la Academia de Ciencias Políticas y Sociales*. N.º 136. Caracas, 1999, pp. 157 y 158, que entre los «pilares esenciales que cimientan una estructura normativa integracionista» se ubica la «Existencia de un conjunto de normas de superior jerarquía al ordenamiento jurídico interno –ordenamiento supranacional–».

[45] *Vid.* CALIGIURI, Eugenio y PETIT, Jorge: «Los principios de auto-ejecutividad e inmediatez de los tratados internacionales en materia de integración a la luz de la Constitución venezolana de 1999 en el marco de la Comunidad Andina de Naciones». En: *Revista de la Facultad de Ciencias Jurídicas y Políticas*. N.º 122. UCV. Caracas, 2001, p. 155, quienes comentan «el artículo en mención dispone que tales normas son de aplicación directa y preferente a la legislación interna regular, lo que quiere

Distinto es el caso europeo donde a través de su proceso de integración[46] se ha planteado si con ello ha devenido una supraconstitucionalidad de los instrumentos que le sirven de soporte, como, por ejemplo, el Tratado de la Unión Europea.

Para DE OTTO, «La existencia de un Derecho internacional al que España se vincula mediante tratado no implica en principio alteración alguna de la supremacía constitucional, pues tales tratados solo son válidos si se sujetan a lo que la Constitución dispone»[47].

---

decir que aplicando de un modo íntegro el principio universal de jerarquía de las normas, si una ley interna cualquiera sea su carácter llegase a colidir con un tratado internacional en materia de integración o una norma de Derecho comunitario, este último debe aplicarse preferentemente y excluyentemente y no la ley interna causante del conflicto». *Vid.* TSJ/SC, sent. N.º 1492, del 15-07-03, en la cual al examinar el artículo 23 de la Constitución en relación con los organismo supranacionales se sostiene que «a pesar del respeto del Poder Judicial hacia los fallos o dictámenes de esos organismos, éstos no pueden violar la Constitución (…) así como no pueden infringir la normativa de los tratados y convenios, que rigen esos amparos u otras decisiones (…) La Sala considera que, por encima del Tribunal Supremo de Justicia y a los efectos del artículo 7 constitucional, no existe órgano jurisdiccional alguno, a menos que la Constitución o la ley así lo señale, y que aun en este último supuesto, la decisión que se contradiga con las normas constitucionales venezolanas, carece de aplicación en el país». Véase comentarios del referido fallo en: BREWER-CARÍAS: art. cit. («La aplicación por los tribunales…»), pp. 123 y ss. y ARIAS CASTILLO, Tomás A.: «La sentencia N.º 1942/2003 de 15 de julio y la libertad de expresión de Venezuela». En: *Revista Venezolana de Legislación y Jurisprudencia.* N.º 1. Caracas, 2013, pp. 309 y ss.

[46] *Vid.* BREWER-CARÍAS, Allan R.: «Las implicaciones constitucionales de la integración económica regional». En: *El Derecho venezolano a finales del siglo XX.* Academia de Ciencias Políticas y Sociales. Caracas, 1998, p. 417, donde comenta que en la génesis del «proceso de integración europea, en todas sus faces, siempre ha sido precedido de un reacomodo de las Constituciones de los Estados miembros, para permitirlo y facilitarlo, de manera de evitar en lo posible, todo conflicto entre lo que ha significado jurídicamente, la integración económica, la Comunidad y la Unión; con lo previsto en la Constituciones de los Estados miembros», *cfr.* BREWER-CARÍAS, Allan R.: *Las implicaciones constitucionales de la integración económica regional.* Editorial Jurídica Venezolana. Caracas, 1998, pp. 23 y ss.

[47] DE OTTO: ob. cit. (*Derecho Constitucional…*), p. 26.

Por su parte, la postura del Tribunal de Justicia de la Unión Europea es la de sostener el principio de «primacía» del Derecho de la Unión Europea en relación con las normas constitucionales de los Estados miembros[48]; sin embargo, tal planteamiento ha sido rebatido por los diversos tribunales supremos o constitucionales de los Estados miembros, ello en razón que representaría una seria «amenaza para la supremacía de las Constituciones de los Estados miembros, auténtica *alma mater* de la soberanía estatal»[49]. Ciertamente, según señala Aláez Corral:

> … el ordenamiento estatal es el único que todavía hoy en día puede conceder eficazmente al ordenamiento jurídico internacional, incluido el Derecho comunitario, la única validez que éste realmente posee, su validez interna. El Derecho internacional representa, así, el Derecho externo del

---

[48] *Vid.* Pi Llorens, Montserrat: *Los derechos fundamentales en el ordenamiento comunitario*. Ariel. Barcelona, 1999, pp. 27 y 28, quien cita las primeras sentencias del Tribunal de Justicia de la Comunidad Europea donde se formula dicho principio de primacía: «Las normas comunitarias despliegan sus efectos en los ordenamientos jurídicos de los Estados miembros sin necesidad de una previa transformación o incorporación por parte de la legislación nacional», por lo que según Pi Llorens «Con la afirmación del principio de primacía de Derecho comunitario respecto a cualquier norma de Derecho nacional, incluso aquellas de rango constitucional, quedan determinadas las características estructurales básicas del ordenamiento comunitario». Véase Alegre Martínez, Miguel Ángel: «La primacía del Derecho comunitario sobre el ordenamiento jurídico estatal: aspectos constitucionales». En: *Revista de Derecho Político*. N.º 38. Uned. Madrid, 1993, pp. 118 y ss.

[49] *Cfr.* Aláez Corral, Benito: «Soberanía estatal, supremacía constitucional e integración europea a la luz de la jurisprudencia del Tribunal Constitucional Federal Alemán». En: *Teoría y Realidad Constitucional*. N.º 30. Uned. Madrid, 2012, p. 363. Para Pi Llorens: ob. cit. (*Los derechos fundamentales...*), pp. 43 y 44, «ningún tribunal constitucional ha reconocido la primacía del Derecho comunitario sobre el propio Derecho Constitucional», por lo que «la primacía del Derecho comunitario encuentra un techo infranqueable en lo que respecta a la adecuación del Derecho comunitario a los principios esenciales de la protección constitucional de los derechos fundamentales». Lo anterior es coherente con el desarrollo del proceso de integración, pues, como destaca Brewer-Carías: art. cit. («Las implicaciones constitucionales...»), p. 419, el mismo «solo ha avanzado porque ha estado permanentemente apoyado por el Derecho Constitucional de cada Estado miembro».

Estado. Externo porque ha sido creado por sujetos y mediante procedimientos no expresamente establecidos por él, ni en su norma suprema ni en sus normas subordinadas; mas Derecho del Estado pues su única validez real –positiva– se deriva del ordenamiento estatal, desde el momento en que éste puede sujetar las normas internacionales al respeto de unos determinados contenidos que se convierten así en su condición material de validez. Fuera de los Estados las normas internacionales solo son hechos que se transforman en normas jurídicas mediante la técnica del reenvío u otra técnica jurídica de similares efectos[50].

En consecuencia –continua ALÁEZ CORRAL–:

… la incorporación en nuestro ordenamiento de subordenamientos externos, como el de la Unión Europea, se articula a un nivel infraconstitucional, sin perjuicio de la eficacia interpretativa que tanto los Tratados de la Unión como el Derecho derivado puedan desplegar *ex* artículo 10.2 de la Constitución española y que no se opone a lo anterior. Conforme a la cláusula de supremacía constitucional del artículo 9.1 de la Constitución española y a los artículos 95 y 96 de la Constitución española, relativos a las condiciones de la incorporación al ordenamiento español de los tratados internacionales –y por conexión del Derecho comunitario derivado–, la ratificación de tratados internacionales, incluidos los de la Unión Europea, en ningún caso supone el reconocimiento de la supremacía o paridad jerárquica de las normas constitucionales y las internacionales o comunitarias, entre otras razones porque no se produce a través de una reforma de la Constitución española, ni cabe entender que se ha

---

[50] ALÁEZ CORRAL: art. cit. («Soberanía estatal…»), p. 369. PI LLORENS: ob. cit. (*Los derechos fundamentales…*), p. 29, recuerda que justamente dentro de esta polémica se encuentra el hecho de que «la legislación comunitaria ha de ser ejecutada y aplicada por las administraciones estatales y que el respeto de su observancia ha de ser asegurada por las jurisdicciones nacionales». Como comenta LUNAS DÍAZ, María José: «El principio de primacía comunitario y el Derecho Internacional Privado». En: *Revista de Derecho Comunitario Europeo*. N.º 4. CEPC. Madrid, 1998, p. 479, «la supuesta primacía comunitaria queda en manos, para su ejercicio práctico, de los tribunales nacionales, que no siempre admitirán de buen grado un poder absoluto del mencionado principio».

cedido esa competencia a la organización supranacional, dado que solo se puede ceder el ejercicio de competencias «derivadas» de la Constitución, no de competencias constituyentes. La primacía del Derecho comunitario está sujeta, por tanto, a la norma que le ha otorgado su condición de tal, la Constitución española de 1978, es decir, a la regla de tipo constitutivo sin cuya existencia su validez no sería posible[51].

En definitiva, no se puede negar que uno de los principales inconvenientes de la integración es el tema de la soberanía nacional que justamente se atrinchera celosamente en la supremacía constitucional. Sin embargo, existen fórmulas constitucionales que permiten la convivencia y el desarrollo de verdaderos procesos de integración, los cuales pasan por entender que, si bien es difícil sostener –por ejemplo– un Derecho suramericano de integración que sea «supraconstitucional» a los Estados miembros, sí se puede otorgar un reconocimiento interno que equipare dicho Derecho, en sus aspectos esenciales –derechos fundamentales, principios y valores democráticos–, al Derecho Constitucional.

En otras palabras, se puede predicar que al tener rango constitucional prima sobre el Derecho *infra* constitucional, ubicándose dentro del denominado «bloque de la constitucionalidad»[52] y al no contradecir la Constitución –sino

---

[51] ALÁEZ CORRAL: art. cit. («Soberanía estatal...»), p. 372. DE OTTO: ob. cit. (*Derecho Constitucional...*), pp. 27 y 28, afirma «La supremacía de la Constitución se ve también alterada, aunque no suprimida, frente al llamado Derecho derivado. Este prevalece sin duda alguna, en virtud del artículo 93, cuando entra en colisión con el Derecho interno, pero este principio general no opera incondicionalmente cuando la colisión se produce con una norma constitucional (...) en el supuesto de colisión no puede prevalecer la norma comunitaria cuando con ello resultaría afectada la identidad misma del Derecho Constitucional interno, mientras si debe prevalecer cuando tal efecto no se produzca».

[52] Ciertamente, desde hace décadas se viene hablando del «bloque de constitucionalidad» para hacer referencia a todas las normas jurídicas que tendría jerarquía suprema-constitucional además del texto expreso de la propia Constitución, el problema es identificar qué normas deben integrar dicho conjunto y obviamente bajo qué criterio. Véase: NIKKEN, Claudia: «Constitución y bloque de la constitucionalidad». En: *El Derecho Público a los 100 números de la Revista de Derecho Público 1980-2005.*

más bien siendo coherente con ella–, debe interpretarse sus normas como desarrollos o complementos constitucionales y, recordando el principio de progresividad, tendrían prevalencia sus dictados más garantistas.

Lo expuesto para nada rebaja la importancia de la supremacía, más bien la fortalece al darle un dinamismo propio de la evolución del Derecho Constitucional moderno, pues lo que se persigue, en definitiva, es reiterar que no existen normas que estén por encima de la Constitución, mas sí reglas y principios que la desenvuelve y mejora que se añaden al texto para formar un bloque coherente con los fines esenciales del sistema constitucional que no son otros, se reitera, que el salvaguardar las libertades básicas de los ciudadanos y establecer límites al ejercicio del poder público.

2.3. La jurisprudencia de la Sala Constitucional

Como se apunto *supra*, la supremacía constitucional viene acompañada de la instauración de un órgano que se encargue de garantizar dicha jerarquía o control de la constitucionalidad, tal función puede descansar principalmente en un Tribunal Constitucional, Consejo de Estado, Tribunal o Corte Suprema[53], a la cual la propia Constitución le encarga dicha misión. El problema surge cuando tal órgano de control se atribuye funciones que exceden a su rol primigenio y pretende crear una jurisprudencia «supraconstitucional», es decir, un «derecho judicial superior» distinto o divorciado del que se deduce del propio texto constitucional.

Editorial Jurídica Venezolana. Caracas, 2006, pp. 71 y ss.; Casas Farfán, Luis Francisco: «Bloque de constitucionalidad: técnica de remisión de las constituciones modernas». En: *Provincia*. Número especial. ULA. Mérida, 2006, pp. 176 y ss.; Rubio Llorente, Francisco: «El bloque de constitucionalidad». En: *Revista Española de Derecho Constitucional*. N.º 27. Cepc. Madrid, 1989, pp. 15 y ss.; Lejarza, Jacqueline: «El carácter normativo de los principios y valores en la Constitución de 1999». En: *Revista de Derecho Constitucional*. N.º 1. Editorial Sherwood. Caracas, 2000, pp. 201 y ss.; Ruiz Regifo, Hoover Wadith: «El ocaso de la noción de bloque de constitucionalidad y su incidencia procesal penal con el derecho de defensa». En: *Abogacía y Derecho: gestión de conflictos jurídicos*. ONBC. Ariel Mantecón Ramos, director. La Habana, 2015, pp. 152 y ss.

[53] *Vid.* Brewer-Carías: art. cit. (*El control concentrado…*), p. 11, «estos órganos tienen en común el ejercicio de una actividad jurisdiccional como jueces constitucional».

Al respecto, Nieto advierte, en relación con el Tribunal Constitucional español, que tal órgano jurisdiccional «… está haciendo cada día algo que va mucho más allá de la simple interpretación constitucional. La jurisprudencia de valores, que habitualmente maneja, es una creación constitucional auténtica. Forzado quizá por la notoria incomplitud del texto de 1978, el Tribunal se ha erigido en una fuente constitucional de primer orden»[54] y Zafra Valverde, ve un gran peligro en esta función de interpretación constitucional, ello debido al hecho de que «un órgano estatal la tome a su cargo con pretensiones más o menos monopolísticas y pueda llegar en la práctica a imponer con voz inapelable los resultados de una excesiva discrecionalidad exegética. Ese órgano se beneficiaría entonces de una imprudente concentración de soberanía política, lo cual sería nocivo para ese diálogo político equilibrador que es muchas veces el medio menos inconveniente de solucionar las dificultades de las fórmulas constitucionales»[55].

Ni que hablar de la desafortunada «jurisdicción normativa» que se autoatribuye la Sala Constitucional del Tribunal Supremo de Justicia, sobre la cual Canova González comenta: la Sala Constitucional «no tiene un monopolio en cuanto a la interpretación y aplicación de las normas y principios constitucionales, ni para juzgar la inconstitucionalidad que aqueja a todos los actos generales o particulares, públicos o privados», añadiendo que la denominada «jurisdicción normativa» se traduce en la suerte de actividad legislativa, que se adjudica sin ningún rubor y que va más allá de una actividad interpretativa, «Este poder de legislar del que se ha apropiado la Sala Constitucional es, simple y llanamente, un invento tan absurdo y contradictorio que, en el campo del Derecho, y frente a un análisis jurídico rigurosos, tiene (…) pocas posibilidades de sobrevivir»[56].

---

[54] Nieto, Alejandro: «Peculiaridades jurídicas de la norma constitucional». En: *Revista de Administración Pública*. Nos 100-102. Cepc. Madrid, 1983, p. 374.

[55] Zafra Valverde, José: «La interpretación de las constituciones». En: *Revista de Estudios Políticos*. N.° 180. Cepc. Madrid, 1971, p. 57.

[56] Canova González, Antonio: «Contratiempos de una Constitución en la esquina de Dos Pilitas». En: *Revista de la Facultad de Ciencias Jurídicas y Políticas*. N° 134. UCV. Caracas, 2009, p. 173. Por lo anterior, Rubio Llorente, Francisco: «El procedimiento legislativo en España. El lugar de la ley entre las fuentes del Derecho».

Pareciera que con lo anterior se asoma el peligro del «gobierno de los jueces» a que alude Lambert[57], pero ello invita a recordar a Calamandrei donde en su clásico texto[58] sostiene que el problema no es que exista «demasiados abogados», sino que pocos son buenos, así pues la discusión pasa de las competencias del juez al asunto de su idoneidad o perfil del juez constitucional[59].

En: *Revista Española de Derecho Constitucional*. N.º 16. Cepc. Madrid, 1986, pp. 110 y 111, sostiene: «el valor normativo de las sentencias del Tribunal Constitucional, especialmente en los procedimientos de inconstitucionalidad y en los conflictos de competencia (…) las normas resultantes de la jurisprudencia del (…) Tribunal Constitucional no pueden ser aniquiladas por el legislador, no cabe hablar, sin embargo, tampoco, de la jurisprudencia constitucional como una fuente autónoma del Derecho y carece, por tanto, de sentido ver en ella una fuente superior a la propia ley. Solo, en efecto, a partir de una interpretación constitucional y operando sobre preceptos legales ya existentes puede el Tribunal Constitucional hacer surgir normas cuyo rango es, porque ése es el material con el que están construidas, equivalente a la de la ley».

[57] Lambert, Édouard: *Le Gouvernement des juges et la lutte contre la législation sociale aux États-Unis. L'expérience américaine du contrôle judiciaire de la constitutionnalité des lois*. Marcel Giard & Cie. París, 1921, 276 pp. (existe edición castellana: *El gobierno de los jueces y la lucha contra la legislación social en los Estados Unidos: La experiencia americana del control judicial de la constitucionalidad de las leyes*. Tecnos. Madrid, 2009, 432 pp.). Vid. Torres Muro, Ignacio: «Uso y abuso de la justicia constitucional». En: *Revista Española de Derecho Constitucional*. N.º 90. Cepc. Madrid, 2010, pp. 369 y ss.

[58] Calamandrei, Piero: *Demasiados abogados*. Ejea. Trad. José R. Xirau. Buenos Aires, 1960, *passim*.

[59] Como señaló Johnson, Gerald W.: *La Suprema Corte*. Editorial Índice. Buenos Aires, 1962, pp. 16 y 17, «la Corte Suprema de Estados Unidos es el tronco fundamental del sistema de justicia norteamericano, de manera que la idea de que es algo aparte, que poco o nada tiene que ver con el pueblo, es totalmente falsa. Está tan cerca de nosotros que si cayera en manos de malvados o insensatos, nuestra libertad estaría en peligro, nuestra propiedad correría sus riesgos, y no estaríamos seguros ni de proteger nuestras propias vidas». Por ello no se juzga en sí al órgano jurisdiccional –objetivamente–, sino a sus miembros, personas de carne y hueso que tienen una alta responsabilidad, donde si asumen el cargo lo deben hacer con toda la solvencia profesional que ello acarrea y demanda. En palabras de Torres Muro: art. cit. («Uso y abuso…»), pp. 374-377, «la justicia constitucional es útil cuando modera entusiasmos injustificados del legislativo, pero no cuando se opone a tendencias normativas que no pueden calificarse de frívolas, y que solamente es lícito frenar, como sabemos

Ciertamente, si bien la Sala Constitucional no se ha abrogado expresamente su carácter supraconstitucional –el descaro tiene sus límites–, no le hace falta, pues, de hecho, son innumerables los casos donde al momento de ejercer sus funciones ha abandonado el texto constitucional –del cual es su gendarme–, para reescribir un texto a la medida de sus intereses, que, como lo demuestran los hechos, en muchos supuestos han resultado contrarios a los derechos fundamentales de los ciudadanos y al deber de limitar el abuso del poder[60].

Para demostrar este aserto, solo hace falta mirar el pasado reciente, de donde los problemas constitucionales actuales surgieron y revisar las decisiones que fijaron las «bases jurisprudenciales de la supraconstitucionalidad» a partir de 1999, lo cual se realizará de seguida:

2.4. *La actividad de la Asamblea Nacional Constituyente*

Como se ha podido visualizar de lo indicado previamente, la supremacía de la Constitución está muy relacionada con los mecanismos diseñados para la modificación del texto supremo, ello debido a que si estos no están revestidos de ciertas garantías puede ocurrir que mayorías –que siempre son coyunturales–

---

todos, cuando chocan frontalmente con las reglas básicas de la convivencia política y social», es decir, «No tenemos dudas de que el control de constitucionalidad de las leyes puede ayudar al buen funcionamiento de una democracia (…) pero también es cierto que se trata de un instrumento que debe ser usado con tino, con prudencia, y que los responsables de su utilización, los jueces constitucionales, deben estar hechos de una madera especial, de una madera que conjugue una cierta osadía para atreverse a plantar cara a los abusos, y un autocontrol que les lleve a actuar, declarando la inconstitucionalidad, solamente cuando esos consensos de los que hemos hablado se encuentren en peligro grave».

[60] *Vid.* Brewer-Carías, Allan R.: *El golpe a la democracia dado por la Sala Constitucional.* 2.ª, Editorial Jurídica Venezolana. Caracas, 2015, *passim,* donde se comentan algunas decisiones verdaderamente vergonzosas. *Cfr.* Canova González, Antonio *et alter*: *El TSJ al servicio de la revolución. La toma, los números y los criterios del TSJ venezolano (2004-2013).* Editorial Galipán. Caracas, 2013, pp. 225 y ss. Claro está la desviación aludida no es monopolio de estos lares, lamentablemente la historia de la humanidad registra otros tristes ejemplos, entre los más graves los ocurridos en la Alemania nazi, *vid.* Müller, Ingo: *Los juristas del horror.* Álvaro-Nora Librería Jurídica-Rosa Mística. Trad. Carlos Armando Figueredo. Bogotá, 2009, *passim.*

o políticos ambiciosos alteren el texto constitucional para eliminar los instrumentos democráticos que sirven de coto al poder.

No hace falta añadir más para ilustrar al lector sobre los problemas jurídicos, políticos y sociales que están asociados con los mecanismos de cambio de la Constitución, pues, actualmente se encuentra en marcha una Asamblea Nacional Constituyente, la cual, por demás, no solo se ha discutido su «constitucionalidad» de origen, así como su legitimidad, ya que es, evidentemente, que no cumplió con los pasos exigidos por el propio texto constitucional «vigente» para su conformación[61], sino que también –e igual de grave– ha desconocido la actual Constitución de 1999 para imponer por vía de «actos constituyentes» y «leyes constitucionales»[62] mandatos totalmente contrarios a los principios y normas constitucionales.

Empero, para entender el anterior escenario se juzga conveniente inquirir el origen de todo este desenfreno, el cual no es otro que el proceso constituyente transcurrido en 1999 y que dio origen al actual texto constitucional.

En efecto, cuando se efectuó la propuesta de una asamblea constituyente con la finalidad de modificar todo el texto constitucional de 1961[63], opción que no

---

[61] *Vid.* el enjundioso libro colectivo que recolecta diversas opiniones sobre esta materia: *Estudios sobre la Asamblea Nacional Constituyente y su inconstitucional convocatoria en 2017*. Editorial Jurídica Venezolana. Allan R. Brewer-Carías y Carlos García Soto, compiladores. Caracas, 2017, *passim*.

[62] *Vid.* Peña Solís, José: «Breve excurso histórico y conceptual sobre las leyes constitucionales, a propósito de las dictadas por la sedicente Asamblea Nacional Constituyente». En: *Revista Venezolana de Legislación y Jurisprudencia*. N.º 10-II. Caracas, 2018, pp. 582 y ss.

[63] Propuesta hecha dentro de la campaña presidencial de 1998 y que no era una originalidad, pues, previamente, se había discutido en el escenario político la necesidad de adecuar el texto constitucional de 1961 a las nuevas realidades. Véase: el Proyecto de reforma general de 1992, comentado en: Álvarez, Tulio Alberto: «El poder constituyente. Comentarios al proyecto de reforma constitucional». En: *Revista de Derecho Público*. N.º 50. Editorial Jurídica Venezolana. Caracas, 1992, pp. 75 y ss. *cfr.* Brewer-Carías, Allan R.: *Asamblea constituyente y ordenamiento constitucional*. Academia de Ciencias Políticas y Sociales. Caracas, 1999, pp. 61 y ss. donde se

estaba contemplada en la referida Constitución, le correspondió al máximo tribunal de justicia pronunciarse sobre tal posibilidad y fijar los límites que sobre tal poder constituyente se demandaban; sin embargo, lo que efectuó fue darle validez al proceso y así comenzó a manejarse la tesis de la supraconstitucionalidad.

Más allá del hecho de que lo correcto hubiera sido el recurrir a una reforma de la Constitución de 1961 para normar todo un capítulo que le diera viabilidad constitucional a la propuesta, que fijara además sus límites, requisitos y condiciones que tal mecanismo requería para que existiera una armonía entre el texto a modificar y el procedimiento de modificación[64]. Lo que ocurrió fue una secuencia de fallos tímidos o acomodaticios que le dieron un patente de corso y viabilidad a un proceso que transcurrió sin ningún atisbo de prudencia —claramente embriagados por el populismo y el poder desbocado— que devino en la absurda tesis de la supraconstitucionalidad, en varios niveles, primero de los instrumentos que dieron origen a la Asamblea Nacional Constituyente y, después, a sus «actos normativos».

La primera decisión es de Sala Político-Administrativa de la Corte Suprema de Justicia[65]. Aquí se plantea —*grosso modo*— la posibilidad de efectuar un referendo consultivo para convocar a una asamblea constituyente no regulada en la Constitución de 1961; vale destacar que, aunque la decisión pone sobre el tapete el valor de la supremacía, concluye aludiendo a una supuesta

---

comenta el «Proyecto alternativo de reforma constitucional relativo a la Asamblea Constituyente» del 1992.

[64] *Vid.* BREWER-CARÍAS, Allan R.: «El desequilibrio entre soberanía popular y supremacía constitucional y la salida constituyente en Venezuela en 1999». En: *Anuario Iberoamericano de Justicia Constitucional*. N.º 3. CEPC. Madrid, 1999, p. 32, «de la supremacía constitucional, se sostenía y sosteníamos que para convocar una asamblea constituyente había que previamente preverla y regularla en la Constitución mediante una reforma constitucional».

[65] *Vid.* CSJ/SPA, sent. N.º 17, del 19-01-99, los textos de los fallos comentados en este epígrafe son tomados del libro compilatorio titulado sin rubor: *Bases jurisprudenciales de la supraconstitucionalidad.* 2.ª, TSJ. Caracas, 2002, *passim*; también pueden consultarse alguno de ellos en BREWER-CARÍAS, Allan R.: *Poder constituyente originario y Asamblea Nacional Constituyente.* Editorial Jurídica Venezolana. Caracas, 1999, pp. 25 y ss.

«laguna» constitucional y a la jerarquía de la soberanía popular para así sostener en el dispositivo la viabilidad de tal referéndum. Concretamente, se aducen los siguientes argumentos:

> ... La rigidez constitucional coloca al texto fundamental en el tope de la jerarquía normativa del país, de manera que su acatamiento está por encima de las leyes ordinarias (...) de allí deriva el principio de la supremacía constitucional (...) El Estado constitucional venezolano cimienta su estructura y razón de ser en dos principios fundamentales: a. Por un lado, en la tesis de la democracia o «gobierno del pueblo, por el pueblo y para el pueblo»; b. Por el otro, en el principio de la supremacía de la Constitución, que coloca a ésta en la cúspide del ordenamiento jurídico del Estado, lo que obliga tanto a los gobernantes como a los gobernados a someterse a ella. Está planteado en el presente recurso de interpretación una doble cuestión: Si la Constitución, como norma suprema y fundamental puede prever y organizar sus propios procesos de transformación y cambio, en cuyo caso, el principio democrático quedaría convertido en una mera declaración retórica, o si se estima que, para preservar la soberanía popular, es al pueblo a quien le corresponde siempre, como titular del poder constituyente, realizar y aprobar cualquier modificación de la Constitución, en cuyo supuesto la que se verá corrosivamente afectada será la idea de supremacía (...) El asunto planteado es el dilema de si a la propia Constitución, le es dado regular sus propios procesos de modificación y reforma o si se considera que la soberanía corresponde directamente al pueblo, como titular del poder constituyente, reordenando al Estado. En el primer caso estaríamos en presencia del poder constituido. En el segundo, el poder constituyente tendría un carácter absoluto e ilimitado (...) La competencia de cambiar preceptos no esenciales de la Constitución, conforme a lo previsto en su mismo texto, es poder constituyente instituido o constituido, y aun cuando tenga carácter extraoficial, está limitado y regulado, a diferencia del poder constituyente originario, que es previo y superior al régimen jurídico establecido (...) podría considerarse al poder constituyente originario (...) poder soberano, ilimitado y principalmente originario, el no estar regulado por las normas jurídicas que hayan podido derivar de los

poderes constituidos (...) Ello conduce a una conclusión: la soberanía popular se convierte en supremacía de la Constitución cuando aquella, dentro de los mecanismos jurídicos de participación decida ejercerla...

La gravedad de esta decisión no está solamente en permitir el referéndum consultivo, sino en su vacilación de no aclarar los conceptos sobre el poder constituido y constituyente, «derivados» ambos de la Constitución de 1961 y, en consecuencia, los límites que se deben imponer a una asamblea constituyente así convocada[66]. Además, plantea un falso dilema entre la supremacía constitucional y la soberanía popular o democracia, siendo que estas ideas no se contradicen, sino se complementan y por ello debía la Sala buscar la interpretación que le permitiera convivir a esos postulados que ella misma califica como «principios fundamentales». Por tanto, cuando se decide solo por uno de ellos se rompe el cerrojo constitucional que, a la postre, termina abriendo una ventana para que se introduzcan otros atropellos[67], a saber:

De seguida se dicta el Decreto N.º 3, mediante el cual se convoca a un referendo consultivo sobre la asamblea constituyente[68]. Este Decreto toma como

---

[66] PEÑA SOLÍS: ob. cit. (*Lecciones de Derecho...*), vol. I, t. I, p. 234, «Evidentemente que una tesis como esa no resiste ningún análisis jurídico, y mucho menos lo resistía a la luz del artículo 4 de la Constitución de 1961, porque no existía ni existe soberanía sin límites constitucionales».

[67] PEÑA SOLÍS: ob. cit. (*Lecciones de Derecho...*), vol. I, t. I, pp. 227 y 228, comenta «no resultaba posible convocar una Asamblea Nacional Constituyente que no estuviera prevista en la Constitución, invocando el carácter soberano del pueblo, el cual le permitiría actuar fuera de cualquier límite constitucional –poder supremo del pueblo, ilimitado e incondicionado–, que supuestamente se desprendía del artículo 4 de la Constitución de 1961, para sobre la base de esa tesis subvertir las disposiciones del texto constitucional relativas a su modificación –reforma–, mediante la creación de la figura de una Asamblea Constituyente, transitando la vía de un referendo consultivo, sin llegar a reformar la Constitución, cuando la única forma de hacer esa creación en estricta puridad constitucional, en el mejor de los casos, proceder a reformar la Constitución siguiendo los parámetros que ella contenía al respecto».

[68] *Vid. Gaceta Oficial de la República de Venezuela* N.º 36634, de 02-02-99. El texto del referido decreto se encuentra reproducido en BREWER-CARÍAS, Allan R.: *Las constituciones de Venezuela*. Tomo II. 3.ª, Academia de Ciencia Sociales y Políticas. Caracas,

referencia la anterior decisión y alude a un «poder constituyente originario», que aunque retóricamente lo cimienta en «una democracia social y participativa», «mecanismo democrático», «derecho de participación», etcétera; termina solicitando que sea el presidente de la República quien fije «las bases del proceso comicial» para elegir a los constituyentes (artículo 3), tales bases establecen que instalada la asamblea constituyente «como poder originario»[69] podrá dictar su estatuto de funcionamiento «teniendo como límites los valores y principios de nuestra historia republicana, así como el cumplimiento de los tratados internacionales, acuerdos y compromisos válidamente suscritos por la República, el carácter progresivo de los derechos fundamentales del hombre y las garantizas democráticas»[70].

Haciendo caso omiso a los anteriores límites, el «Estatuto de funcionamiento de la Asamblea Nacional Constituyente» se otorgó la atribución de «limitar o decidir la cesación de las actividades de las autoridades que conforman el poder público» estableciendo que «Todos los organismos del poder público quedan subordinados a la Asamblea Nacional Constituyente, y están en la obligación de cumplir y hacer cumplir los actos jurídicos estatales que emita dicha Asamblea», continúa con la temeraria afirmación de que «La Constitución de 1961 y el resto del ordenamiento jurídico imperante, mantendrán su vigencia en todo aquello que no colida o sea contradictorio con los actos jurídicos y demás decisiones de la Asamblea Nacional Constituyente»[71].

En otras palabras, bajo los anteriores velos de legalidad se escondió un solo fin: derogar la Constitución de 1961 vigente, e imponer por la vía de *facto* –no por las armas, sino a través de sentencias y otras maniobras artificialmente

---

2008, pp. 1433 y ss. Véase también en: *Revista Política y Gobierno*. N.º 1. Centro de Altos Estudios Políticos y Administrativos. Caracas, 1999, pp. 135 y ss.

[69] Vale comentar que, aunque en CSJ/SPA, sent. N.º 13-04-99, se ordenó eliminar la calificación de la Asamblea Nacional Constituyente como «poder originario», ello no fue observado pues dicha Asamblea siempre se autodenominó «originaria».

[70] Vid. *Gaceta Oficial de la República de Venezuela* N.º 36658, del 10-03-99; Brewer-Carías: ob. cit. (*Las constituciones de Venezuela*), t. II, pp. 1435 y ss.

[71] Vid. *Gaceta Oficial de la República de Venezuela* N.º 36786, del 14-09-99; Brewer-Carías: ob. cit. (*Las constituciones de Venezuela*), t. II, pp. 1439 y ss.

revestidas de licitud– un modelo mesiánico y totalitario[72]. Así pues, la Asamblea Nacional Constituyente lo primero que hace es abusar del poder y decretar la «reorganización del Poder Judicial»[73] con lo cual decide el destino de los magistrados de la Corte Suprema de Justicia y de todo los demás jueces incluso los que tenían estabilidad[74], así como del Poder Legislativo limitando sus funciones y sujetando las pocas que le permitió en un inicio a su «ratificación»[75].

---

[72] Y justamente eso fue lo que ocurrió, pues, como comenta PEÑA SOLÍS: ob. cit. (*Lecciones de Derecho...*), vol. I, t. I, p. 234, «Fue sencillo y simple, pues se concibió a la soberanía popular como un poder ilimitado tanto sustancial como temporalmente, de tal manera que todas las actuaciones del pueblo –enmarcadas en el referido máximo–, independientemente de que pudieran ser contrarias a la Constitución, eran consideradas legítimas y válidas, en el fondo, se trató de una autorización del máximo tribunal de la República, para derogar la Constitución de 1961». No es descabellado recordar la receta que se uso en el régimen nazi; en efecto, como comentan CANOVA GONZÁLEZ, Antonio *et alter*: *Individuos o masa ¿en qué tipo de sociedad quieres vivir?*. Editorial Galipán. Caracas, 2013, pp. 80 y 81, «Luego del incendio del Parlamento, en 1933 se le concedieron poderes ilimitados a Hitler a través del llamado "Decreto del incendio del Reichstag". Se le confirió, democráticamente, el poder al Führer para gobernar por decretos, sin la intervención del parlamento y sin ningún tipo de controles o límites. Se eliminó todo tipo de restricción jurídica a la actuación estatal con el fin de salvar al pueblo alemán». *Vid*. KERSHAW, Ian: *Hitler I (1889-1936)*. Península. Trad. José ÁLVAREZ FLÓREZ. Barcelona, 2002, pp. 462 y ss., «Cuando le preguntaron cómo preveía que fuese la entronización del Tercer Reich, Hitler replicó: 'El movimiento nacionalsocialista procurará conseguir su objetivo en este Estado por medios constitucionales. La Constitución nos indica solo los métodos, no el objetivo. De este modo constitucional procuraremos obtener mayorías decisivas en los órganos legislativos con el fin de que, en el momento en que las consigamos, podamos verter el Estado en el molde que se corresponde con nuestras ideas'» (declaración como testigo, en un juicio por rebelión en 1930).
[73] *Vid. Gaceta Oficial de la República de Venezuela* N.º 36772, del 25-08-99; BREWER-CARÍAS: ob. cit. (*Las constituciones de Venezuela*), t. II, pp. 1457 y ss.
[74] *Vid.* CANOVA GONZÁLEZ *et al.*: ob. cit. (*El TSJ al servicio de la revolución...*), pp. 27 y ss., «El Decreto de reorganización de 18 de agosto de 1999, creó una Comisión de Emergencia Judicial que, entre otras cosas, removió a los magistrados del TSJ y los sustituyó, discrecionalmente, por otros leales a la Revolución».
[75] *Vid. Gaceta Oficial de la República de Venezuela* N.º 36772, del 25-08-99; BREWER-CARÍAS: ob. cit. (*Las constituciones de Venezuela*), t. II, pp. 1471 y ss.

Sobre este último Decreto se intento un recurso donde lo que se peticionaba, a grandes rasgos, era: «se ordene a la Asamblea Nacional Constituyente abstenerse de perturbar las funciones que corresponden al Congreso de la República, según nuestra única Constitución vigente», el cual fue conocido por la Sala Plena de la Corte Suprema de Justicia y donde se termina de dar piso formal a la supraconstitucionalidad de la Asamblea Constituyente, concretamente se señaló:

> La Asamblea Nacional Constituyente (…) tiene definido su régimen fundamental en las preguntas y bases comiciales consultadas en el referéndum del 25 de abril de 1999. Estas bases, por haber sido aprobadas en ejercicio de la soberanía popular son de similar rango y naturaleza que la Constitución (…) se advierte que el poder constituyente es la facultad soberana del pueblo de darse un ordenamiento político-jurídico fundamental por medio de una Constitución, y poder proceder a la revisión de ella cuando lo crea necesario. Igualmente se observa, que a los poderes públicos tradicionales, Legislativo, Ejecutivo y Judicial, se superpone un poder supremo y extraordinario, el cual, tiene por objeto instituir todos los demás, y es distinto de ellos; esto es, el principio de la separación entre poder constituyente y los poderes constituidos (…) como puede apreciarse, la pregunta N.º 1 del referendo consultivo (…) y la base comicial octava del mismo referendo, consagran la supraconstitucionalidad de sus prescripciones, ya que en ningún momento remite a la Constitución de 1961 (…) es claro que la Asamblea Nacional Constituyente, no es poder derivado, pues su función de sancionar una nueva Constitución implica el ejercicio del poder constituyente, el cual no puede estar sujeto a los límites del orden jurídico establecido, incluyendo la Constitución vigente (…) Cuando la demanda de nulidad objeta la competencia de la Asamblea Nacional Constituyente, para ser «órgano de ejecución o de gobierno» o «sustituirse en los órganos del Poder Público» y «transgredir el principio de división del poder», el solicitante ignora que el poder constituyente es autónomo, ilimitado e indivisible (…) debe concluirse, que el recurso de nulidad es improcedente, pues el fundamento del acto impugnado no puede ser la Constitución vigente, desde que la soberanía popular

se convierte, a través de la Asamblea Nacional Constituyente, en supremacía de la Constitución...[76].

De lo anterior se deduce que la Sala yerra malintencionadamente, pues no es lógico que la Asamblea Nacional Constituyente que se creó con fundamento en el artículo 4 de la Constitución de 1961 y como una expresión de la participación ciudadana, ahora desconozca su propio fundamento y usurpe el rol del principal órgano de representación democrática como es el Congreso –que a su vez tenía legitimación de origen, pues había sido electo en noviembre de 1998–, además en las «bases comiciales» se alude a límites expresos de sus funciones –principios republicanos, tratados, progresividad derechos fundamentales y garantías democráticas–, siendo que su objetivo era elaborar un proyecto de Constitución que sea posteriormente sometido a la voluntad popular y ponderando que no existen en un sistema democrático funciones públicas ilimitadas, pues, como se ha señalado hasta la saciedad, el objetivo de una Constitución, además de tutelar la preeminencia de los derechos humanos, es la limitación del poder, por ello el «poder» nunca puede actuar ilimitadamente en un Estado constitucional de Derecho[77].

No se puede dejar de mencionar que el referido fallo contó con varios votos particulares, a saber:

i. El magistrado Hermes HARTING apunto su disenso a la mayoría, por cuanto: «... la Asamblea Nacional Constituyente como procedimiento o mecanismo extra-constitucional, limitado exclusivamente a la redacción de una nueva

---

[76] *Vid.* CSJ/SP, sent. del 14-10-99, exp. N.º 1110, reproducido en: ob. cit. (*Bases jurisprudenciales*...), pp. 37 y ss.
[77] *Vid.* MAYORA ALVARADO, Eduardo: *Teoría constitucional para una sociedad libre.* Fundación República para una Nueva Generación. Buenos Aires, 1997, p. 5, el concepto de Estado constitucional de Derecho «supone que los poderes públicos están sometidos a normas jurídicas de jerarquía suprema, que, de una parte, salvaguardan los derechos individuales y de las minorías, y de otra, en todo lo que puede considerarse 'materia opinable', deja en manos de la voluntad mayoritaria la facultad de tomar decisiones».

Constitución, y cuya derivación de la Constitución de 1961 lo vincula irrefragablemente al cumplimiento de los requerimientos del Derecho Constitucional democrático, lo cual significa mantener los principios fundamentales del Estado democrático de Derecho, con sus diferentes estructuras de poder (…) no puede ejercer la Asamblea Nacional Constituyente potestades correspondientes a los poderes del Estado, ni realizar actuaciones atribuidas específicamente a estos por la Constitución y las leyes, ni siquiera invocando circunstancias excepcionales…».

ii. La magistrada Hildegard Rondón de Sansó salvó el voto bajo los siguientes argumentos: «la sentencia trata de ignorar que la función atribuida a la Asamblea Nacional Constituyente de reestructurar las bases del Estado, aludía al hecho de que tal reestructuración, debía realizarse mediante un proyecto de Constitución, debidamente aprobado mediante referéndum (…) la Asamblea Nacional Constituyente se encuentra sometida a las reglas de Derecho existente, fundamentalmente, a la Constitución y a las leyes (…) Al efecto, observa la disidente que es totalmente falso que la pregunta N.º 1 del referéndum y la base comicial octava le den carácter supraconstitucional a la Asamblea Nacional Constituyente (…) puntualizando el contenido de esta base, la misma señala lo siguiente: que la Asamblea, una vez instalada, debe dictar su propio régimen de funcionamiento; que su labor creadora de la nueva Constitución no va a tener otros límites que las fuentes del Derecho que se enuncian en la misma, como lo son: a. La tradición histórica; b. El acatamiento a los tratados; y, c. El carácter progresivo de los derechos fundamentales (…) puede regular su funcionamiento, esto es, las normas internas operativas, propias de todo organismo deliberante (…) La disidente no puede dejar de asomar, aun cuando sea someramente, las graves consecuencias que un fallo de tal naturaleza produce, entre ellos, el desconocimiento y la incertidumbre de la comunidad que ve en tal decisión, el derrumbamiento de todo orden jurídico vigente».

iii. El voto salvado de la magistrada Belén Ramírez Landaeta, además de otras consideraciones de fondo subrayar que: «… ha debido, al tomar la decisión de la cual discrepo, poner en ejercicio la virtud de la prudencia y examinar con mayor cuidado la motivación del fallo. En efecto, la sentencia que da origen al presente voto salvado, fue reformulada y, a menos de media hora de su distribución –violando el Reglamento de reuniones de la Corte (…)– fue votada sin derecho a examinar con la cordura requerida, el contenido de la misma. Ello, indudablemente, hizo a la mayoría incurrir en el desacierto de suscribir un fallo lleno de errores, tanto formales como conceptuales y en el que termina no analizándose el acto impugnado bajo los parámetros que el mismo fallo le fijo como límites…».

iv. El magistrado Héctor Grisanti Luciani disiente del fallo por cuanto «la mayoría incurre en una grave omisión, al no hacer referencia ni medir la incidencia del Acuerdo alcanzado entre representantes del Congreso de la República y de la Asamblea Nacional Constituyente (…) con mediación de la Conferencia Episcopal Venezolana, se fijan nuevos lineamientos que implican una modificación…».

v. Finalmente, el magistrado Humberto J. la Roche, enmienda un poco el capote –pues fue el ponente de la sentencia N.º 17/1999, antes comentada–, y manifiesta su discrepancia con la mayoría en su voto particular, afirmando que se ha tergiversado el fallo donde fue ponente: «La confusión reside esencialmente no solo en considerarla en su verdadero contexto, sino en atribuir a la Asamblea Nacional Constituyente el poder soberano que reside en el pueblo y solo en este, el cual, aunque puede ejercerlo a través de representantes, ordinarios como el Congreso de la República o extraordinarios como la Asamblea Nacional Constituyente, jamás se desprende de él o en otros términos, identificando las nociones de poder constituyente y Asamblea Constituyente (…) siendo el pueblo el titular de la soberanía en el marco del Estado democrático de Derecho, su poder –constituyente– es el único verdaderamente originario (…) el fallo del que se disiente cita de manera reiterada la referida sentencia de la Sala Político-Administrativa de fecha 19 de enero de 1999. No obstante, las facultades y naturaleza jurídica que en la nombrada decisión de la Sala se consideran inmanentes al poder constituyente, esto es, al pueblo como máximo soberano, la sentencia de la Corte en Pleno las atribuye al órgano elegido por el soberano como su representante para ejercer el máximo poder de organización político-jurídica, lo cual es, a todas luces diferente (...) Más allá de las consideraciones estrictamente jurídicas, el caso concreto ameritaba un detenido análisis de las circunstancias sociopolíticas existentes, el cual habría revelado la inconveniencia de declarar una supremacía que ya no era discutida ni en el plano jurídico –dados los antecedentes jurisprudenciales (...)– ni en lo político. En efecto, resulta un hecho notorio que gracias a la intervención mediadora de la Conferencia Episcopal, se había logrado un acuerdo de coexistencia pacífica de los órganos deliberantes y representativos que son tanto la Asamblea como el Congreso –extraordinario aquélla y ordinario éste–, delicado equilibrio que puede correr ahora rasgos de peligrosa situación».

Después de lo anterior el dique se había desbordado, ya nada contenía las pretensiones de poder de la Asamblea Nacional Constituyente, incluso aprobada en referéndum la Constitución de 1999, se dictaron actos contrario al nuevo texto que nació enfermo –infectado de populismo, demagogia y autoritarismo– y la estrenada Sala Constitucional los convalidó con regocijo. En este caso, se impugna el régimen de transición del Poder Público creado por la Asamblea Nacional Constituyente, señalando la Sala lo siguiente:

> La soberanía es indivisible y esta cualidad se extiende a sus órganos, en el caso de autos a la Asamblea Nacional Constituyente, quien actúa, por eso, de modo indiviso, sin las limitaciones normativas propias del poder constituido (...) los actos constituyentes son normas nacidas del poder indivisible de la Asamblea Nacional Constituyente, lo que quiere decir que este no puede ser afectado por el principio de división de poder, y que las categorías de la competencia específica de las ramas del poder público constituido no le son aplicables (...) tienen un fundamento supraconstitucional respecto de la Constitución de 1961 y constitucional respecto de la de 1999. Tales normas mantienen su vigencia, más allá del mandato cumplido...[78].

---

[78] *Vid*. TSJ/SC, sent. N.º 179, del 28-03-00, reproducida en: ob. cit. (*Bases jurisprudenciales...*), pp. 71 y ss. Valga destacar que el ponente del anterior fallo llegó a ufanarse de su labor y a escribir un «discurso de orden» –reproducido en la obra *supra* citada– llega a expresa un claro resentimiento ante la disidencia política, contrario

Ya para cerrar este punto se puede visualizar que la posición en las sentencias aludidas –al menos las dos últimas comentadas– fue el de sostener una supuesta supraconstitucionalidad de los actos que dieron origen a la Asamblea Nacional Constituyente y, después, de aquellos que de ella emanaron, lo cual no resulta lógico ni jurídico, pues el rol de dicho órgano no es hacer lo que desea, sino redactar un proyecto de Constitución y solo si fuera aprobado tendrá el rango de Constitución vigente[79]. La Asamblea Nacional Constituyente no es soberana porque la soberanía reside en el pueblo, es decir, en los electores manifestados en procesos democráticos[80], y ello no es transferible (artículo 4 de la Constitución de 1961 y artículo 5 de la Constitución vigente).

La Asamblea Nacional Constituyente siempre es un órgano extraordinario que deriva de la Constitución[81] y por ello no puede catalogarse de poder constituyente «originario», pues este solo existe cuando ocurre una fundación

---

a todo espíritu de mesura, tolerancia y respeto a los valores democráticos, juicios que lo descalifican para administrar justicia de manera imparcial, pero ello parece obvio ahora desde la distancia.
Véase en esta misma obra Escovar León, Ramón: «La idea de Derecho y los principios constitucionales en el Código Orgánico Procesal Penal», pp. 53 y ss. [nota del editor].

[79] *Vid.* Peña Solís: ob. cit. (*Lecciones de Derecho…*), vol. i, t. i, p. 234, «la transformación del Estado no puede producirse en el período que va desde el inicio de las funciones de la Asamblea Nacional Constituyente y la sanción de la Constitución, y por ende, aquélla no podría válidamente ni disolver ni sustituir los órganos de los poder públicos, que son el resultado legítimo del ejercicio indirecto de la soberanía, por el pueblo mediante el sufragio». *Cfr.* Brewer-Carías: ob. cit. (*Poder constituyente…*), p. 10, el proyecto de Constitución elaborado por la Asamblea Nacional Constituyente no puede ponerse en vigencia por ella, «solo el pueblo (…) puede hacerlo (…) Mientras esto no ocurra, continúa en vigencia la Constitución de 1961 y todo el régimen relativo a los poderes del Estado que regula».

[80] Valga añadir, que según Mayora Alvarado: ob. cit. (*Teoría constitucional…*), p. 6, «Lo que es de suma importancia comprender es que de cualquier manera que haya de pronunciarse la voluntad de las mayorías, en ningún caso puede hacerse violando o contraviniendo la Constitución. Es decir que a voluntad de las mayorías, incluso manifestadas por medio de mecanismos directos, como la consulta popular, solo puede darse con relación a 'materias opinables' y no de derechos fundamentales».

[81] *Cfr.* Brewer-Carías: ob. cit. (*Poder constituyente…*), p. 10, «Electa en democracia y sin que se hubiese producido previamente una ruptura del ordenamiento constitucional,

real de un Estado[82], como ocurrió con el Congreso General de las provincias de Venezuela que dictó la Constitución de 1811[83] y aun así tuvo por guía la «Declaración de los derechos del pueblo» dictada por dicho órgano meses antes y las influencias de otros instrumentos internacionales y locales[84].

La Asamblea Nacional Constituyente que surge en el marco de una Constitución siempre está condicionada a respetar el orden constitucional que le da fundamento, pues su función está dirigida a normar el futuro, si llegase a convalidarse el proyecto por ella elaborado, en un verdadero Estado de Derecho los poderes públicos vigentes no pueden suspenderse o perder su vigencia por una eventualidad, pues lo que sí es cierto es que la Constitución que le sirve de soporte a una Asamblea Nacional Constituyente mantiene su vigencia hasta que se apruebe el texto de remplazo por el único y exclusivo soberano: el pueblo manifestado electoralmente en un proceso –se subraya– democrático.

Finalmente, la pretendida supraconstitucionalidad de la Asamblea Nacional Constituyente es una violación flagrante de la supremacía de la Constitución[85] y por ese simple hecho no debe permitirse ni tolerarse; no existe en un Estado

---

la Asamblea Nacional Constituyente tiene carácter derivado, en el sentido que deriva del poder constituyente originario, que solo corresponde al pueblo».

[82] *Cfr.* Brewer-Carías: art. cit. («El desequilibrio entre soberanía…»), p. 46, «este poder constituyente originario, en el mundo contemporáneo, es una mera representación histórica (…) Pero una vez constituidos los Estados modernos, poder constituyente originario, así concebido, difícilmente aparece de nuevo, salvo que sea como manifestación fáctica, producto de una revolución y, por tanto, de situaciones de hecho».

[83] *Vid.* Brewer-Carías: ob. cit.(*Asamblea constituyente…*), pp. 47 y 48, «en Venezuela, en realidad, hemos tenido solo dos Asamblea Constituyente: el Congreso General de 1811 reunido en Caracas con el objeto de constituir el Estado venezolano independiente de la Corona Española (…) y el Congreso Constituyente convocado en Valencia, en 1830 (…) para constituir el Estado venezolano separado de la Gran Colombia».

[84] *Verbi gratia* Declaración de Derechos de Virginia (1776); Declaración de Derechos del Hombre y del Ciudadano de Francia (1789); Constitución de Mérida del 31 de julio de 181. *Vid.* Brewer-Carías, Allan R.: «Estudio preliminar». En: *Las constituciones de Venezuela*. Tomo I. 3.ª, Academia de Ciencia Sociales y Políticas. Caracas, 2008, pp. 61 y ss., *cfr. Las constituciones provinciales*. Academia Nacional de la Historia. Caracas, 1959, pp. 253 y ss.

democrático de Derecho y de justicia ningún argumento sólido que permita justificar el desafuero de la supraconstitucionalidad, ello es simplemente el germen para la destrucción del Estado constitucional y con ello de la Constitución.

Conclusiones

La Constitución es la norma jurídica suprema, de eso no cabe duda, lo que puede discutirse es si ella admite instrumentos superiores. La respuesta ineludible es que ello no es racional, pues las técnicas de interpretación constitucional aportan suficientes elementos argumentativos para añadir nuevas normas que se sumen al entramado constitucional sin distorsionar su supremacía que solo descansa en la Constitución –textual– y en las normas producto del reenvío constitucional, con ello se alcanzan los efectos buscados que son realimentar el Derecho Constitucional con disposiciones que inciden positivamente en los derechos fundamentales y en la limitación del poder público.

Como se visualizó, los derechos humanos y los procesos de integración poseen un valor cardinal en el constitucionalismo moderno, pero no por ello se desplazan a un plano superior al texto que les da validez que es justamente la Constitución. Por lo apuntado, tales facultades tienen jerarquía constitucional en la medida que el texto supremo se lo reconozca, no requieren entonces ser dotadas de otro prisma, pues lo que en verdad sí demandan –en cualquier escenario– es que su tutela sea efectiva, por tanto hoy en día las dificultades en la consolidación de estos derechos o la integración no pasan por su elevación jerárquica

---

[85] De hecho en fallos posteriores la Sala Constitucional recurrió a la supremacía para justificar su decisión, véase TSJ/SC, sent. N.º 33, del 25-01-01, «La Constitución es suprema, entre otras cosas, porque en ella se encuentran reconocidos y positivizados los valores básicos de la existencia individual y de la convivencia social, al tiempo que instrumenta los mecanismos democráticos y pluralistas de legitimación del poder, tales como los relativos a la designación de las autoridades y a los mandatos respecto al cómo y al para qué se ejerce autoridad. Persigue con ello el respeto a la determinación libre y responsable de los individuos, la tolerancia ante lo diverso o lo distinto y la promoción del desarrollo armonioso de los pueblos. El principio de supremacía de la Constitución, responde a estos valores de cuya realización depende la calidad de vida y el bien común (…) Es decir, tal principio tiene carácter fundamental».

–pues, como se indicó poseen el más alto valor al ser considerados parte de la Constitución–, sino por lograr cristalizar su cumplimiento en el plano de la realidad social, donde justamente se evidencian los mayores tropiezos.

Por su parte, las decisiones de la Sala Constitucional o las funciones que despliega la Asamblea Nacional Constituyente cuando es convocada según los requisitos establecido en el texto constitucional, tampoco tienen carácter supraconstitucional, pues ellos, en realidad, componen meros actos de ejecución de la Constitución. Así, por ejemplo, las sentencias de la Sala Constitucional que ella declara vinculantes e interpretan principios y normas constitucionales están por debajo de la Constitución pero prevalecen sobre el Derecho infraconstitucional, jamás podrían equipararse al texto que interpreta, pues ello sería llanamente desconocer el carácter rígido de la Constitución y su supremacía, mas sí deben privar ante la ley, pues la Sala Constitucional coadyuva en el proceso de interpretar el sentido de algún aspecto de la Constitución y garantiza su supremacía ante el legislador u otro operador jurídico. En otros términos, la Sala Constitucional nunca podrá alterar o contradecir el texto constitucional, a lo sumo, facilitar su hermenéutica y desarrollo, lo cual es bastante.

Por su parte, la actividad de la Asamblea Nacional Constituyente, a tenor del texto constitucional, cuando se convoca según los parámetros constitucionales, es un poder público «extraordinario» y «siempre derivado», ello en razón de que obtiene su fundamento en la propia Constitución vigente que aspira a modificar por otro texto con normas más garantistas, pero lo dicho sigue siendo una mera posibilidad, ya que en definitiva le corresponde al pueblo manifestar, a través de un proceso electoral «democrático», si está de acuerdo o no con el proyecto de Constitución, tal actividad no anula, limita o afecta la vigencia efectiva de la Constitución vigente, pues de lo contrario simplemente no se podría hablar de la existencia de un verdadero Estado de Derecho.

Como corolario, se puede afirmar que, aunque la supremacía siempre ha acompañado a la idea de Constitución, en la práctica se visualizan escenarios donde se persigue distorsionar dicha supremacía y plantear la existencia de instrumentos superiores a la Constitución, ello puede ocurrir con fines nobles o mezquinos, mas ello no atenúa la gravedad del planteamiento y el daño que puede originar para la vigencia efectiva de un Estado constitucional democrático. La supremacía persigue evitar dichos males y por ello se justifica que la misma sea siempre reivindicada y mantenida en su verdadero sitial, pues su desconocimiento es una afrenta directa a la Constitución y, en consecuencia, a las libertades fundamentales de los individuos y al imperioso control que se demanda sobre los órganos que detentan el poder público.

* * *

Resumen: Se comenta las implicaciones actuales del principio de la supremacía constitucional y cómo el mismo puede verse distorsionado por algunas posiciones doctrinarias y jurisprudenciales que postulan una supuesta supraconstitucionalidad de determinados instrumentos jurídicos. En dicho orden, se explican los efectos formales y materiales de la supremacía de la Constitución y las hipótesis que aluden a elementos normativos superiores al texto supremo, a saber, derechos humanos, procesos de integración, jurisprudencia de la Sala Constitucional y actos de la Asamblea Nacional Constituyente. **Palabras clave**: Supremacía constitucional, supraconstitucionalidad, Asamblea Nacional Constituyente.

www.ingramcontent.com/pod-product-compliance
Lightning Source LLC
Chambersburg PA
CBHW071647090426
42738CB00009B/1443